MANGA ZEICHNEN

STRICH FÜR STRICH

MANGA ZEICHNEN

STRICH FÜR STRICH

VON DEN BASICS
BIS ZUM LEBENDIGEN
CHARAKTER

DK

DK Indianapolis

Lektorat
Mike Sanders, Brook Farling

Gestaltung und Bildredaktion
Lindsay Dobbs, Ayanna Lacey

DK Picture Library

Für die deutsche Ausgabe:
Verlagsleitung Monika Schlitzer
Programmleitung Heike Faßbender
Projektbetreuung Doreen Wolff
Herstellungsleitung Dorothee Whittaker
Herstellungskoordination Bianca Isack
Herstellung Evely Xie

Titel der englischen Originalausgabe:
How to draw manga stroke by stroke. Simple, step-by-step lessons for drawing characters and telling stories!

Übersetzung Wiebke Krabbe, Damlos
Lektorat lesezeichen Verlagsdienste, Köln

ISBN 978-3-8310-4696-6

Druck und Bindung TBB, a.s., Slowakei

FSC www.fsc.org MIX Papier | Fördert gute Waldnutzung FSC® C018179

www.dk-verlag.de

VORWORT

Der Begriff *Manga* bedeutet frei übersetzt »skurriles Bild«, aber das wird der Stilvielfalt nicht gerecht. Von einfachen, verspielten Chibi-Figuren bis hin zu fantasievollen, komplizierten Shōjo- und Shōnen-Charakteren Manga ein Publikum aller Altersgruppen an. Seine Wurzeln reichen bis in die traditionelle japanische Kunst und Kultur zurück. Und obwohl die Geschichte und die Stile von Manga komplex sind, ist es gar nicht so schwer, Manga zeichnen zu lernen.

Unabhängig davon, welchen Stil du bevorzugst: Zuerst musst du die Grundlagen lernen. Vielleicht hast du es schon einmal versucht, wusstest aber nicht, wo du anfangen sollst. Oder du hast Bücher mit schönen Vorlagen und Zeichnungen gefunden, die jedoch nicht anfängerfreundlich waren. Dieses Buch möchte das Zeichnen von Manga so einfach wie möglich erklären, für absolute EinsteigerInnen ebenso wie für angehende KünstlerInnen. Jeder neue Strich einer Zeichnung wird farblich verdeutlicht. Wohin auch immer deine Fantasie oder deine Interessen dich führen, dieses Buch vermittelt die Grundlagen, die du brauchst, um deine eigenen Figuren im Manga-Stil zu zeichnen.

DIE AUTOREN

9colorstudio ist ein Zusammenschluss von Manga-KünstlerInnen, die in Asien und den Vereinigten Staaten arbeiten. Das Team besteht aus Lin Xiu Shan, die seit 2012 bei 9colorstudio tätig ist, und Agustinus Kwa Hong Yen, der 2012 als freiberuflicher Manga-Zeichner zu 9colorstudio kam und derzeit als Lead Artist bei GUMI Asia und als Illustrator für Iplayallday Studio arbeitet. Dabei ist außerdem Yuanita Zheng Meifang, die 2012 als hauptberufliche Manga-Zeichnerin zu 9colorstudio kam und deren Arbeiten in mehreren Manga-Büchern veröffentlicht wurden.

INHALT

Gesichter

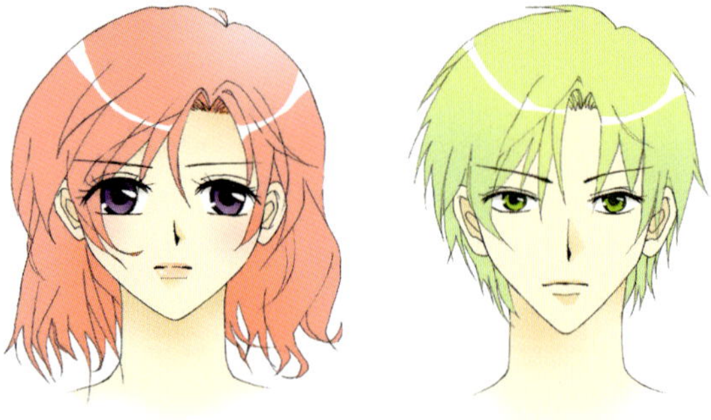

Augen

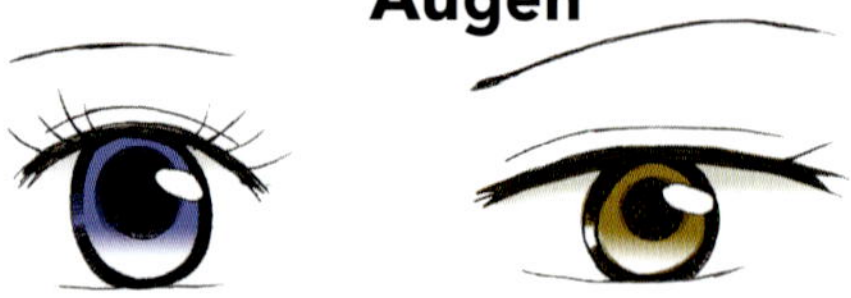

Haare

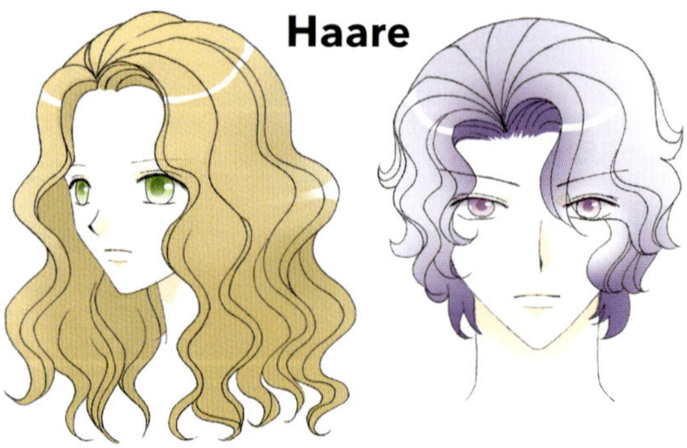

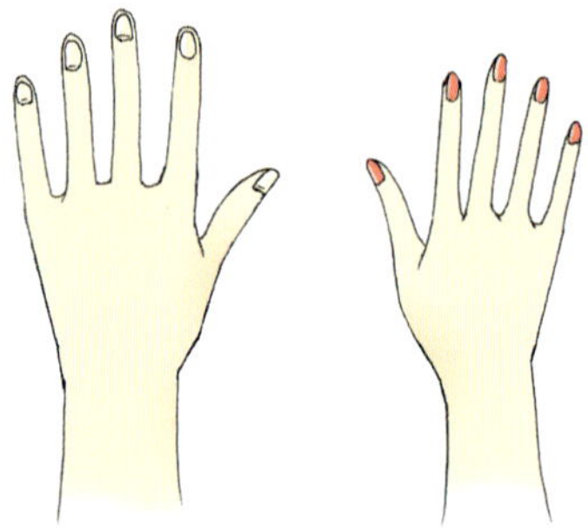

Hände

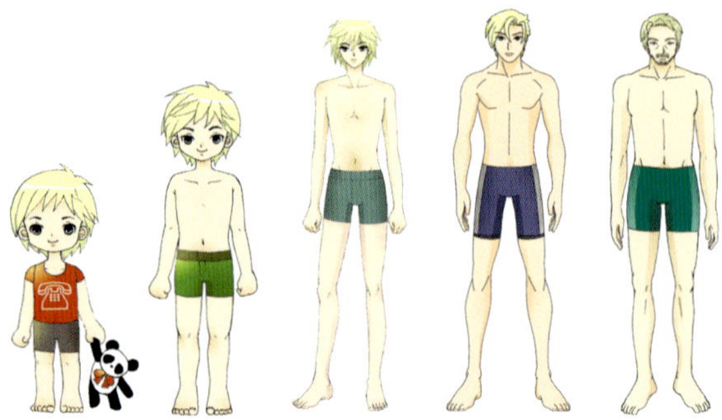

Männliche Figuren

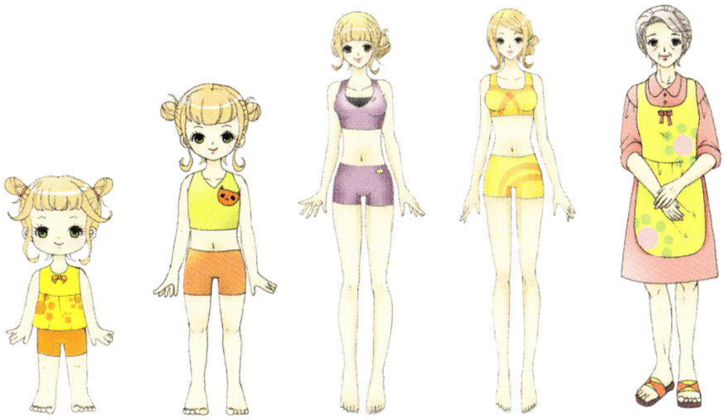

Weibliche Figuren

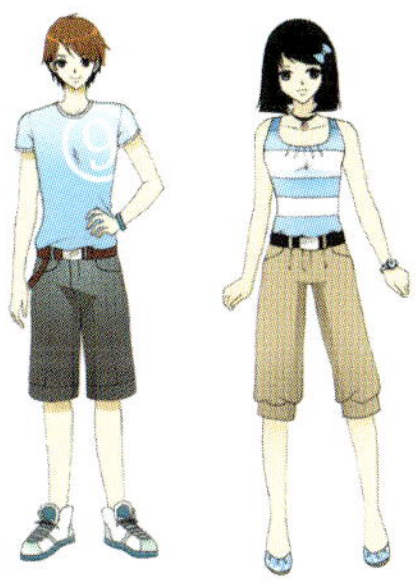

Kleidung

Emotionen und Mimik

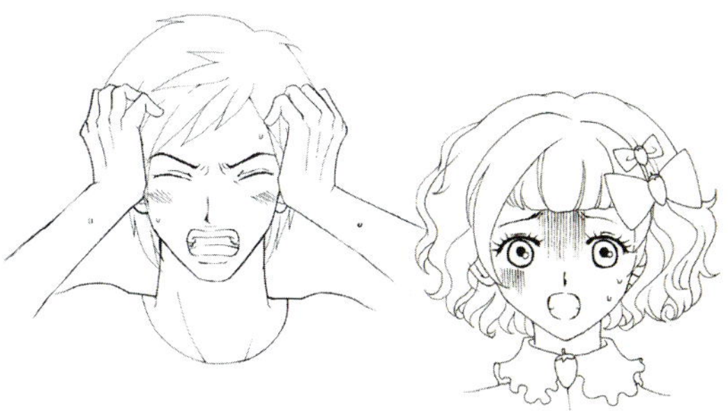

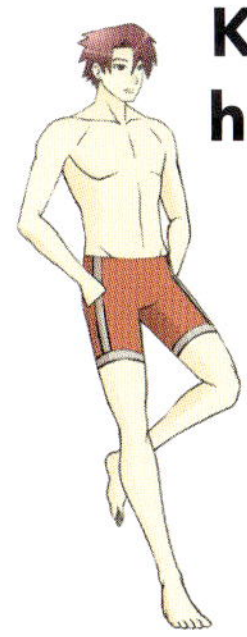

Körperhaltung

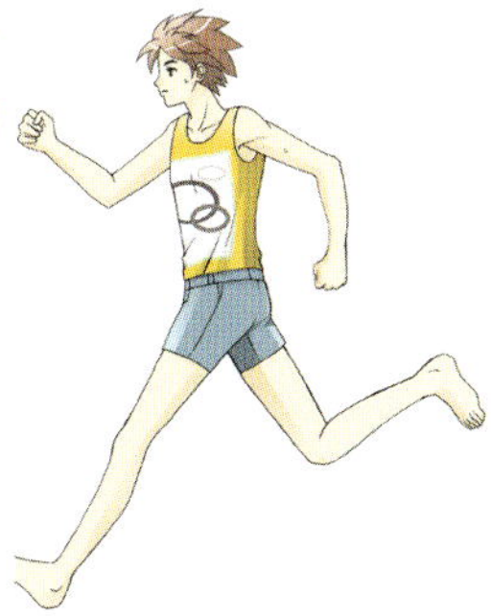

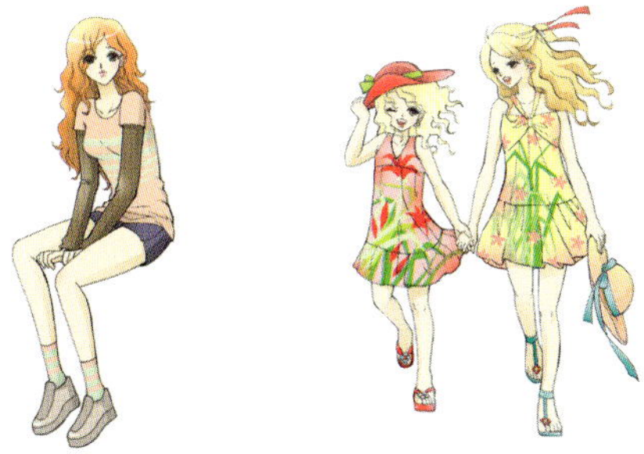

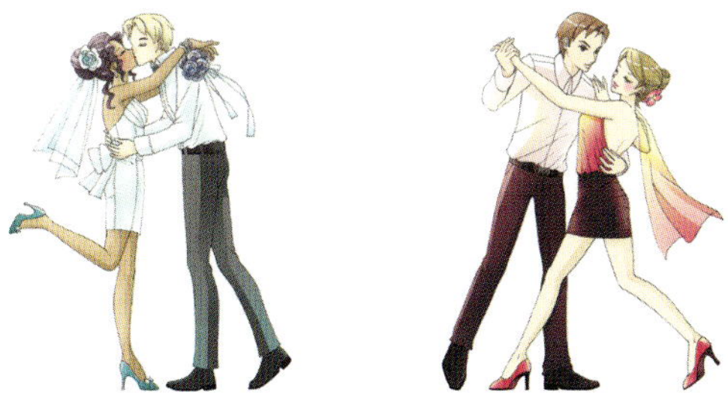

WEIBLICHE GESICHTER

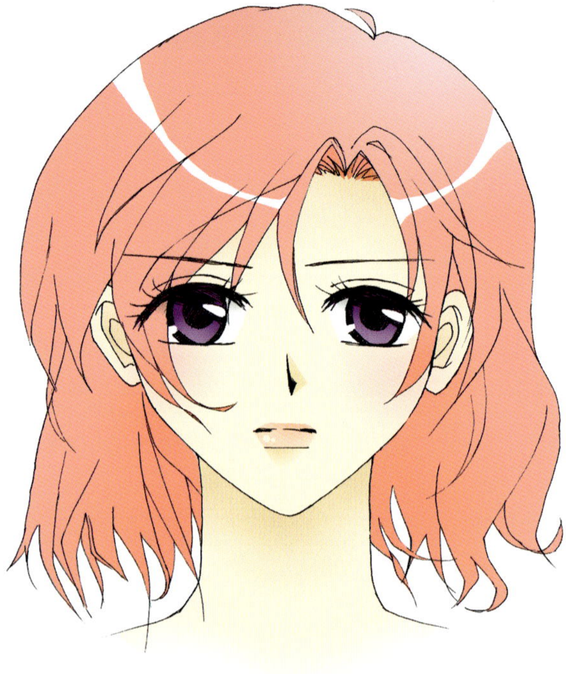

Im Vergleich zum männlichen Gesicht hat das weibliche:

- zartere Gesichtszüge
- größere Augen
- rundere Formen

Frontalansicht

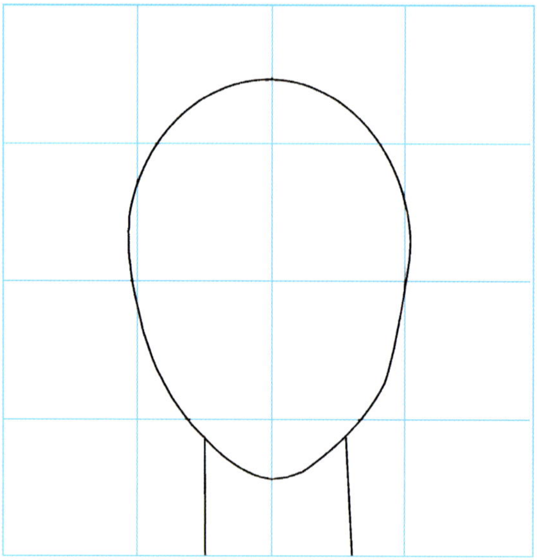

Als Grundform ein Oval zeichnen und gerade Striche für den Hals anfügen.

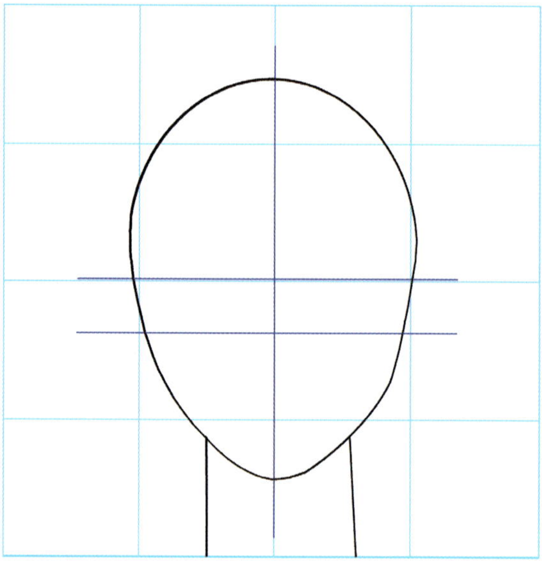

Hilfslinien für Augen, Nase und Ohren einzeichnen. Eine Mittelsenkrechte hinzufügen.

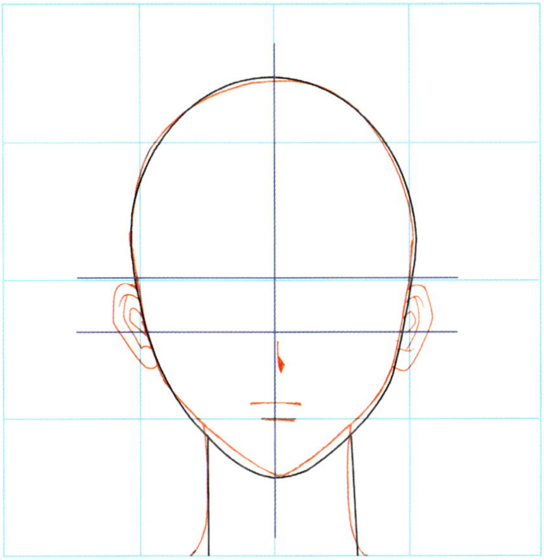

Die Gesichtsform verfeinern, dabei das Kinn spitzer zeichnen. Ohren, Nase und Mund einzeichnen.

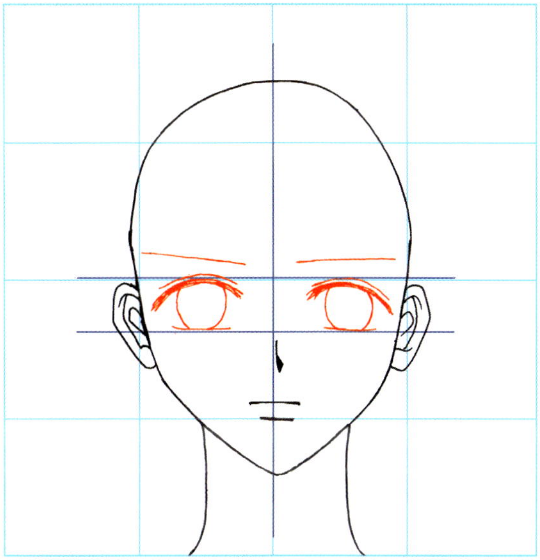

Nun folgen Augen und Augenbrauen. Wähle den Abstand nicht zu groß und nicht zu klein.

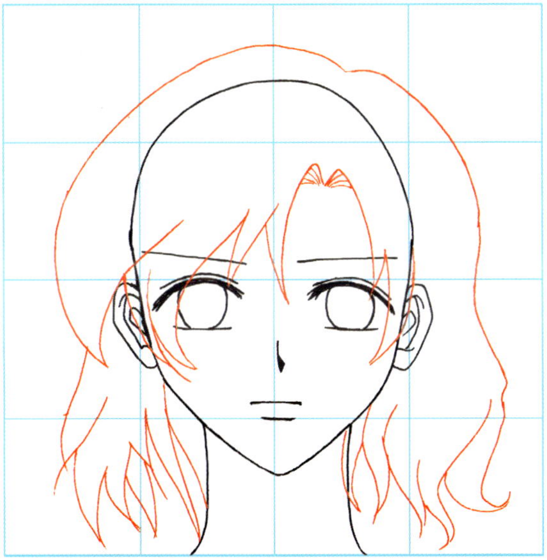

Die Außenkontur der Haare skizzieren. Dabei etwas Abstand zur Kopfkontur halten.

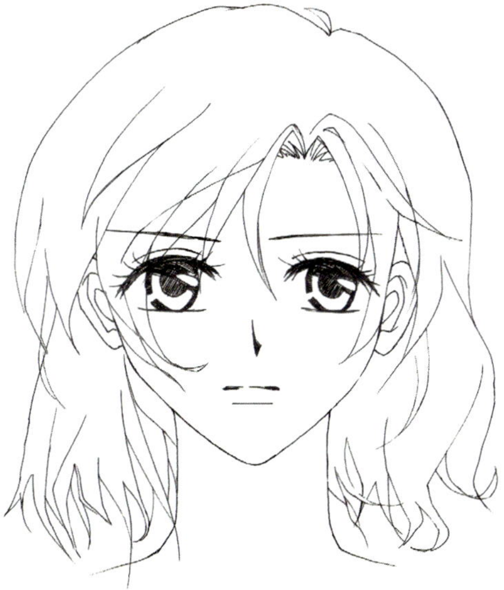

Haare und Augen ausarbeiten. Einige Haarsträhnen mit lockeren Strichen andeuten.

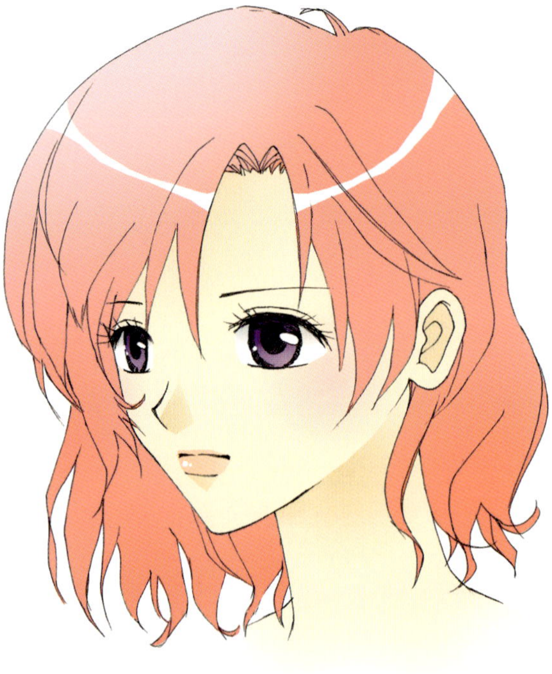

Im Halbprofil sieht eine Seite des Gesichts schmaler aus als die andere, und das Ohr auf der abgewandten Seite ist nicht zusehen.

Halbprofil

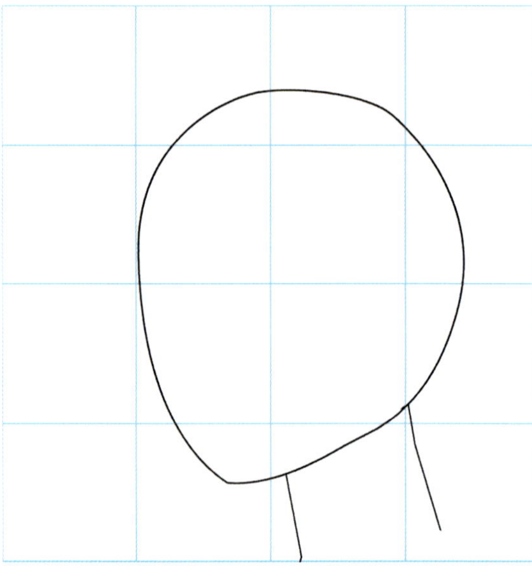

Mit einem Oval als Grundform beginnen. Das Kinn ist nach links verschoben, die linke Seite des Gesichts ist abgeflacht und die rechte etwas runder. Den Hals durch schräge Striche andeuten.

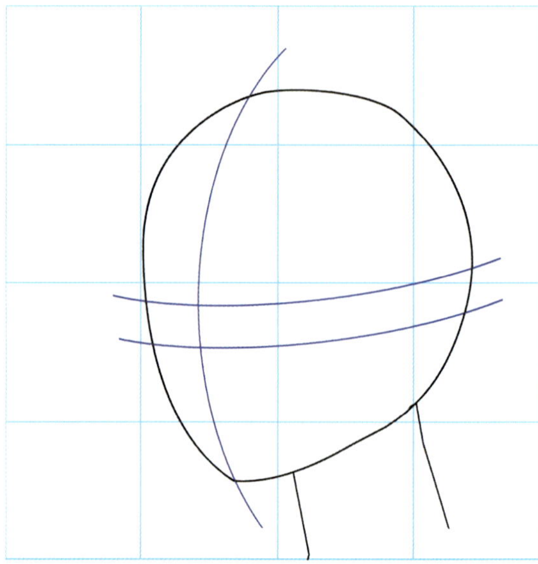

Geschwungene Hilfslinien für Augen, Nase und Ohren einzeichnen. Die Mittellinie des Gesichts ist ebenfalls gekrümmt und nach links verschoben.

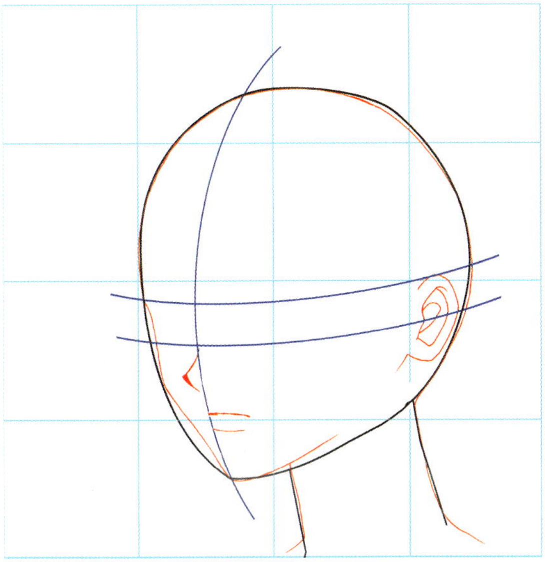

Die Gesichtsform verfeinern. Einen zarten Kiefer, eine kleine Nase und das rechte Ohr zeichnen.

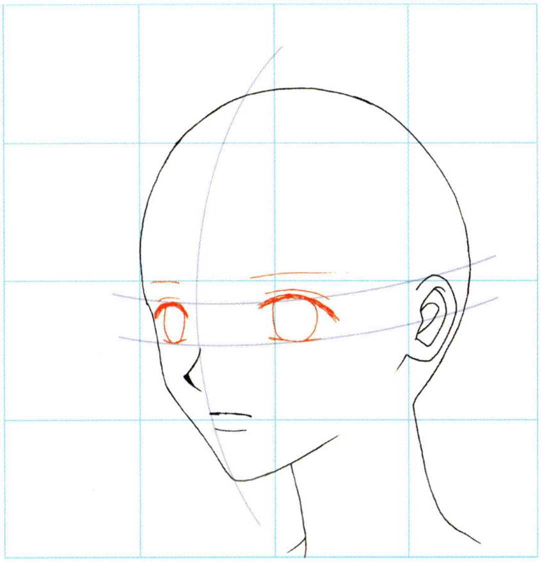

Augen und Augenbrauen hinzufügen. Aus Sicht der Figur ist das rechte Auge schmaler als das linke.

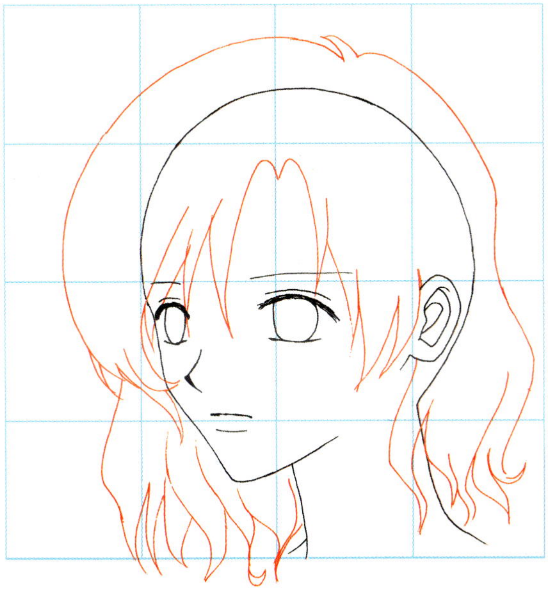

Die Außenkontur der Haare skizzieren, dabei etwas Abstand zur Kopflinie halten.

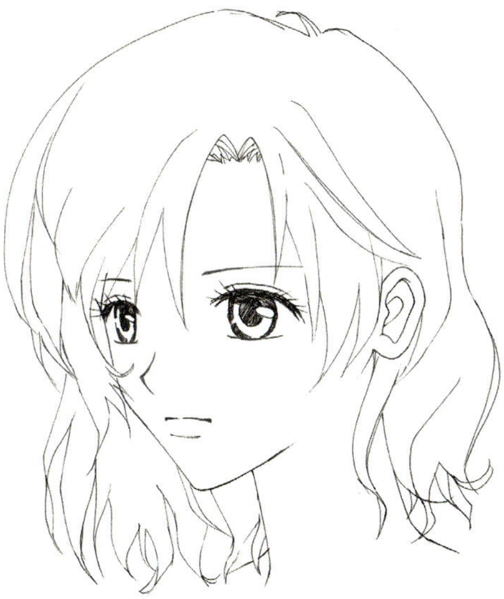

Haare und Augen ausarbeiten. Haarsträhnen mit einigen lockeren Strichen andeuten, damit die Haare realistischer wirken.

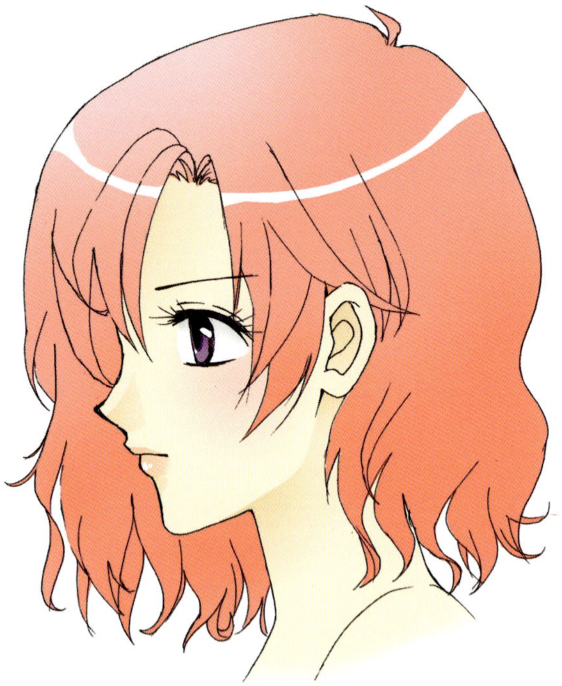

Im Profil müssen die Formen anders gezeichnet werden, weil nur eine Hälfte des Gesichts zu sehen ist.

Profil

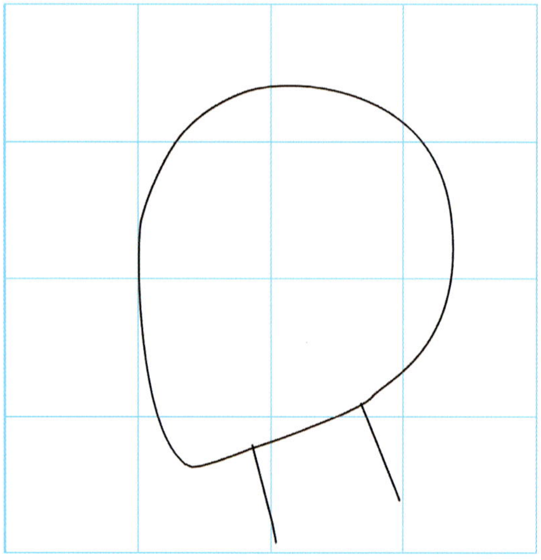

Mit einem Oval beginnen. Der Kopf ist gedreht, darum ist die linke Seite (Gesicht) flach und die rechte Seite (Schädel) gewölbt. Den Hals durch schräge Striche andeuten.

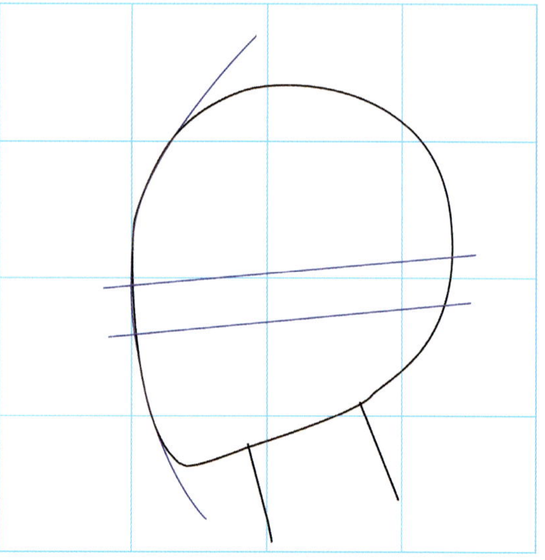

Die »Mittellinie« entspricht nun der linken Gesichtskontur. Die Gesichtshilfslinien fallen nach links etwas ab.

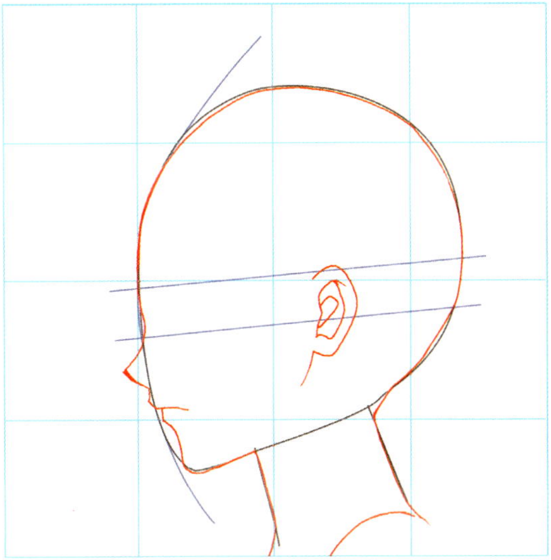

Die Gesichtsform verfeinern. Eine kleine Nase unter der unteren Augenhilfslinie anfügen. Den Mund und den Kiefer zeichnen. Das Ohr setzt an der oberen Augenhilfslinie an.

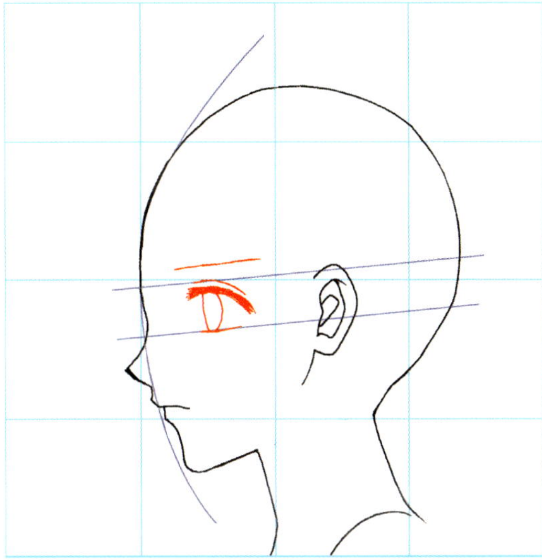

Nun folgen Auge und Augenbraue. Sie sitzen mittig zwischen Nasenwurzel und Ohr. Orientiere dich an den Hilfslinien.

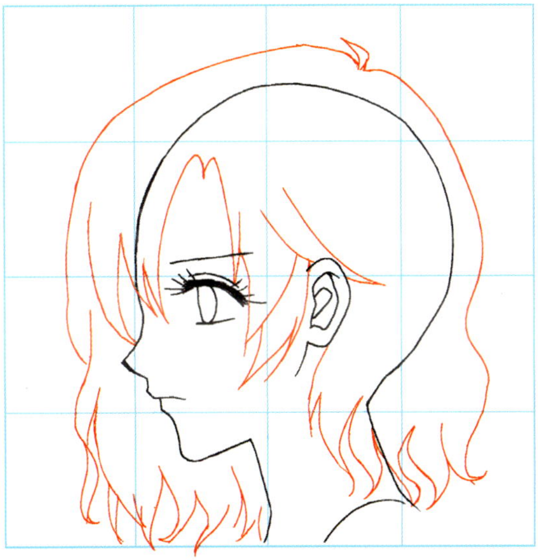

Die Außenkontur der Haare skizzieren, dabei etwas Abstand zur Kopflinie halten.

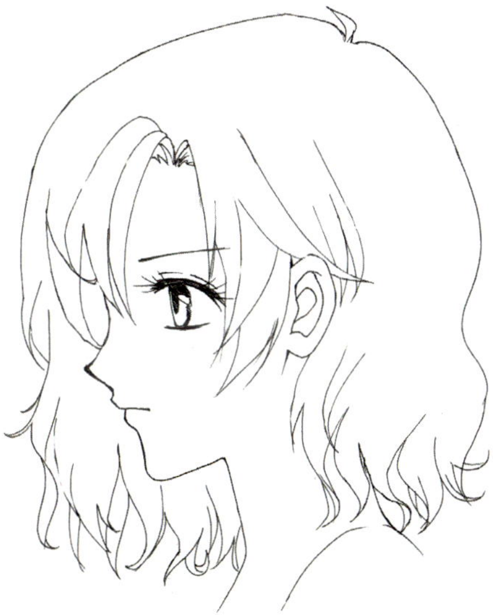

Haare und Auge ausarbeiten. Haarsträhnen mit einigen lockeren Strichen andeuten, damit die Haare realistischer wirken.

MÄNNLICHE GESICHTER

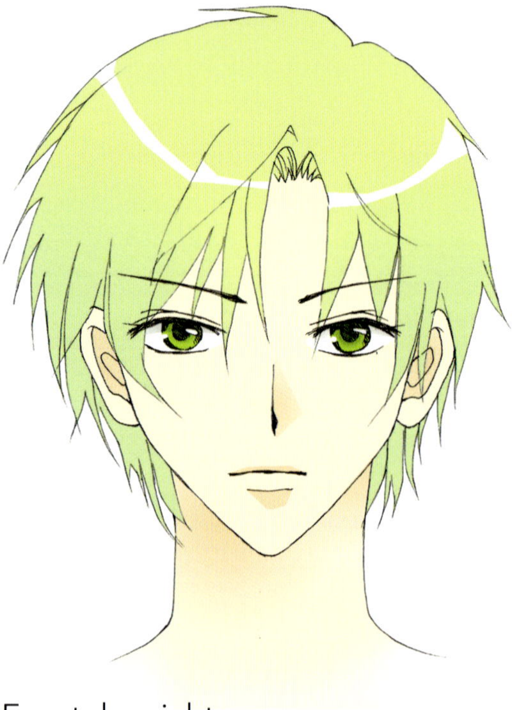

Im Vergleich zum weiblichen Gesicht hat das männliche

- insgesamt eine längere Form
- kleinere Augen
- eine längere Nase
- einen kantigeren Kiefer
- einen kräftigeren Hals

Frontalansicht

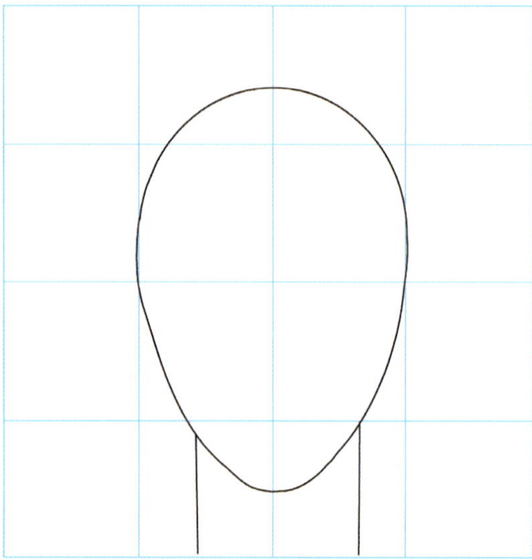

Ein Oval als Grundform zeichnen. Es ist etwas länger als für das weibliche Gesicht. Den Hals durch gerade Striche andeuten.

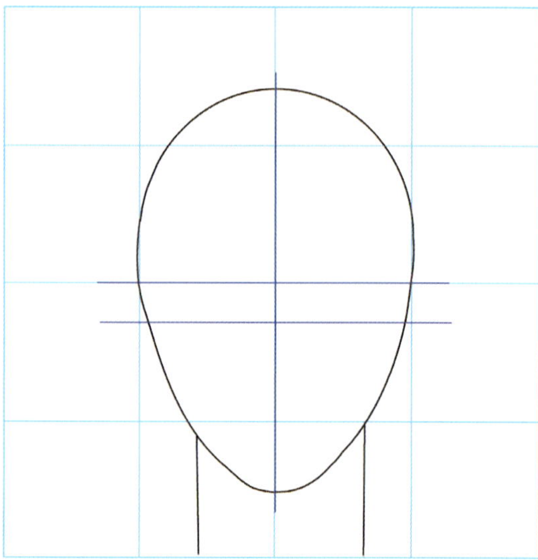

Hilfslinien für Augen, Nase und Ohren einzeichnen. Männliche Augen sind kleiner, darum ist der Abstand der Hilfslinien geringer.

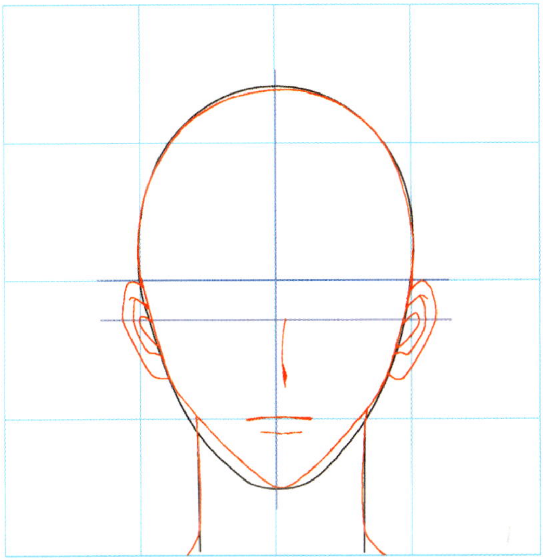

Die Gesichtsform ausarbeiten. Das Kinn ist recht spitz, der Kiefer ausgeprägt. Ohren, Nase und Mund einzeichnen.

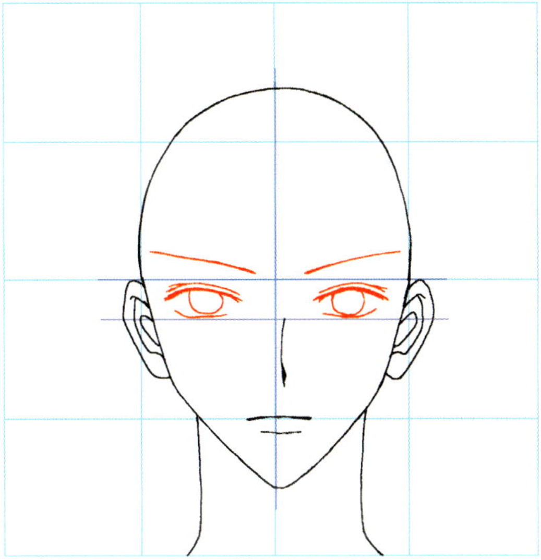

Augen und Augenbrauen zeichnen. Die Augenbrauen steigen zu den Seiten an, das sieht maskulin aus.

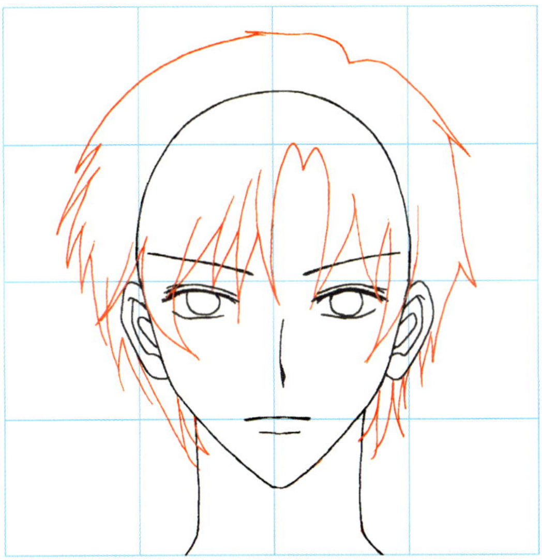

Die Außenkontur der Haare skizzieren, dabei etwas Abstand zur Kopflinie halten.

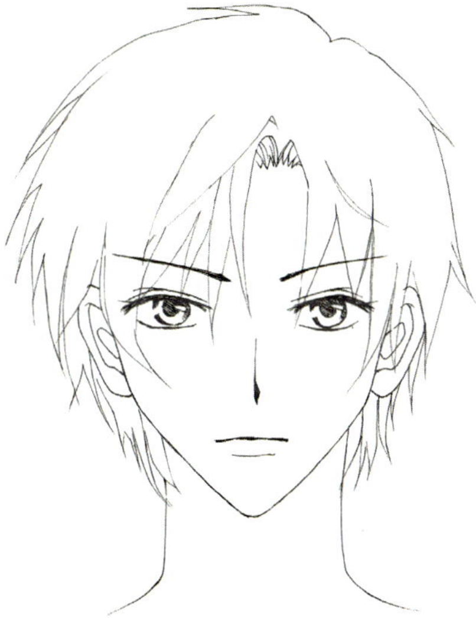

Haare und Augen ausarbeiten. Haarsträhnen mit einigen lockeren Strichen andeuten.

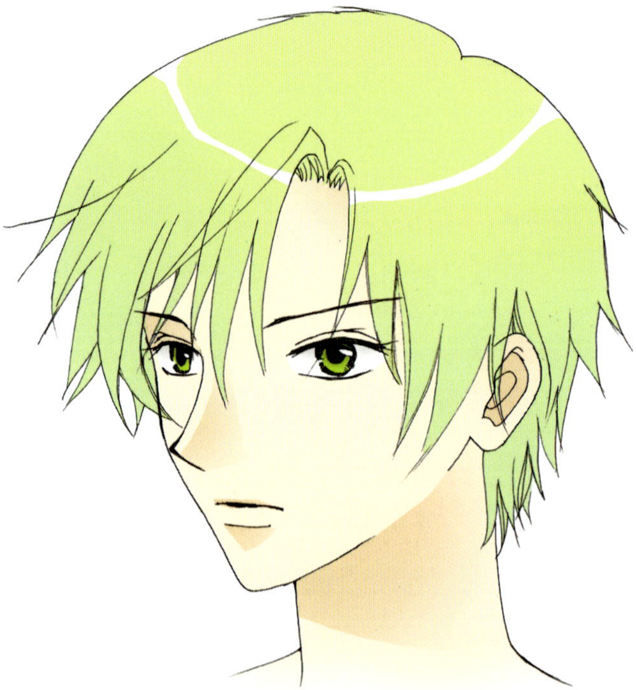

Im Halbprofil sieht eine Seite des Gesichts schmaler aus als die andere, und das Ohr auf der abgewandten Seite ist nicht zu sehen.

Halbprofil

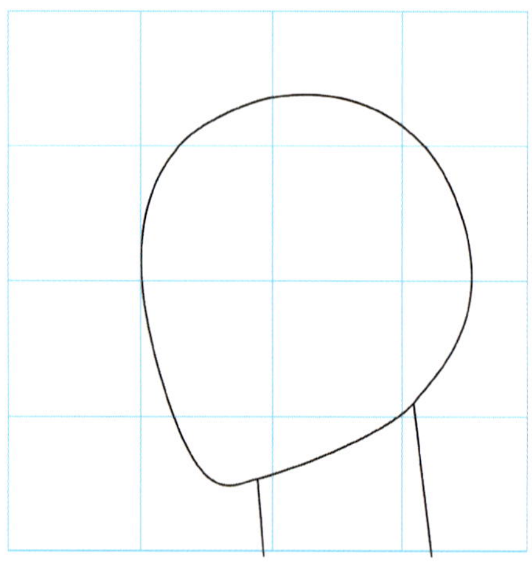

Mit einem Oval als Grundform beginnen. Der Kopf ist leicht gedreht, darum ist die linke Seite abgeflacht und die rechte etwas runder. Den Hals durch schräge Striche andeuten.

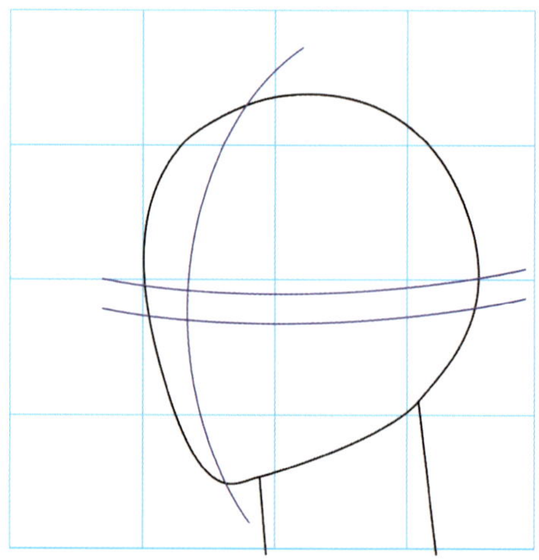

Geschwungene Hilfslinien für Augen, Nase und Ohren einzeichnen. Die Mittellinie des Gesichts ist ebenfalls gekrümmt und nach links verschoben.

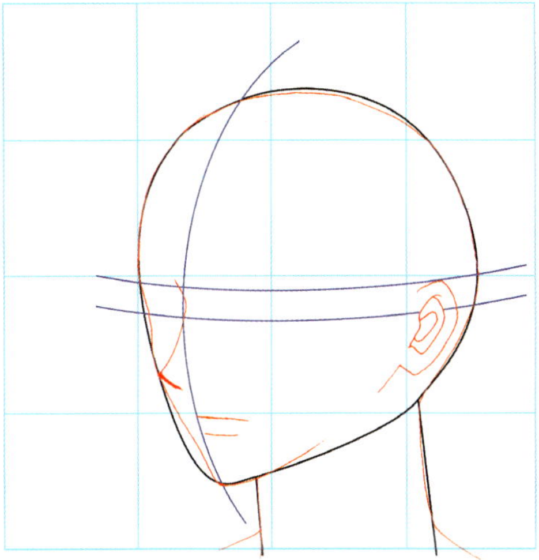

Die Gesichtsform ausarbeiten. Den kräftigen Kiefer, die Nase und das Ohr zeichnen. Die Nase ist länger als bei einer weiblichen Figur und hat einen deutlichen Nasenrücken.

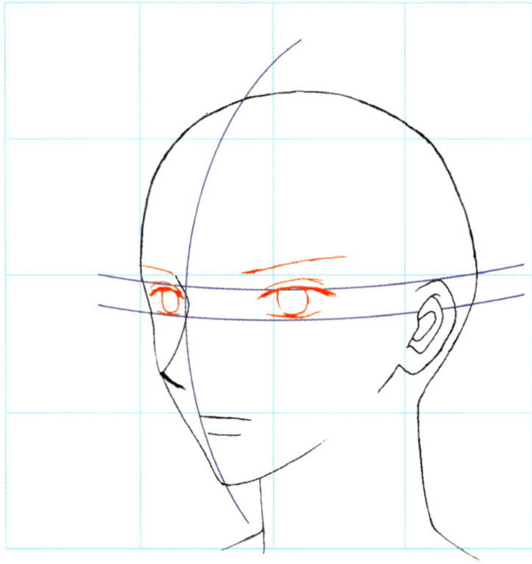

Augen und Augenbrauen einzeichnen. Das rechte Auge ist schmaler als das linke.

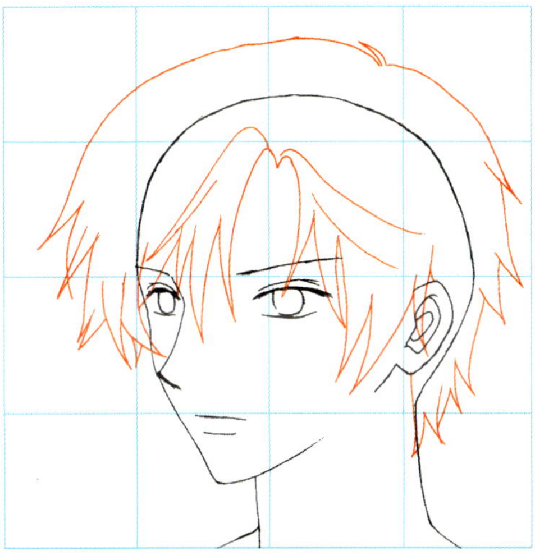

Die Außenkontur der Haare skizzieren, dabei etwas Abstand zur Kopflinie halten.

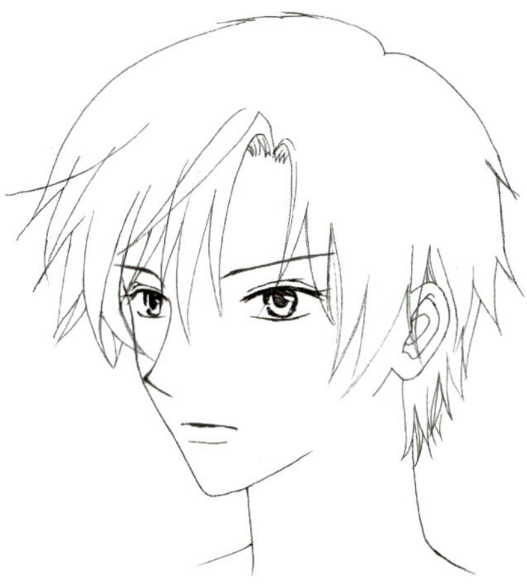

Haare und Augen ausarbeiten. Haarsträhnen mit einigen lockeren Strichen andeuten.

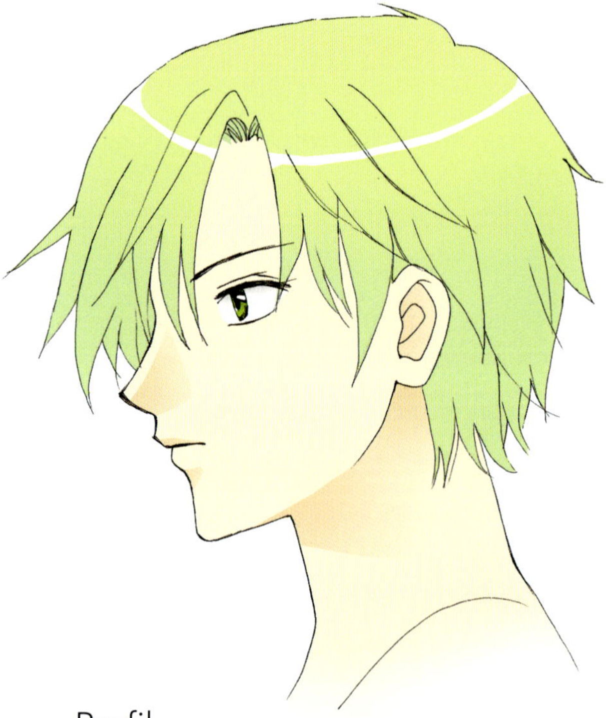

Das männliche Profil ist länger als das weibliche. Es zeichnet sich durch einen längeren Nasenrücken, einen kräftigeren, breiteren Hals und ein kantigeres Kinn aus. Das Auge ist kleiner.

Profil

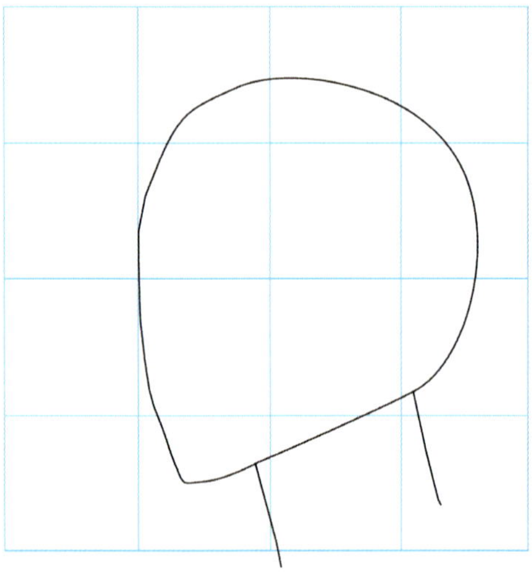

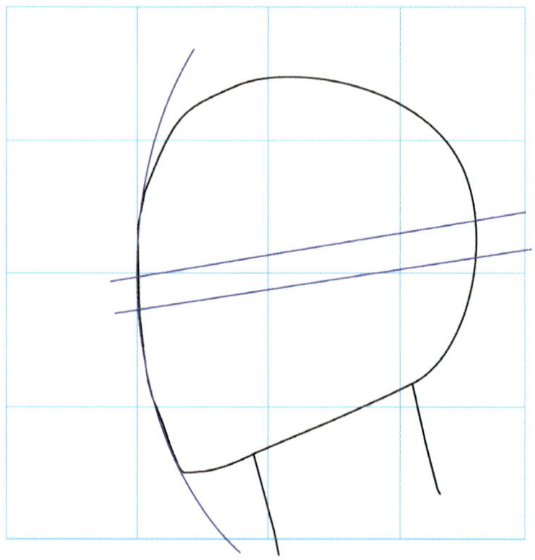

Mit einem Oval beginnen. Der Kopf ist gedreht, darum ist die linke Seite (Gesicht) flach und die rechte Seite (Schädel) gewölbt. Den Hals durch schräge Striche andeuten. Das männliche Gesicht ist länger, und der Hals ist kräftiger.

Die »Mittellinie« entspricht nun der linken Gesichtskontur. Die Gesichtshilfslinien fallen nach links etwas ab. Ihr Abstand ist geringer, weil männliche Gesichter kleinere Augen haben.

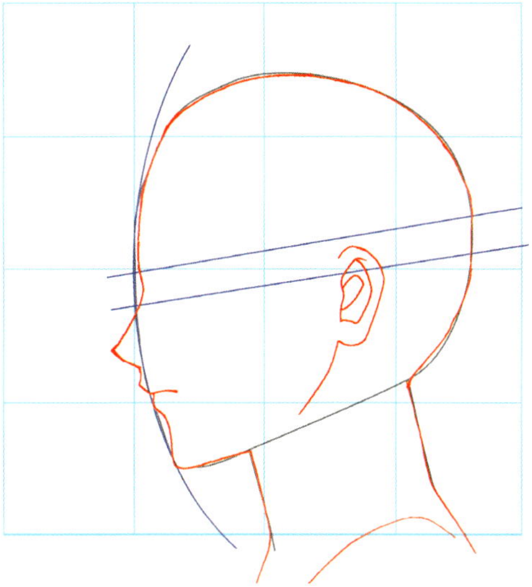

Die Gesichtsform verfeinern. Der lange Nasenrücken beginnt zwischen den Augenhilfslinien. Den Mund und das fast spitze Kinn einzeichnen. Der obere Rand des Ohrs setzt etwas tiefer an: zwischen den Augenhilfslinien.

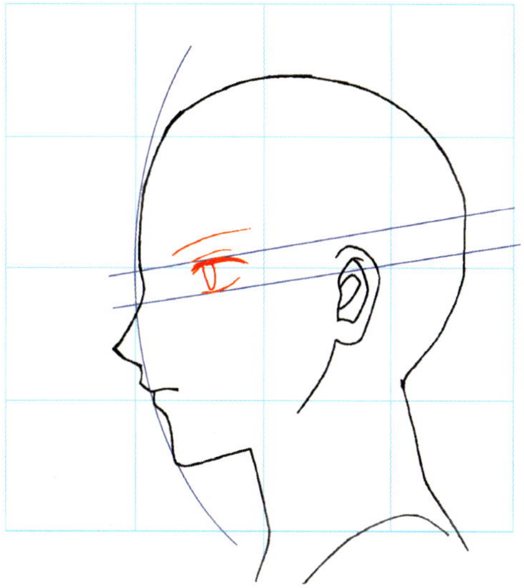

Nun Auge und Augenbraue einzeichnen. Das Auge liegt relativ weit links. Die männliche Augenbraue ist fast gerade und steigt schräg an.

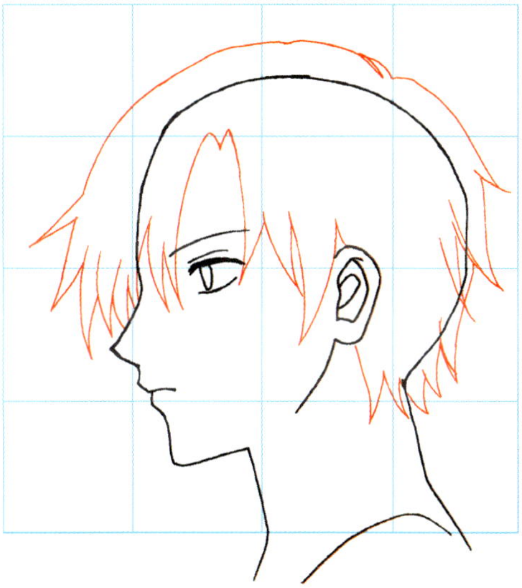

Die Außenkontur der Haare skizzieren, dabei etwas Abstand zur Kopflinie halten.

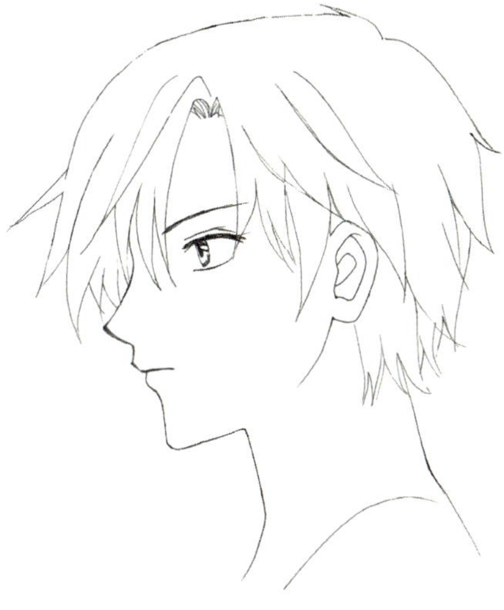

Haare und Auge ausarbeiten. Haarsträhnen mit einigen lockeren Strichen andeuten. Je mehr, umso zerzauster wirken die Haare.

AUGEN

Augen verraten eine Menge über die Stimmung einer Figur.

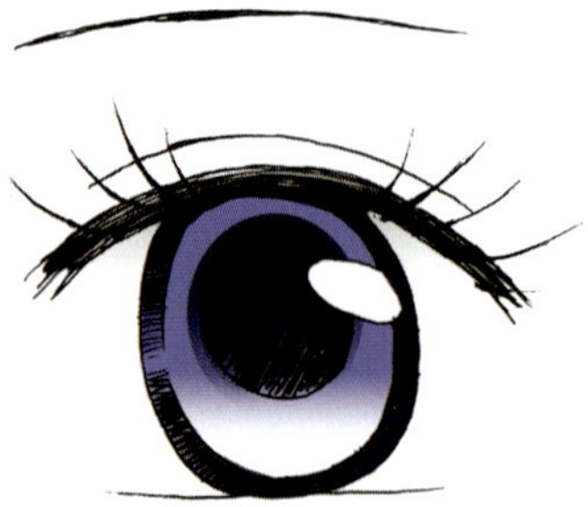

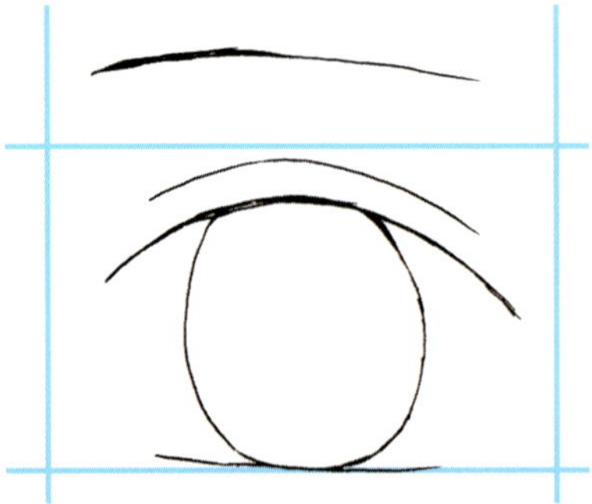

Die Grundformen von Augapfel, Augenlid und Augenbraue mit einfachen Strichen skizzieren. Die Augenwinkel nicht schließen.

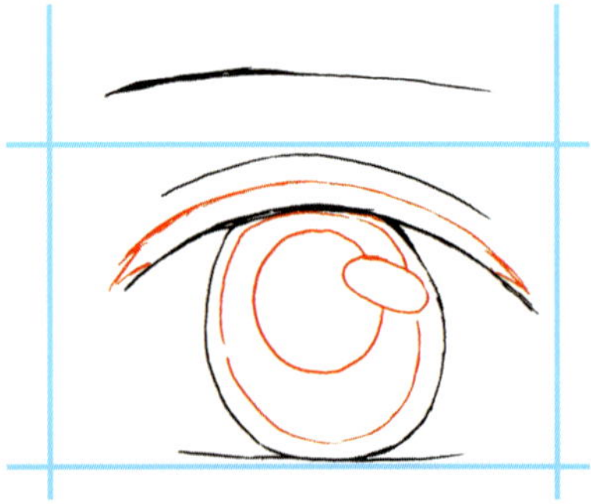

Das Augenlid verbreitern. Die (große) Pupille und darüber einen kleinen Lichtreflex einzeichnen.

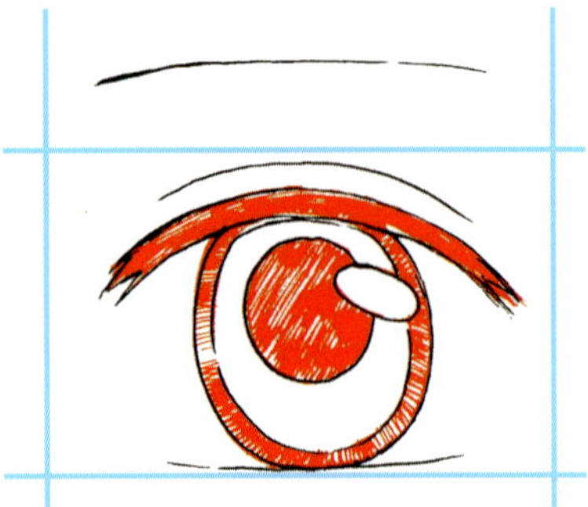

Die Formen ausfüllen, der Lichtreflex bleibt weiß.

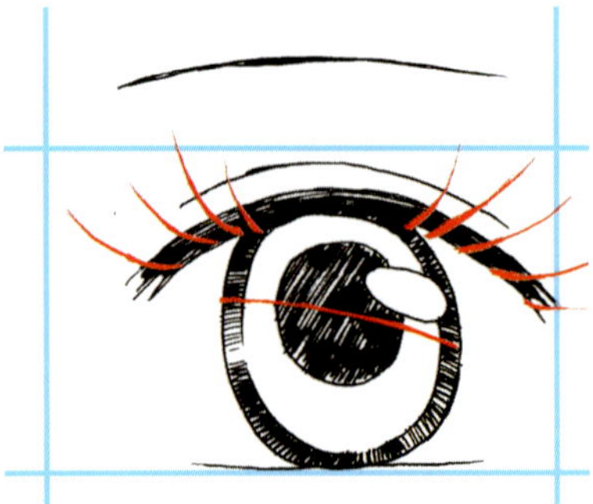

Rechts und links einige Wimpern anfügen. Eine Hilfslinie für den Schatten auf dem Auge einzeichnen.

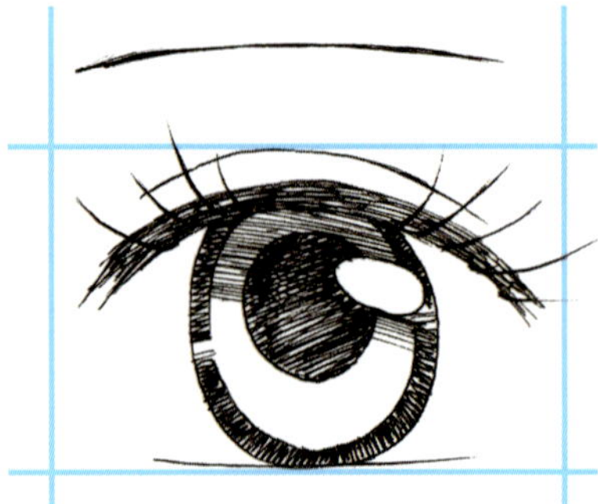

Den Schatten schraffieren. Er ist oben (unter dem Lid) dunkler als unten.

Platzierung für ein weibliches Gesicht

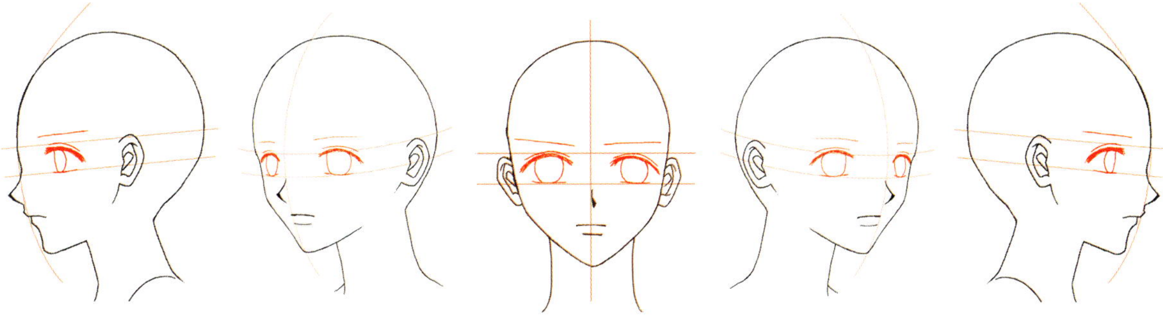

Hilfslinien erleichtern die Platzierung der Augen (und Ohren). Die erste Hilfslinie liegt etwa in der Mitte zwischen Oberkopf und Kinnspitze. Die zweite liegt auf Höhe des Kiefergelenks. Auf ihr befindet sich der untere Rand des Auges.

Wimpern

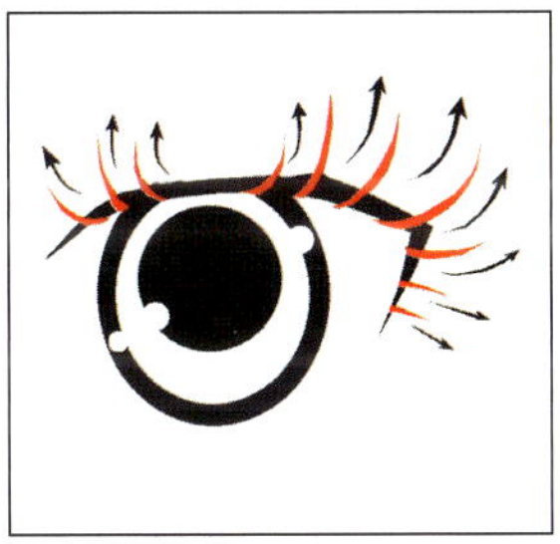

Die Wimpern sind gebogen und weisen jeweils strahlenförmig nach oben/außen, um die Augenform zu verstärken.

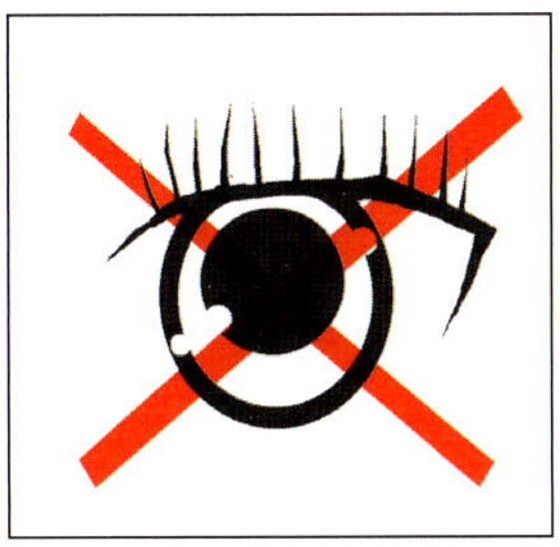

Gerade Wimpern sehen steif und unnatürlich aus.

Allein durch die Augen können Figuren ganz unterschiedlich aussehen. Selbst wenn Gesicht und Haare ansonsten identisch sind, erhältst du verschiedene Figuren, indem du die Augen veränderst. Sind die äußeren Augenwinkel nach oben gerichtet, wirkt die Figur selbstbewusst und entschlossen. Fallen die äußeren Augenwinkel ab, wirkt die Figur schüchtern oder traurig.

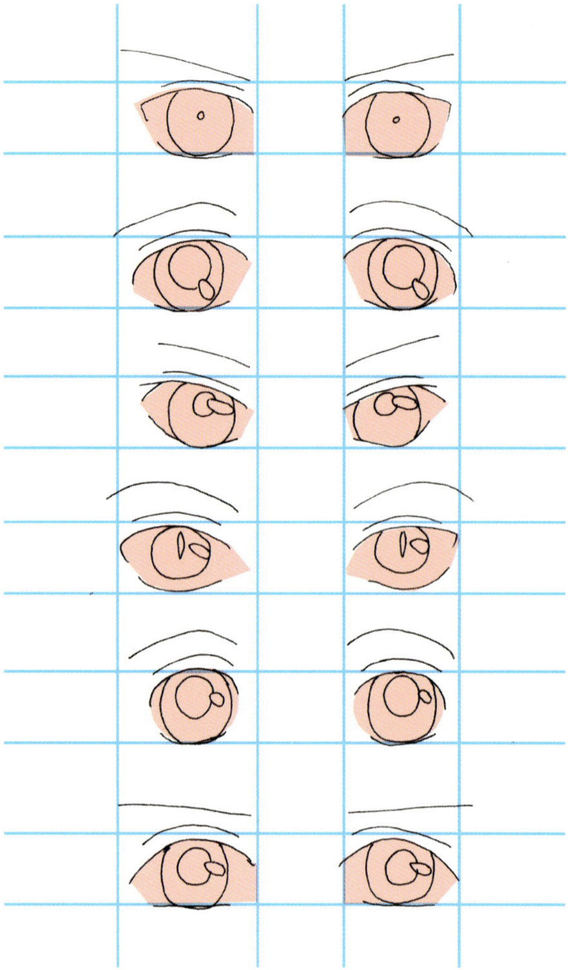

Mit der einfachen Grundform beginnen, dann die Augenwinkel, die Größe der Pupille oder die Augenbrauenform verändern.

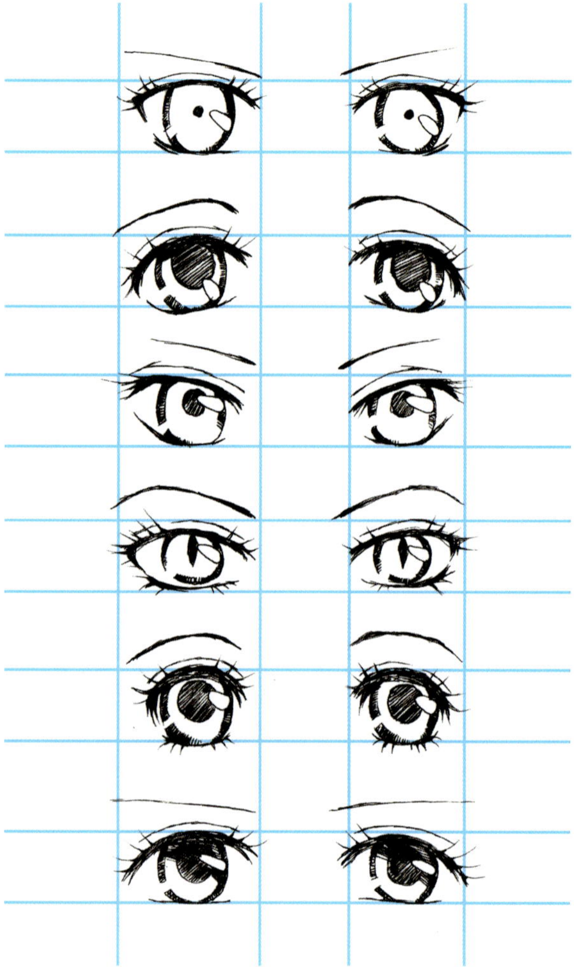

Dann folgen die Schatten. Fülle Augenlider und Pupille mit Schwarz aus.

Diese Abbildungen zeigen immer dasselbe Mädchengesicht mit unterschiedlichen Augen. Jedes Gesicht sieht aus, als ob es zu einer ganz anderen Person gehört.

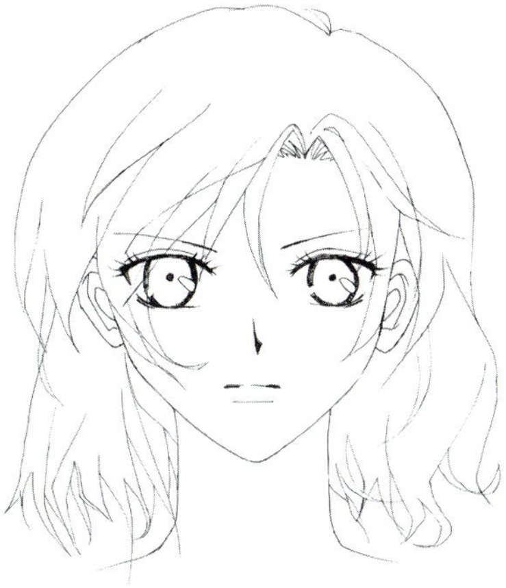

Hohe Augenwinkel: selbstbewusst und mutig.

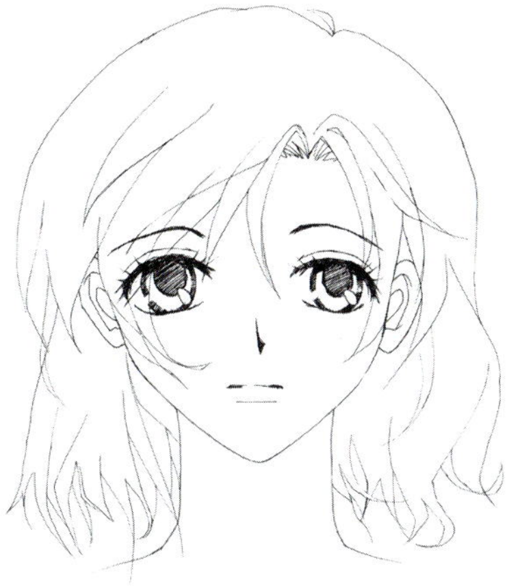

Abfallende Augenwinkel: schüchtern.

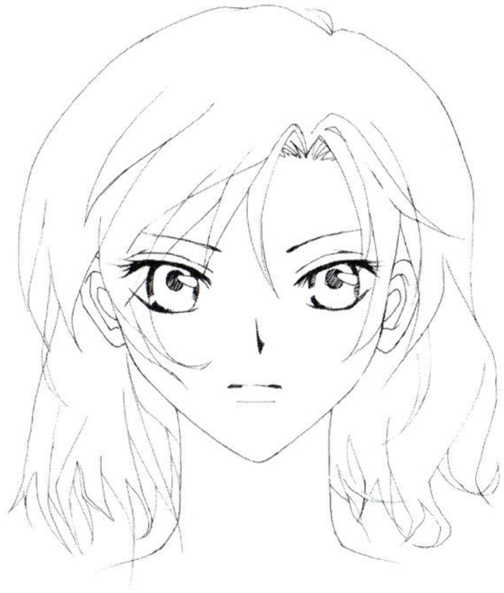

Weite Augen und gehobene Augenbrauen: aufgewühlt und zornig.

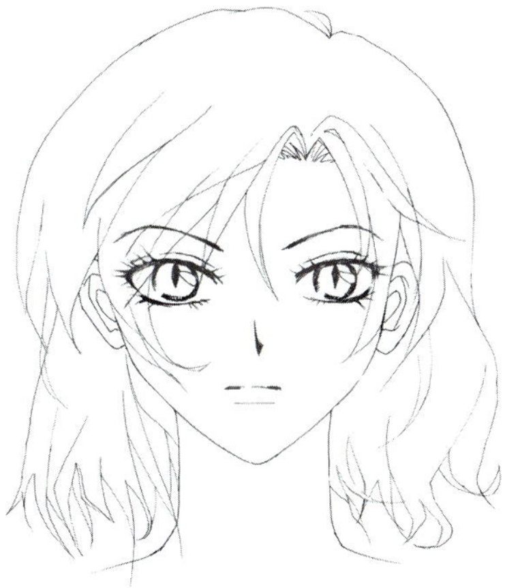

Schlitzpupille wie bei Katzen: wild, vielleicht sogar gefährlich.

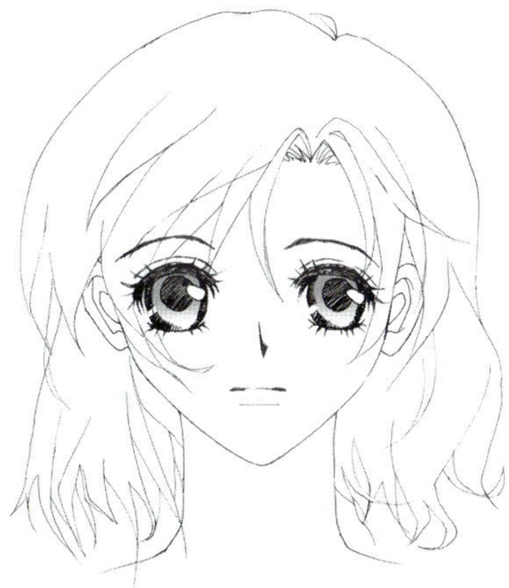

Große Augen und große Pupillen: niedlich und unschuldig.

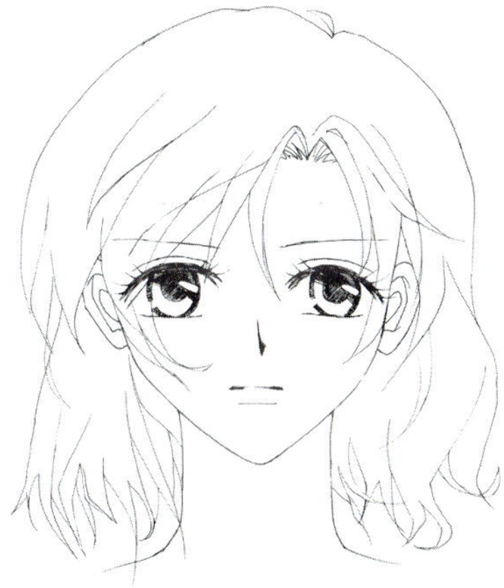

Gerade Brauen, Oberlid gekrümmt, Unterlid gerade: neutral – das Mädchen von nebenan.

Männliche Augen unterscheiden sich in einigen Punkten von weiblichen. Der Augapfel ist insgesamt kleiner, das Augenlid länger, und die Augenbraue steht schräg, (fast) ohne Bogen.

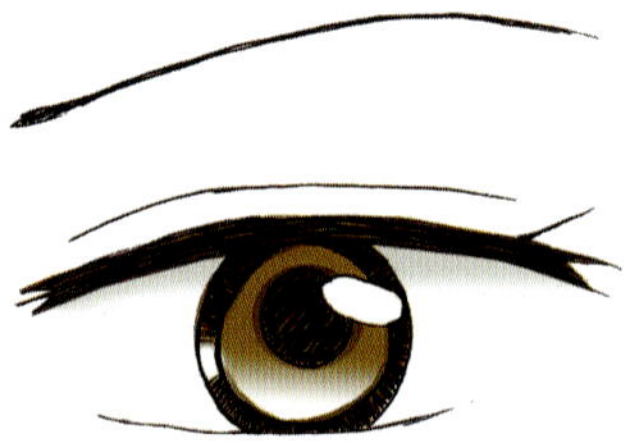

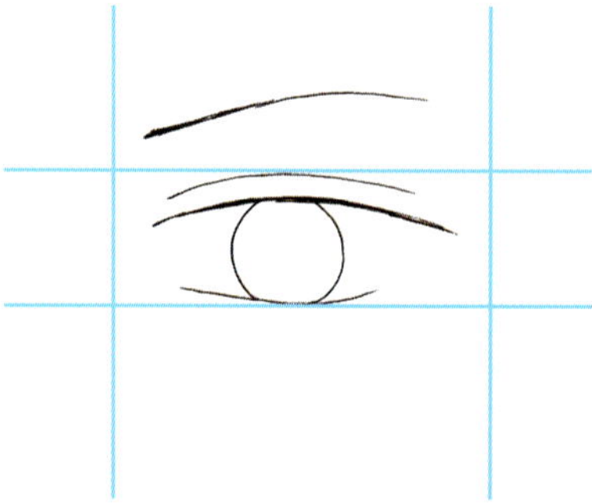

Die Grundformen von Augapfel, Augenlid und Augenbraue mit einfachen Strichen skizzieren.

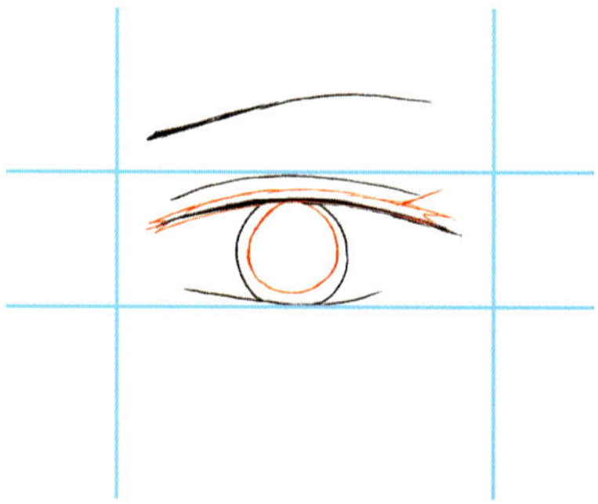

Das Augenlid verbreitern und einen Ring für die Iris einfügen.

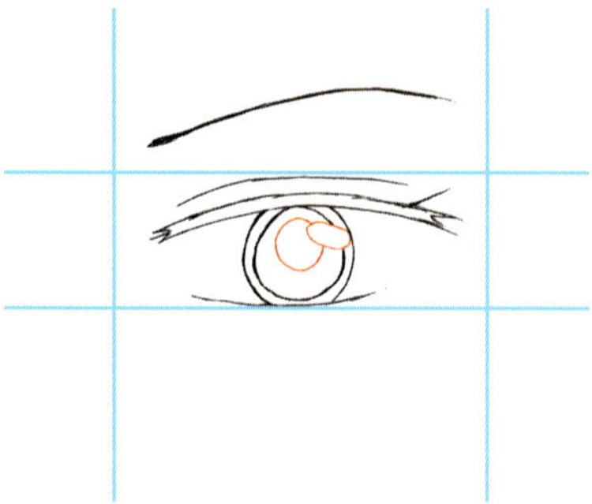

Die Pupille und überlappend einen Lichtreflex zeichnen.

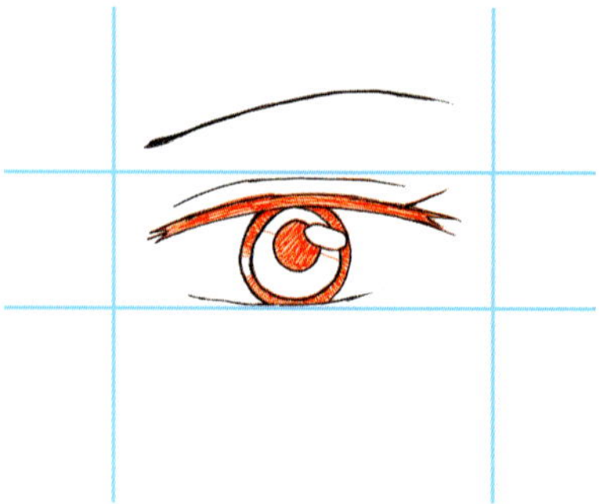

Die Formen ausfüllen. Der Lichtreflex bleibt weiß.

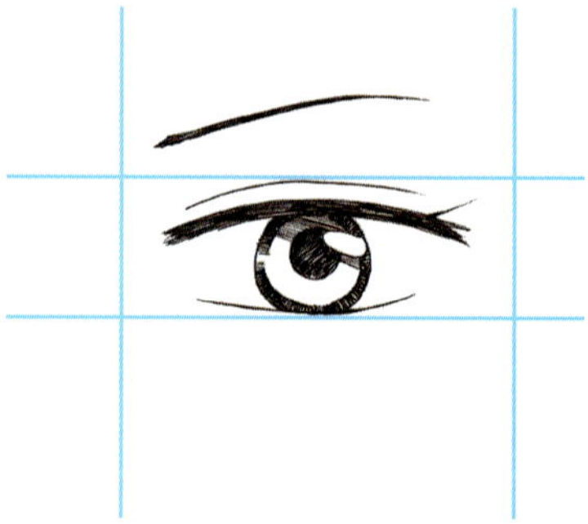

Den oberen Bereich des Auges schattieren. Der Schatten wird nach unten heller.

Platzierung für ein männliches Gesicht

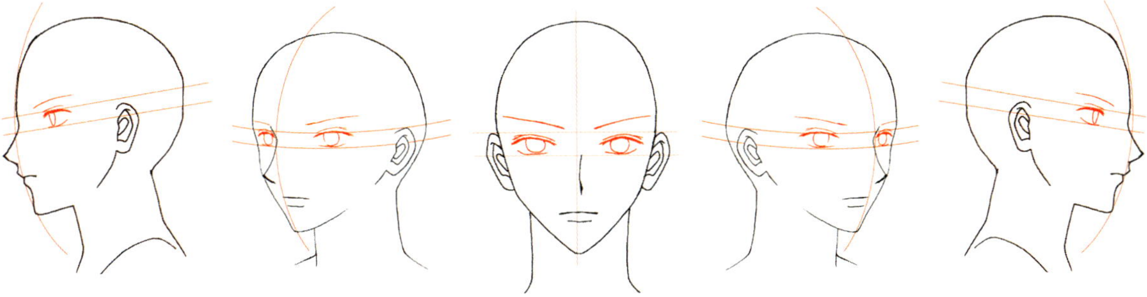

Hilfslinien erleichtern die Platzierung der Augen (und Ohren). Die erste Hilfslinie liegt etwa in der Mitte zwischen Oberkopf und Kinnspitze. Die zweite liegt auf Höhe des Kiefergelenks. Die Oberkante der Ohren setzt zwischen diesen beiden Hilfslinien an, also etwas tiefer als beim weiblichen Gesicht.

Augenbrauen

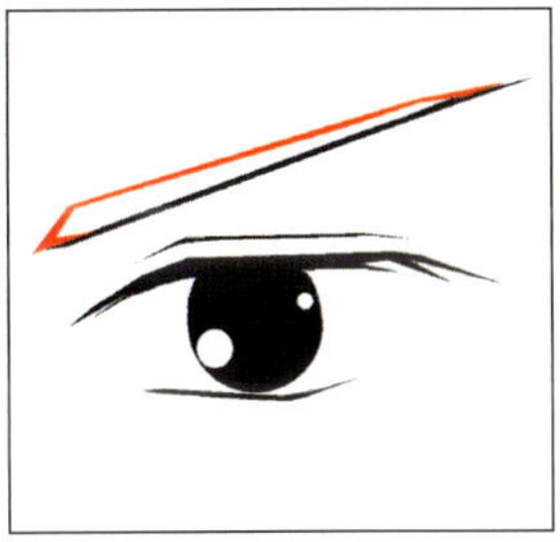

Mit einer geraden, schräg verlaufenden Linie beginnen, die nach außen ansteigt. Darüber eine zweite Linie (hier rot) zeichnen, sodass sich eine schmale Pfeilspitze ergibt. Die Linien über dem inneren Augenwinkel mit einer kurzen Schräge verbinden.

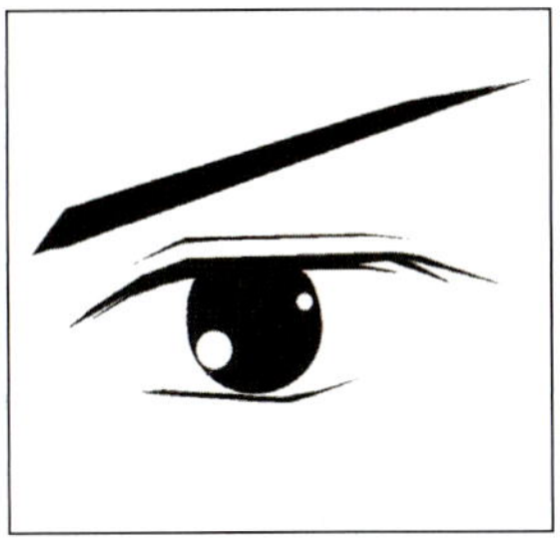

Die Augenbraue ausfüllen.

Männliche Augen lassen sich ebenso leicht abwandeln wie weibliche. Wenn die äußeren Augenwinkel höher als die inneren liegen, sieht die Figur cool und unternehmungslustig aus. Fallen die äußeren Augenwinkel ab, wirkt die Figur träge oder apathisch.

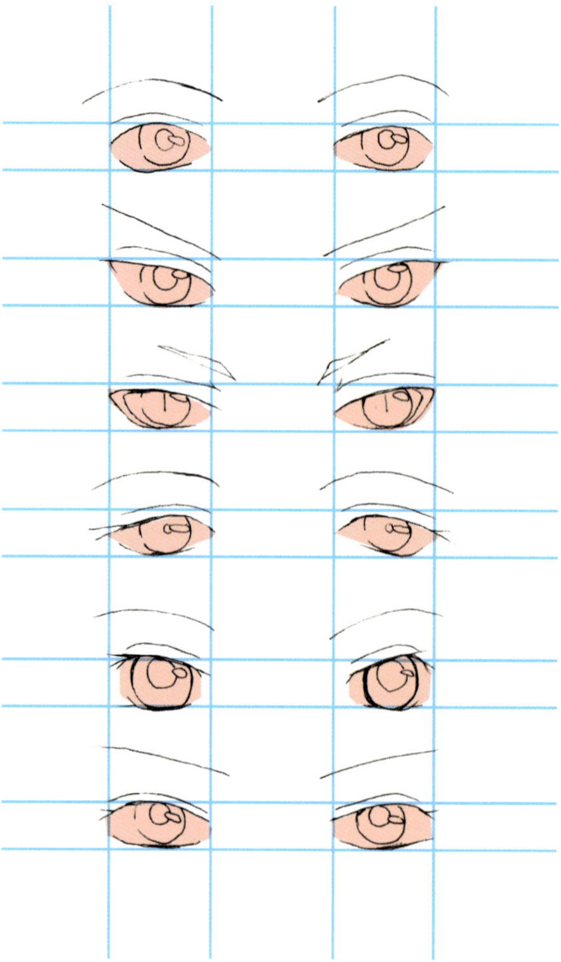

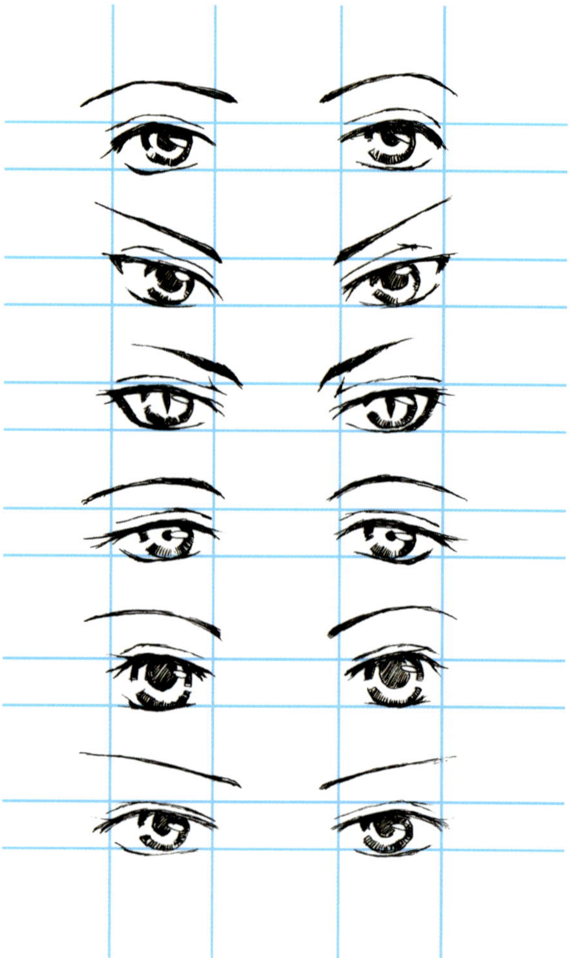

Mit der einfachen Grundform beginnen, dann die Augenwinkel, die Größe der Pupille oder die Augenbrauenform verändern.

Die Linien leicht schattieren. Fülle Augenlider und Pupillen mit Schwarz aus.

Diese Beispiele zeigen dasselbe Gesicht, nur die Augen sind unterschiedlich. Und wieder sieht jede Zeichnung aus wie eine ganz andere Person.

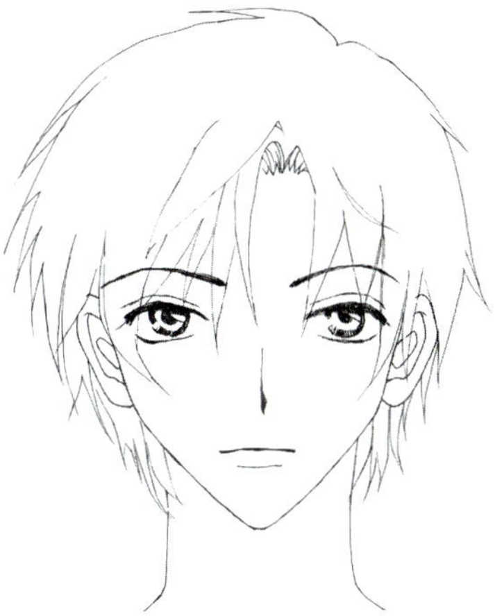

Mandelförmige Augen und geschwungene Augenbrauen: neutral – der Junge von nebenan.

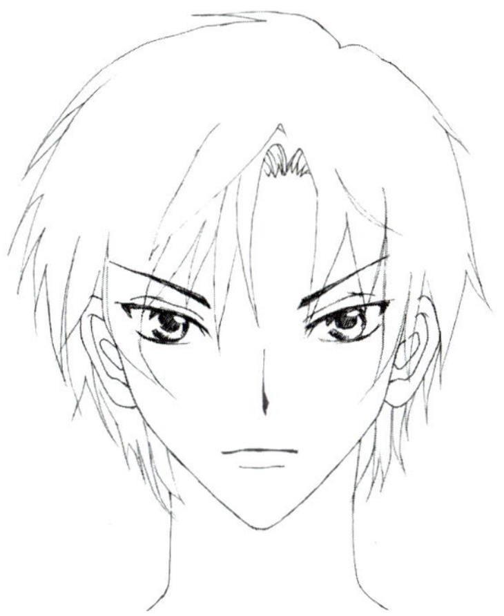

Stark schräge Augen und Augenbrauen, nach innen abfallend: reizbar oder wütend.

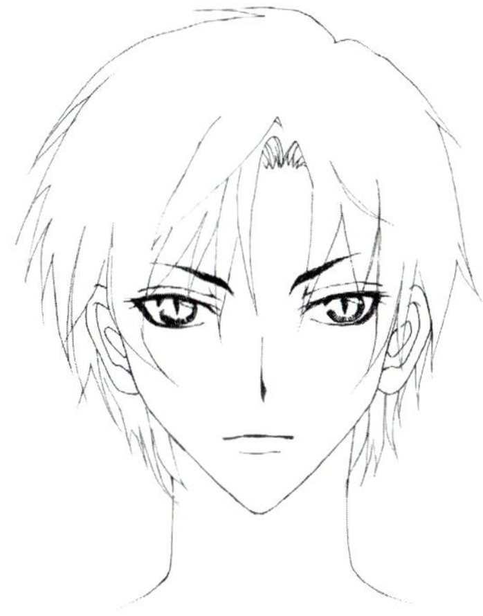

Gehobene Augenbrauen, schmale Pupille: wild.

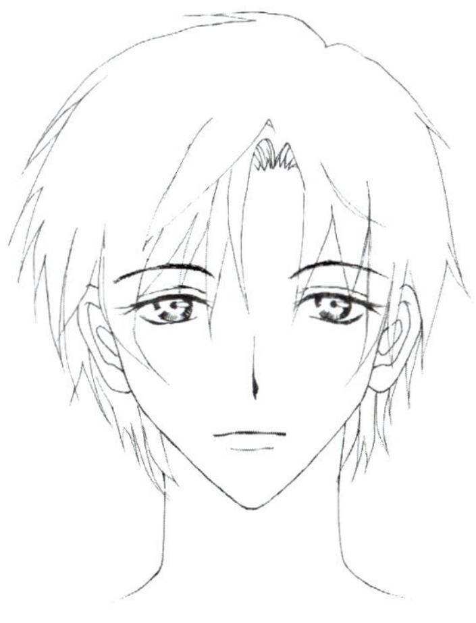

Nach außen abfallende Augen und Augenbrauen: enttäuscht, einsam.

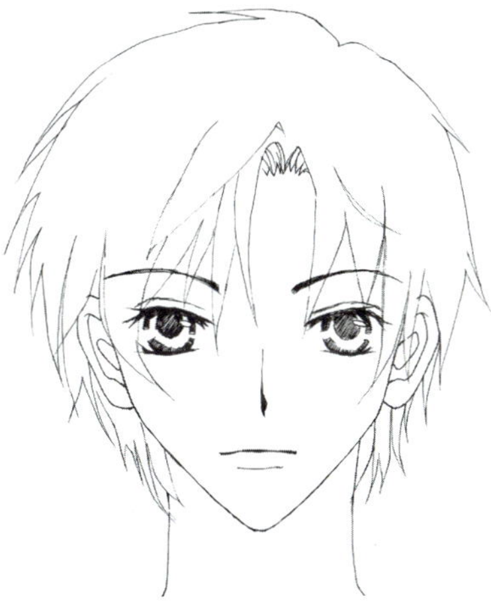

Große Augen, aber insgesamt schmaler: niedlich und energiegeladen.

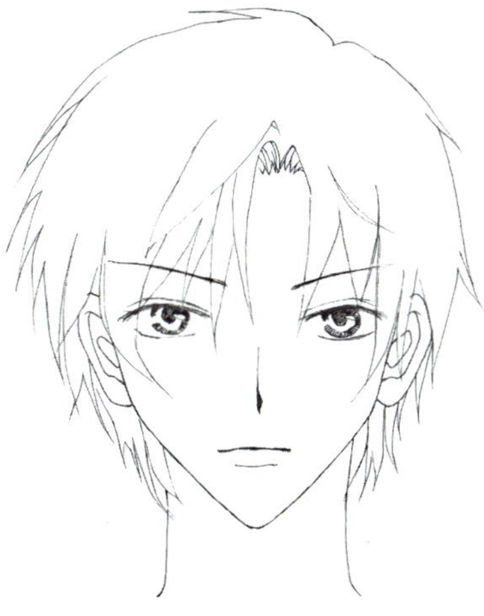

Hochgezogene Augenbrauen, mandelförmige Augen: cool.

WEIBLICHE FRISUREN

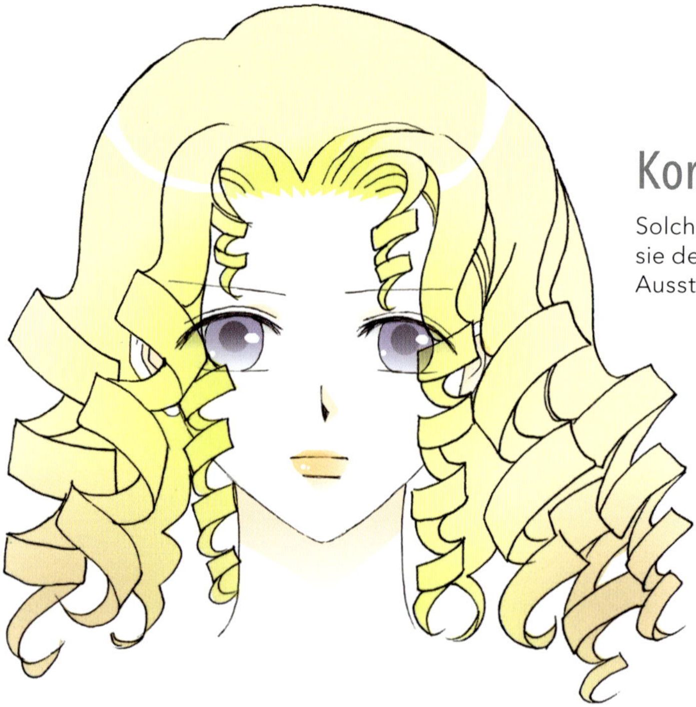

Korkenzieherlocken

Solche Locken sind im Manga sehr beliebt, weil sie den Figuren eine niedliche und sinnliche Ausstrahlung geben.

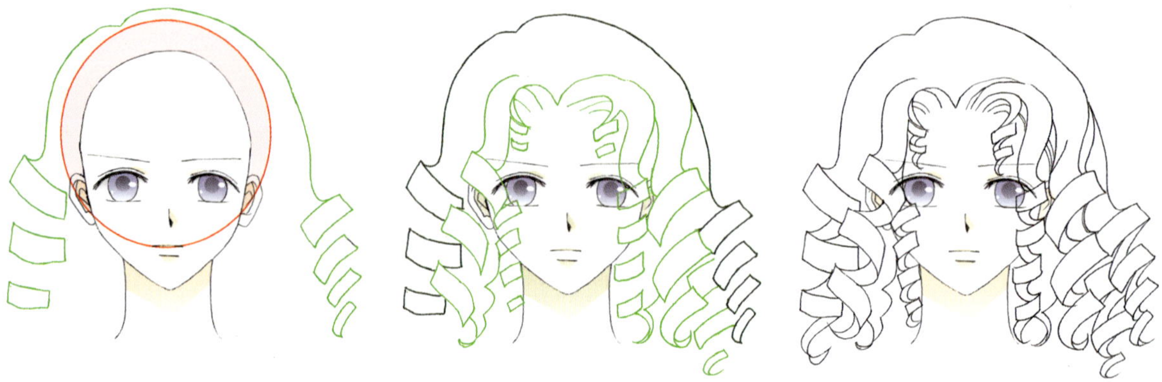

Zuerst die Außenkontur der Frisur vorzeichnen. Sie ist um etwa ein Viertel größer als der Kopf. Die ersten Locken mit Rechtecken skizzieren, die wie kurze Klebefilmstreifen aussehen.

Weitere Rechtecke, die als Gruppe eine Zylinderform bilden, um das Gesicht herum anordnen und mit wenigen Strichen mit dem Haaransatz verbinden.

Nun geschwungene Verbindungslinien zwischen den »Klebestreifen« hinzufügen. Und schon ist die Frisur mit Korkenzieherlocken fertig.

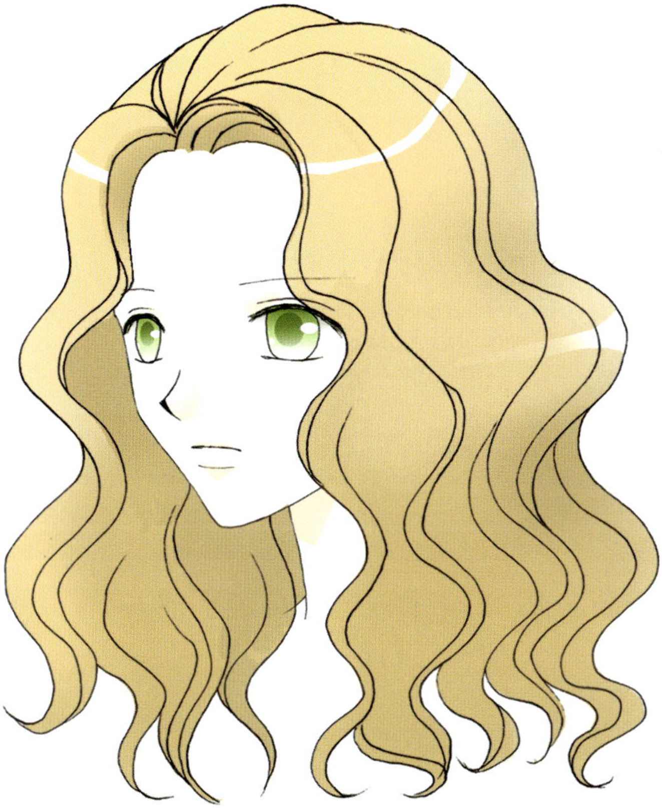

Wellige Haare

Lange, wellige Haare sind ein klassischer Look für weibliche Figuren. Sie verleihen der Figur ein zartes, feminines Aussehen.

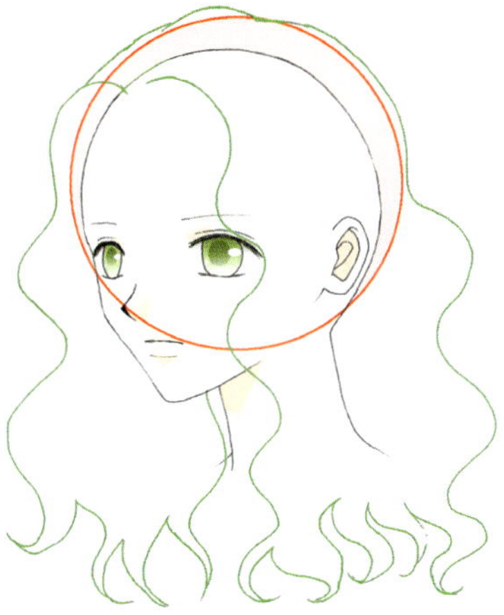

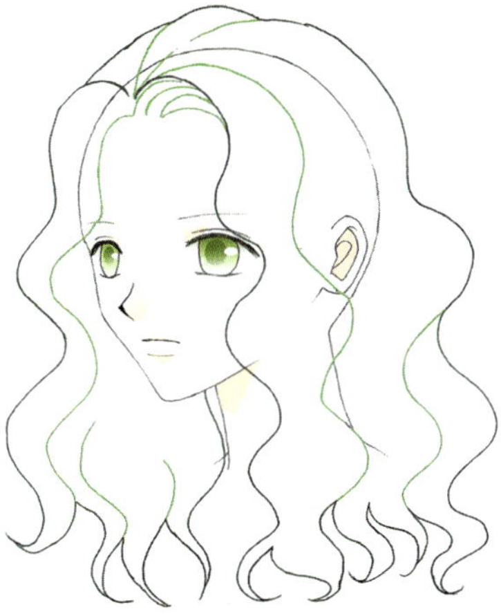

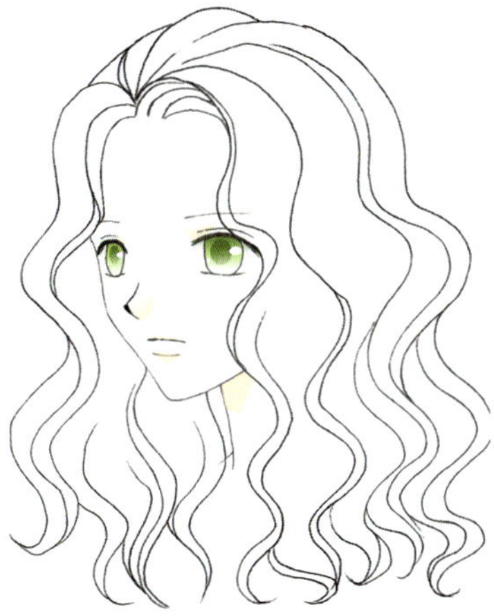

Zuerst die Außenkontur der Haare vorzeichnen. Sie ist um etwa ein Viertel größer als der Kopf. Wellenlinien in der gewünschten Länge von oben nach unten zeichnen.

Weitere wellige Striche hinzufügen.

Um Haarsträhnen anzudeuten, nun wellige Striche parallel zu den ersten einzeichnen.

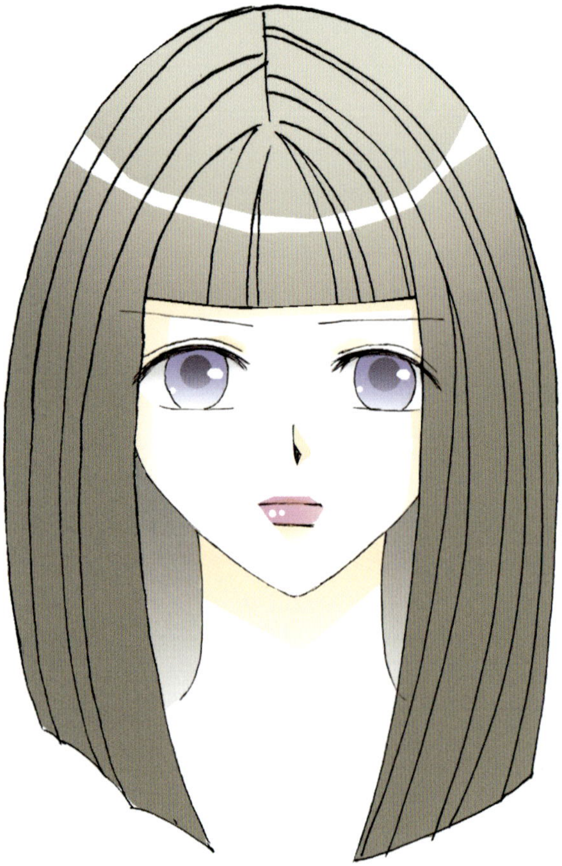

Glatte Haare

Glatte Haare mit einem Pony sind die klassische Frisur für japanische Mädchenfiguren.

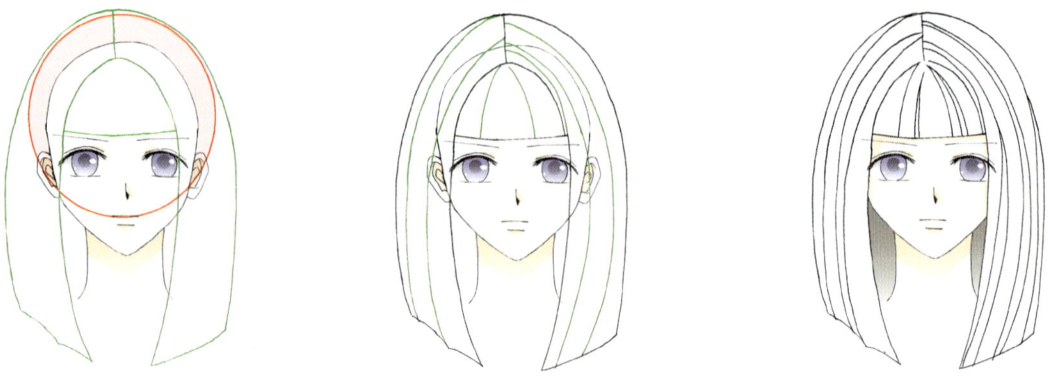

Zuerst die Außenkontur der Frisur vorzeichnen. Sie ist um etwa ein Viertel größer als der Kopf. Minimal geschwungene Striche vom Oberkopf bis zur gewünschten Länge zeichnen. Eine Hilfslinie für den Pony hinzufügen.

Weitere parallel zur Kontur verlaufende Striche hinzufügen.

Und noch einige gerade Striche einzeichnen, um die Textur der Haare anzudeuten. Je gleichmäßiger, umso glänzender und glatter wirkt das Haar.

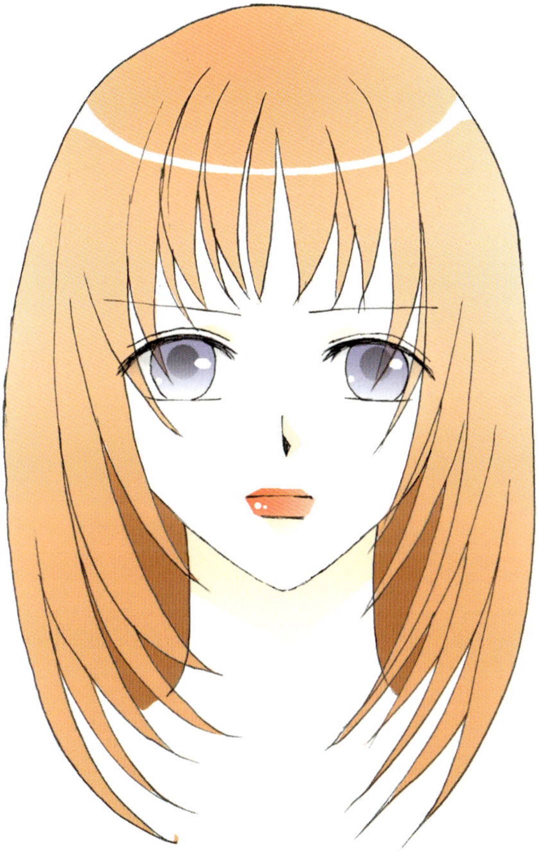

Gestufter Fransenschnitt

Ein fransiger Stufenschnitt passt zu einer Figur, die frisch, lebhaft und modern wirken soll.

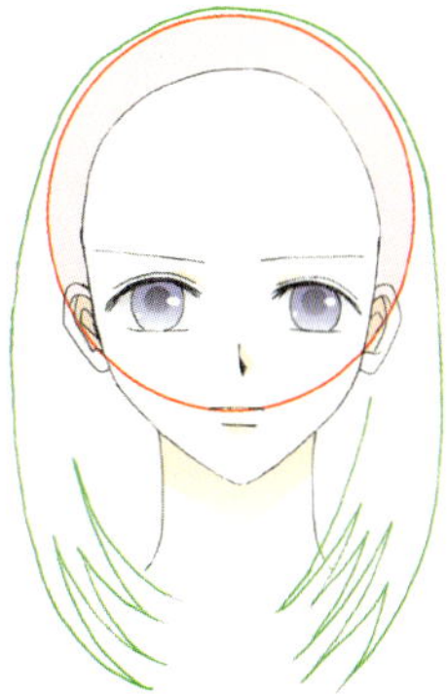

Zuerst die Außenkontur der Frisur vorzeichnen. Sie ist um etwa ein Viertel größer als der Kopf. Lange, leicht geschwungene Striche vom Oberkopf bis zur gewünschten Länge einzeichnen und in Spitzen auslaufen lassen.

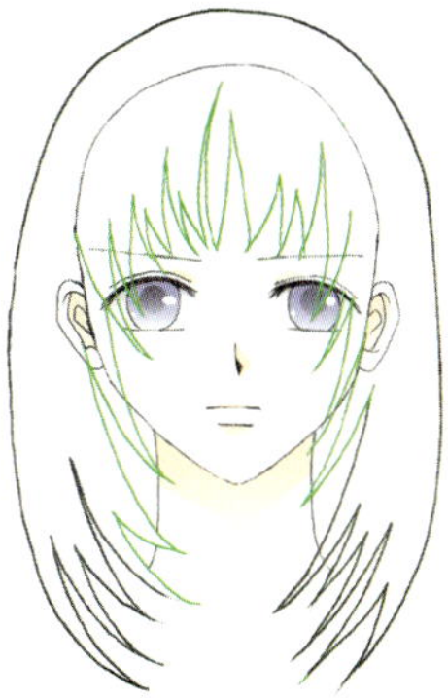

Weitere Spitzen entlang der unteren Haarkontur und am Pony hinzufügen. Von außen nach innen kürzer werden lassen.

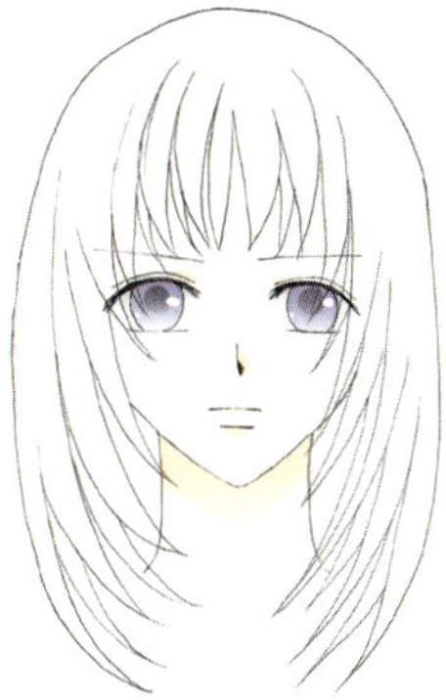

Zuletzt einige Striche einfügen, um Haarsträhnen anzudeuten.

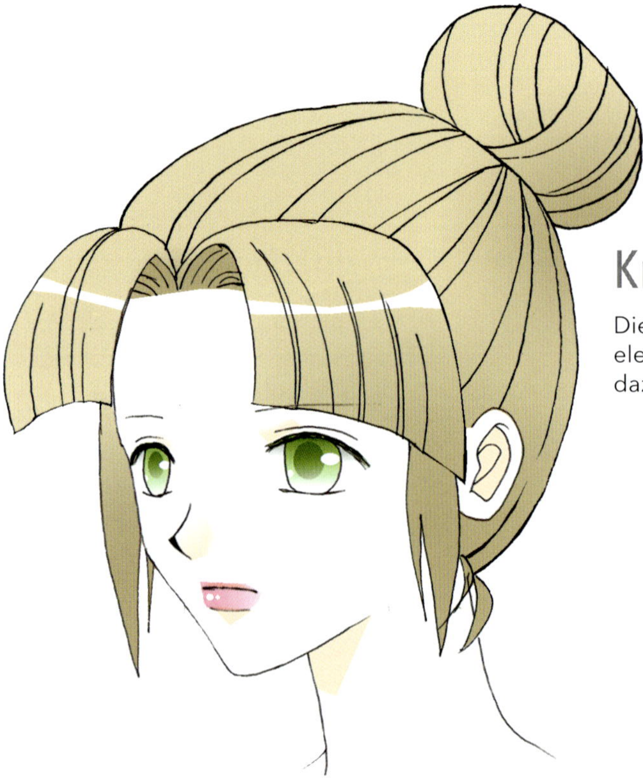

Knoten

Die einfache Hochsteckfrisur gibt der Figur ein elegantes oder festliches Aussehen, wenn sie dazu ein Cocktailkleid und hohe Absätze trägt.

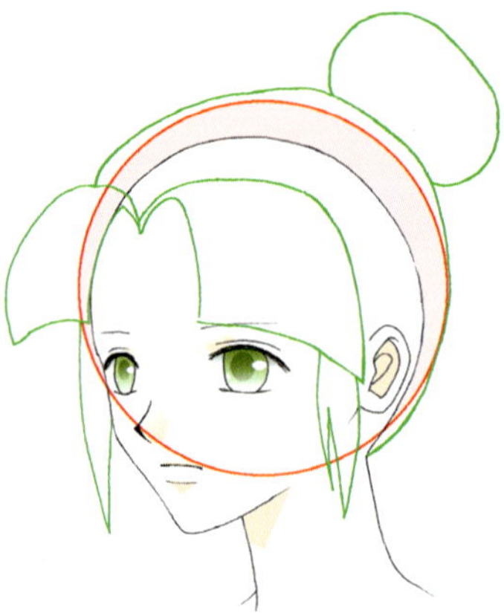

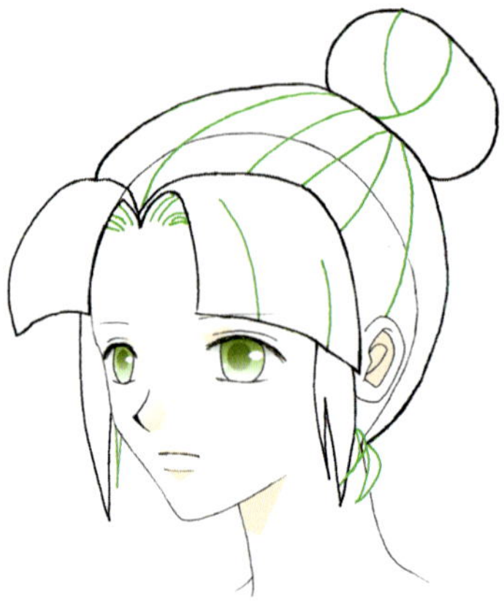

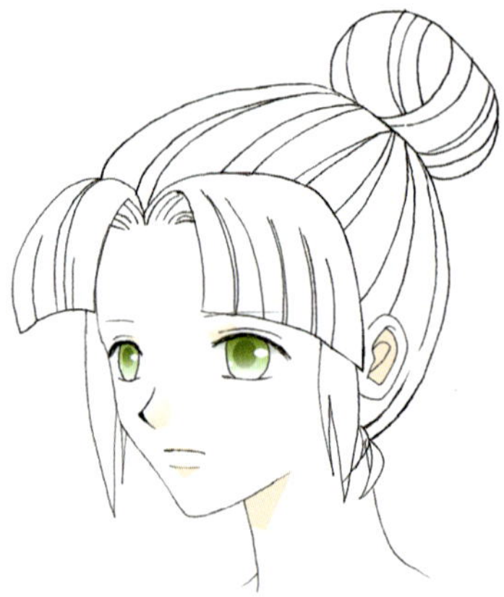

Zuerst die Außenkontur der Frisur vorzeichnen. Sie ist um etwa ein Viertel größer als der Kopf. Den geteilten Pony hoch über der Stirn und den Knoten auf dem hinteren Oberkopf einzeichnen.

Einige Striche auf dem Kopf und dem Knoten einzeichnen. Sie sind gekrümmt, denn sie folgen der Form des Kopfs und des Knotens.

Die Textur durch weitere Striche herausarbeiten.

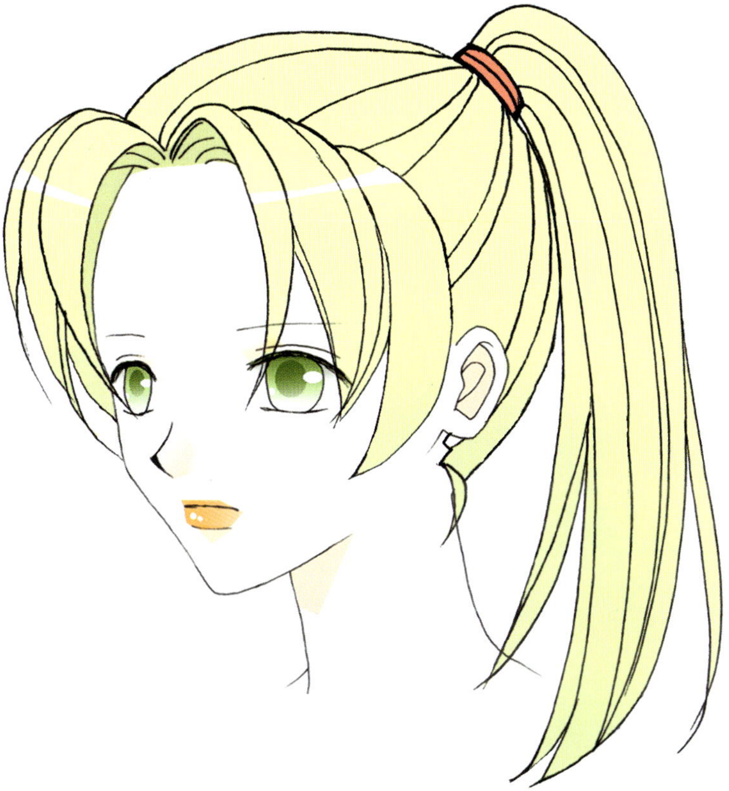

Pferdeschwanz

Ist die Figur vielleicht Cheerleaderin, oder spielt sie Basketball? Ein Pferdeschwanz sieht immer sportlich aus.

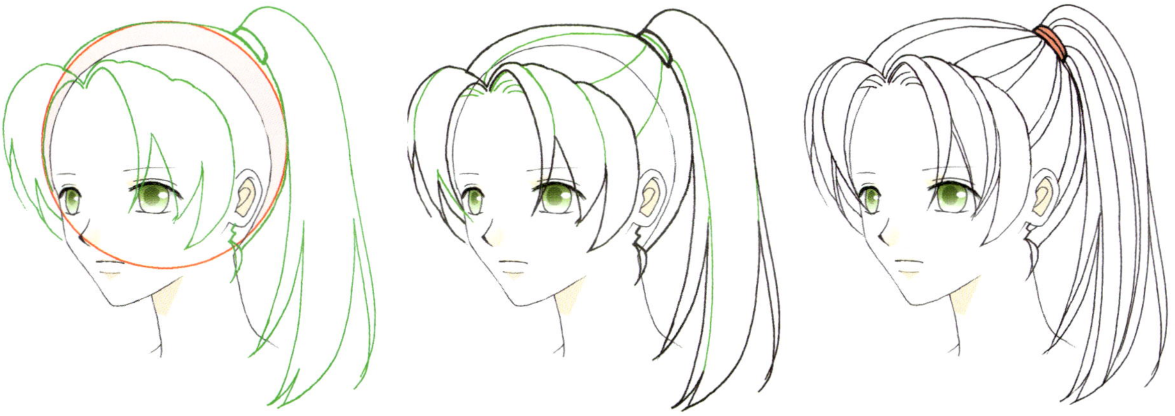

Zuerst die Außenkontur der Frisur vorzeichnen. Sie ist um etwa ein Viertel größer als der Kopf. Einen in der Mitte geteilten Pony und den Pferdeschwanz mit langen, spitzen Enden zeichnen.

Weitere Striche hinzufügen, die der gerundeten Kopfform und dem Fall des Pferdeschwanzes folgen.

Die Textur der Haare durch weitere Striche ausarbeiten.

MÄNNLICHE FRISUREN

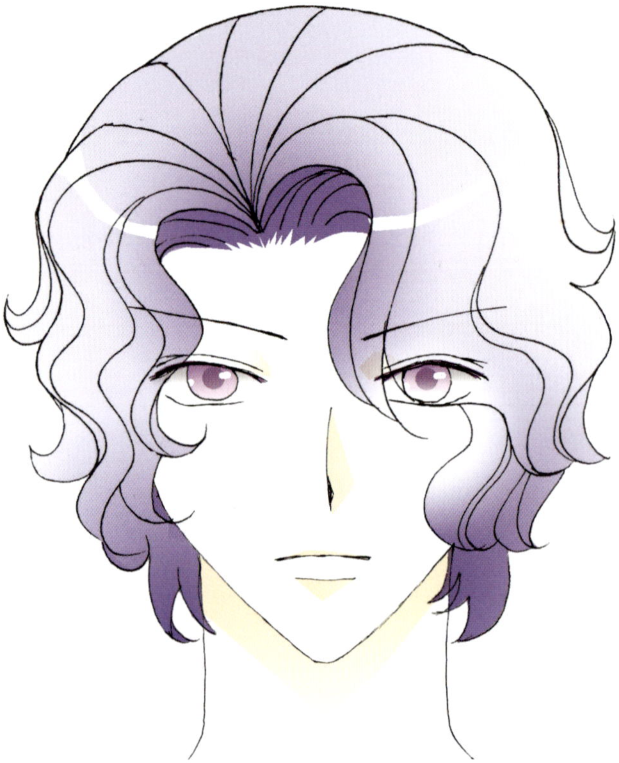

Wellige Haare

Wellige Haare geben der Figur eine sinnliche, weiche Ausstrahlung.

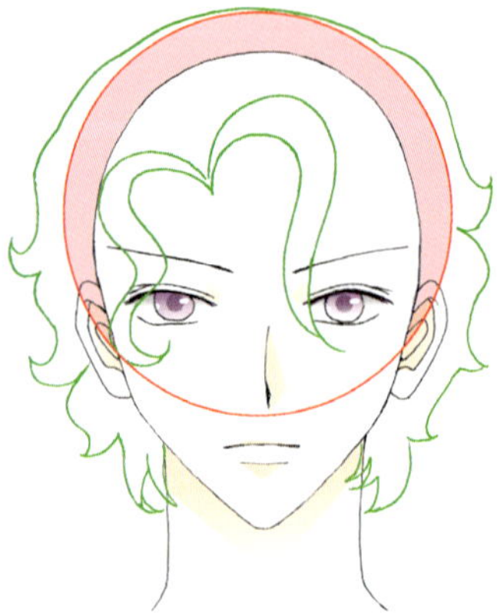

Zuerst die Außenkontur der Frisur vorzeichnen. Sie ist um etwa ein Viertel größer als der Kopf. Wellige Striche und kurze, gekrümmte Spitzen einzeichnen.

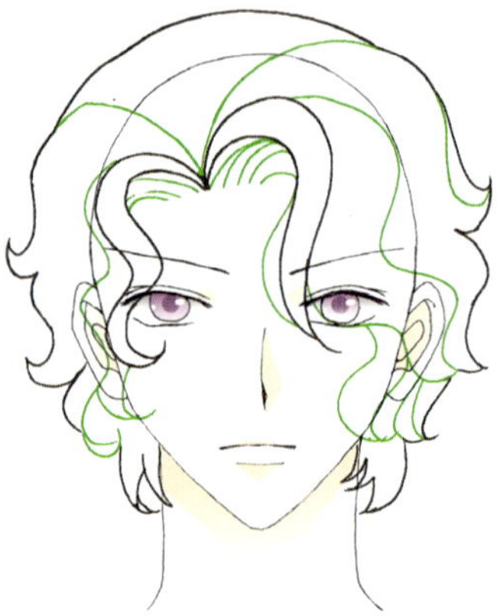

Weitere wellige Striche und gekrümmte Spitzen hinzufügen.

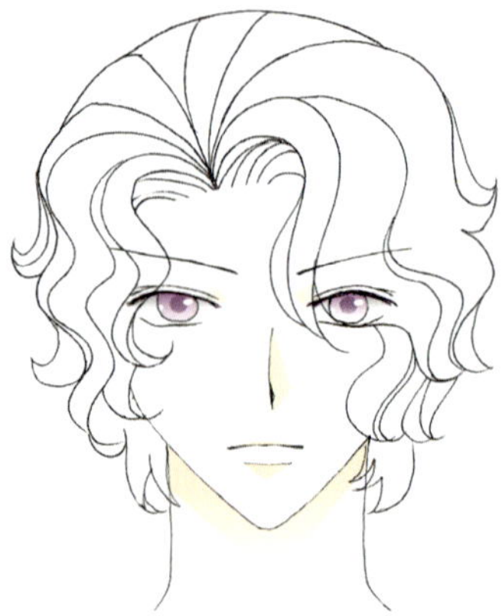

Die Textur der Haare durch noch mehr Wellenlinien andeuten. So wirken die Haare natürlicher.

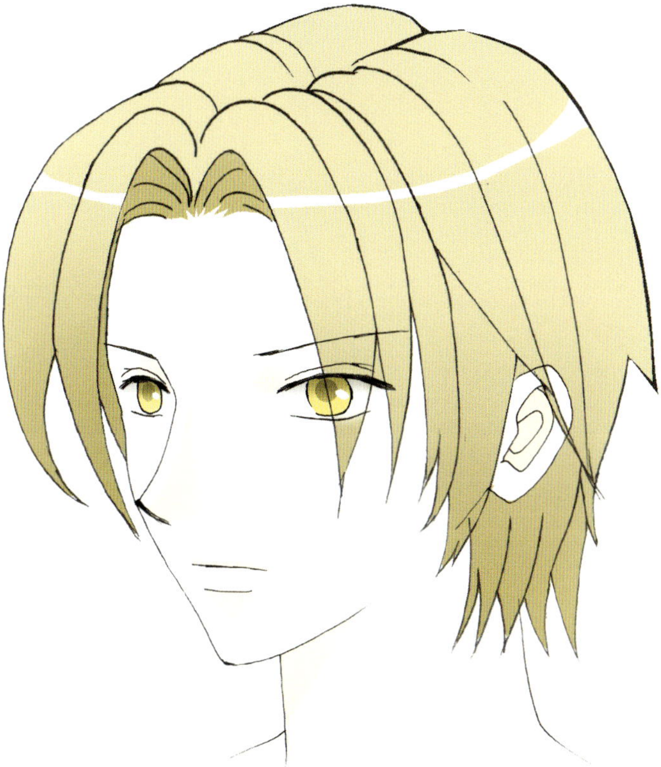

Glatte Haare

Möchtest du eine coole, selbstbewusste Figur mit geheimnisvoller Ausstrahlung zeichnen? Dann versuch es mit glatten Haaren und einem längeren Pony.

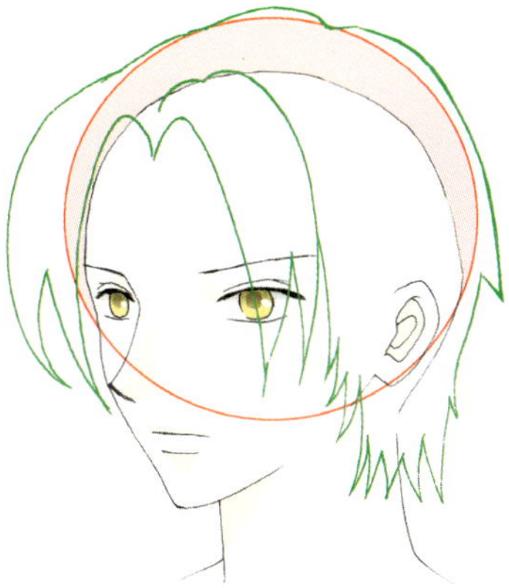

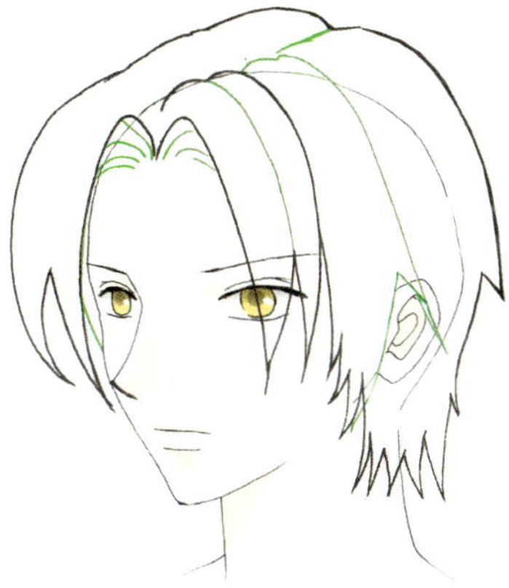

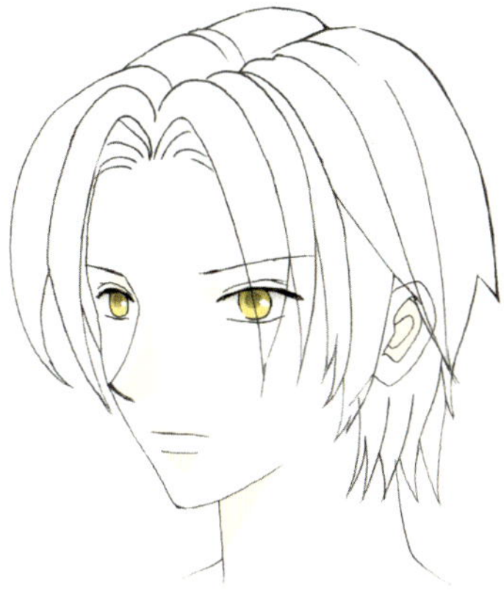

Zuerst die Außenkontur der Frisur vorzeichnen. Sie ist um etwa ein Viertel größer als der Kopf. Einen langen, in der Mitte geteilten Pony und spitze Enden hinzufügen.

Den Haaransatz mit kurzen Strichen füllen. Der Wirbel hält die Haare aus dem Gesicht. Weitere spitze Enden zeichnen.

Noch einige gerade Striche einfügen, um die Textur der Haare anzudeuten.

HÄNDE

Männliche Hände haben kräftige Finger mit starken Gelenken.

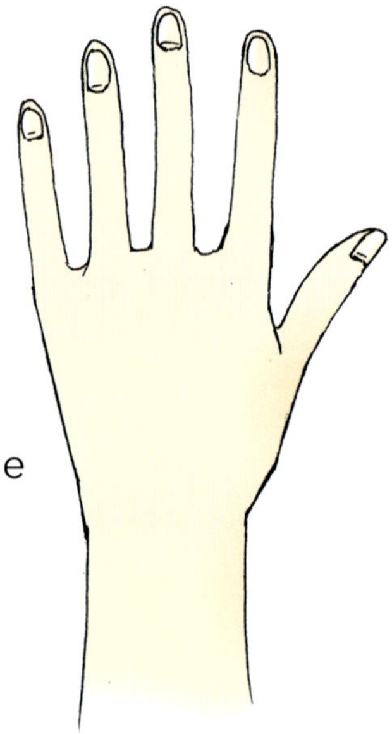

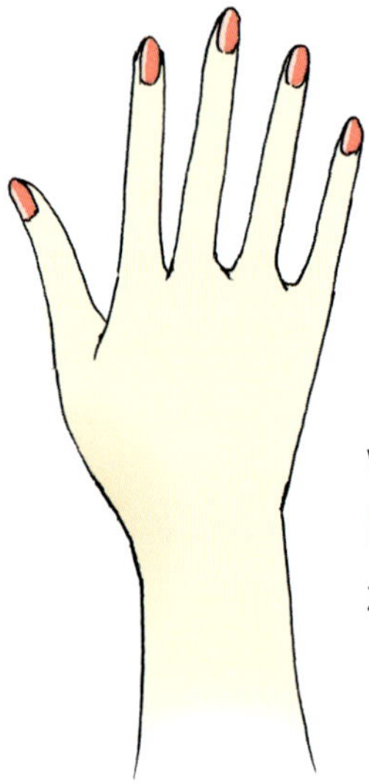

Weibliche Hände haben schlanke, zierliche Finger.

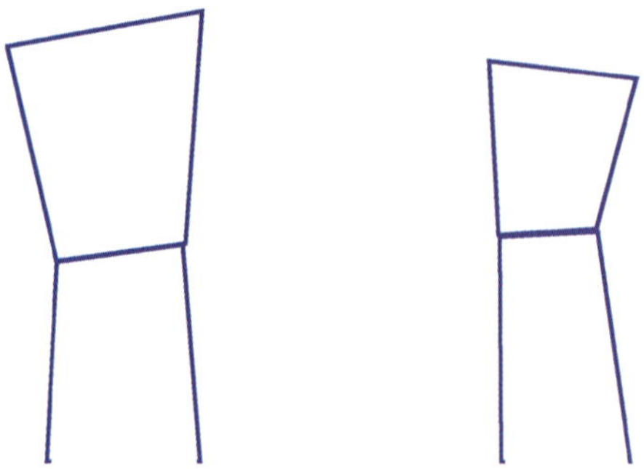

Ein Trapez für die Handfläche zeichnen. Der Arm verbreitert sich in die andere Richtung.

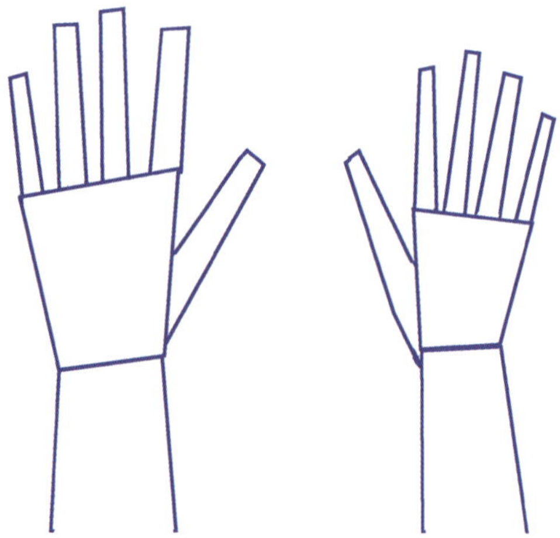

Die Finger grob skizzieren. Der Mittelfinger ist am längsten, der kleine Finger am kürzesten. Der Daumen setzt kurz über dem Handgelenk an.

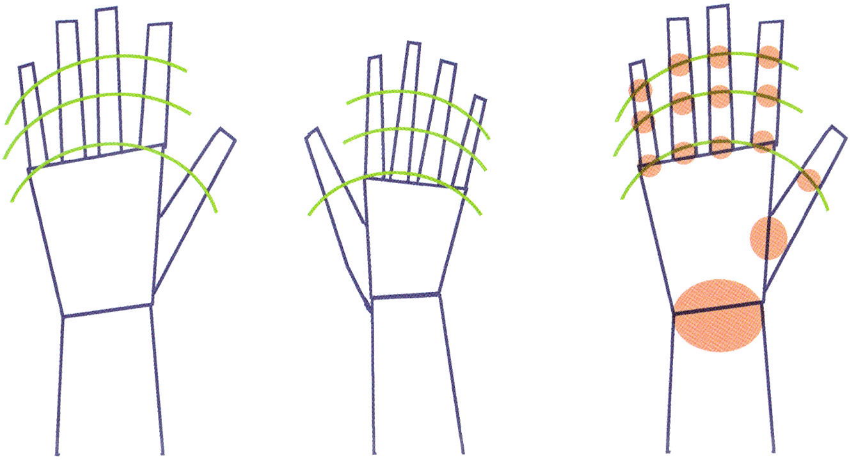

Zarte Hilfslinien für die Position der Gelenke einzeichnen.

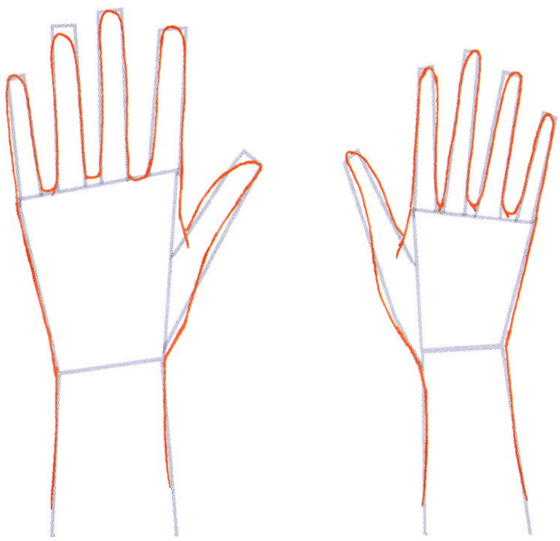

Die vorgezeichneten Formen abrunden.

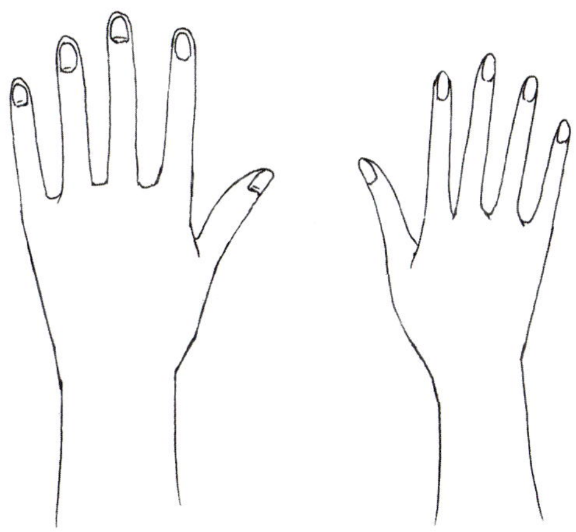

Die Fingernägel einzeichnen. Weibliche Fingernägel ragen über die Fingerkuppe hinaus.

KLEINER JUNGE

Damit die Figur als Junge zu erkennen ist, bekommt sie eine Kurzhaarfrisur und etwas dickere Augenbrauen. Auf Wimpern wird verzichtet.

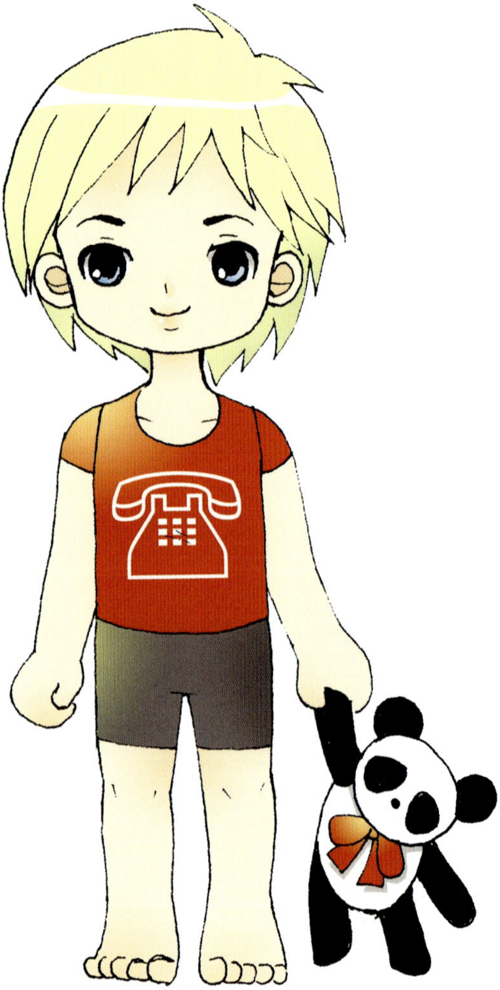

Frontalansicht

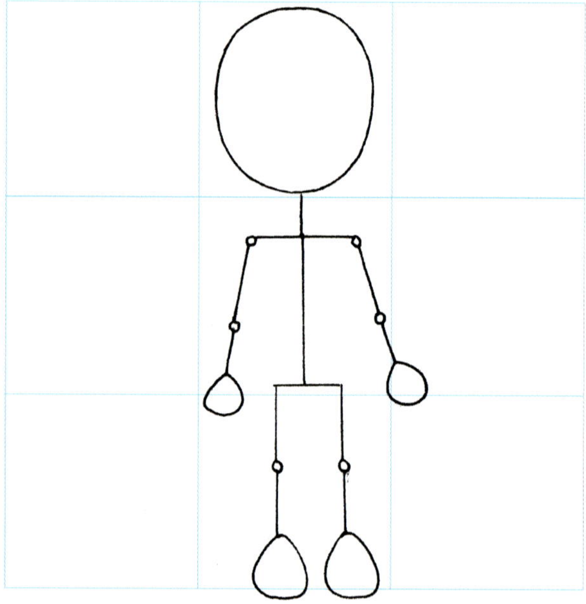

Eine Strichfigur mit großem Kopf und kurzem Körper zeichnen. Auch Arme und Beine sind kurz. Die Gelenke durch kleine Kreise andeuten.

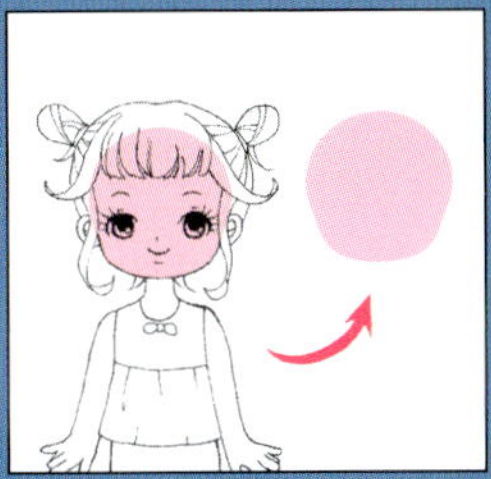

Ein kleines Mädchen hat ein fast rundes Gesicht ohne erkennbares Kinn.

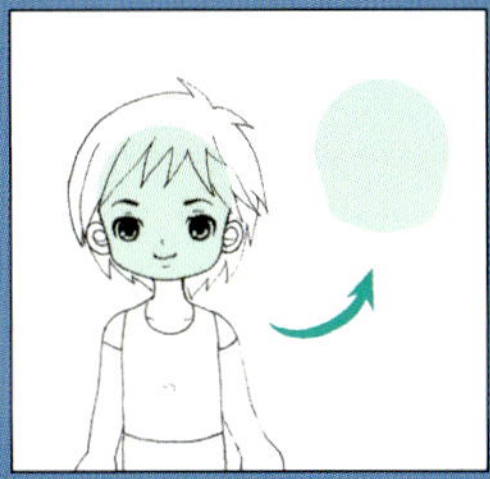

Ein kleiner Junge hat ein etwas minimal länglicheres Gesicht und einen leicht kantigen Kiefer.

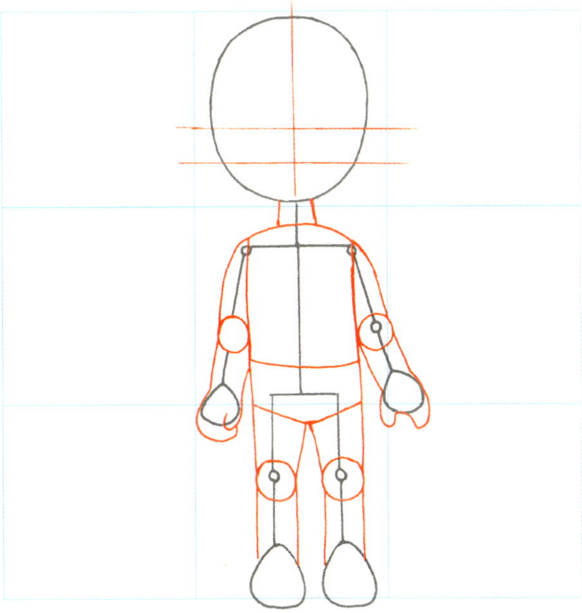

Den Umriss des Körpers grob vorzeichnen und die Gesichtshilfslinien einzeichnen.

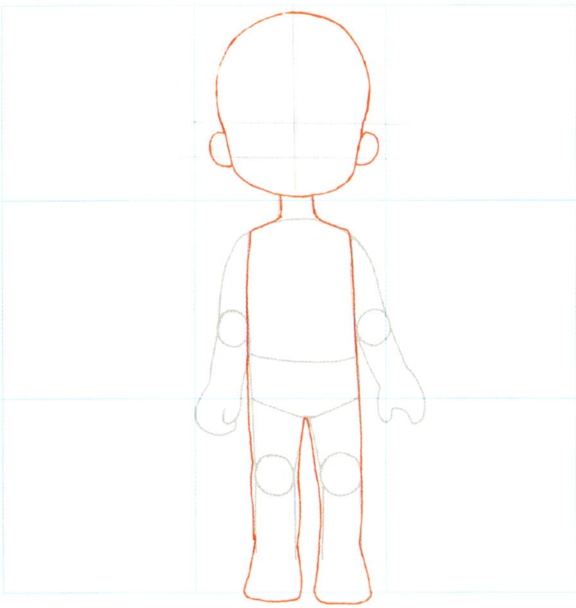

Die Formen von Rumpf, Beinen und Kopf genauer ausarbeiten. Die Ohren hinzufügen.

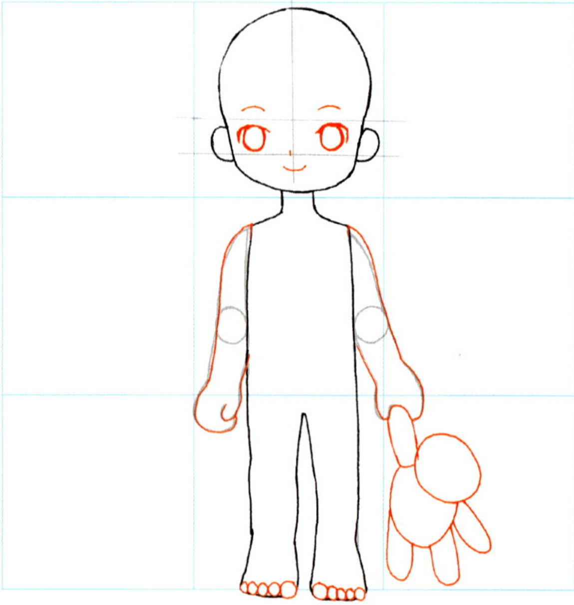

Die Arme deutlicher zeichnen. Augen, winzige Nase und Mund einfügen. Die Zehen einzeichnen. Den Umriss des Teddys grob skizzieren.

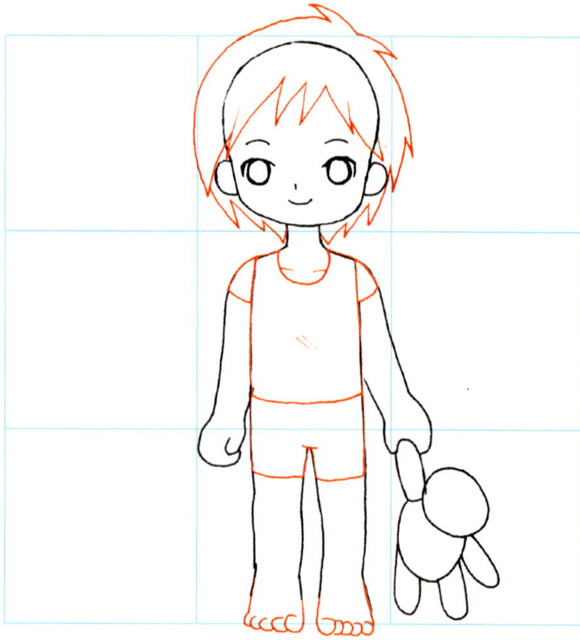

Die Zehen ausarbeiten. Die Frisur andeuten, sie ist deutlich größer als der Kopf. Die Umrisse der Kleidung (Unterwäsche) skizzieren.

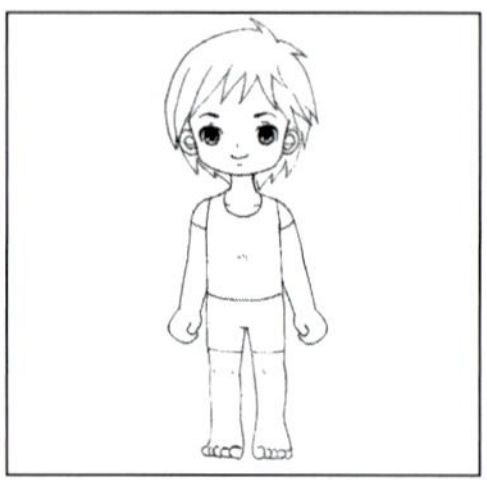

Der Junge kann angezogen werden.

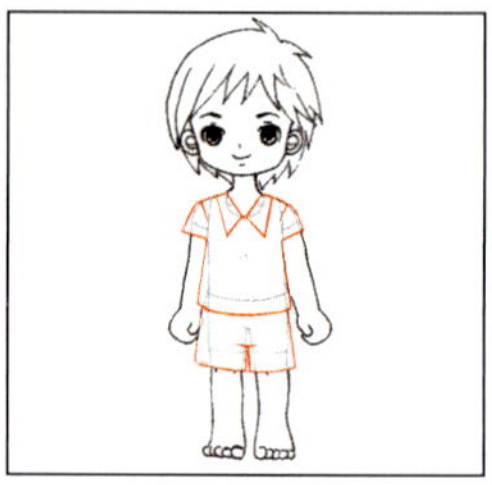

Beispiel: ein Shirt mit kurzen Ärmeln und Kragen und eine kurze Hose.

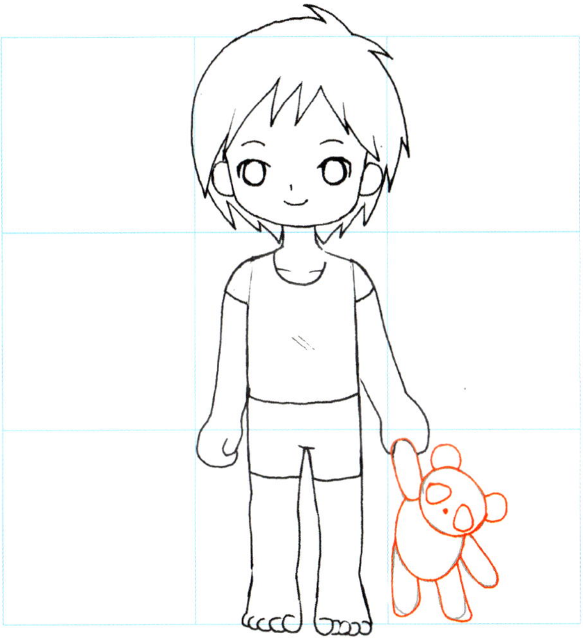

Nun den Teddy etwas deutlicher ausarbeiten.

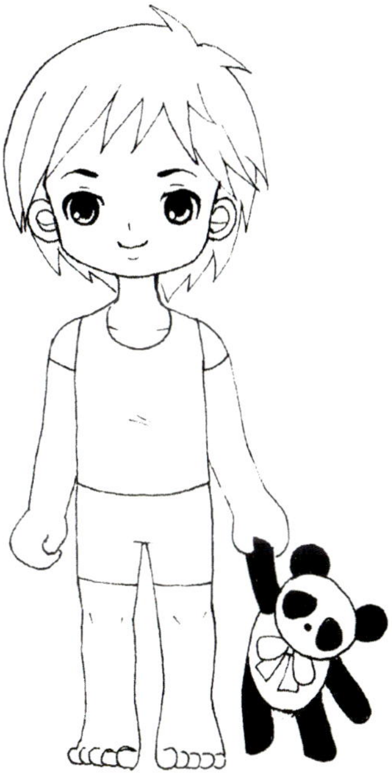

Einige Details an Augen und Haaren des Jungen einzeichnen. Den Teddybären kolorieren und seine Schleife zeichnen.

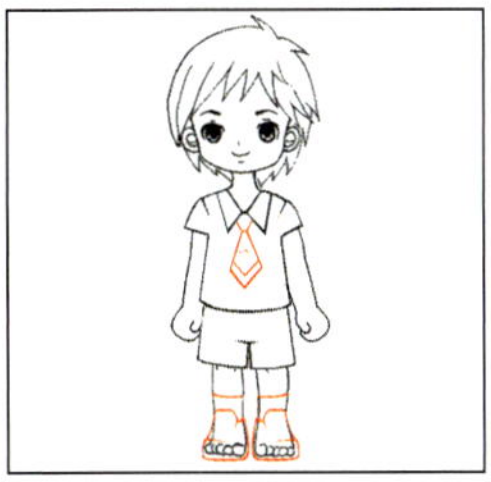

Jetzt bekommt er noch Krawatte, Schuhe und Strümpfe.

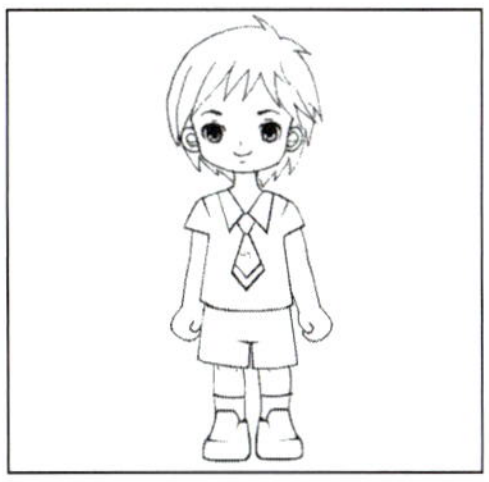

Sieht er nicht niedlich aus?

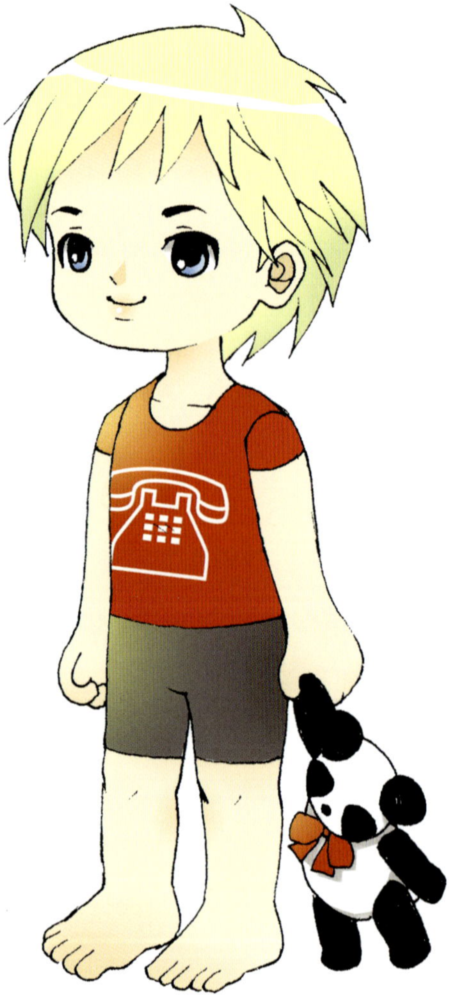

Halbprofil

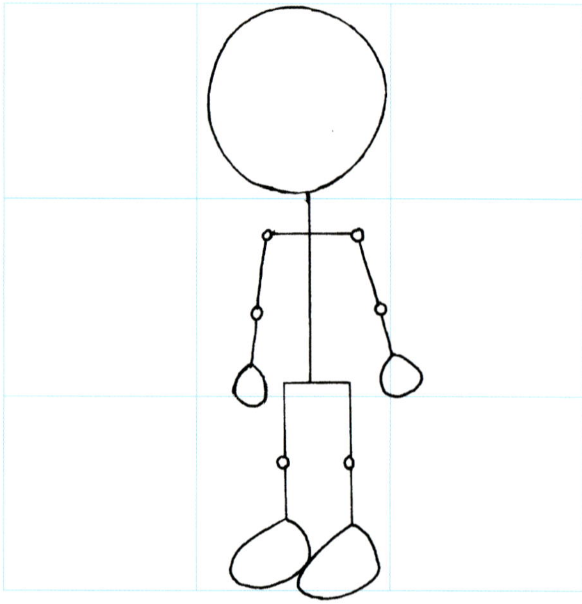

Eine Strichfigur zeichnen, die leicht zu einer Seite gedreht ist. Man erkennt sie fast nur an den schräg stehenden Füßen. Die Gelenke durch kleine Kreise andeuten.

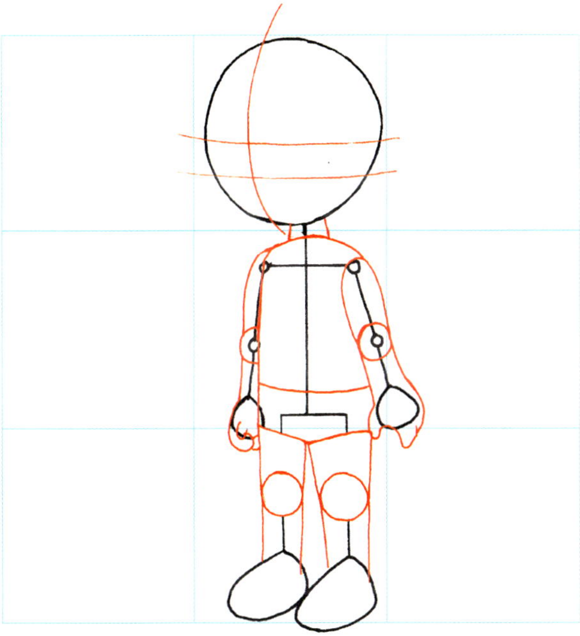

Den Umriss des Körpers grob vorzeichnen und geschwungene Hilfslinien für die Position der Gesichtsmerkmale einfügen.

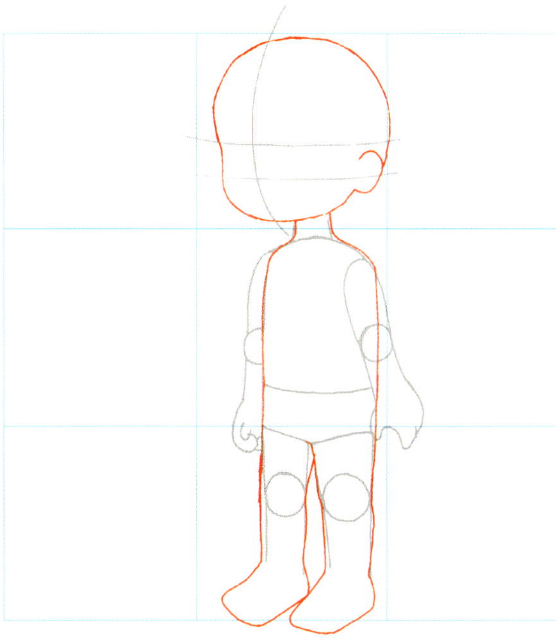

Die Formen von Körper, Beinen und Kopf ausarbeiten. Ein Ohr einzeichnen.

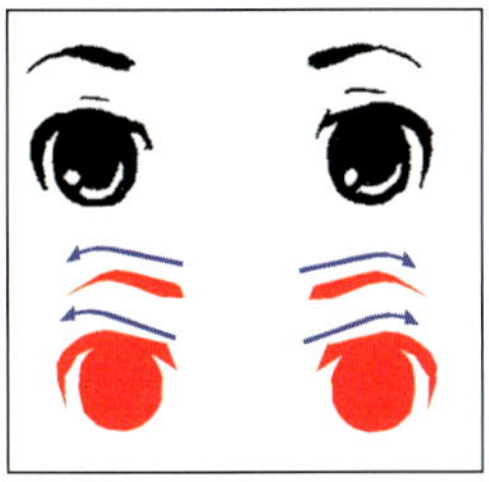

Die Augenlider eines kleinen Jungen sind breit. Die Iris ist groß und füllt fast das ganze Auge aus. Brauen und Lider weisen in der Mitte leicht nach oben, bevor sie in kurzem Bogen abfallen.

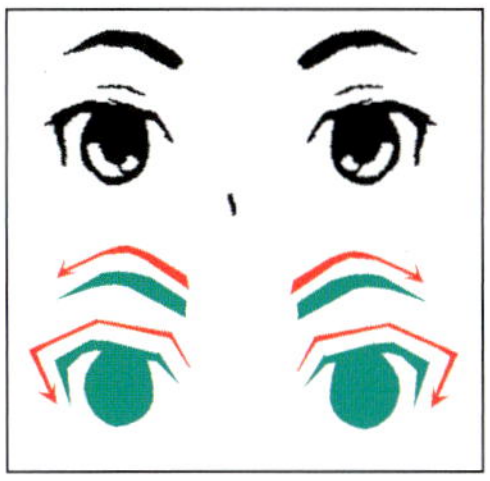

Beim etwas älteren Jungen sind die Augenbrauen breiter und die Iris kleiner. Die Brauen- und Lidkonturen sind etwas eckiger.

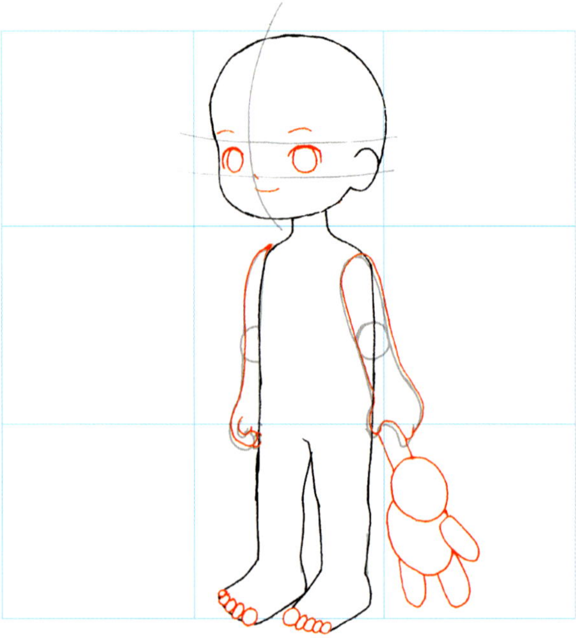

Die Arme ausarbeiten. Nase, Mund und Augen einfügen. Im Halbprofil ist das dem Betrachter nähere Auge größer. Die Zehen einzeichnen. Den Umriss des Teddys skizzieren.

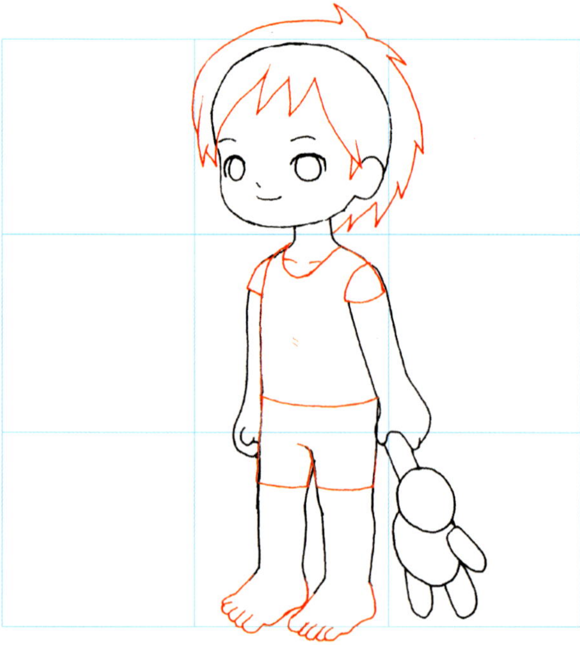

Die Zehen ausarbeiten. Die Frisur skizzieren, sie ist größer als der Kopf. Die Umrisse der Kleidung (Unterwäsche) skizzieren.

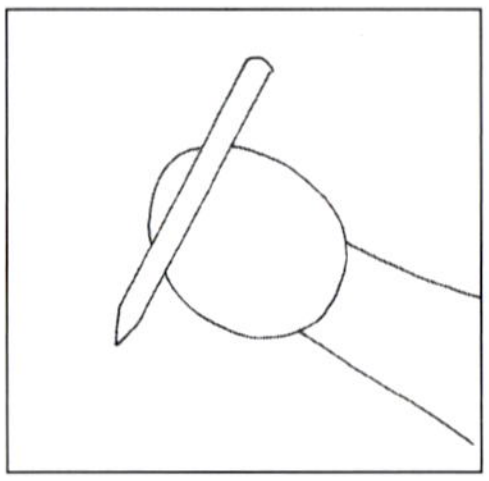

Für eine Hand, die einen Stift hält, mit dem Stift beginnen. Einen Kreis für die Hand zeichnen und den Arm skizzieren. (Die Hand liegt hinter dem Stift.)

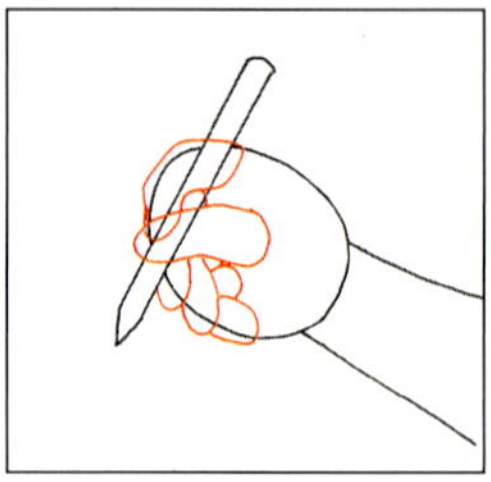

Der Daumen liegt über dem Stift, der Zeigefinger liegt über dem Daumen. Die anderen Finger sind zur Handinnenfläche gekrümmt.

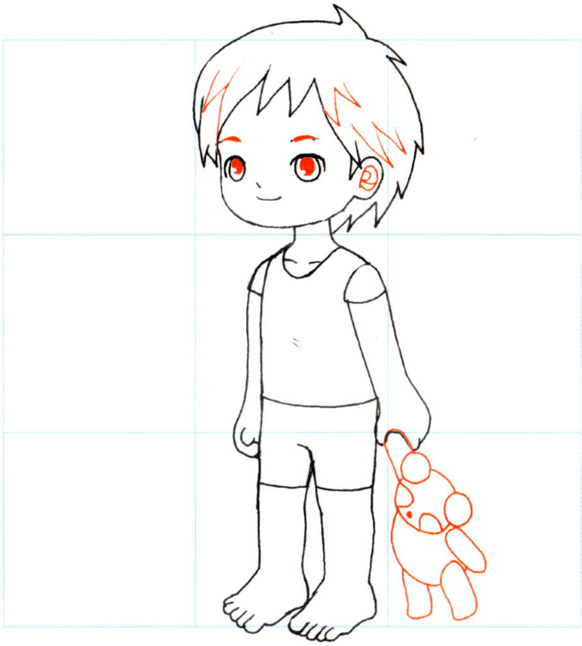

Einige Details an Augen, Ohr, Haaren und Teddy einzeichnen.

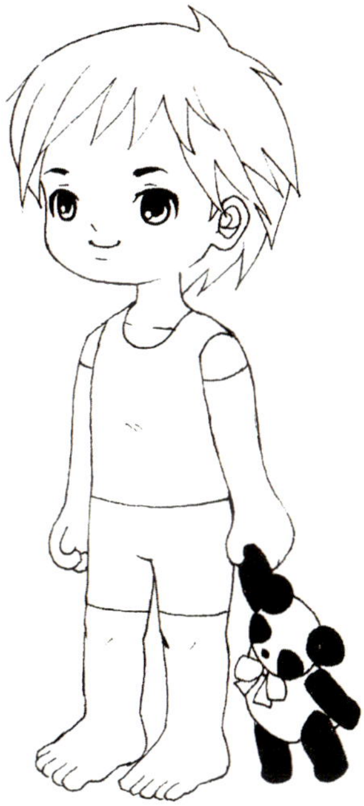

Den Jungen und den Teddy mit weiteren Einzelheiten ausarbeiten.

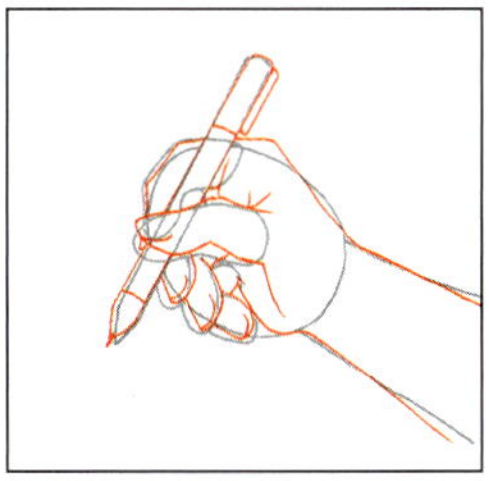

Die Linien glätten und den Stift deutlicher ausarbeiten. Den Daumennagel einzeichnen.

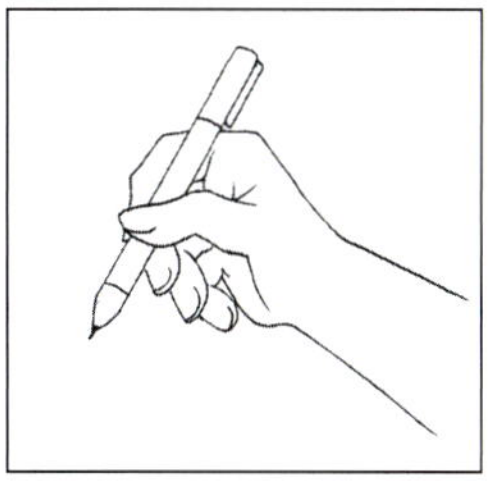

So sieht die fertige Hand mit dem Stift aus.

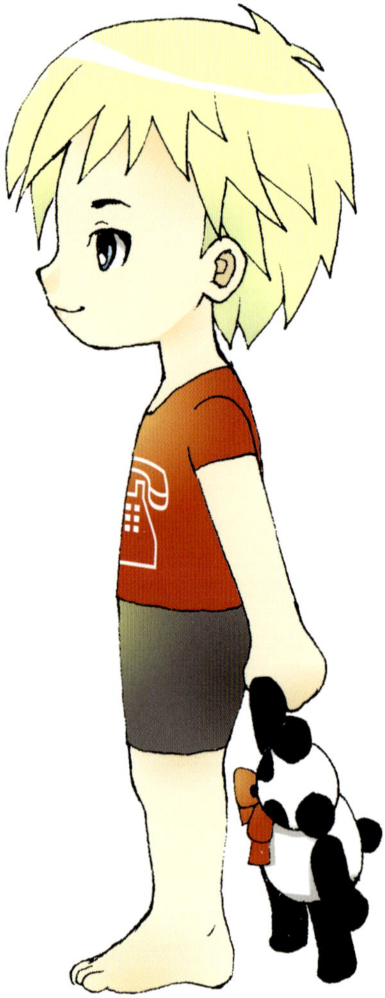

Profil

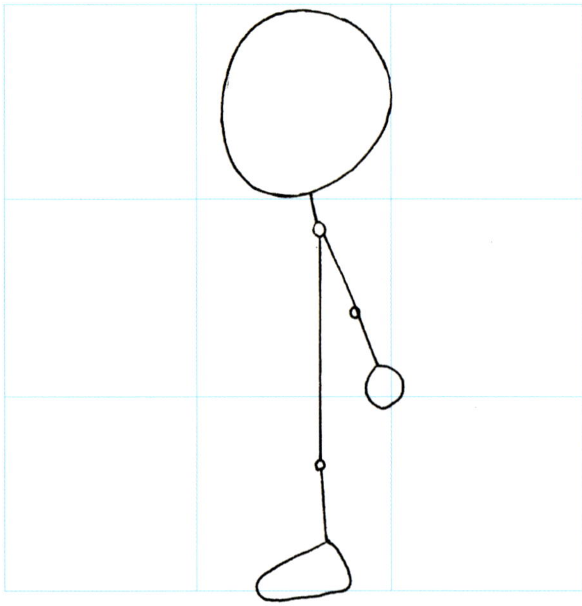

Eine Strichfigur von der Seite zeichnen. Die Position der Gelenke durch winzige Kreise andeuten.

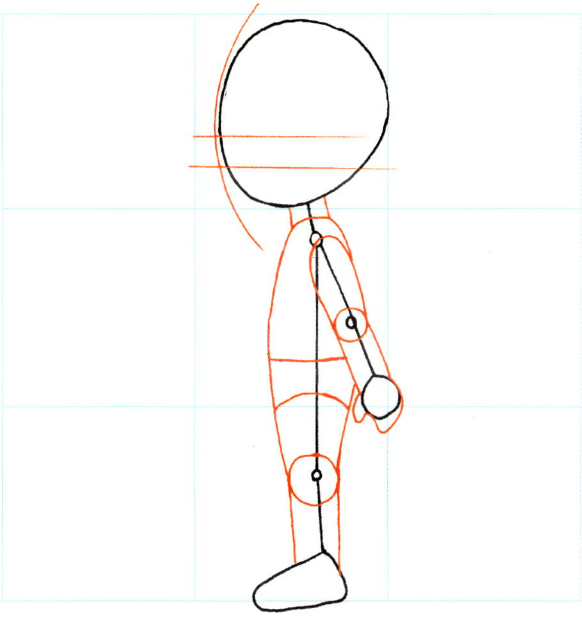

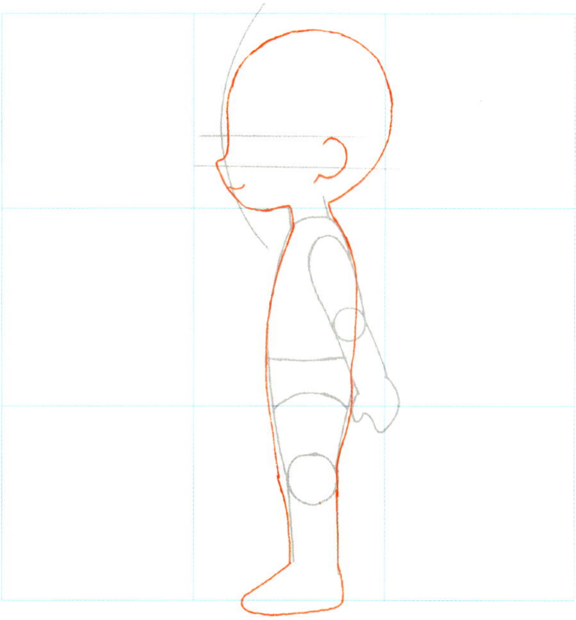

Den Umriss des Körpers grob vorzeichnen und die Gesichtshilfslinien einfügen.

Die Formen von Körper, Bein und Kopf ausarbeiten. Das Ohr ist gut sichtbar. Eine winzige Stupsnase hinzufügen.

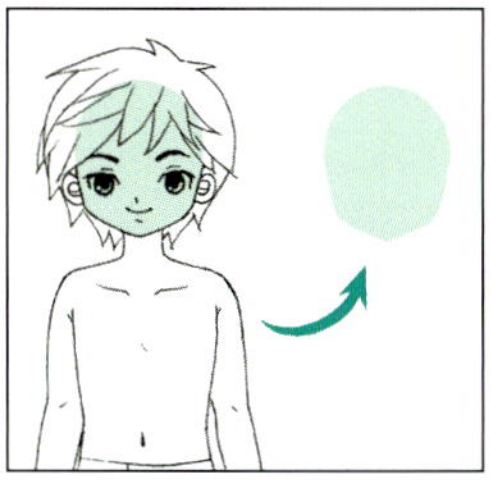

Ein Junge im Schulalter hat ein längeres Gesicht mit einem leicht spitz zulaufenden Kinn.

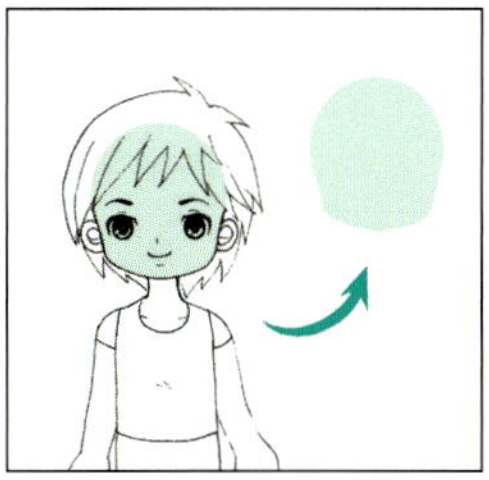

Ein kleiner Junge hat ein rundes Gesicht mit fülligen Wangen. Das Kinn ist (fast) nicht zu erkennen.

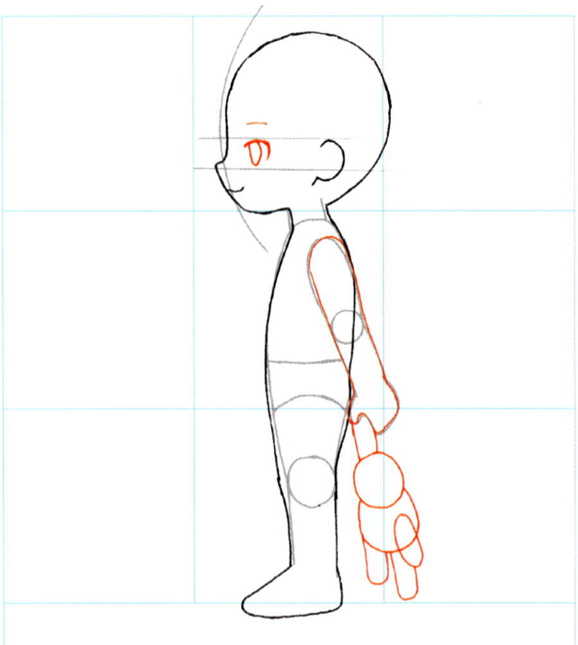

Vorderen Arm und Gesicht ausarbeiten. Im Profil ist natürlich nur ein Auge zu sehen. Den Umriss des Teddys skizzieren.

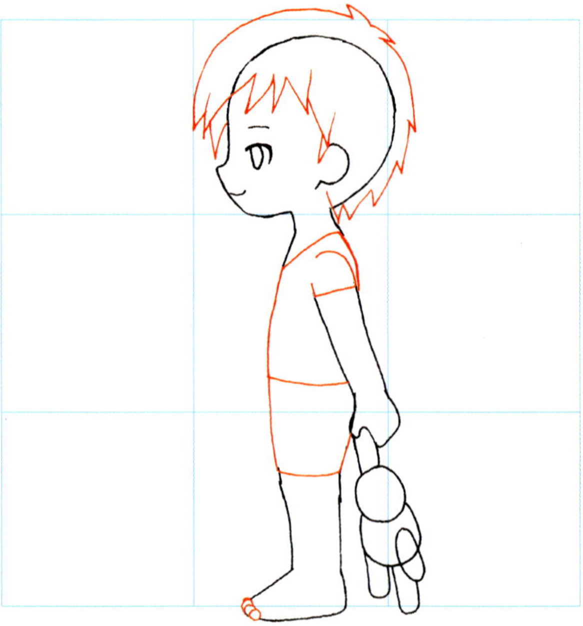

Die Frisur andeuten, sie ist deutlich größer als der Kopf. Die Umrisse der Kleidung (Unterwäsche) skizzieren. Die Zehen hinzufügen.

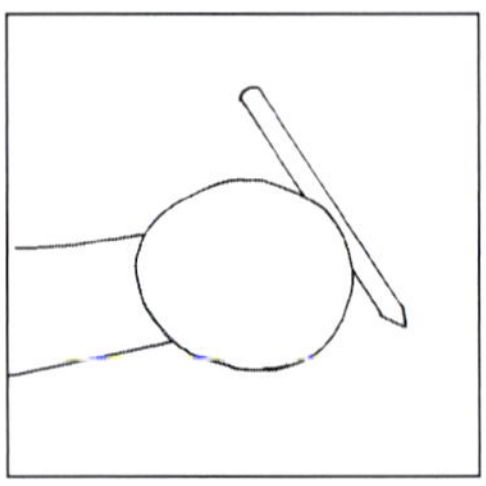

Für eine Hand mit Stift – diesmal vom Handrücken aus gesehen – wieder mit dem Stift beginnen. Einen Kreis für den Handrücken und einen Arm hinzufügen.

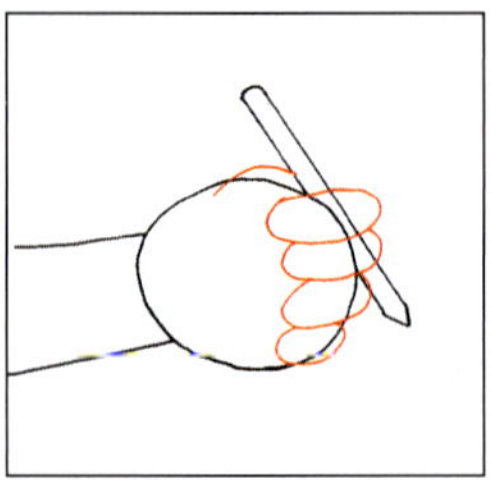

Die ersten Glieder der Finger einzeichnen. Vom Daumen ist aus diesem Blickwinkel nicht viel zu sehen.

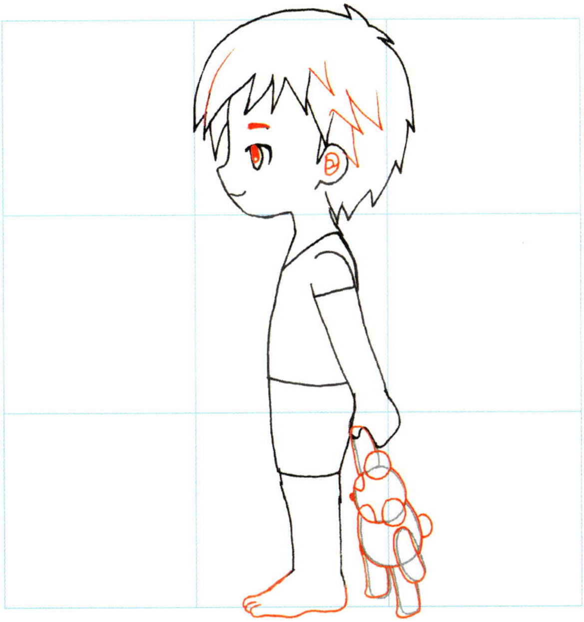

Einige Details an Augen, Ohr und Haaren einzeichnen. Zehen und Teddybär genauer ausarbeiten.

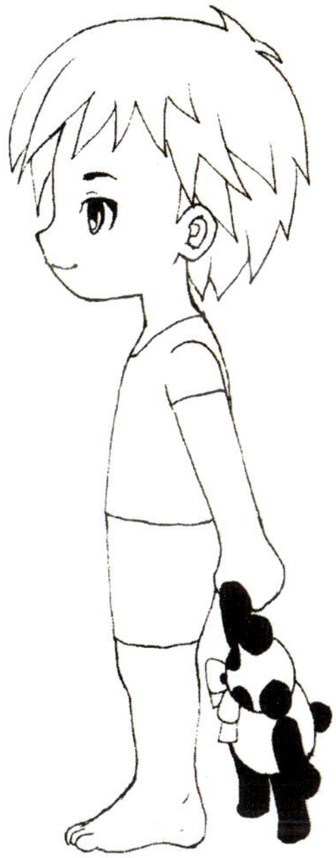

Augen und Teddy ausmalen.

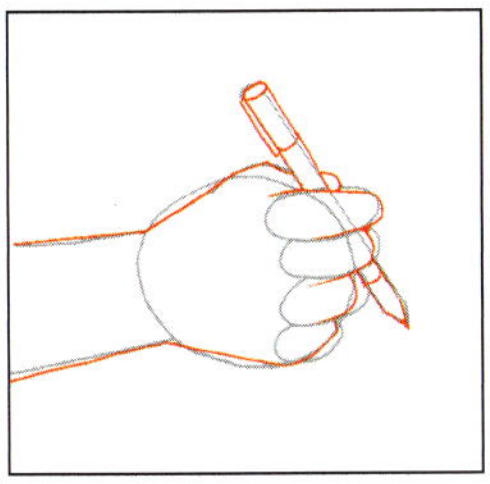

Die Linien glätten und den Stift mit Details versehen.

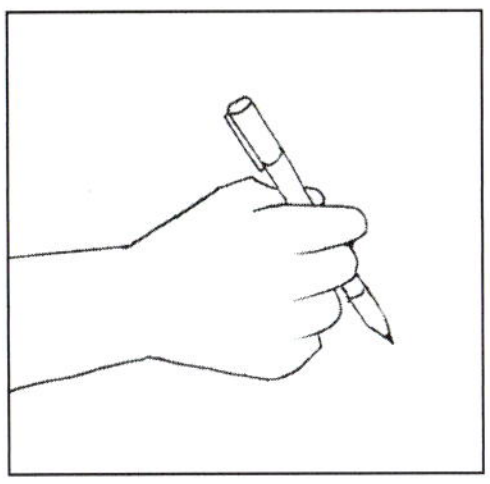

So sieht die fertige Hand mit dem Stift von außen aus.

JUNGE

Nach der Kleinkindphase beginnen die Muskeln zu wachsen. Die Schultern werden breiter, die Körpermitte schlanker. Arme und Beine werden stärker.

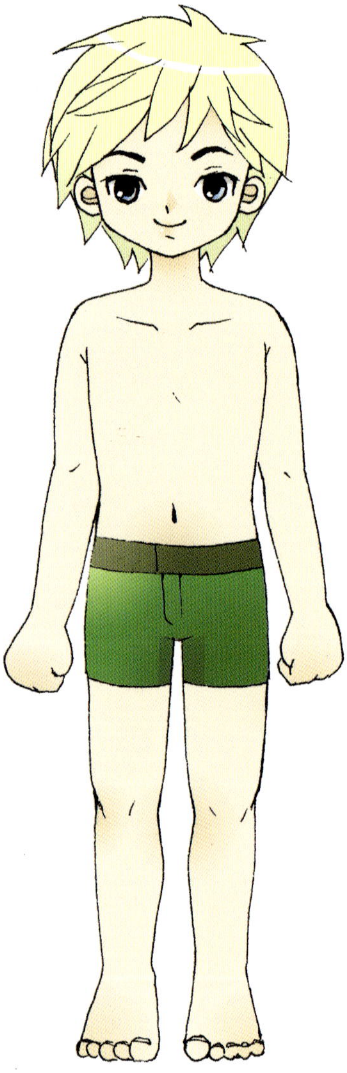

Frontalansicht

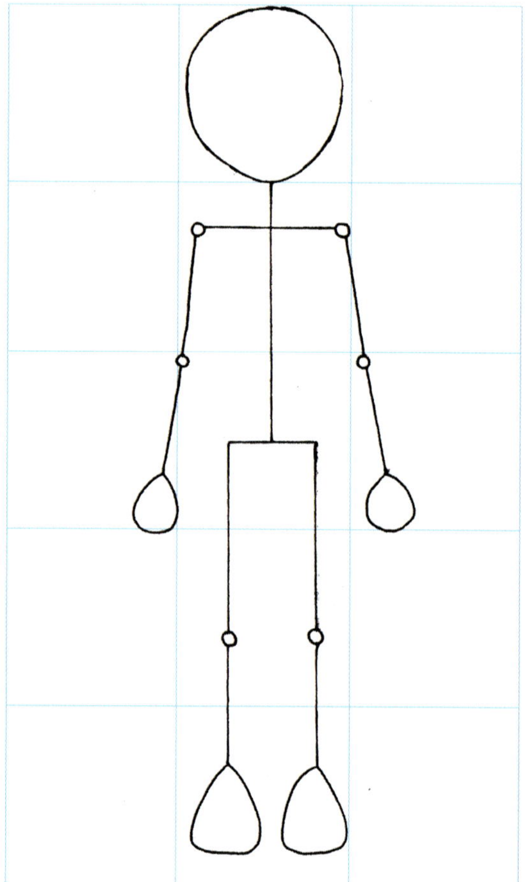

Eine Strichfigur mit etwas breiteren Schultern, einem längeren Körper und längeren Armen und Beinen zeichnen. Die Position der Gelenke durch winzige Kreise andeuten. Der Kopf ist nicht mehr kreisrund.

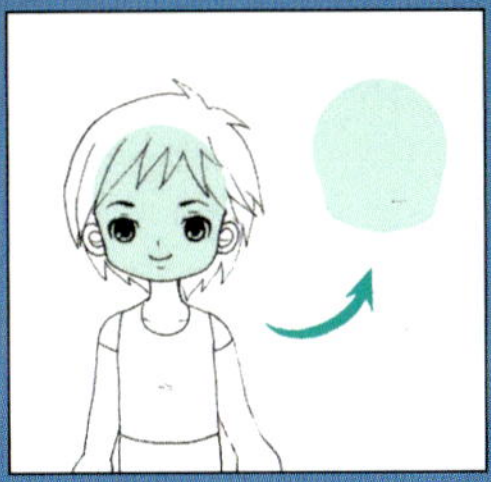

Ein Kleinkind hat ein rundes Gesicht mit fülligen Wangen. Das Kinn ist nicht ausgeprägt.

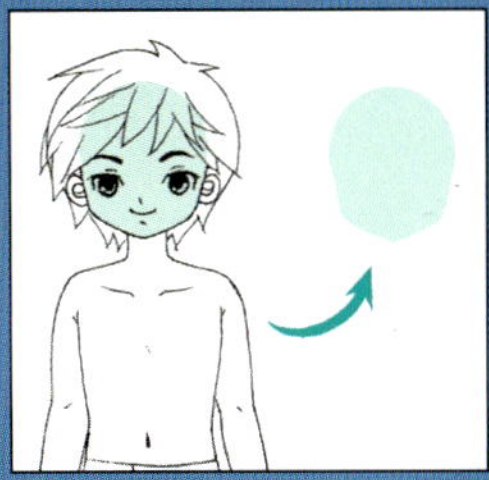

Ein Junge im Schulalter hat ein etwas länglicheres Gesicht mit einem leicht spitzen Kinn.

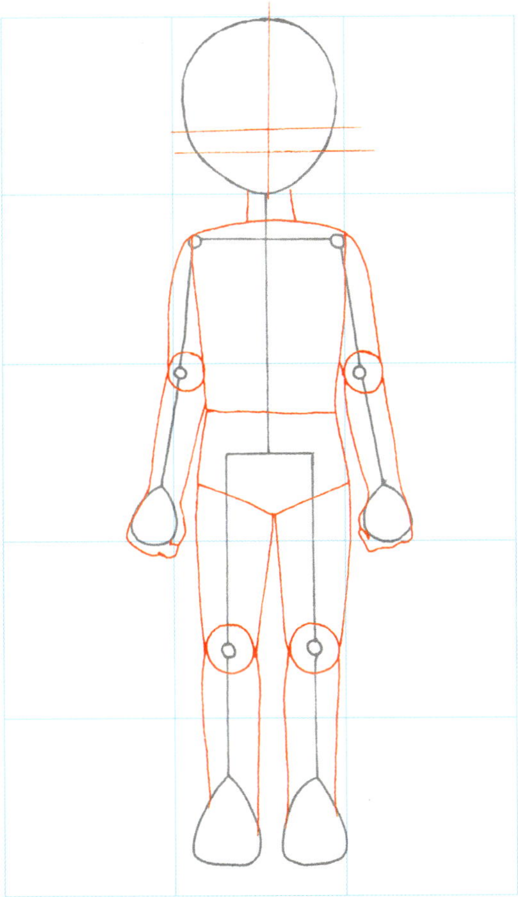

Den Umriss des Körpers grob vorzeichnen und die Gesichtshilfslinien einfügen.

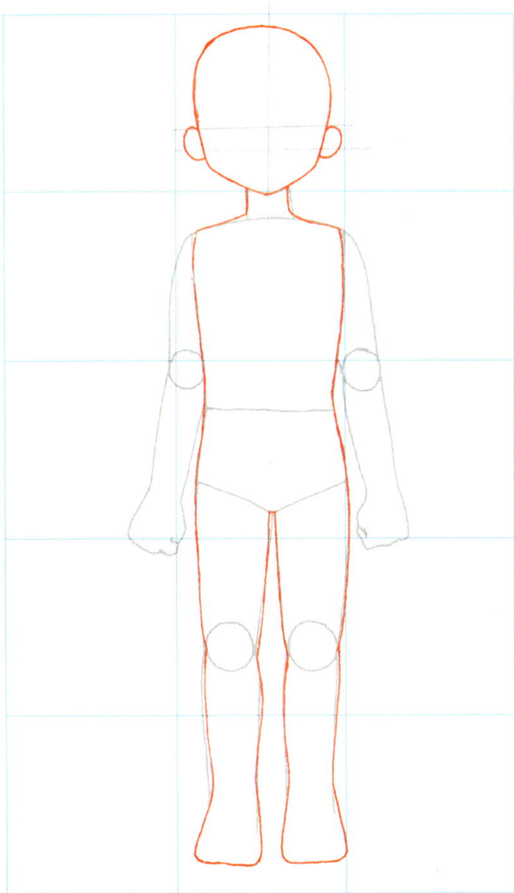

Die Formen von Körper, Bein und Kopf ausarbeiten. Waden und Oberschenkel sind etwas muskulöser und konturierter als beim Kleinkind. Die Ohren zeichnen.

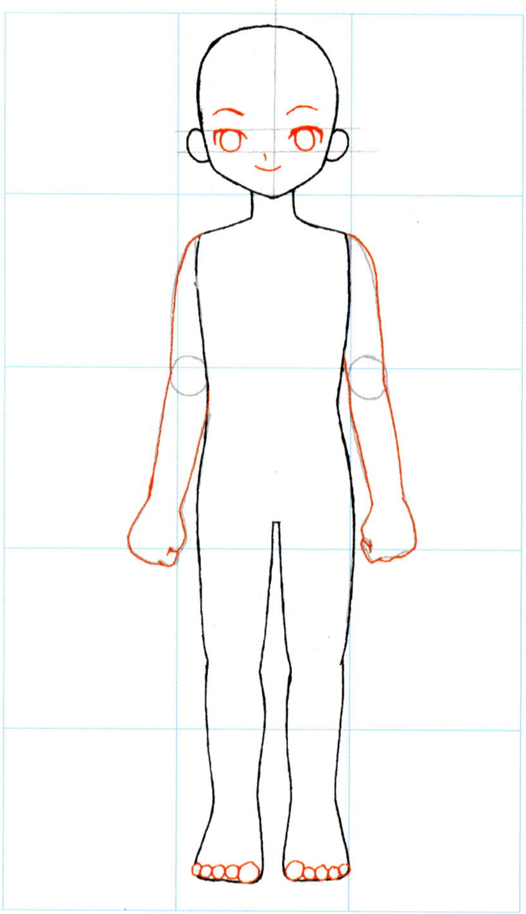

Die Arme ausarbeiten. Die Gesichtsmerkmale hinzufügen und die Zehen als Kreise zeichnen.

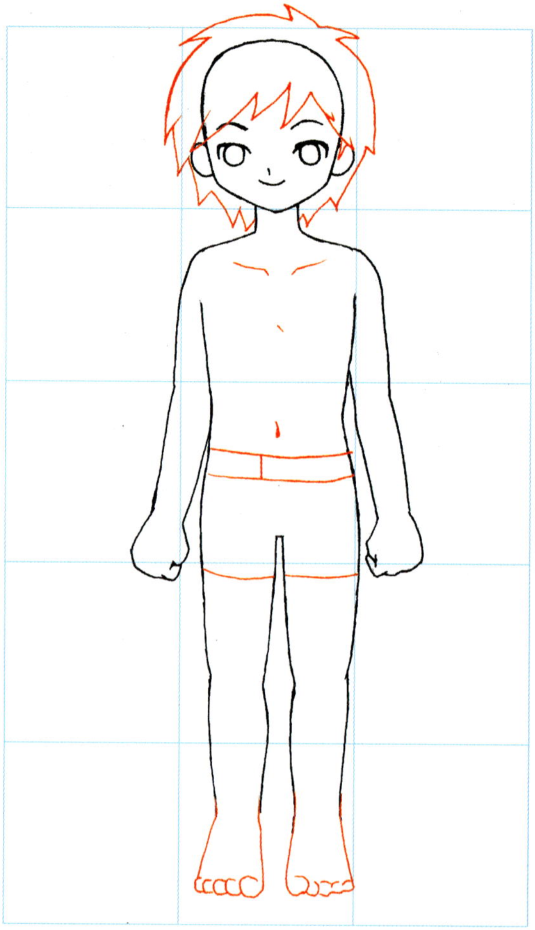

Die Zehen verfeinern, die Schlüsselbeine und den Nabel andeuten. Die Frisur zeichnen, sie ist deutlich größer als der Kopf. Die Umrisse der Hose skizzieren.

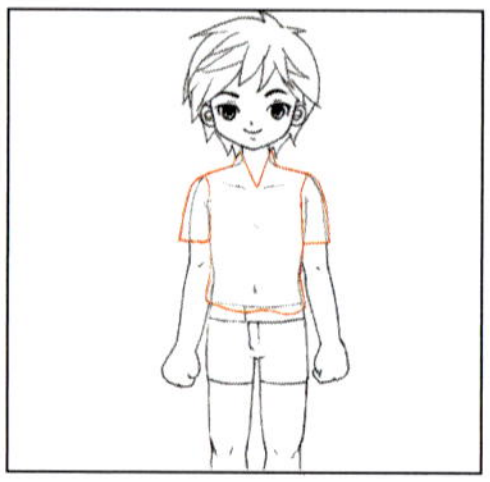

Das Polohemd sieht aus, als sei es in die Hose gesteckt.

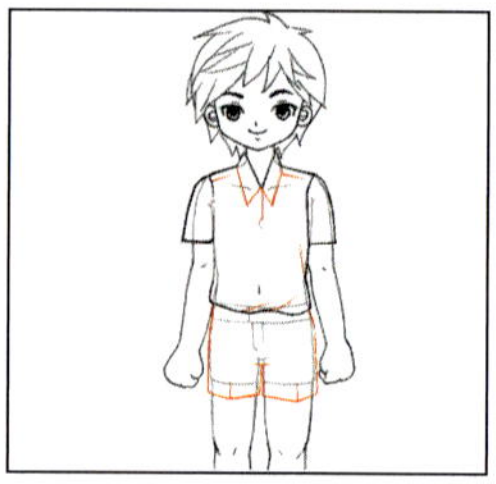

Den Kragen deutlicher ausarbeiten und die kurze Hose zeichnen.

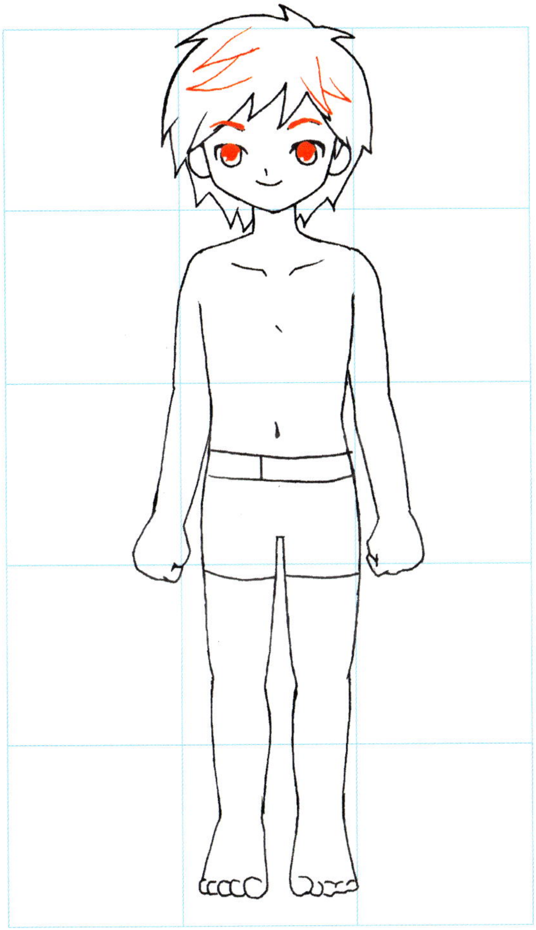

Einige Details an Augen und Haaren einzeichnen. Die Augenbrauen verstärken.

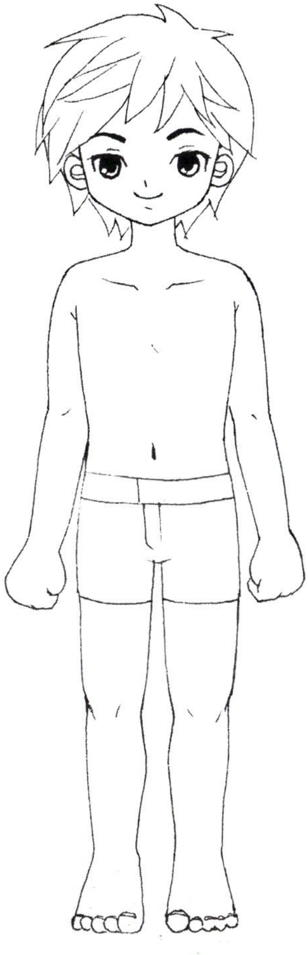

Noch einige Einzelheiten an Kleidung, Knie und Haaren hinzufügen.

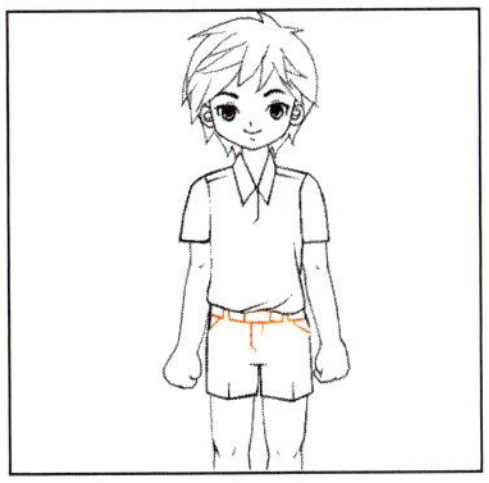

Die Hose bekommt noch Taschen, Reißverschluss und einen Gürtel.

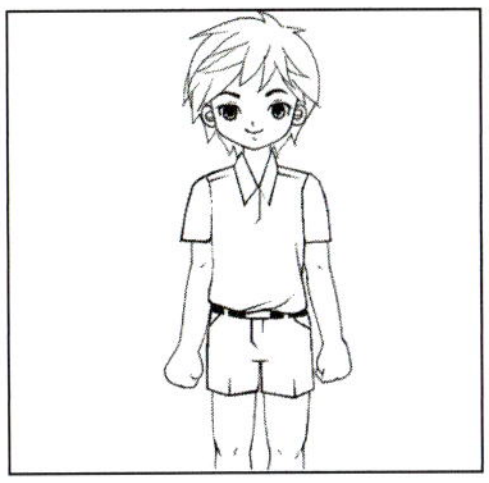

Der Gürtel sieht in einer dunklen Farbe besser aus, oder?

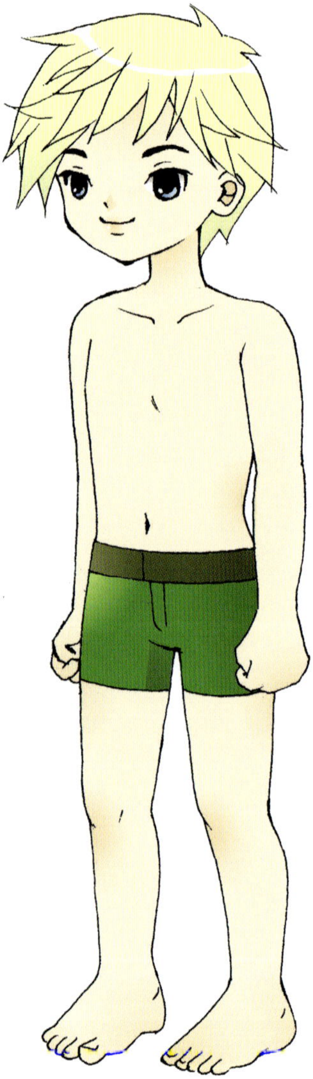

Halbprofil

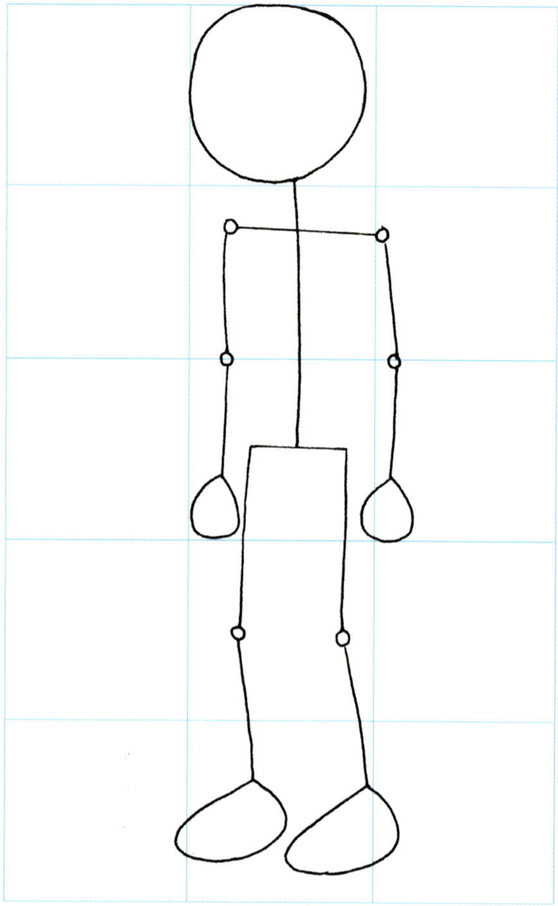

Mit einem leicht zur Seite gedrehten Strichmännchen mit schräg gestellten Füßen beginnen, dabei die etwas breiteren Schultern nicht vergessen. Die Position der Gelenke durch winzige Kreise andeuten.

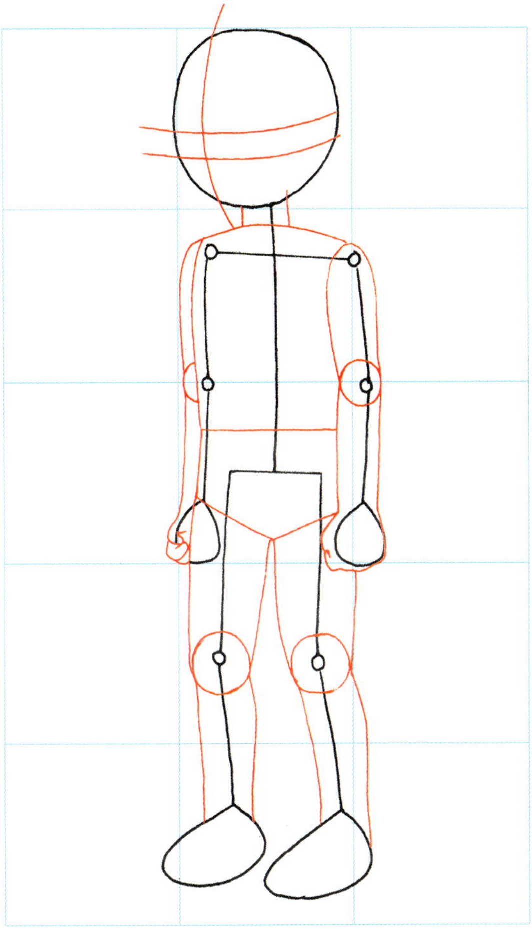

Den Umriss des Körpers grob vorzeichnen. Die Gesichtshilfslinien einfügen. Der Hals ist etwas kräftiger als bei einem Mädchen desselben Alters.

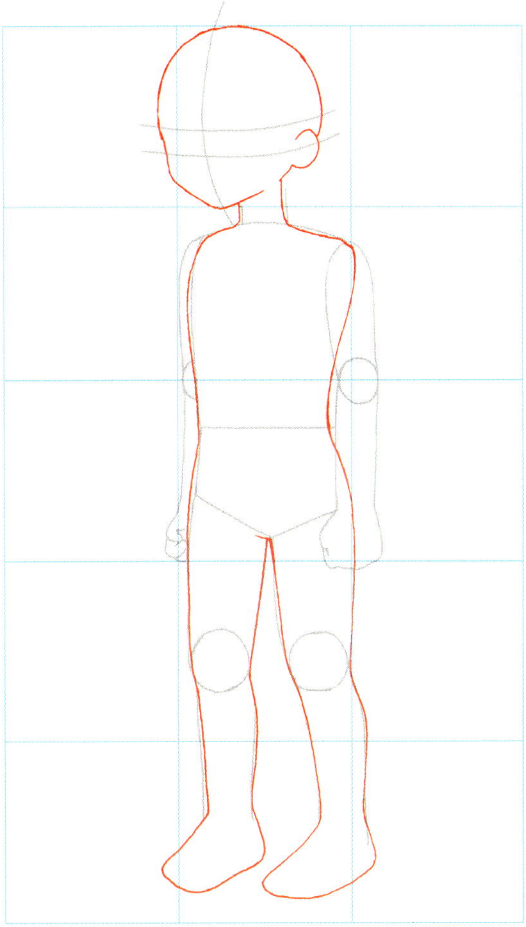

Die Formen von Rumpf, Beinen und Kopf feiner ausarbeiten.

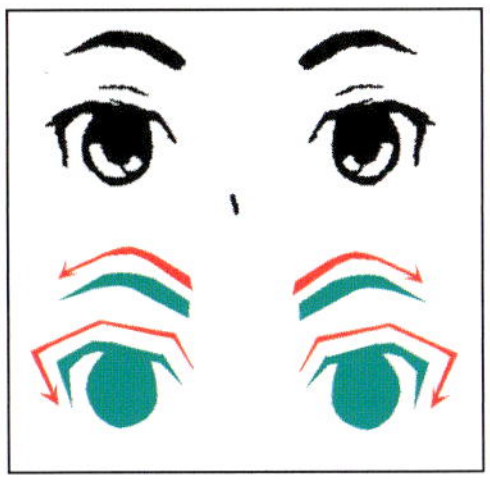

Ein Junge hat dickere Augenbrauen als ein Mädchen. Die Brauen- und Lidkonturen sind etwas eckiger.

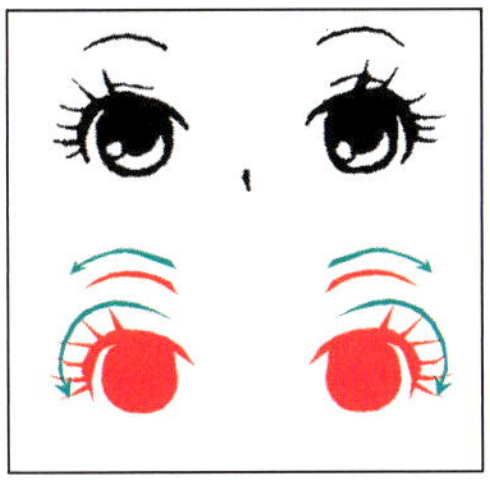

Ein Mädchen im gleichen Alter hat (lange) Wimpern und kurze, schmale Augenbrauen.

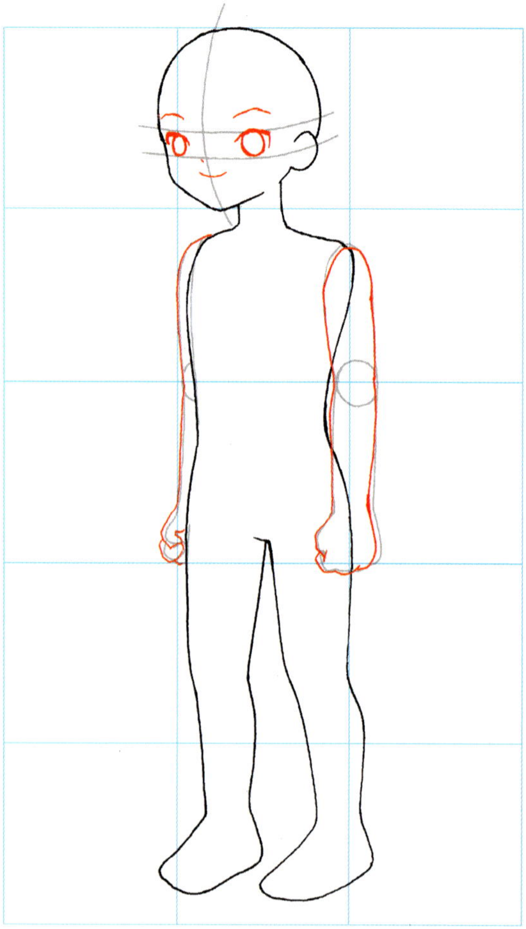

Die Arme ausarbeiten. Nase, Mund und Augen hinzufügen. Im Halbprofil ist das dem Betrachter nähere Auge größer und runder.

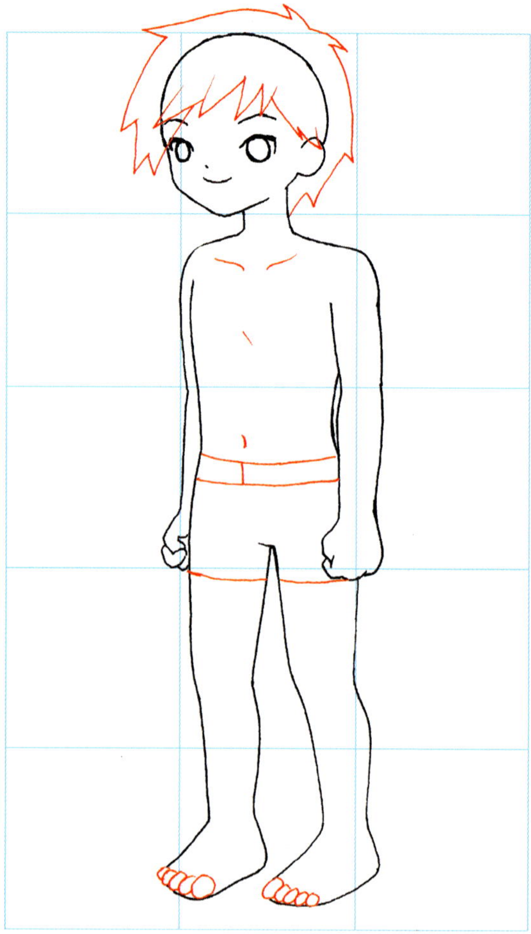

Zehen, Schlüsselbeine und Nabel zeichnen. Die Frisur hinzufügen, sie ist deutlich größer als der Kopf. Die Umrisse der Hose skizzieren.

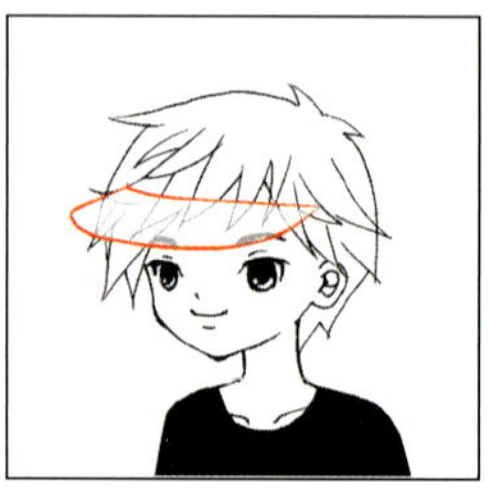

Dieser Junge trägt eine Kappe. Der Schirm bedeckt gerade die Augenbrauen.

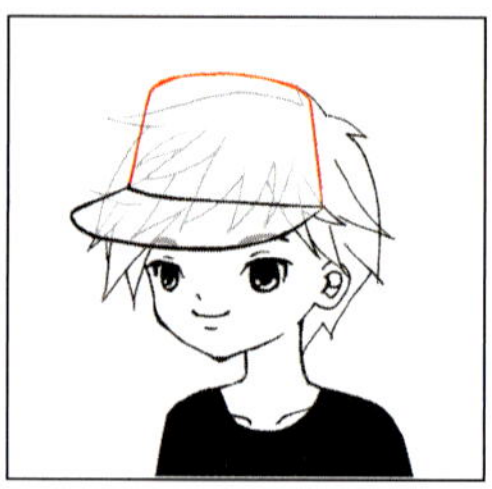

Das flache Stirnteil der Kappe ist etwas höher als die Haarkontur.

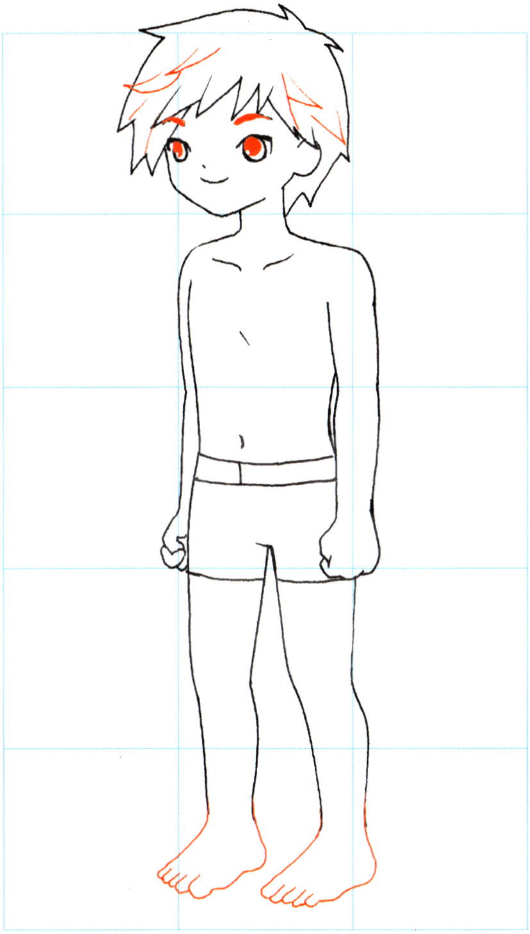

Einige Details an Augen und Haaren einfügen.
Die Füße genauer ausarbeiten.

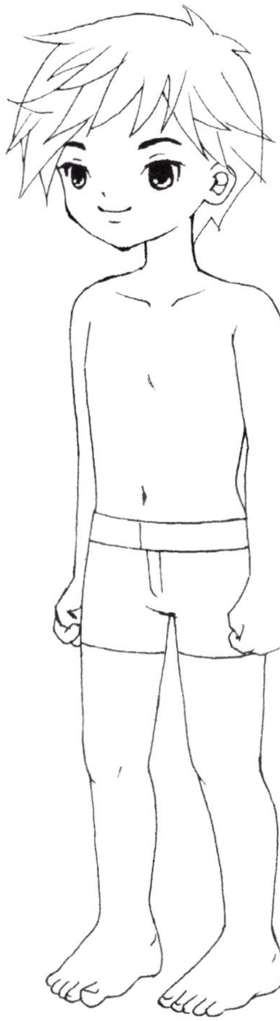

Noch einige Einzelheiten an der Hose und den Haaren hinzufügen.

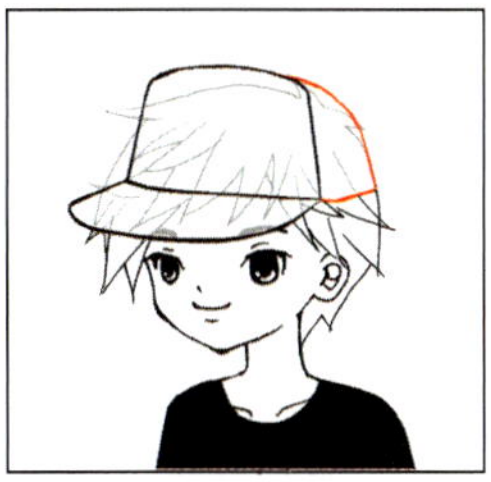

Der hintere Teil der Kappe ist rund.

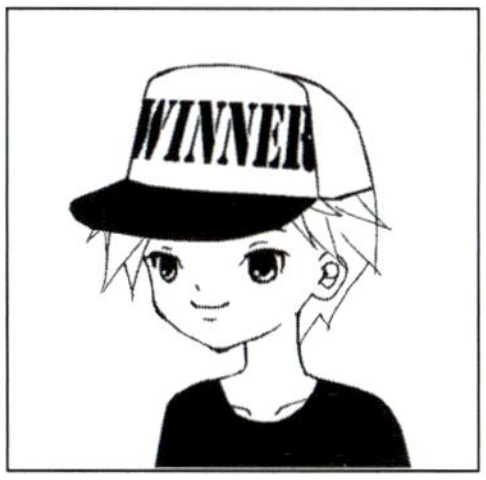

Fehlt noch ein frecher Schriftzug, der die Kappe (und die Figur) unverwechselbar macht.

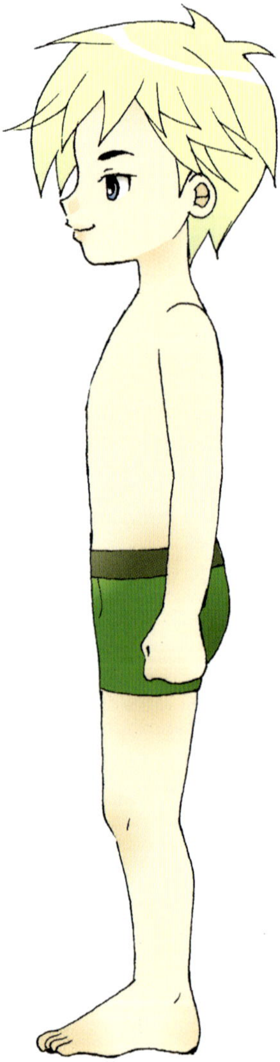

Profil

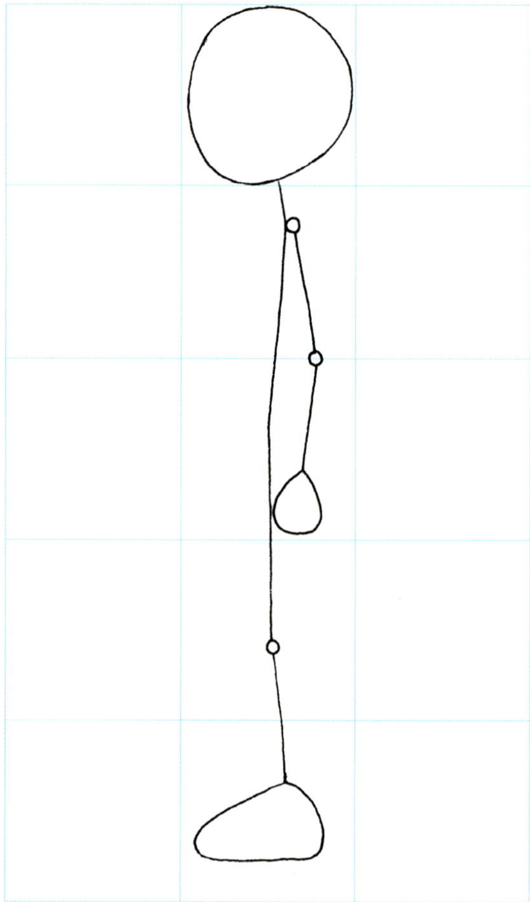

Mit einem Strichmännchen im Profil beginnen. Das Gesicht ist etwas ovaler als bei einem Kleinkind und in Relation zum Körper nicht so groß. Die Position der Gelenke durch winzige Kreise andeuten.

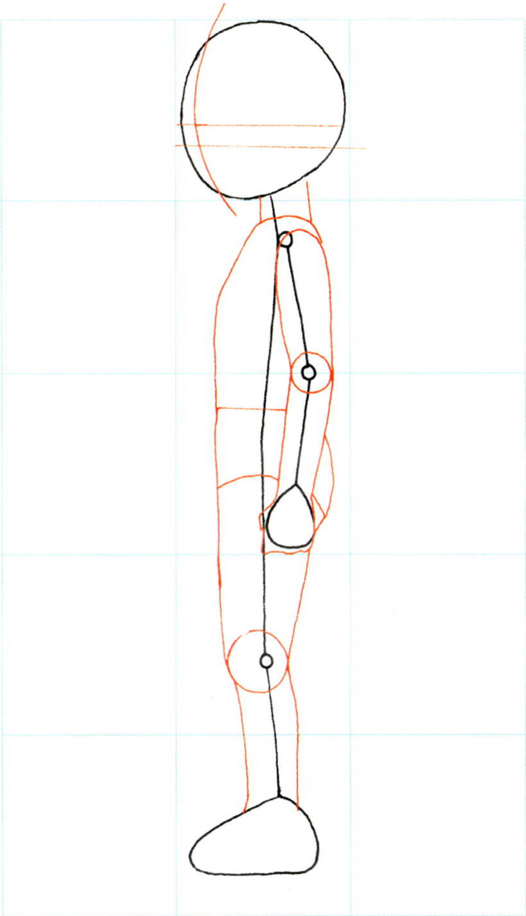

Den Umriss des Körpers grob vorzeichnen. Die Gesichtshilfslinien hinzufügen. In diesem Alter sieht der männliche Körper von der Seite konturierter und muskulöser aus als beim Kleinkind.

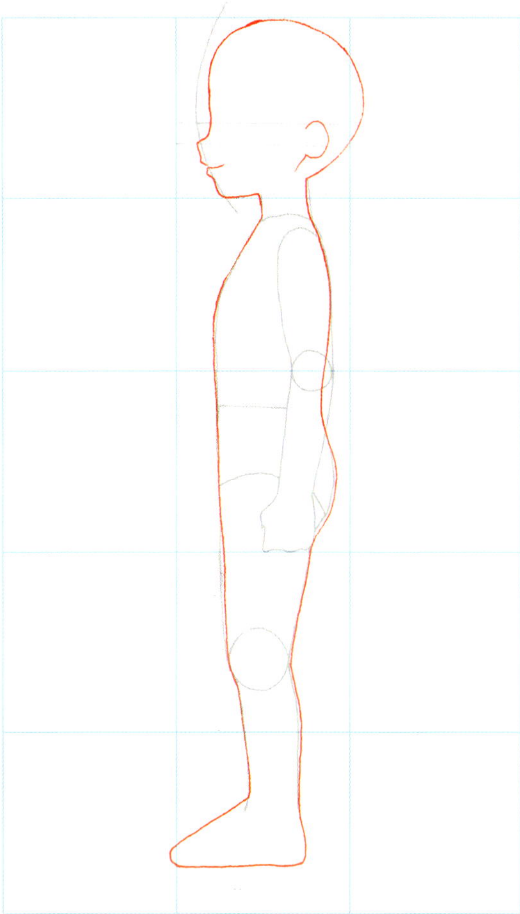

Die Formen von Rumpf, Bein und Kopf feiner ausarbeiten. Ohr und eine kleine Nase hinzufügen – etwas länger als beim kleinen Jungen.

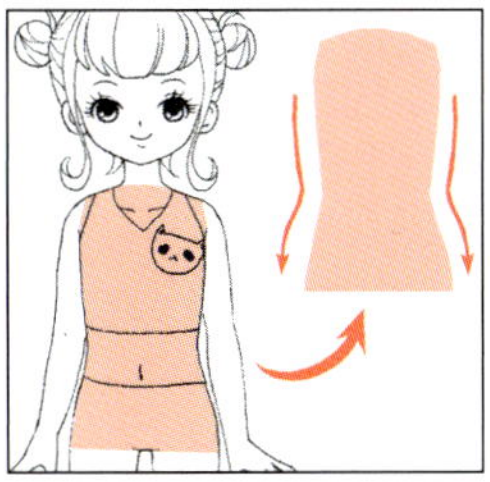

Beim Mädchen sind die Hüften ein wenig breiter, und die Taille ist ein wenig schmaler.

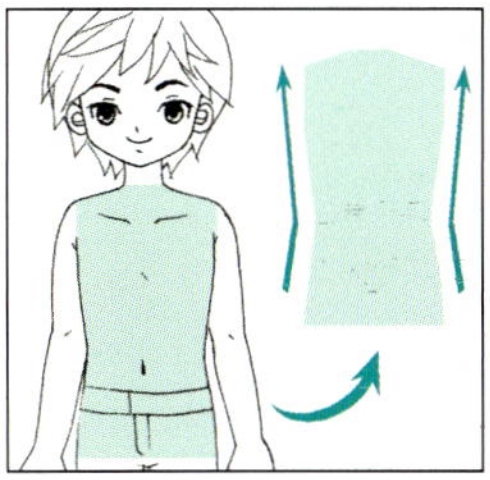

Beim Jungen sind die Schultern breiter, die Hüften sind so breit wie die Außenseiten der Oberschenkel.

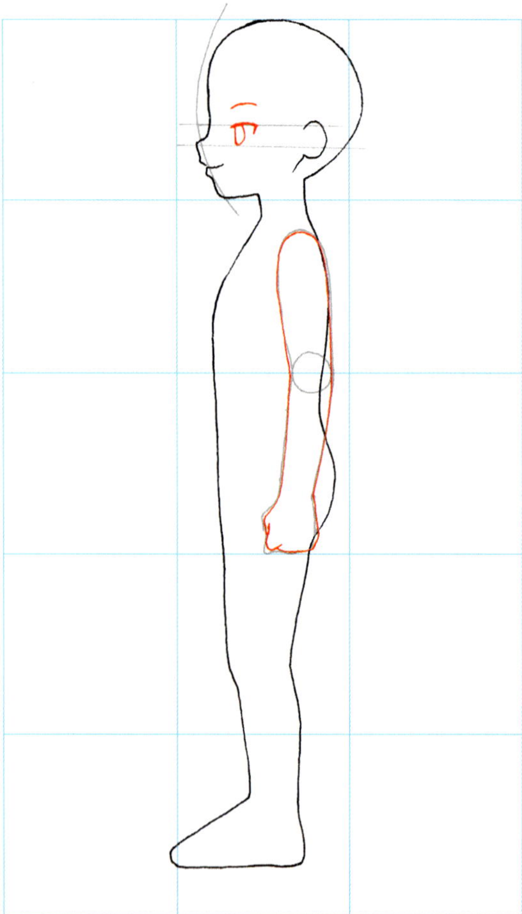

Den Arm und das Gesicht genauer ausarbeiten. Nur ein Auge ist zu sehen. Das Ohr ist auch später noch gut zu erkennen.

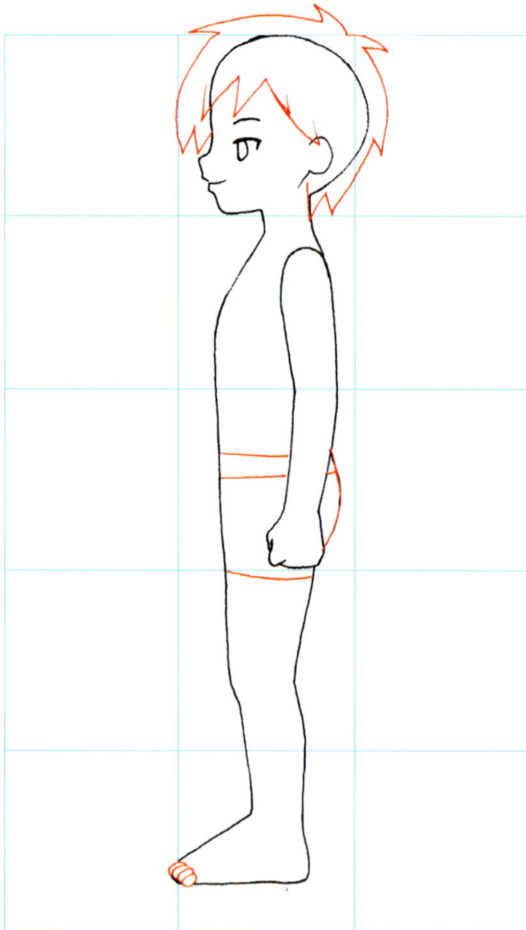

Die Frisur zeichnen, sie ist deutlich größer als der Kopf. Die Umrisse der Hose skizzieren. Die Zehen hinzufügen.

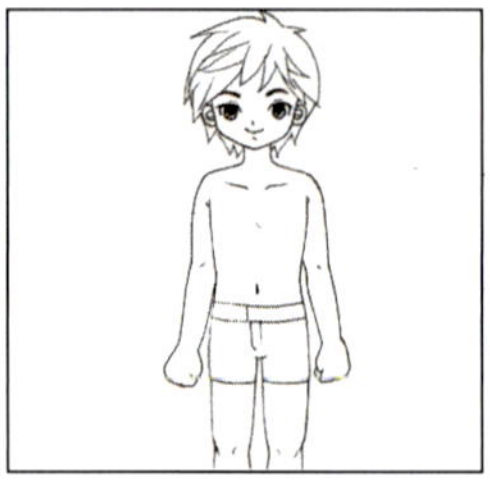

Jetzt wird der Junge angezogen.

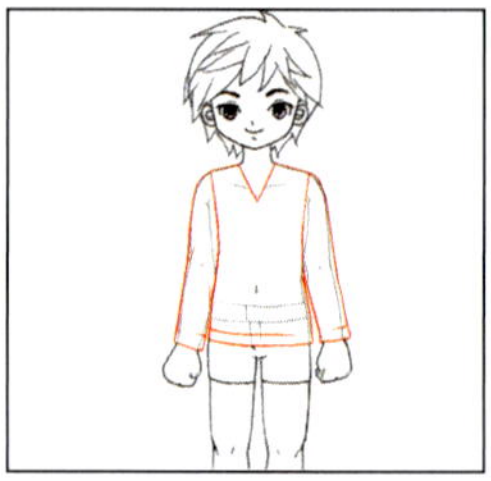

Der Pullover liegt recht eng am Körper an. Er hat lange Ärmel und einen V-Ausschnitt. Er endet knapp oberhalb des Schritts.

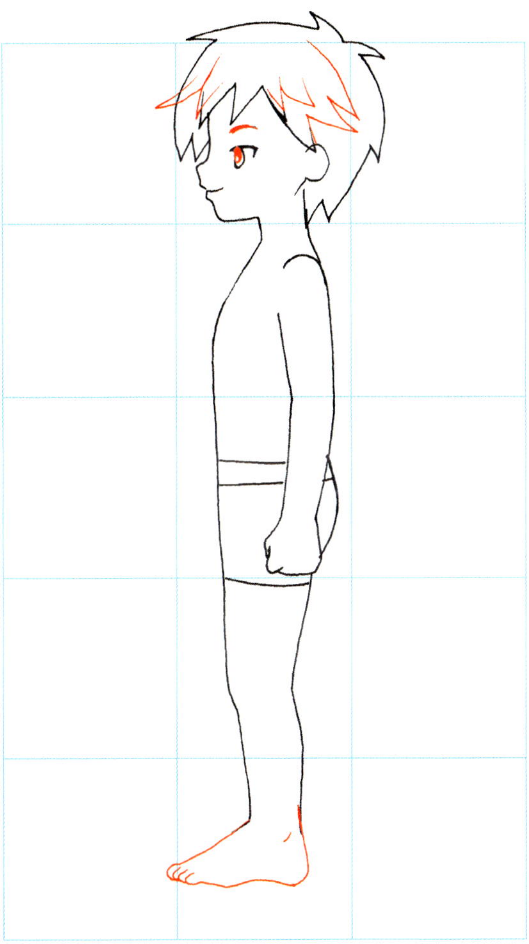

Einige Details an Auge und Haaren einzeichnen. Den Fuß genauer ausarbeiten.

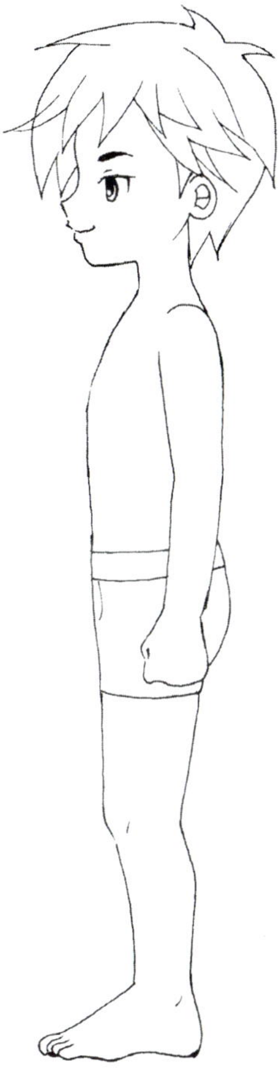

Letzte kleine Einzelheiten an Auge, Haaren und Hose einfügen. Knie und Fußknöchel andeuten.

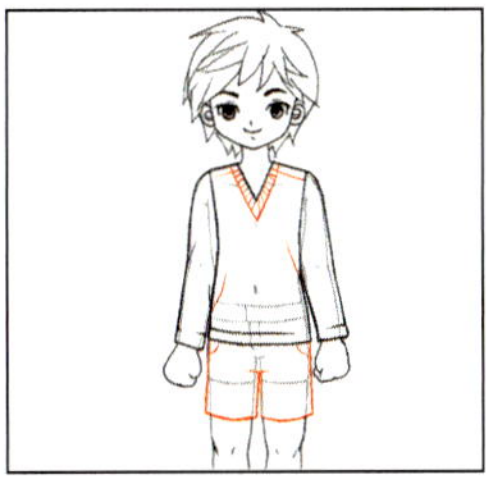

Das Rippenbündchen am Ausschnitt des Pullovers, die Schulternaht und einige Falten andeuten. Eine einfache kurze Hose zeichnen.

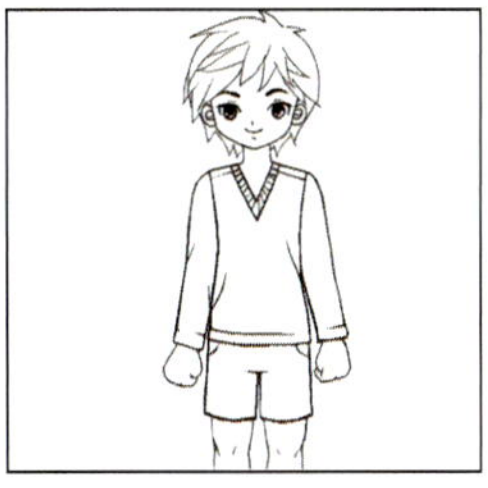

Die schrägen Eingrifftaschen der kurzen Hose nicht vergessen.

TEENAGER

Teenager-Jungen wachsen in die Länge und werden muskulöser. Sie sehen dennoch schmal aus, weil die Muskeln noch nicht voll entwickelt sind.

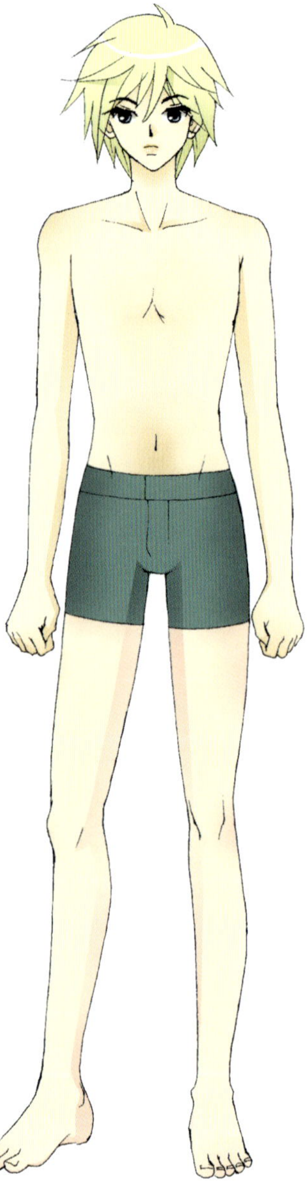

Frontalansicht

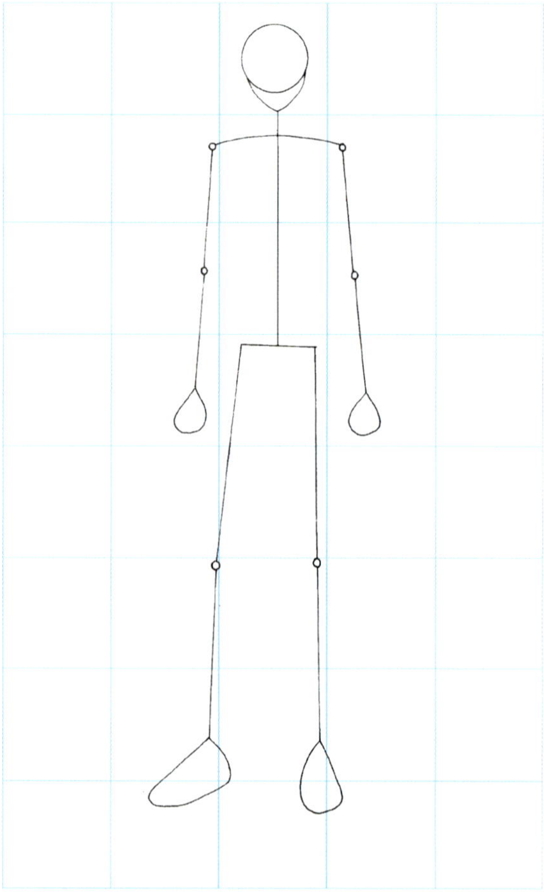

Mit einer Strichfigur beginnen. Sie ist größer als ein Junge im Grundschulalter und hat breitere Schultern. Auch Arme und Beine sind länger. Der Kopf ist vergleichsweise klein. Für das längere Gesicht den spitzen Unterkiefer separat hinzufügen.

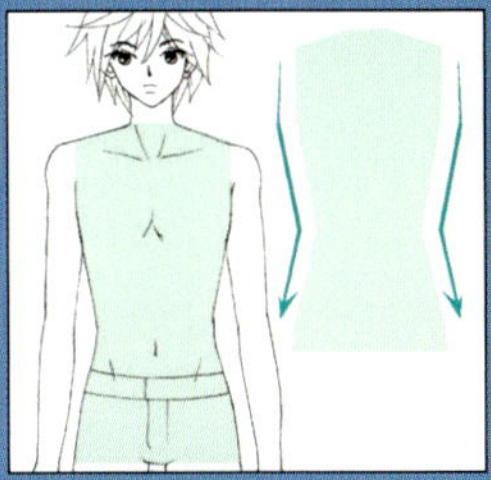

Weil die Muskeln sich später erst entwickeln, sind beim Teenager Schultern und Brust schmaler als beim erwachsenen Mann.

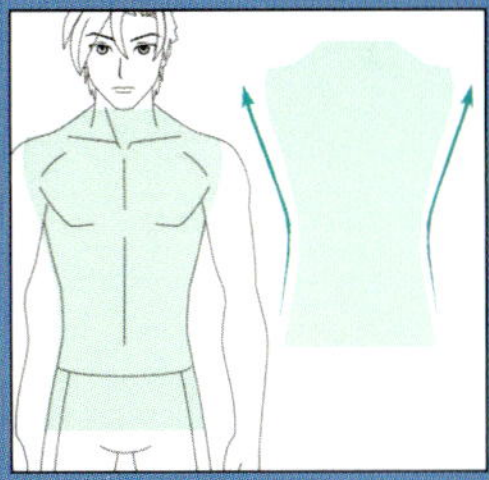

Die Schultern eines Mannes sind noch breiter, und die Brust ist muskulöser. Die Taille bleibt so breit wie beim Teenager.

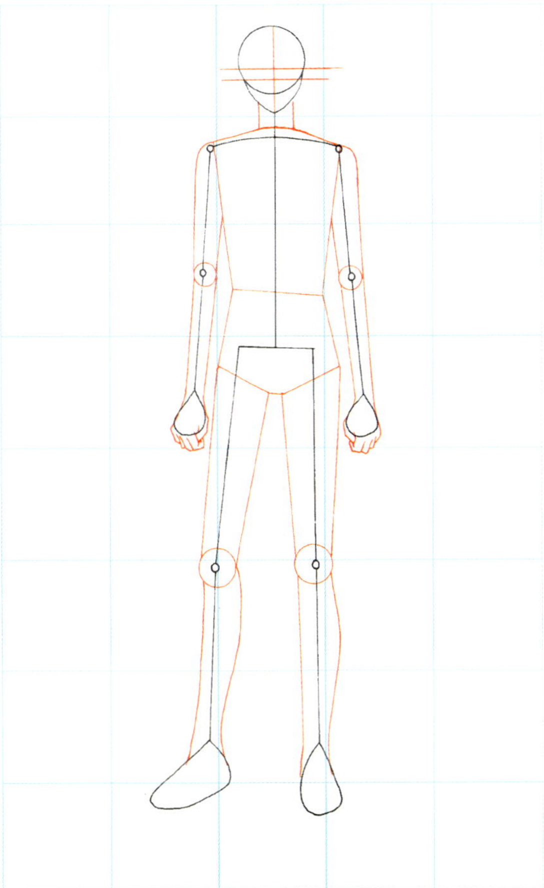

Den Umriss des Körpers grob vorzeichnen. Die Gesichtshilfslinien hinzufügen. Das Gesicht ist länglicher als beim Jungen, der Kiefer ist kantiger und der Hals etwas breiter. Die Fingerknöchel andeuten.

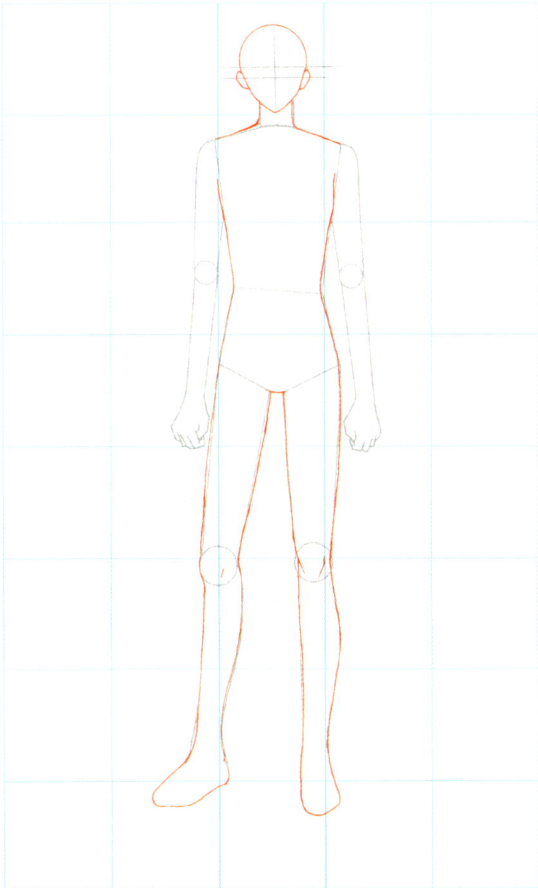

Die Formen von Rumpf, Beinen und Kopf genauer ausarbeiten. Die Ohren anfügen.

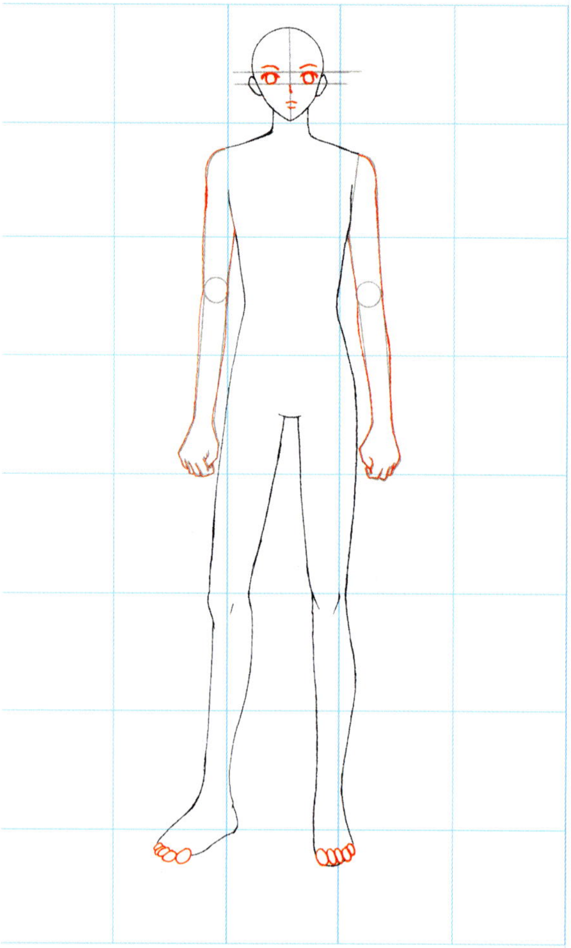

Die Arme ausarbeiten. Augen, Nase und Mund hinzufügen. Die Zehen als Kreise skizzieren. Die Kniegelenke andeuten.

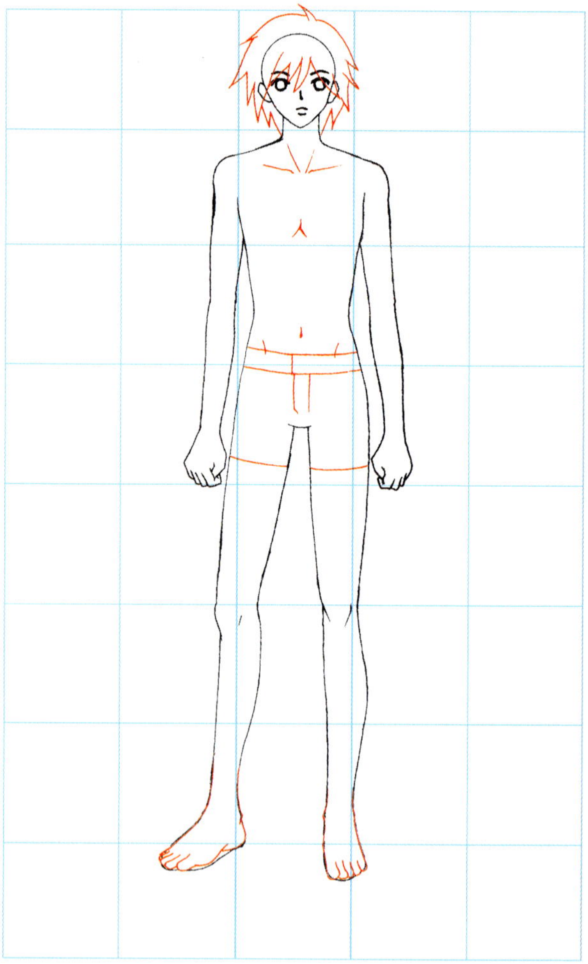

Die Zehen ausarbeiten. Die Frisur zeichnen, sie ist deutlich größer als der Kopf. Den Umriss der Hose skizzieren. Die Schlüsselbeine sowie die Brust- und Bauchmuskeln andeuten.

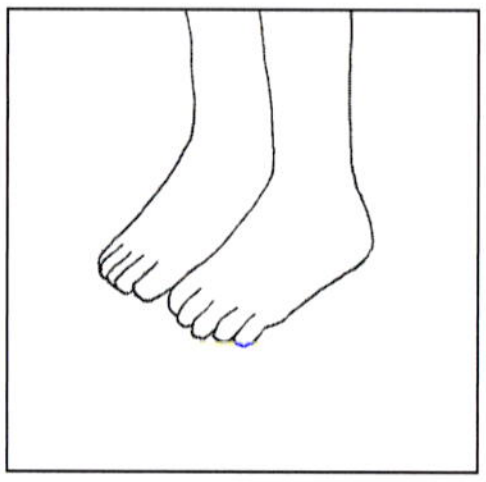

Spendieren wir diesem Teenager ein Paar Flip-Flops. Zuerst wie gehabt die Füße zeichnen.

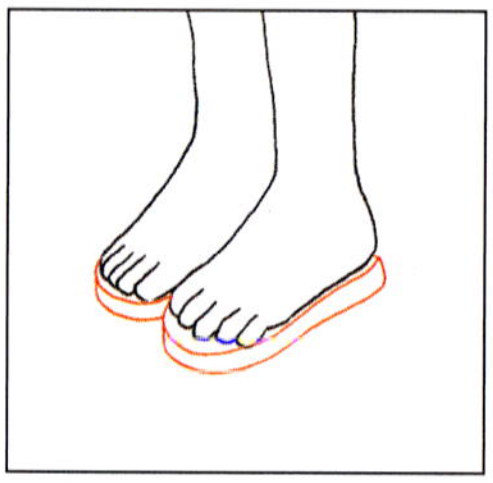

Die Schuhsohlen haben eine gleichmäßige Stärke.

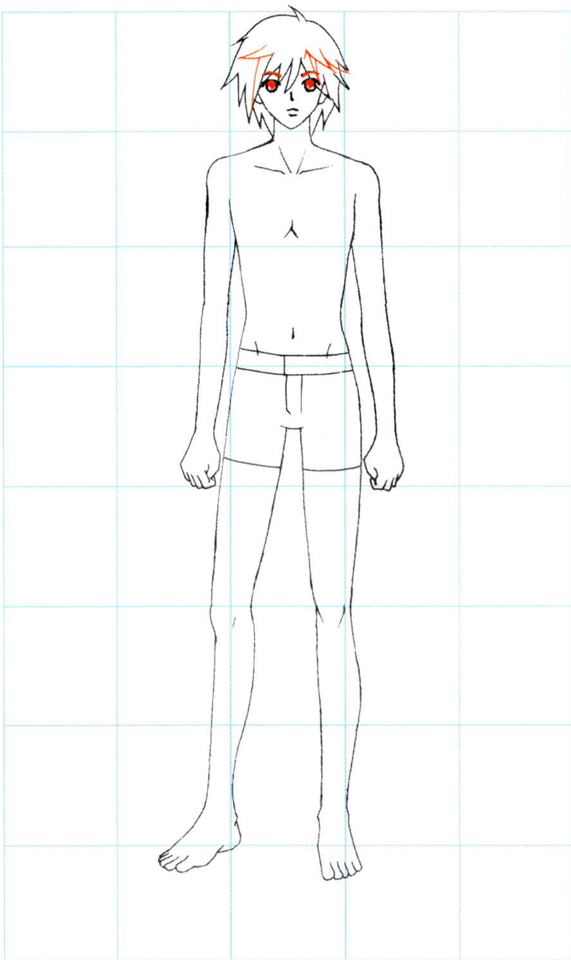

Einige Details an Augen und Haaren einzeichnen.

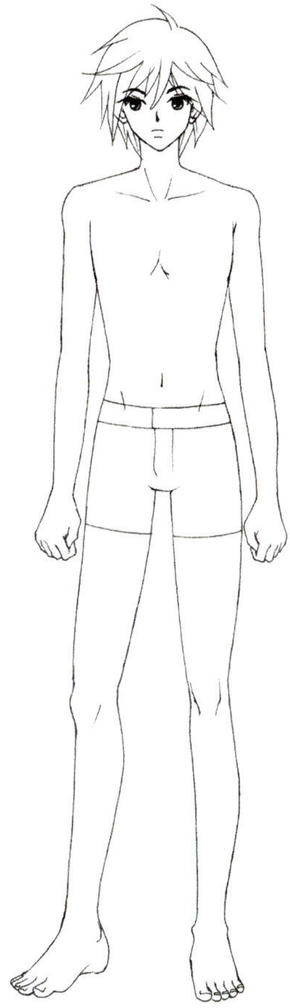

Weitere Haarsträhnen einfügen. Zehen und Zehennägel ausarbeiten.

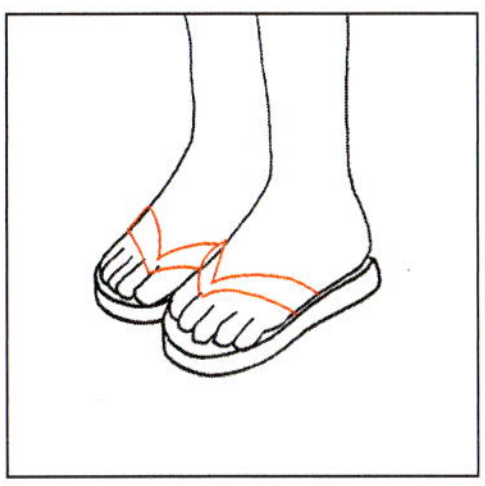

Aus diesem Blickwinkel sieht der äußere Riemen deutlich länger aus.

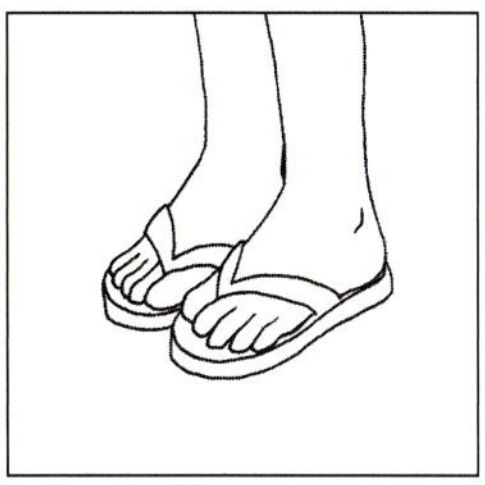

Fertig sind die Schuhe für den Sommer.

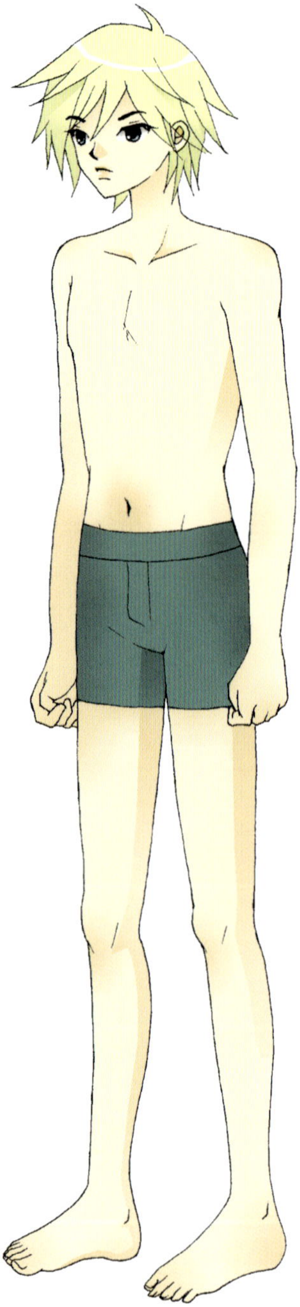

Halbprofil

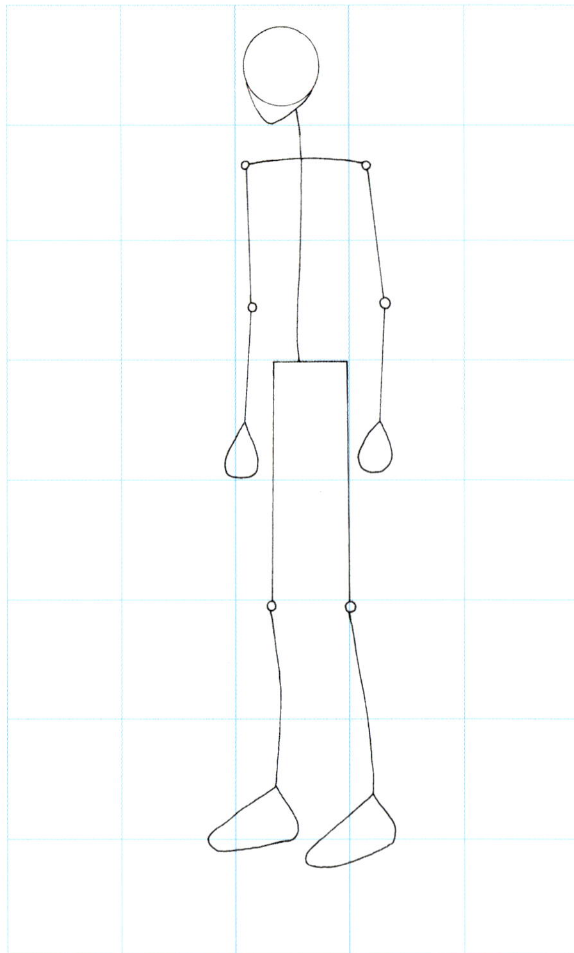

Mit einer leicht zur Seite gedrehten Strichfigur beginnen. Rumpf, Arme und Beine sind beim Teenager länger als beim Jungen im Grundschulalter. Für das längere Gesicht den Unterkiefer separat skizzieren, hier etwas nach links verschoben. Die Position der Gelenke durch winzige Kreise andeuten.

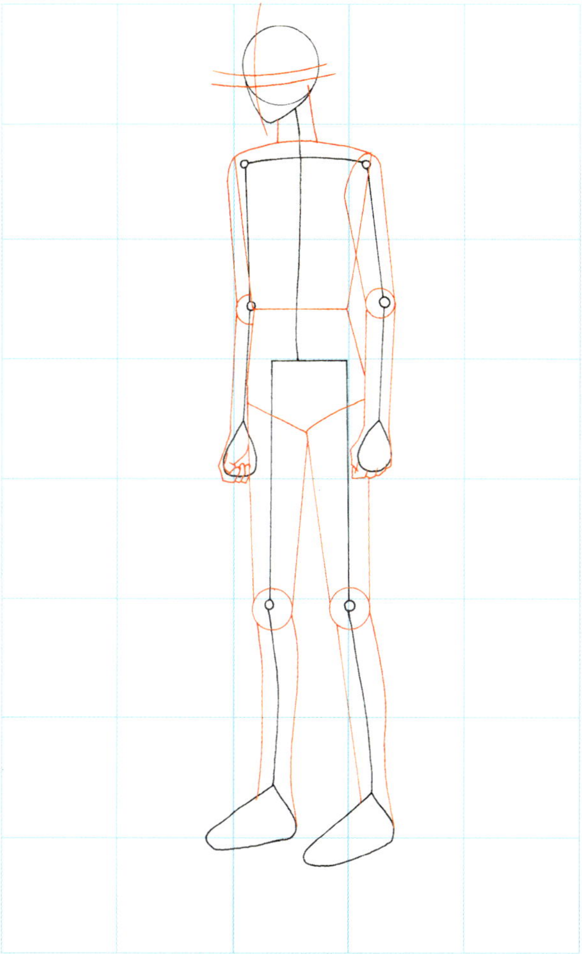

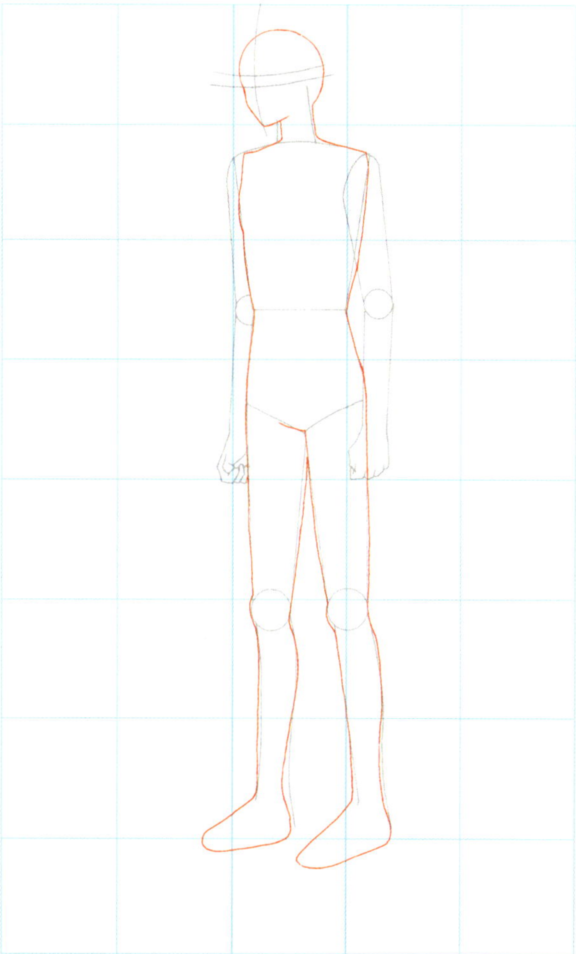

Den Umriss des Körpers grob vorzeichnen. Die Gesichtshilfslinien einzeichnen. Der Teenager hat einen kräftigeren Hals, breitere Schultern und eine schmalere Taille als der kleinere Junge.

Die Formen von Rumpf, Beinen und Kopf ausarbeiten. Die Hüften nicht zu breit zeichnen, das sieht zu feminin aus.

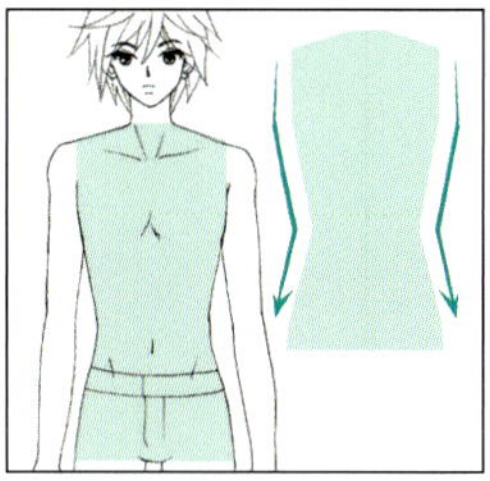

Der Oberkörper des männlichen Teenagers ist kräftiger als der eines Jungen, obwohl die Muskeln noch nicht vollständig entwickelt sind.

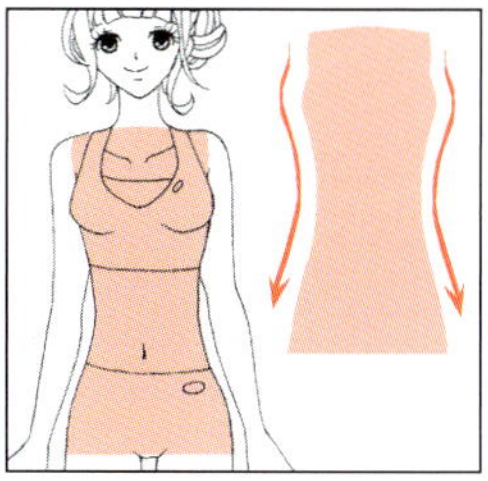

Der Körper eines weiblichen Teenagers ist um Brust und Hüften herum ein wenig kurviger.

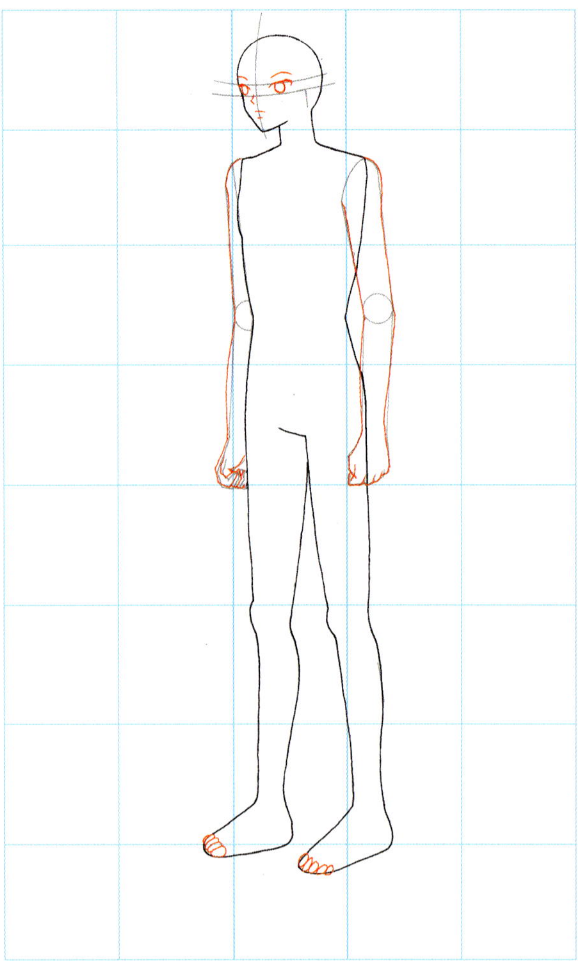

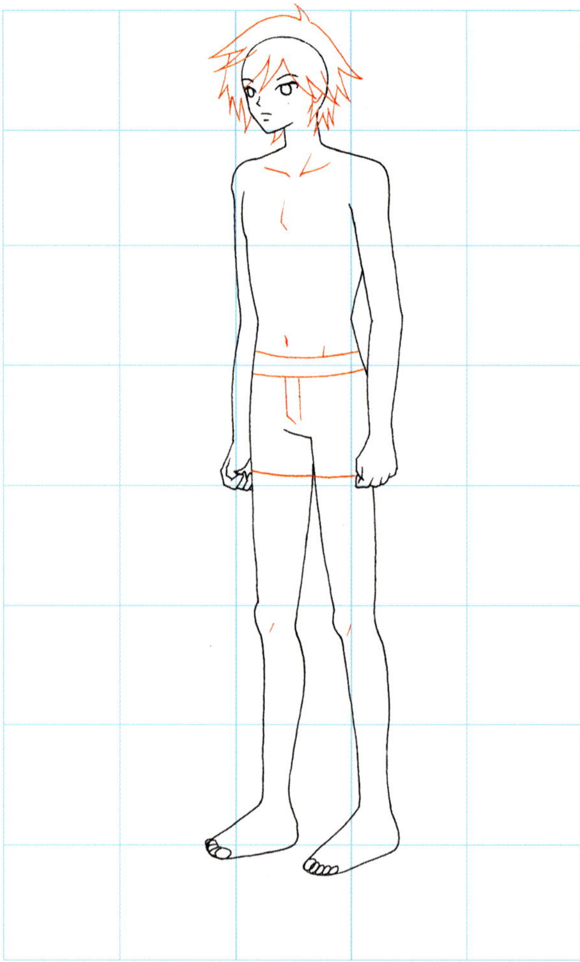

Die Arme ausarbeiten. Augen, Nase und Mund einzeichnen. Im Halbprofil ist das dem Betrachter nähere Auge größer. Die Zehen als Kreise zeichnen.

Die Frisur zeichnen, sie ist deutlich größer als der Kopf. Die Umrisse der Hose skizzieren. Schlüsselbeine sowie Brust- und Bauchmuskeln andeuten. Den Nabel und die Kniescheiben zeichnen.

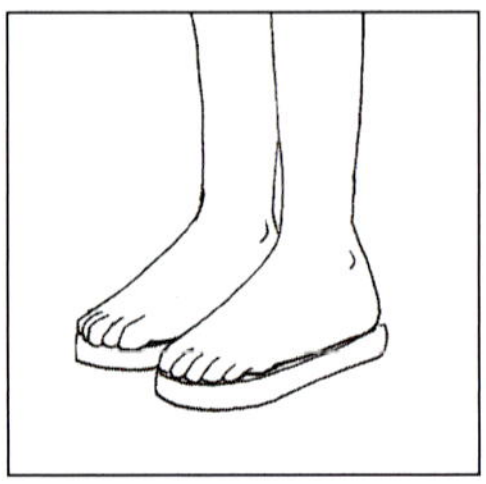

Jetzt zeichnen wir Slipper. Wieder mit den Sohlen beginnen.

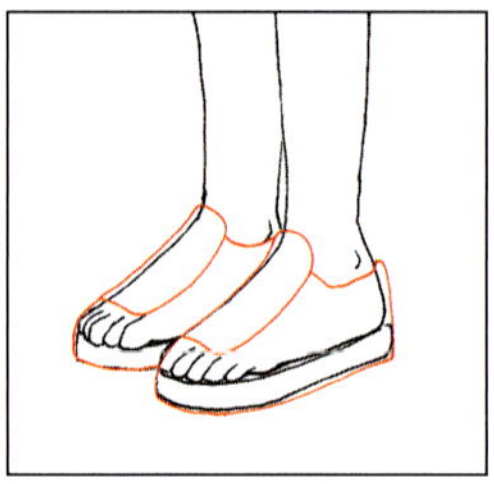

Die Umrisse der Schuhe grob vorzeichnen.

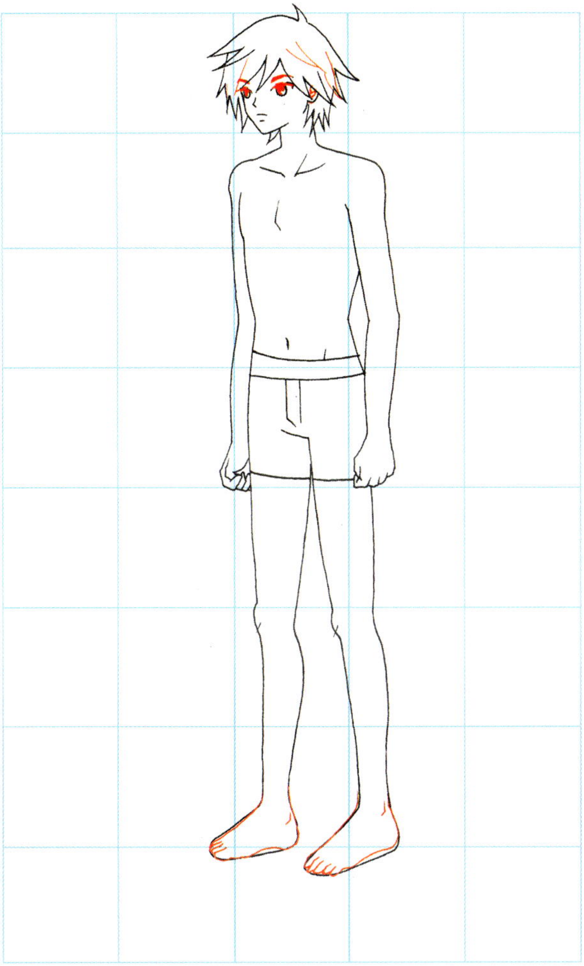

Einige Details an Augen, Ohr und Haaren hinzufügen. Die Füße exakter ausarbeiten.

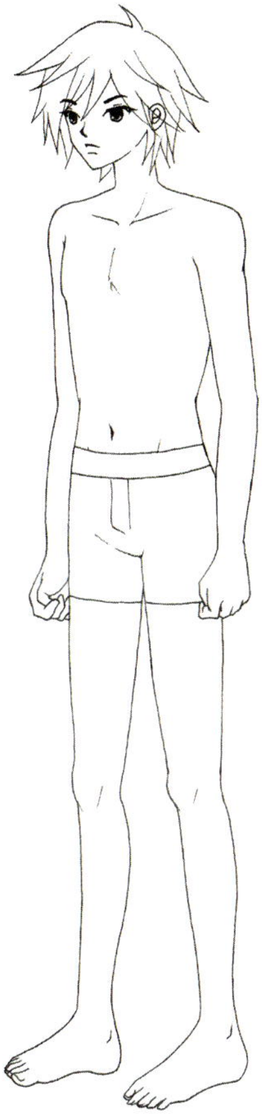

Noch einige Haarsträhnen einzeichnen.

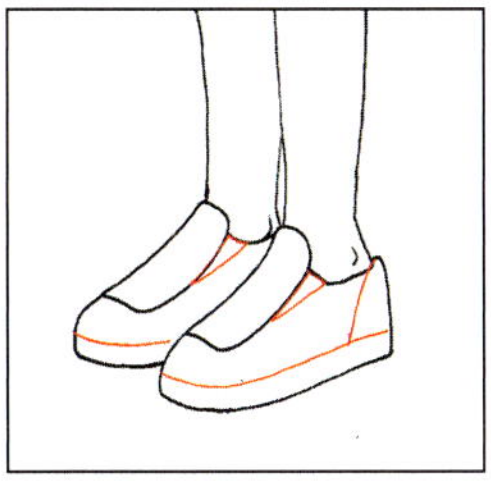

Nähte und andere Details wie Gummieinsätze zeichnen. Die Zehen ausradieren.

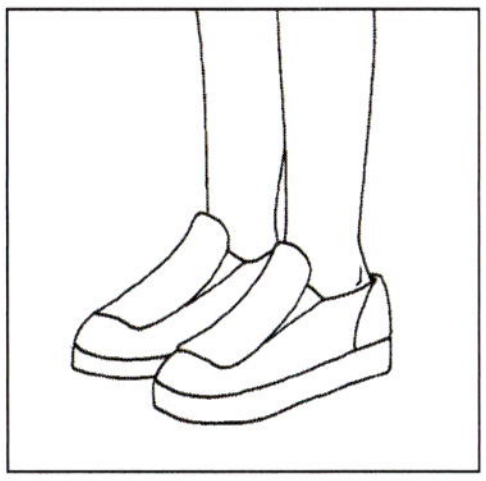

So sehen die fertigen Slipper aus.

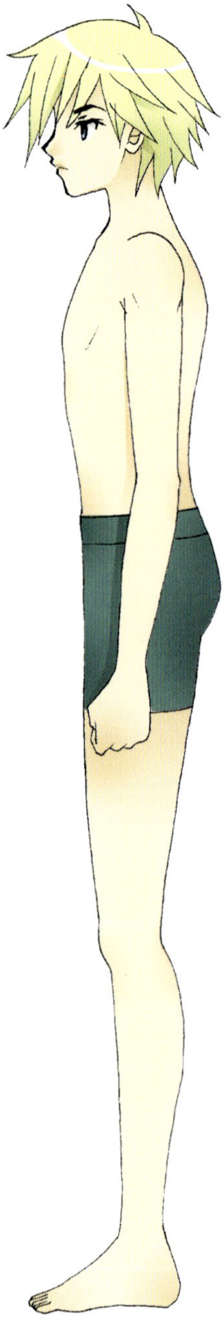

Profil

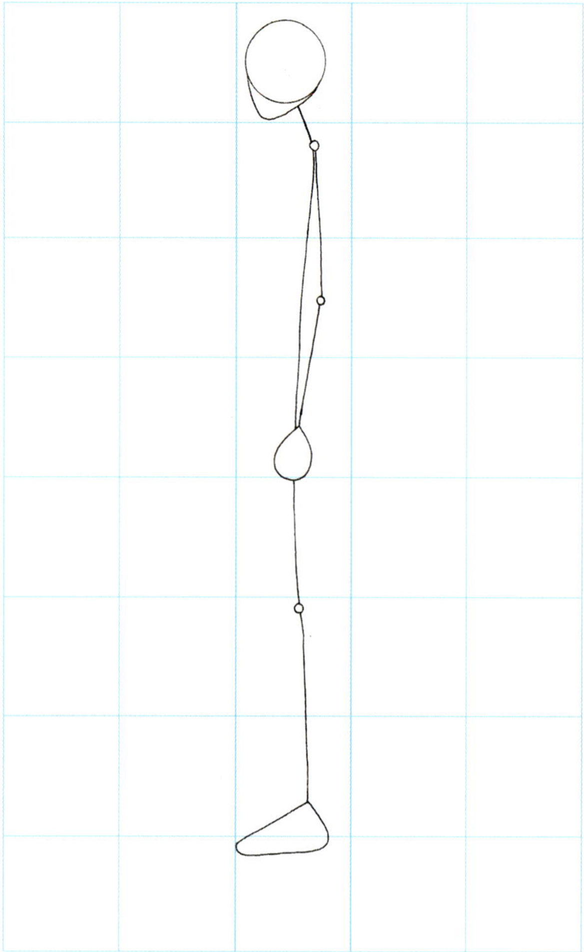

Mit einer Strichfigur im Profil beginnen. Für den länglichen Kopf den Unterkiefer separat zeichnen. Die Position der Gelenke durch winzige Kreise andeuten.

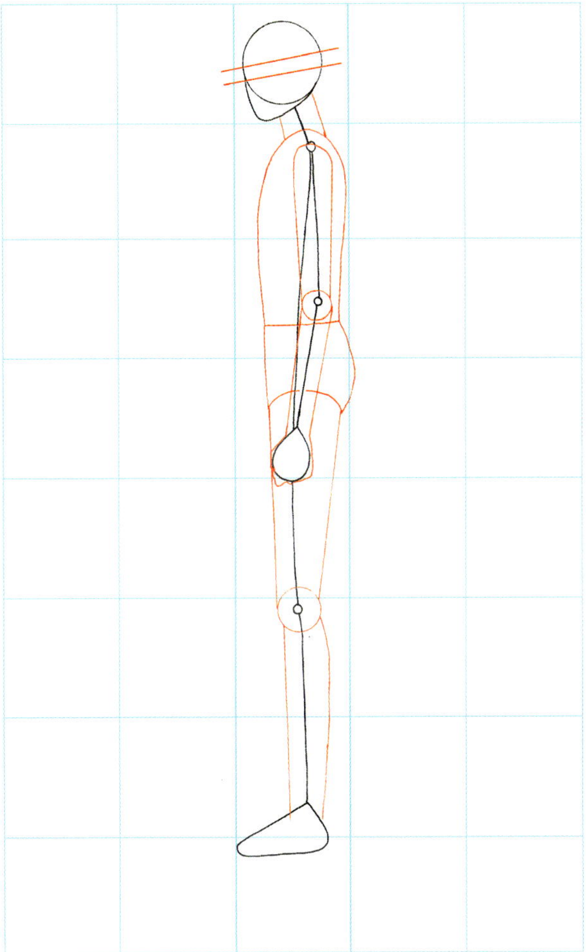

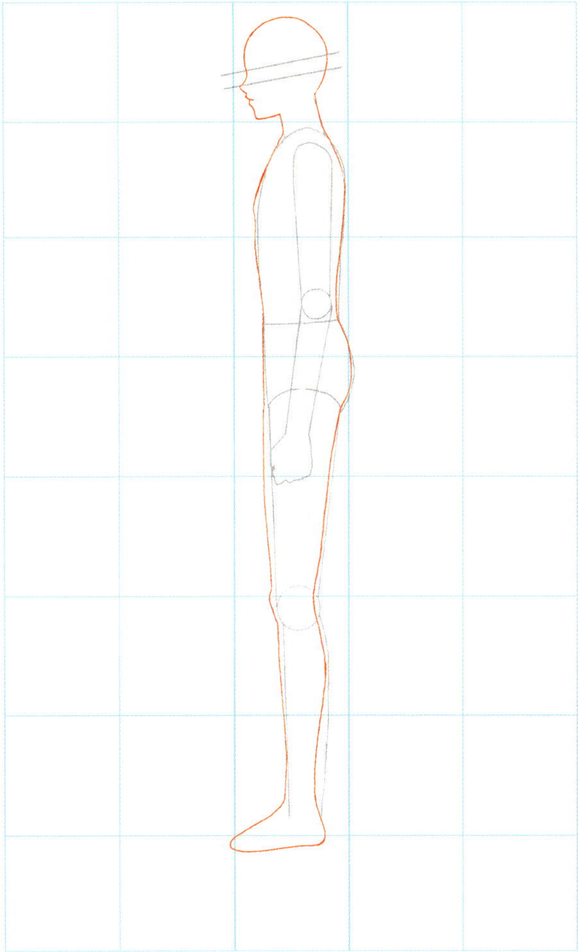

Den Umriss des Körpers grob vorzeichnen. Die Gesichtshilfslinien einzeichnen. In diesem Alter sieht der männliche Körper von der Seite bereits kräftiger und muskulöser aus. Die Oberarmmuskeln andeuten.

Die Formen von Rumpf, Bein und Gesicht genauer ausarbeiten.

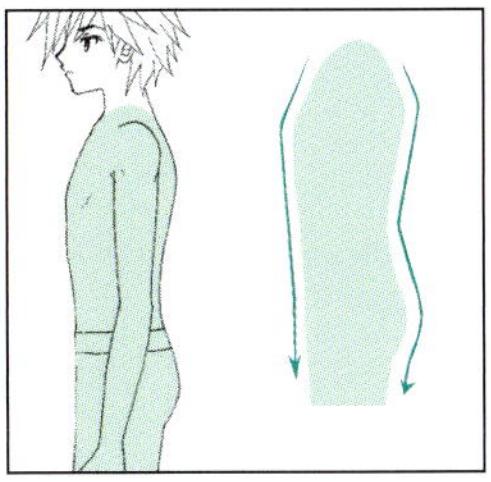

Von der Seite sieht der Körper des männlichen Teenagers stabil und solide aus. Man erkennt, dass er immer stärker wird.

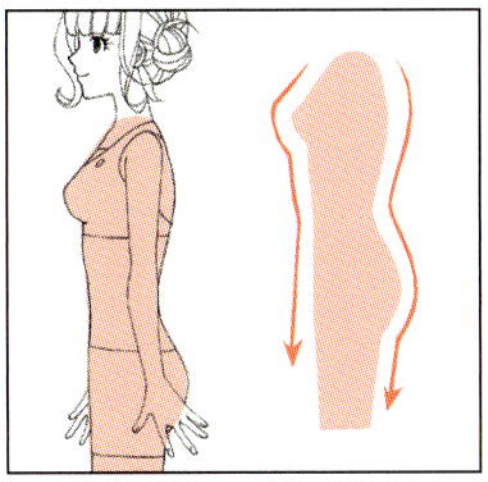

Der Körper eines weiblichen Teenagers ist im Profil viel kurviger und in der Mitte zarter.

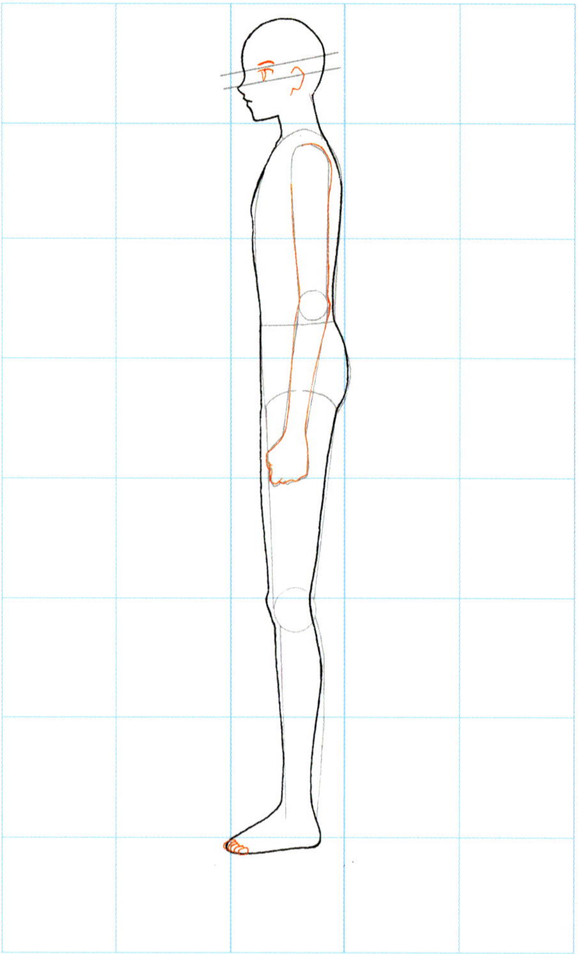

Arm und Gesicht ausarbeiten. Im Profil sieht man natürlich nur ein Auge. Das Ohr ist auch unter den Haaren später meist noch gut zu erkennen. Die Zehen als Kreise zeichnen.

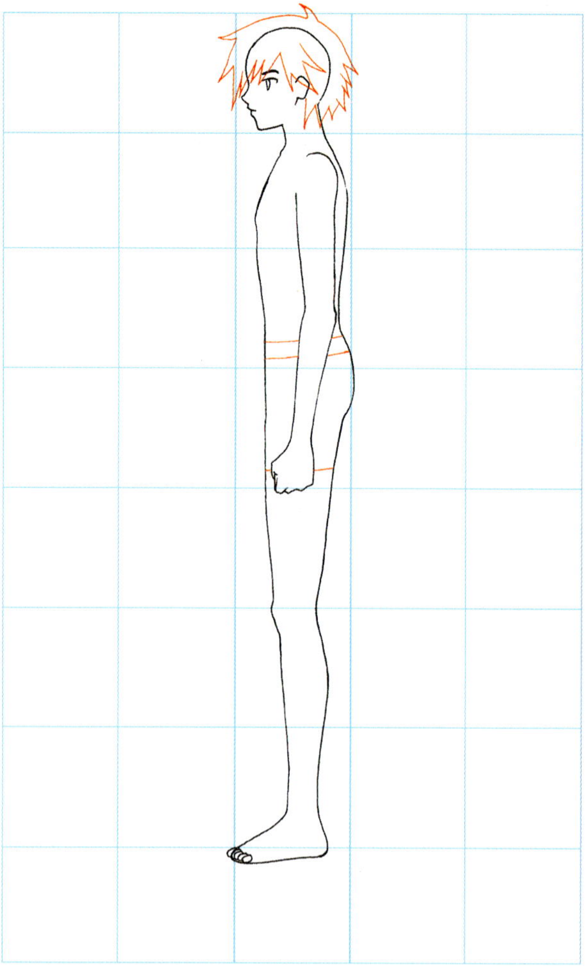

Die Frisur zeichnen, sie ist deutlich größer als der Kopf. Die Umrisse der Hose skizzieren.

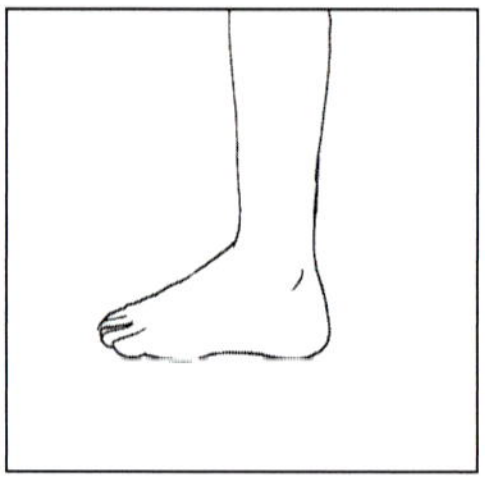

Versuchen wir es mal mit Flip-Flops von der Seite. Mit den Füßen beginnen.

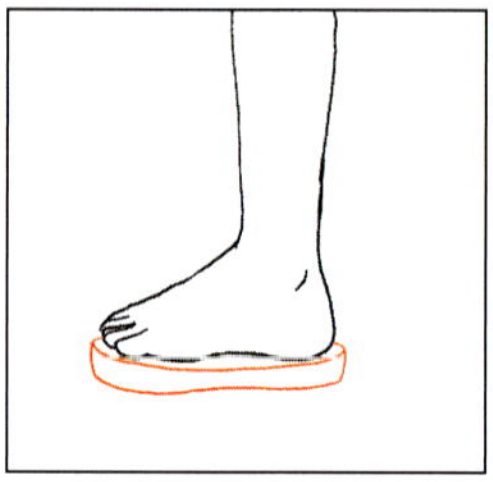

Aus diesem Blickwinkel sieht man die Rundung der Sohle gut.

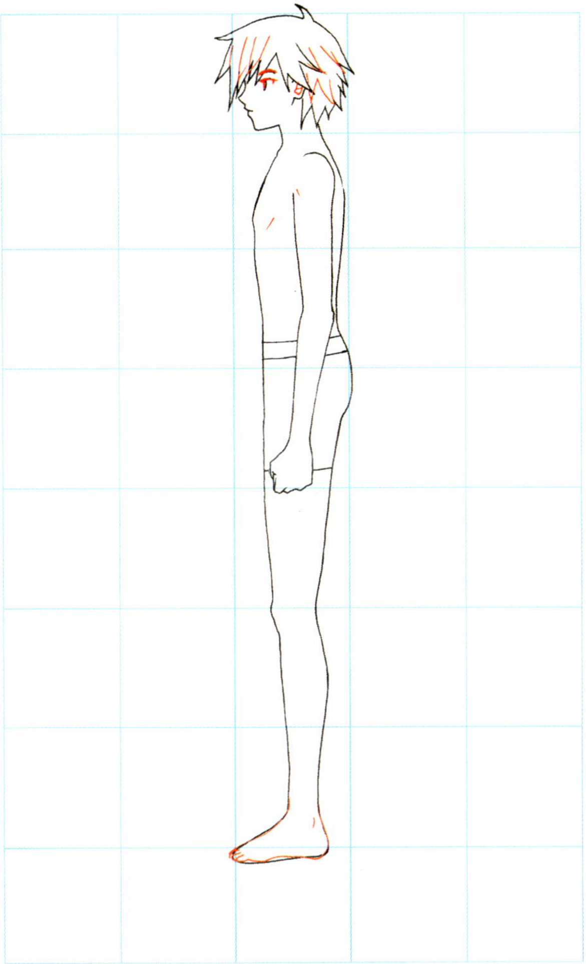

Die Füße ausarbeiten: Zehen, Sohle, Knöchel. Details an Auge, Ohr und Haaren einzeichnen. Mit einigen kurzen Strichen auf Brust und Armen die Muskulatur andeuten.

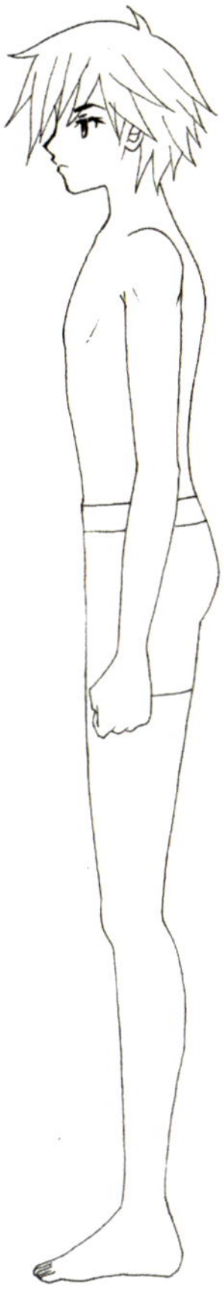

Eventuell noch weitere Haarsträhnen einfügen.

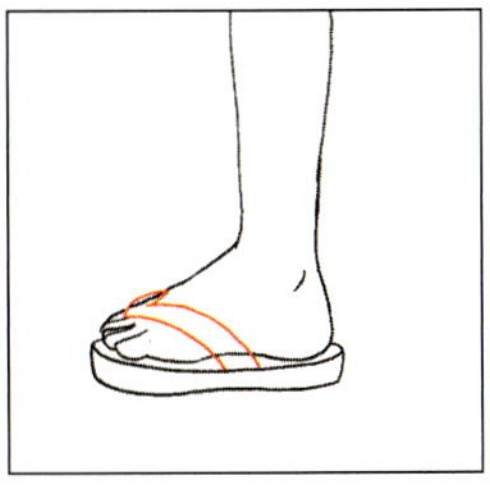

Nun folgen die Riemen. Der innere Riemen ist von der Seite kaum oder gar nicht zu sehen.

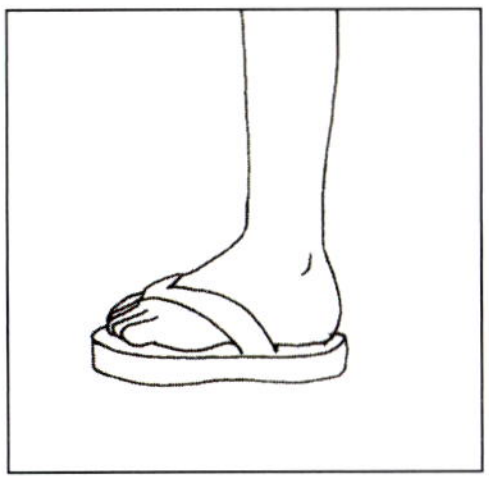

Auf geht's an den Strand!

JUNGER MANN

Ein junger Mann hat breitere Schultern und kräftigere Arme als ein Teenager. Das Kinn ist kantig, die Nase und das gesamte Gesicht sind länger.

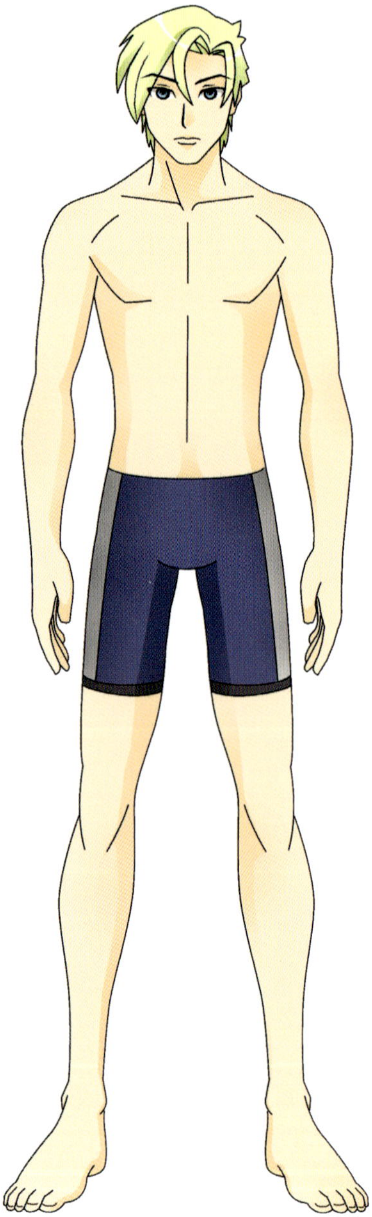

Frontalansicht

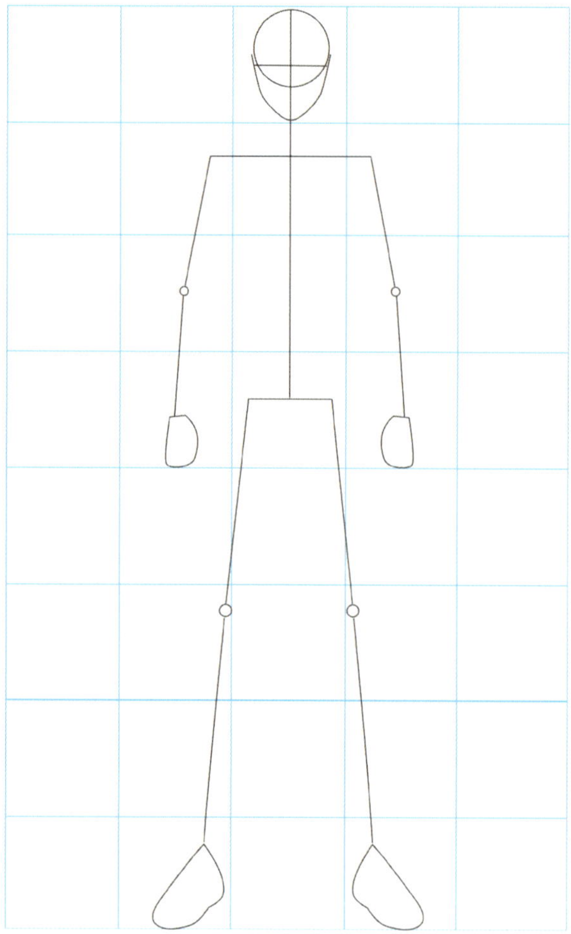

Mit einer Strichfigur beginnen. Sie ist deutlich größer (8 Kästchen) als eine Frau. Unterkiefer/Kinn separat einzeichnen. Die Position der Gelenke mit winzigen Kreisen markieren.

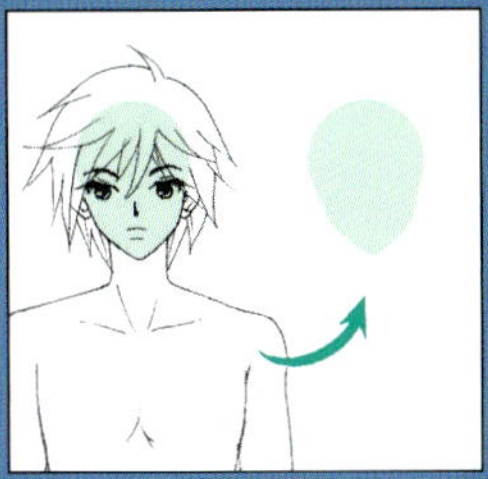

Das Gesicht eines Teenagers ist oval und hat ein spitzes Kinn.

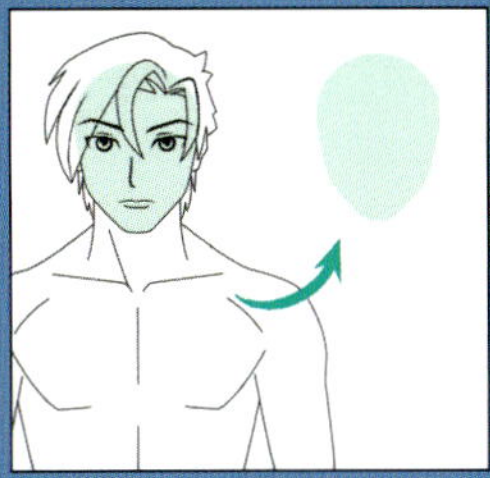

Das Gesicht eines Mannes ist noch etwas länger und hat zusätzlich einen kantigen Kiefer.

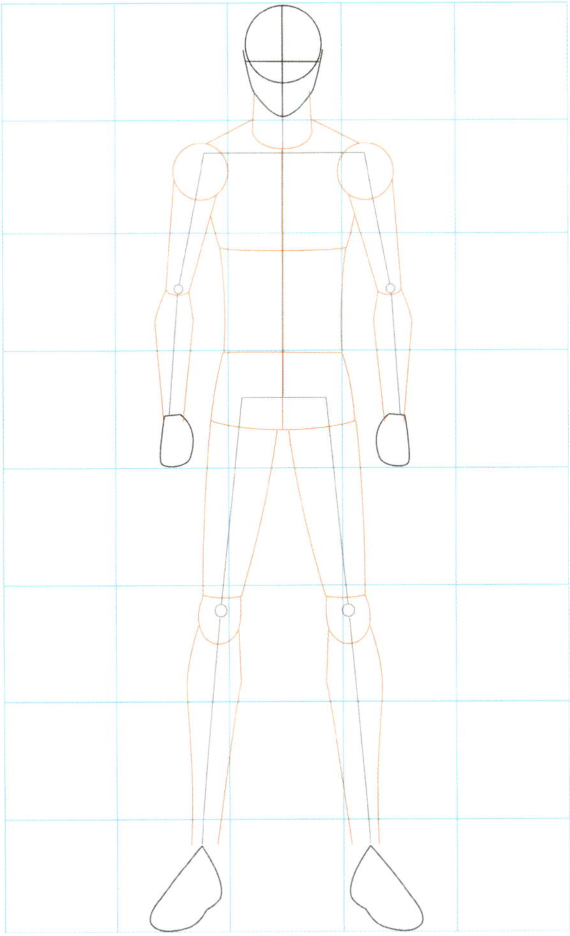

Die Umrisse von Körper und Muskeln einzeichnen. Der Hals ist fast so breit wie der Kopf. Die Schultern sind deutlich breiter als die Hüften.

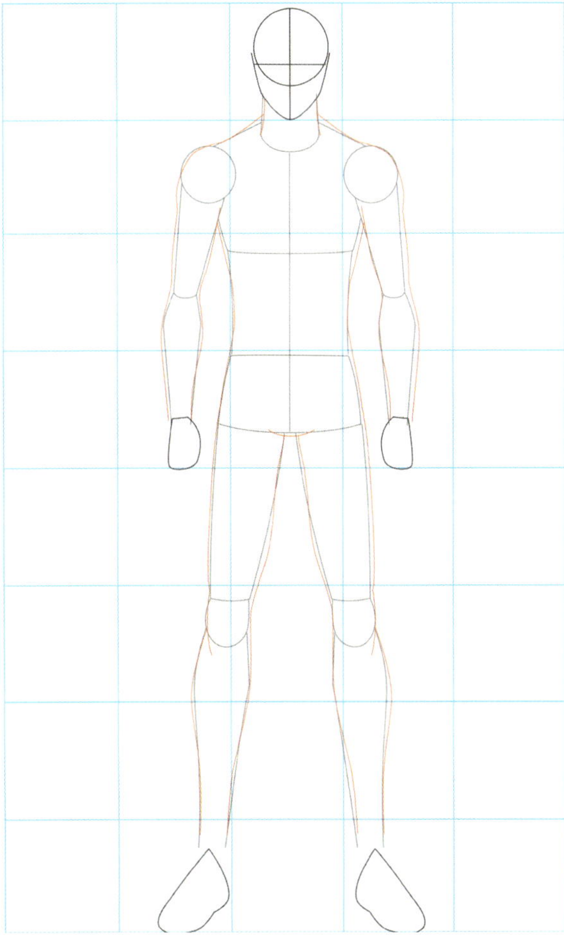

Die Formen von Rumpf, Armen und Beinen deutlicher ausarbeiten.

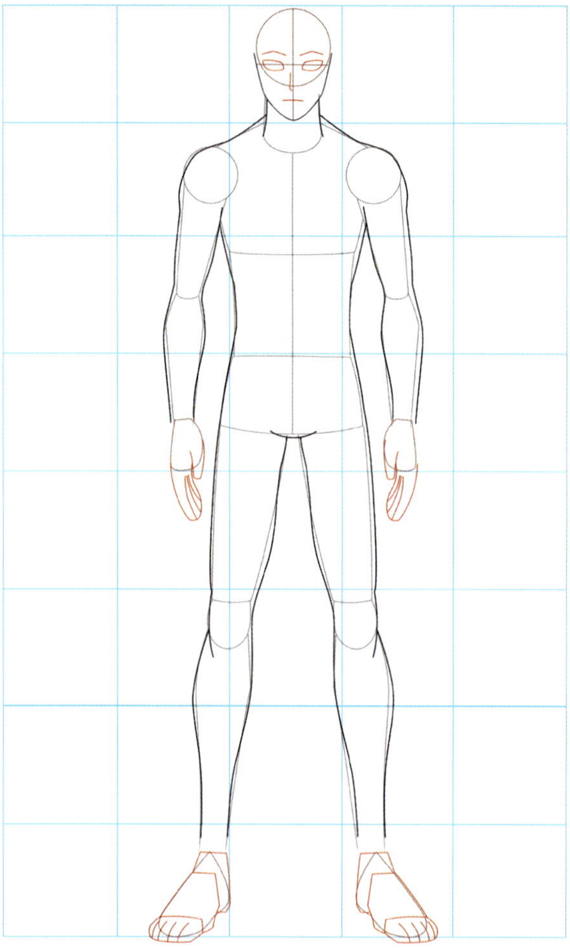

Hände und Füße aus einfachen Grundformen aufbauen. Das Gesicht grob einzeichnen.

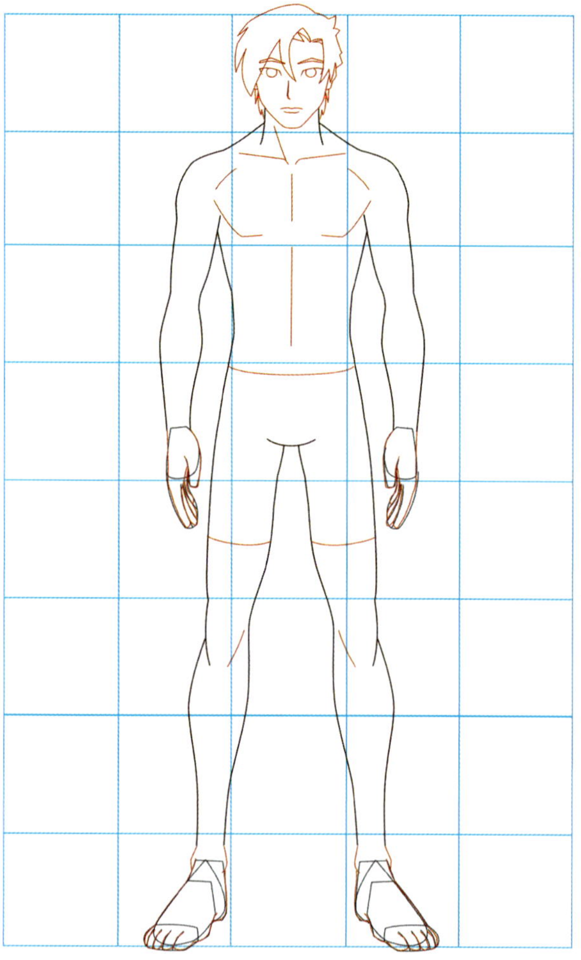

Die Frisur skizzieren. Gesichtszüge, Hände und Füße genauer ausarbeiten. Schlüsselbeine sowie Brust- und Bauchmuskeln andeuten. Die Hose einzeichnen und die Knie markieren.

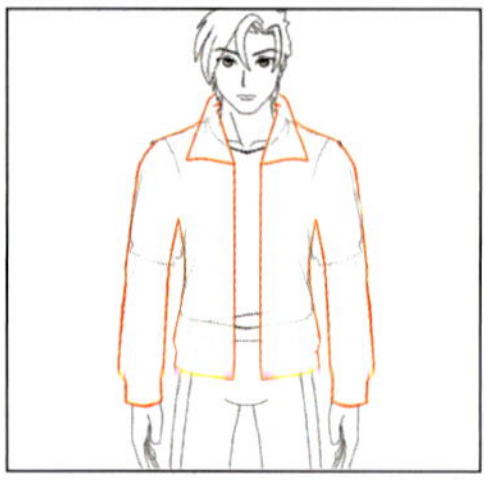

Dieser Mann trägt eine einfache Jacke mit Kragen.

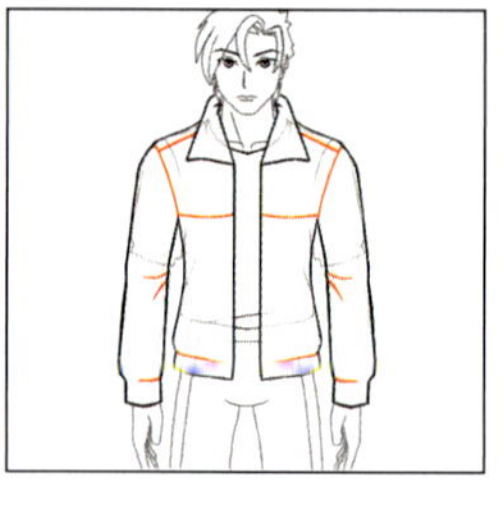

Die Nähte (Passe und Bündchen) und einige Falten einzeichnen, vor allem an den Armbeugen.

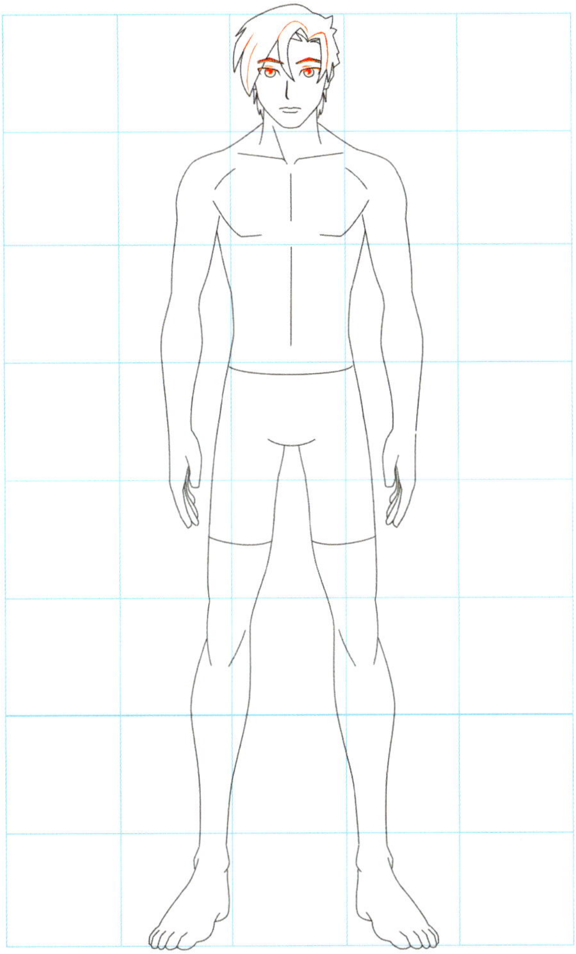

Nun Details an Haaren und Gesicht einzeichnen.

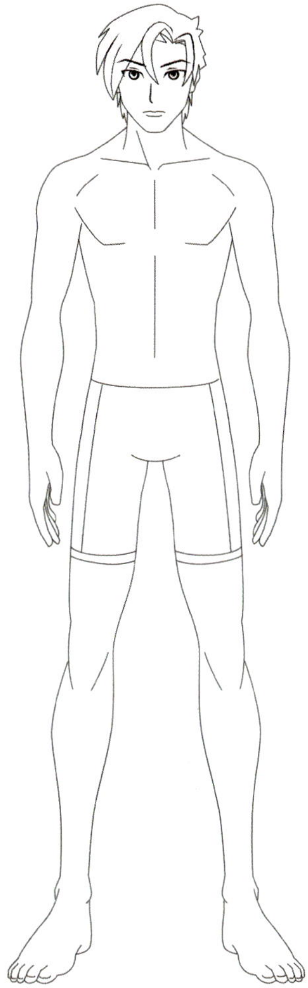

Einige kleine Einzelheiten an Hose und Haaren ergänzen.

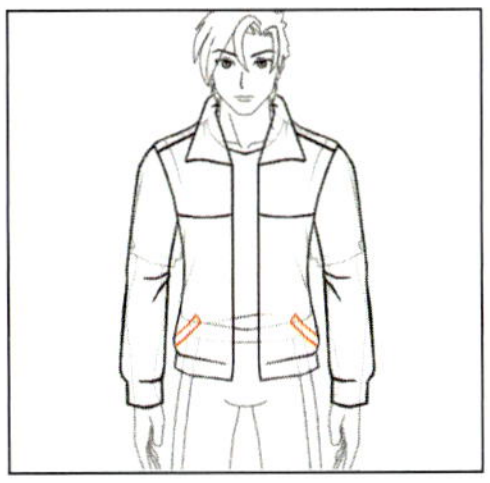

Die Taschen mit schrägem Eingriff nicht vergessen.

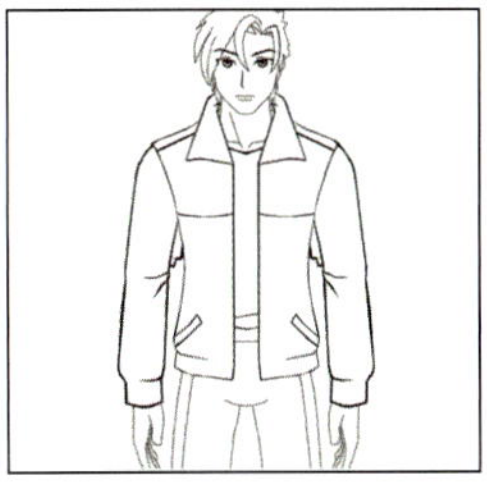

Fertig ist die Jacke.

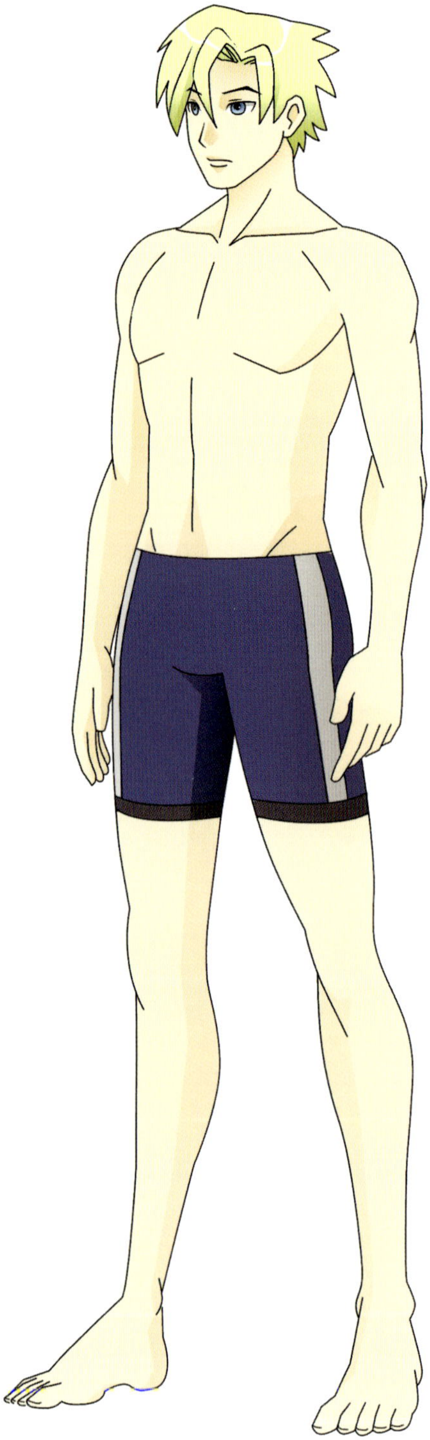

Halbprofil

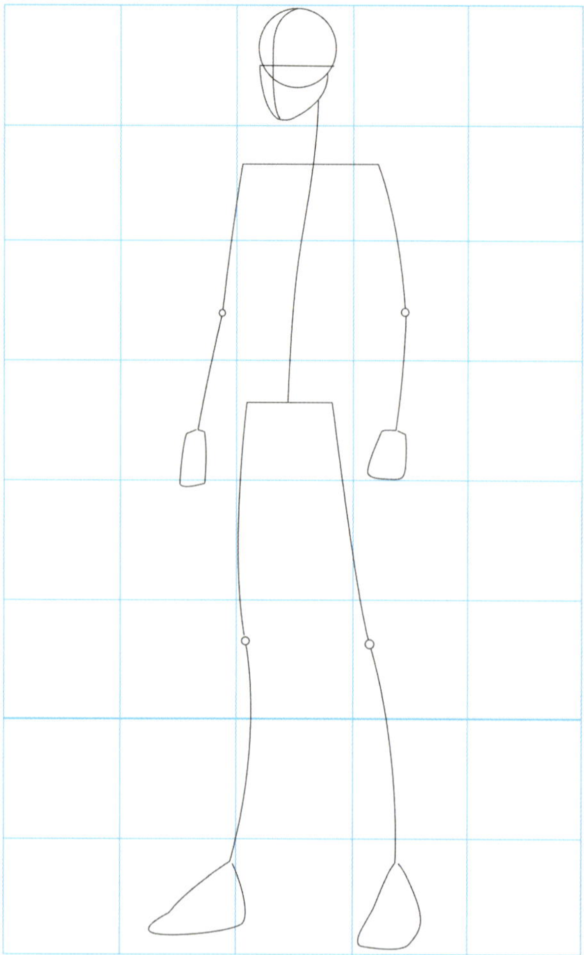

Mit einer leicht nach zur Seite gedrehten Strichfigur beginnen. Die Wirbelsäule ist leicht nach rechts gekrümmt und geneigt. Die Position der Gelenke durch winzige Kreise andeuten.

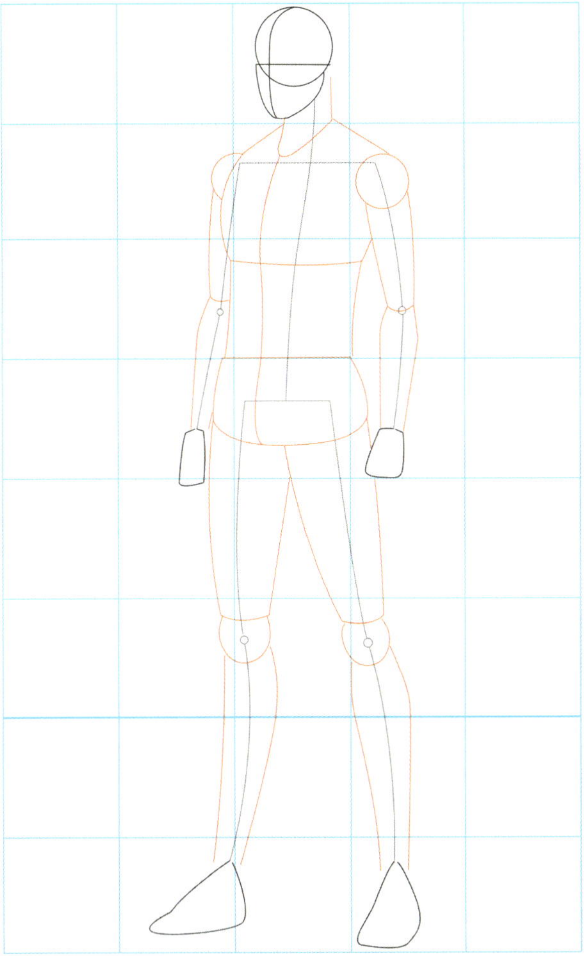

Die Umrisse von Körper und Muskeln zeichnen. Der Hals ist fast so breit wie der Kopf. Brust und Bauch müssen breit genug für die Muskeln sein.

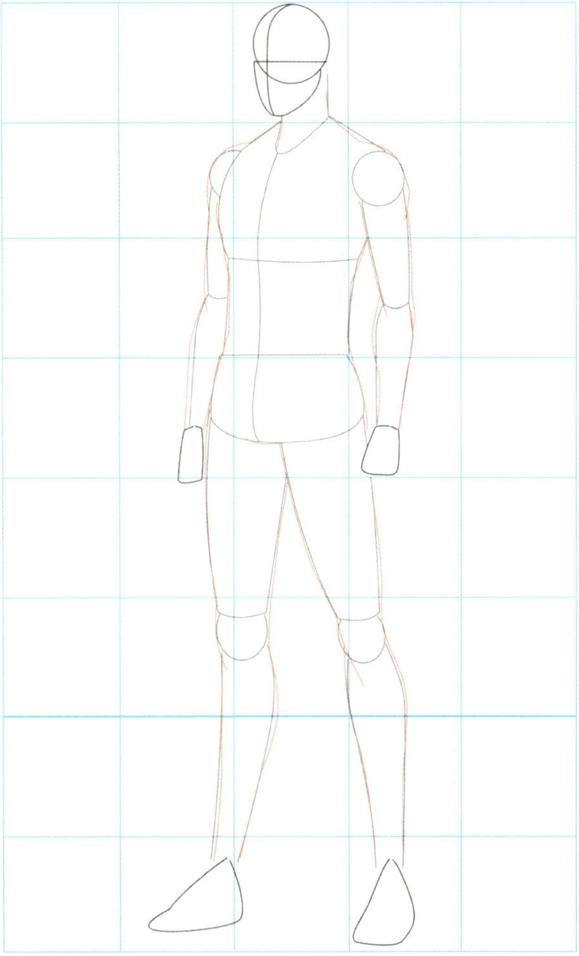

Die Formen von Rumpf, Armen und Beinen genauer ausarbeiten.

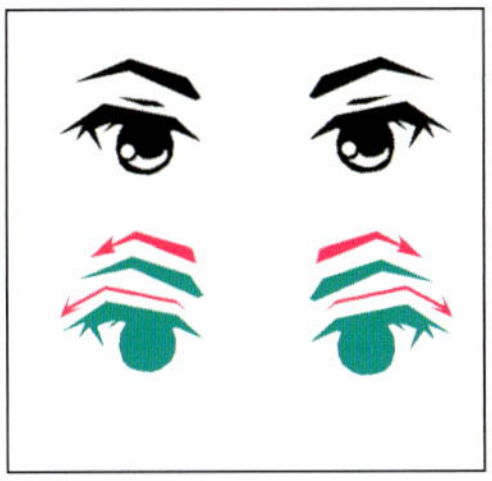

Die Augen eines Teenagers haben eine größere Iris und kürzere Augenbrauen.

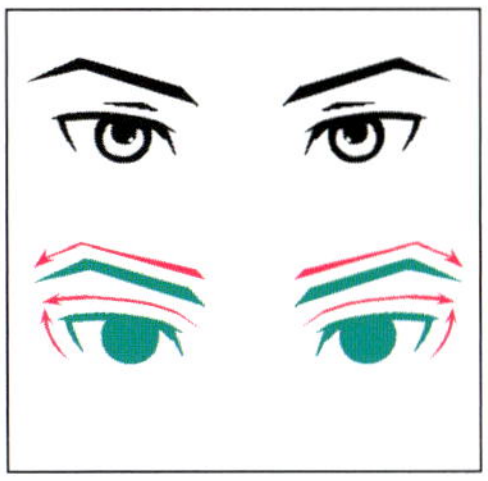

Die Augen eines Mannes haben eine kleinere Iris, aber längere Augenlider und längere Augenbrauen.

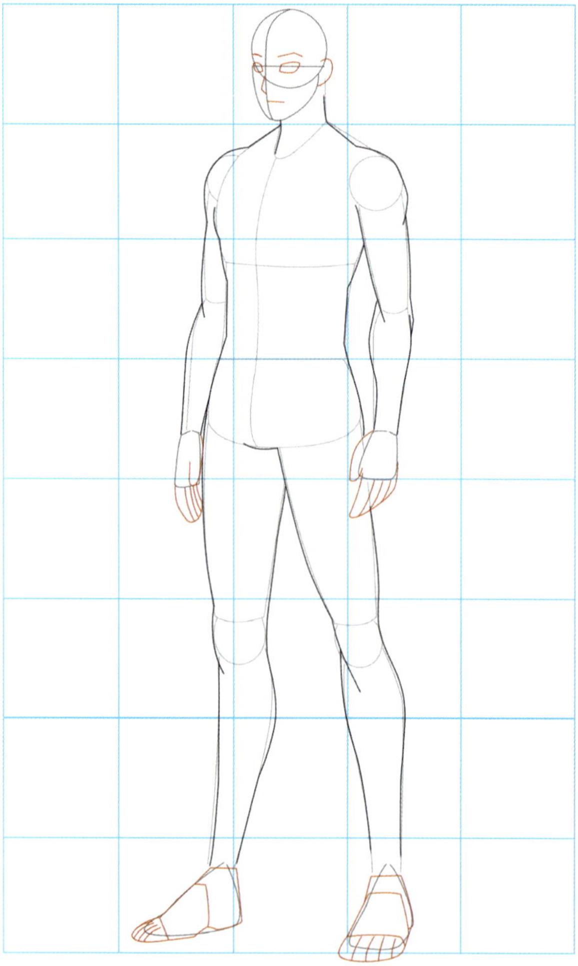

Alle Gesichtsmerkmale einzeichnen. Im Halbprofil ist das dem Betrachter nähere Auge größer. Hände und Füße aus einfachen Grundformen aufbauen.

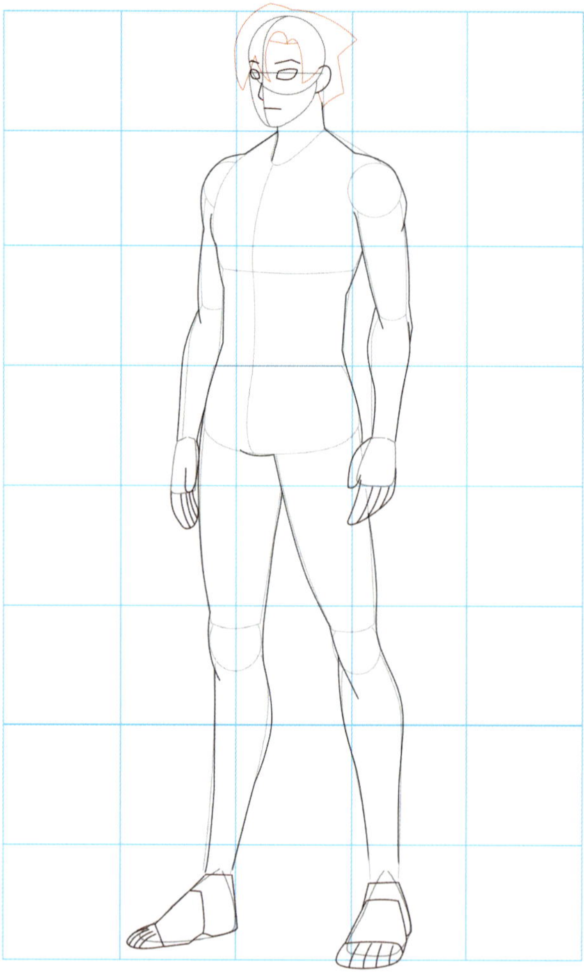

Die Frisur zeichnen.

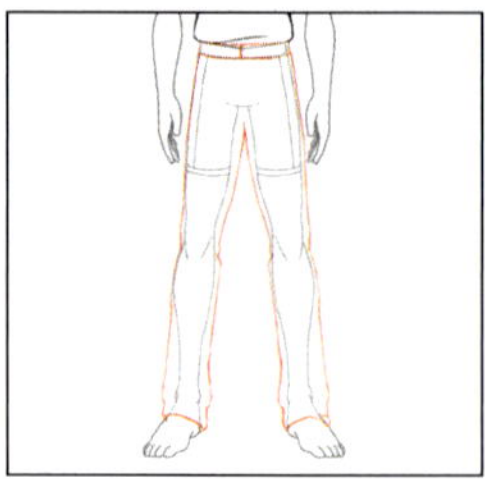

Die locker sitzende Hose mit einfachen Strichen vorzeichnen.

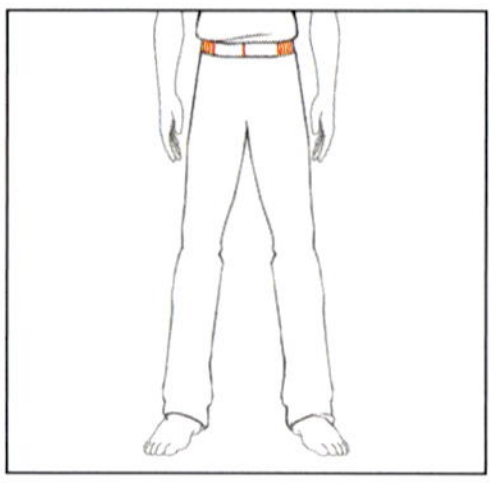

Die Beinkonturen ausradieren. Das Bündchen hinzufügen.

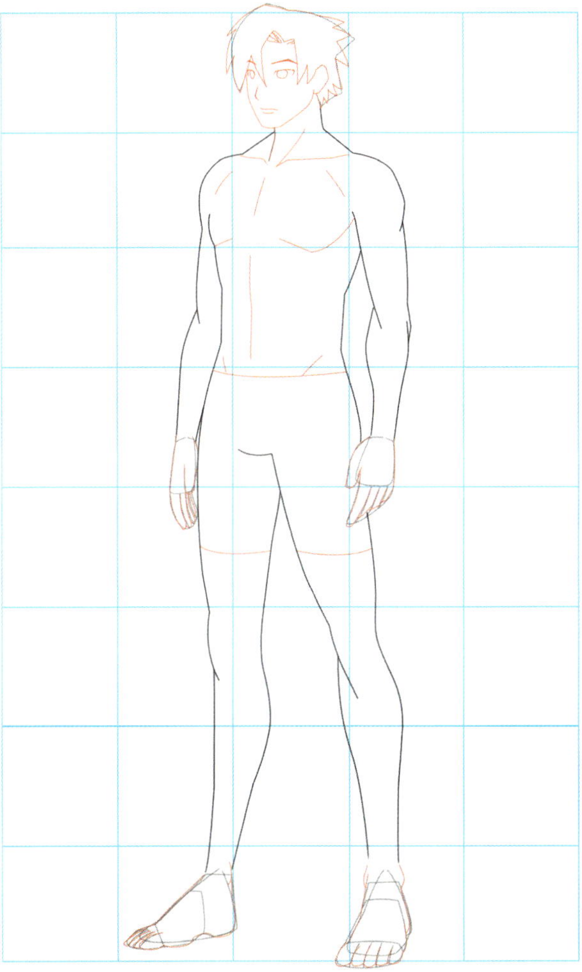

Haare und Gesicht genauer ausarbeiten. Schlüsselbeine sowie Brust- und Bauchmuskeln andeuten. Die Hose skizzieren.

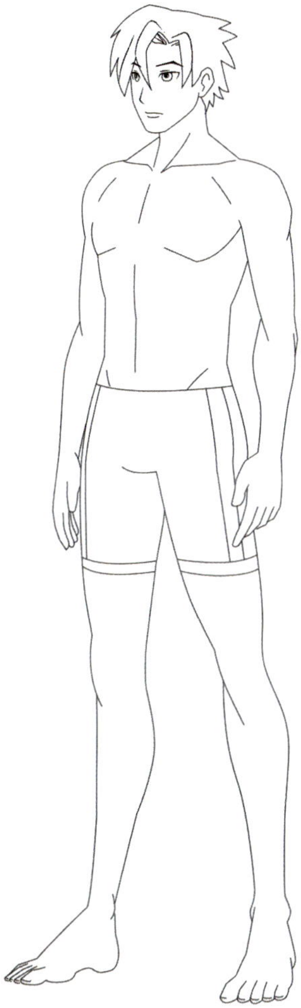

Noch einige Einzelheiten an der Hose und an den Haaren hinzufügen.

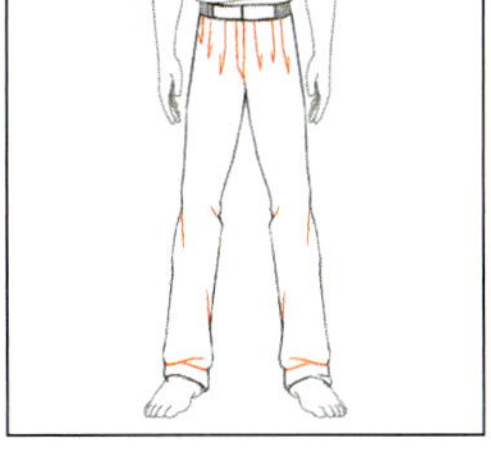

Einige Falten an Hüften, Kniekehlen und Knöcheln einzeichnen.

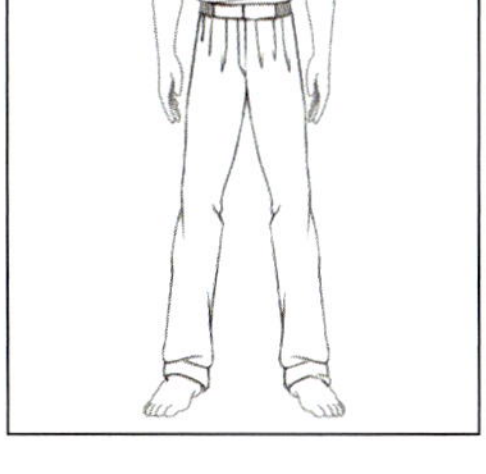

So kann er zum Training gehen.

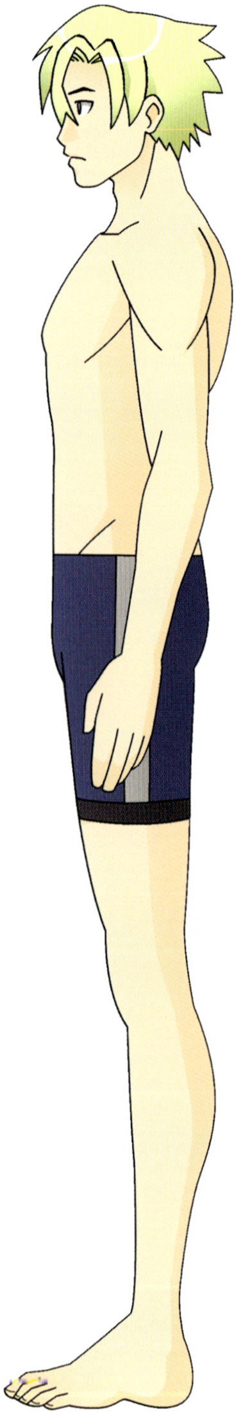

Profil

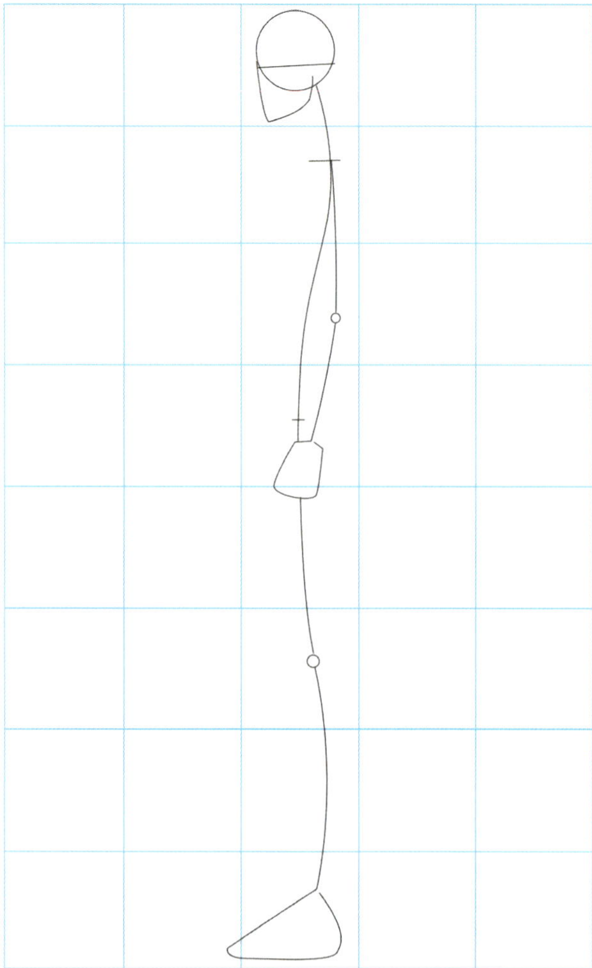

Mit einer Strichfigur beginnen. Von der Seite ist die leichte Krümmung der Wirbelsäule zu erkennen. Auch die Kieferkontur ist deutlich zu sehen. Die Position der Gelenke durch winzige Kreise andeuten.

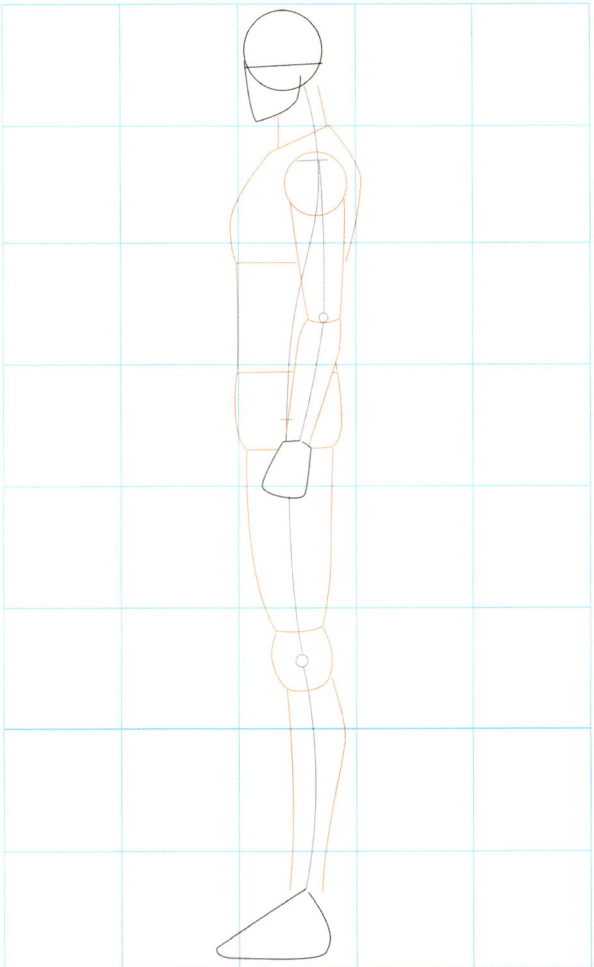

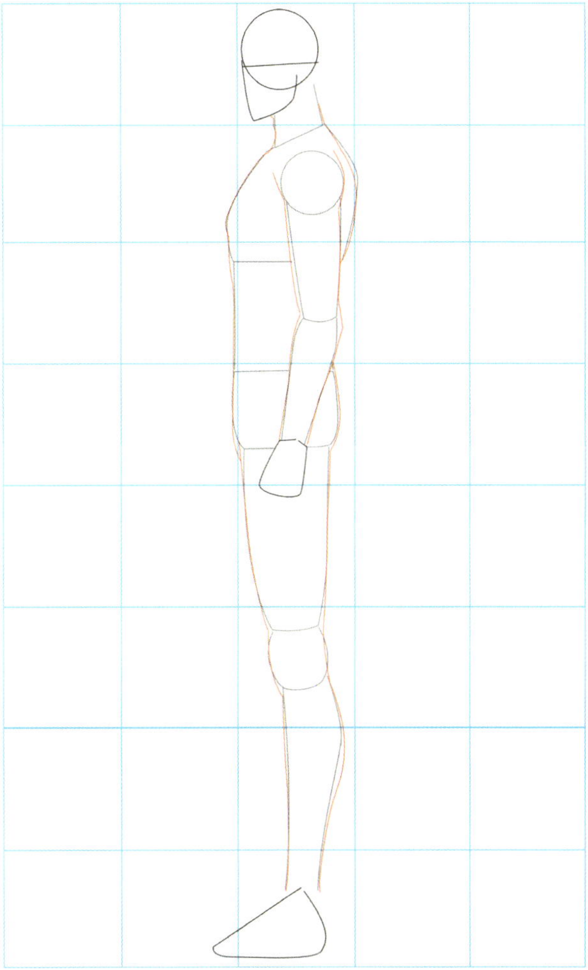

Die Umrisse von Körper und den großen Muskeln zeichnen. Der Hals ist fast so breit wie der Kopf. Brust und Bauch müssen breit sein, damit genug Platz für die Muskeln vorhanden ist.

Die Formen von Rumpf, Armen und Beinen genauer ausarbeiten.

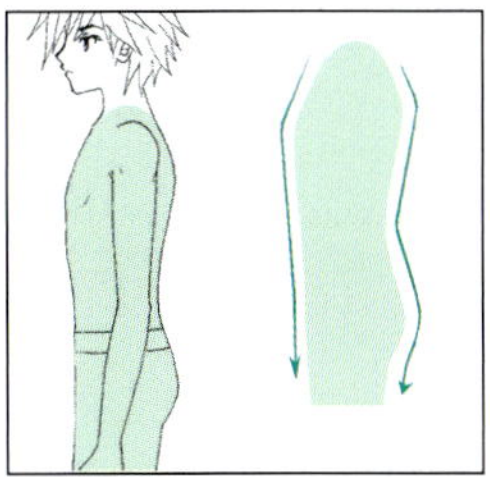

Von der Seite ist der Oberkörper eines Teenagers schlanker als der eines Mannes.

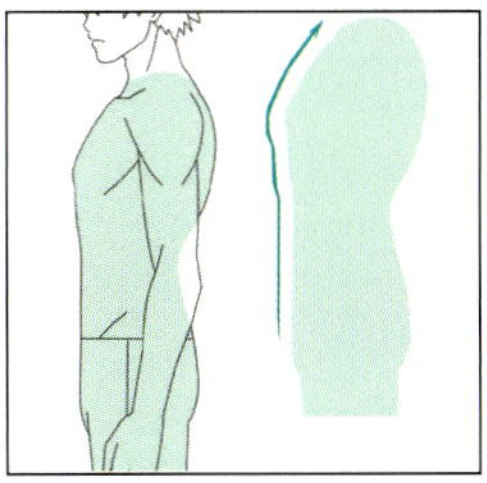

Der Körper eines erwachsenen Mannes sieht von der Seite breiter aus, weil die Muskeln in Brust und Schultern voll entwickelt sind.

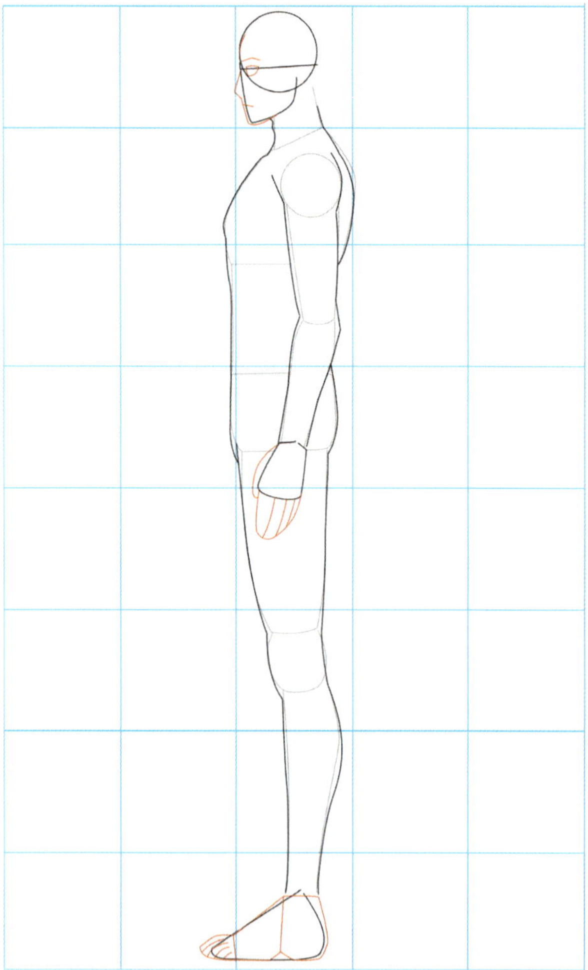

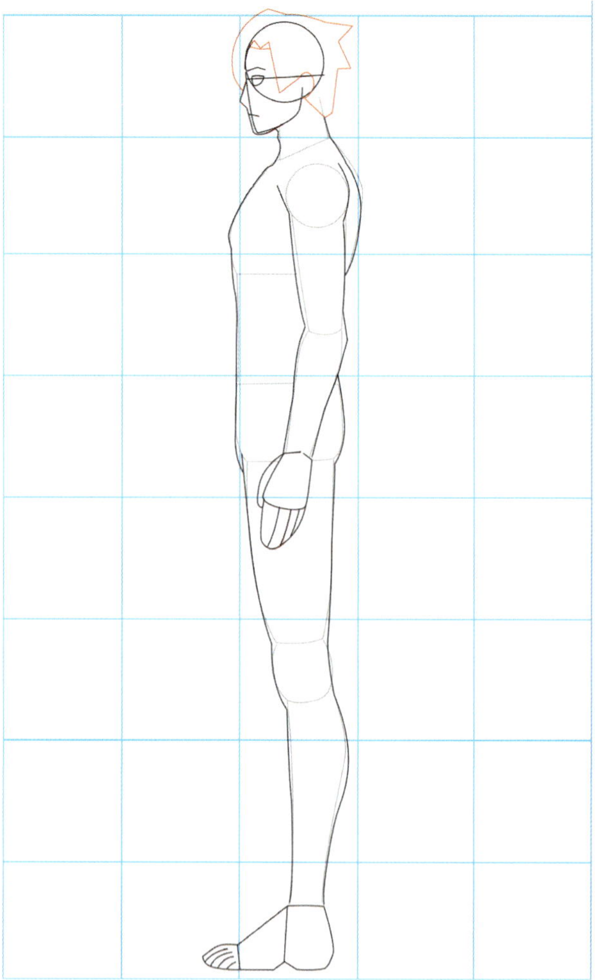

Nase, Mund und Augen einzeichnen. Im Profil sieht man natürlich nur ein Auge. Hände und Füße aus einfachen Grundformen aufbauen.

Die Frisur zeichnen.

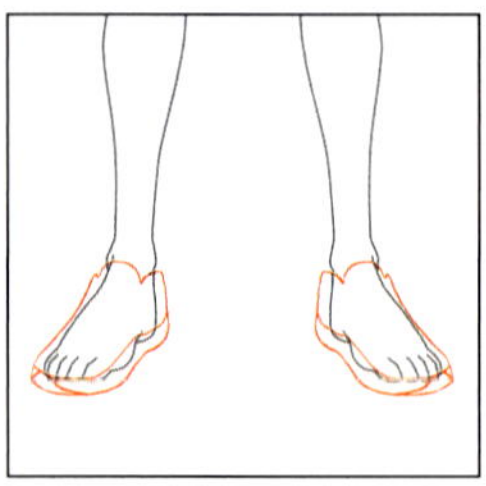

Dieser Mann trägt Laufschuhe mit dünnen Sohlen, die vorne etwas nach oben gebogen sind.

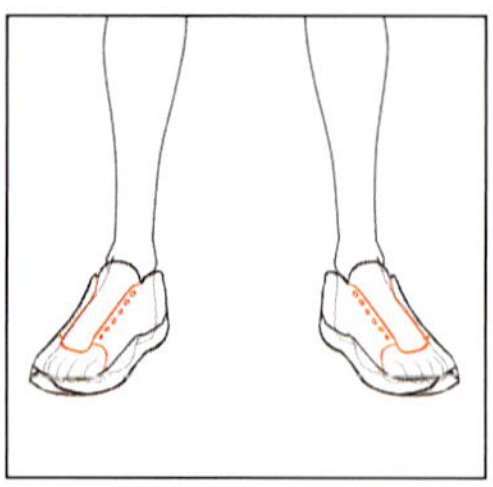

Die Zehen ausradieren. Die Nähte, Einsätze und die Löcher für die Schnürsenkel einzeichnen.

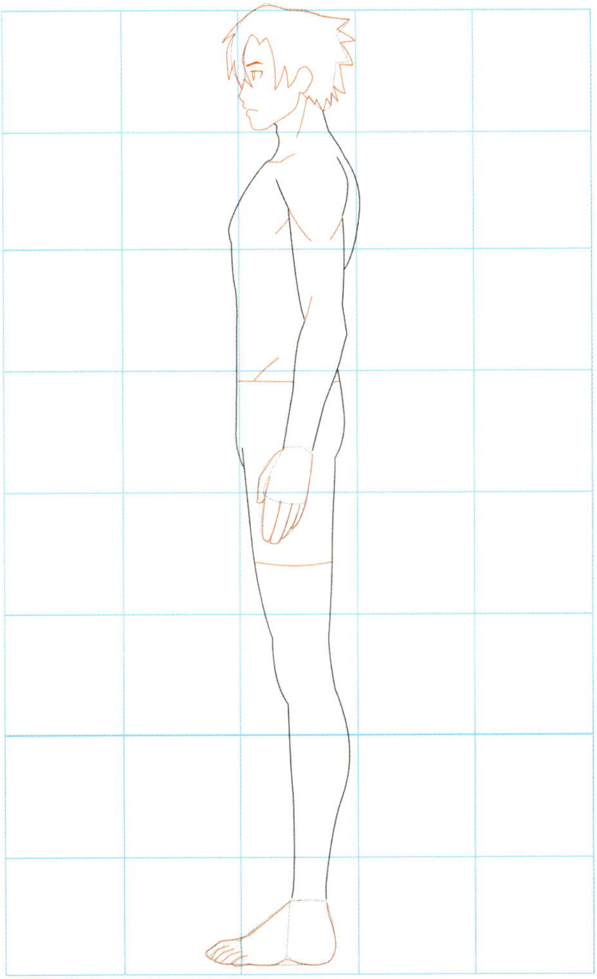

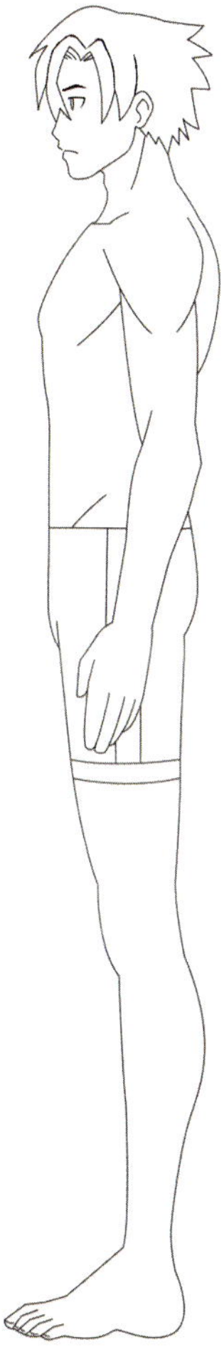

Haare und Gesicht genauer ausarbeiten. Schlüsselbeine sowie diverse Muskeln andeuten: Hals, Brust, Arme, Bauch. Die Hose skizzieren. Hände und Füße genauer ausarbeiten.

Noch einige Einzelheiten an Hose und Haaren hinzufügen.

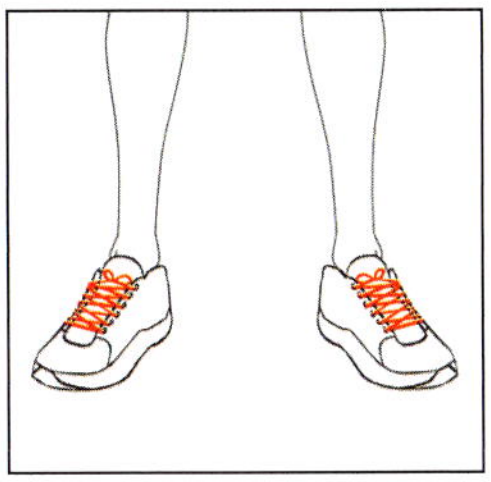

Beim Einzeichnen der Schnürsenkel an die Schleifen am oberen Ende denken!

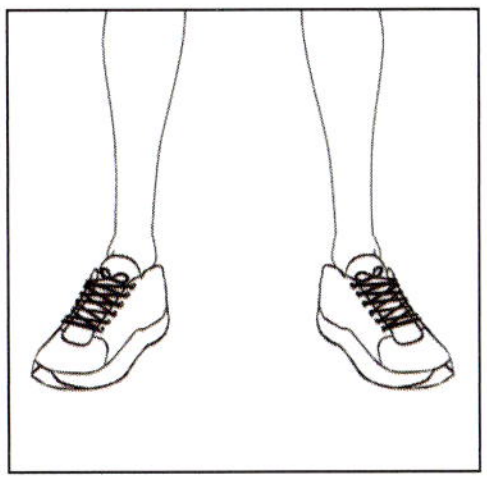

Jetzt kann er zur Joggingrunde starten.

ÄLTERER MANN

Der Körper eines älteren Mannes ist noch muskulös, wird aber mit den Jahren etwas fülliger in der Körpermitte.

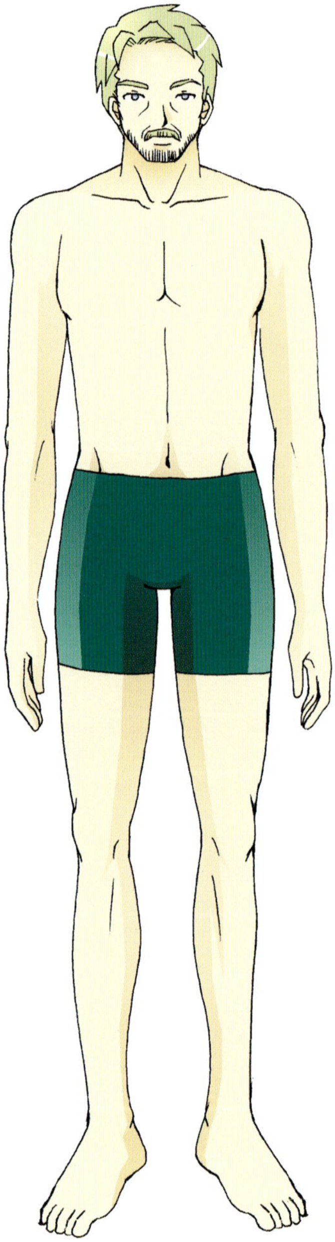

Frontalansicht

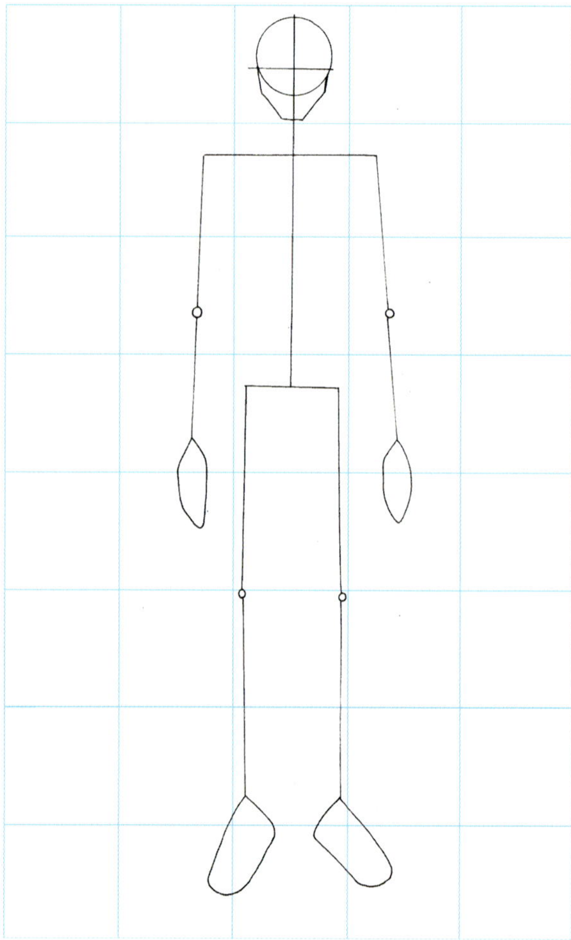

Mit einer Strichfigur beginnen, die etwas kleiner ist als ein junger erwachsener Mann (7,5 Kästchen). Die Position der Gelenke durch winzige Kreise andeuten.

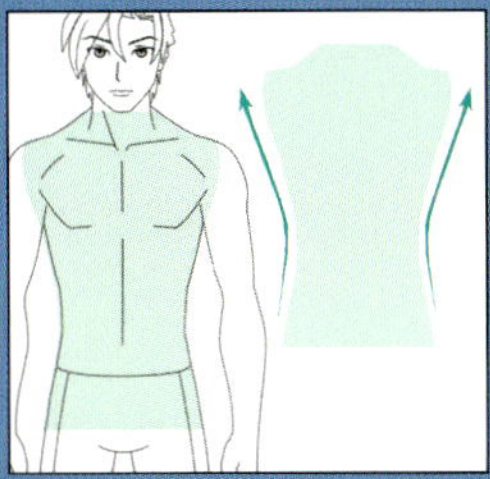

Der junge Mann hat einen muskulösen Körper mit einer schmalen Taille.

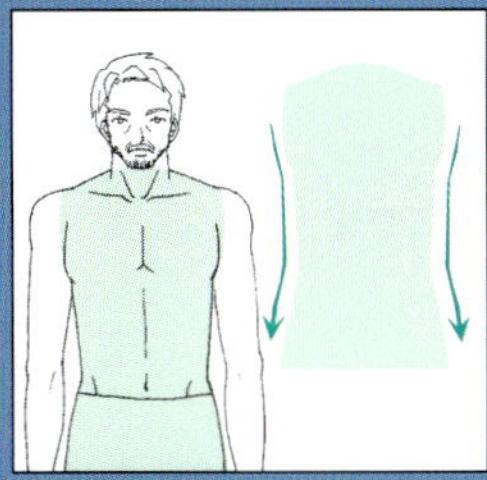

Der ältere Mann hat einen insgesamt kräftigeren Körper mit einer breiteren Taille.

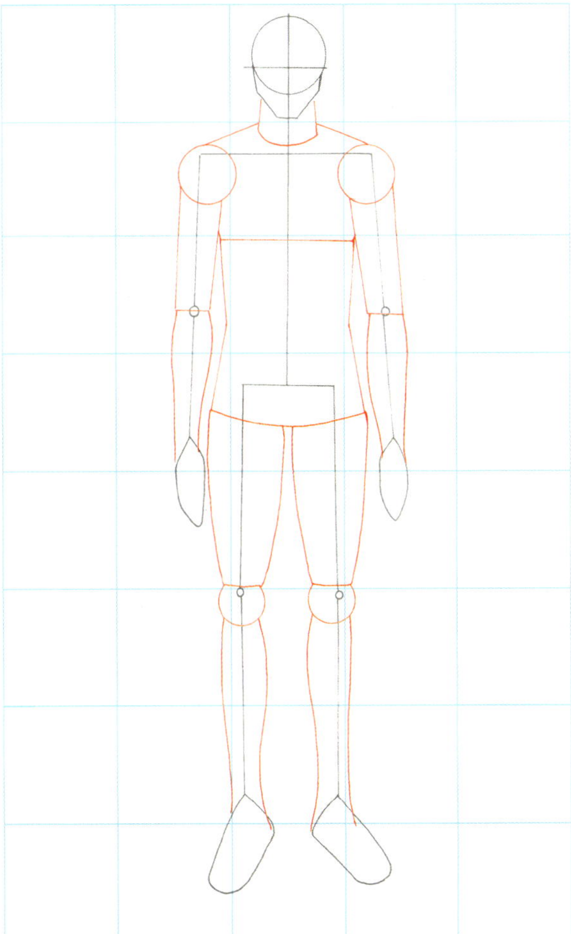

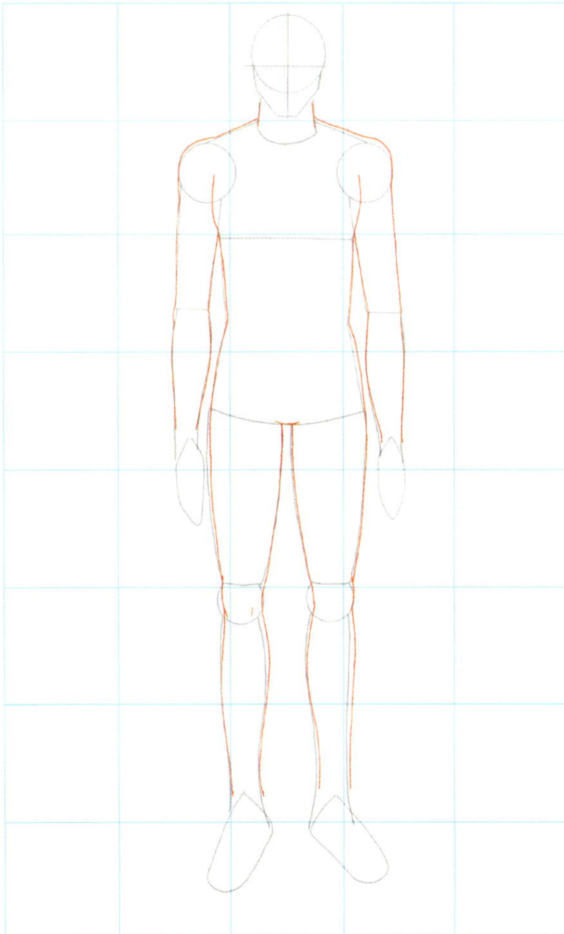

Die Umrisse von Körper und Muskeln zeichnen. Der Hals ist fast so breit wie der Kopf. Die Schultern sind breiter als die Hüften. Taille und Oberschenkel sind etwas voller als beim jungen Mann.

Die Formen von Rumpf, Armen und Beinen genauer ausarbeiten.

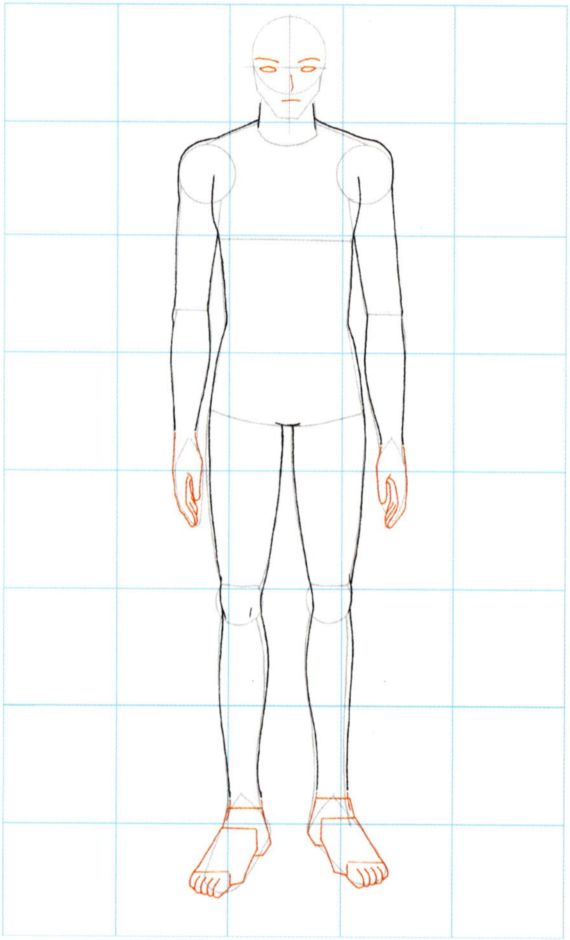

Die Hände und Füße einzeichnen. Das Gesicht grob skizzieren.

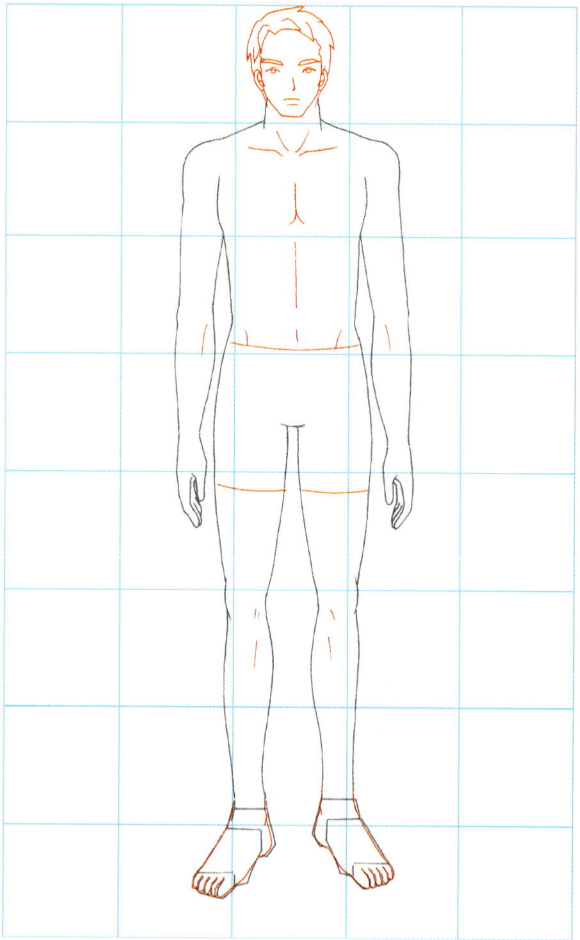

Die Frisur zeichnen. Augen, Nase und Mund verfeinern. Schlüsselbeine sowie Brust- und Bauchmuskeln andeuten. Die Hose skizzieren. Beine und Knie ausarbeiten.

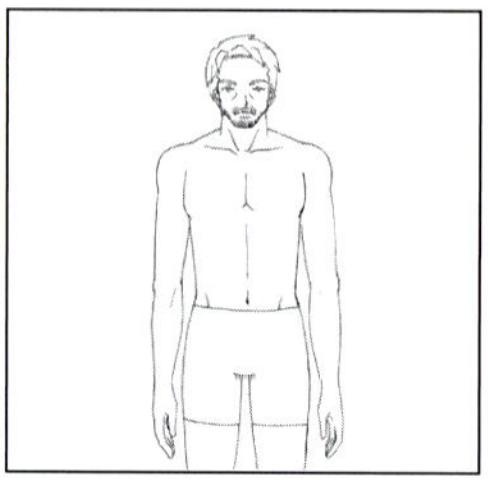

Der ältere Mann trägt ein T-Shirt.

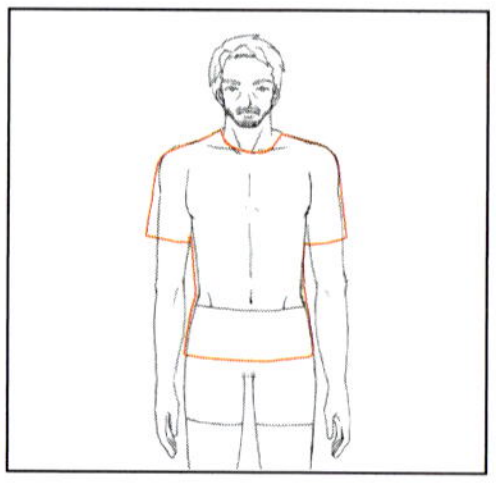

Die Umrisse eines kurzärmeligen T-Shirts zeichnen.

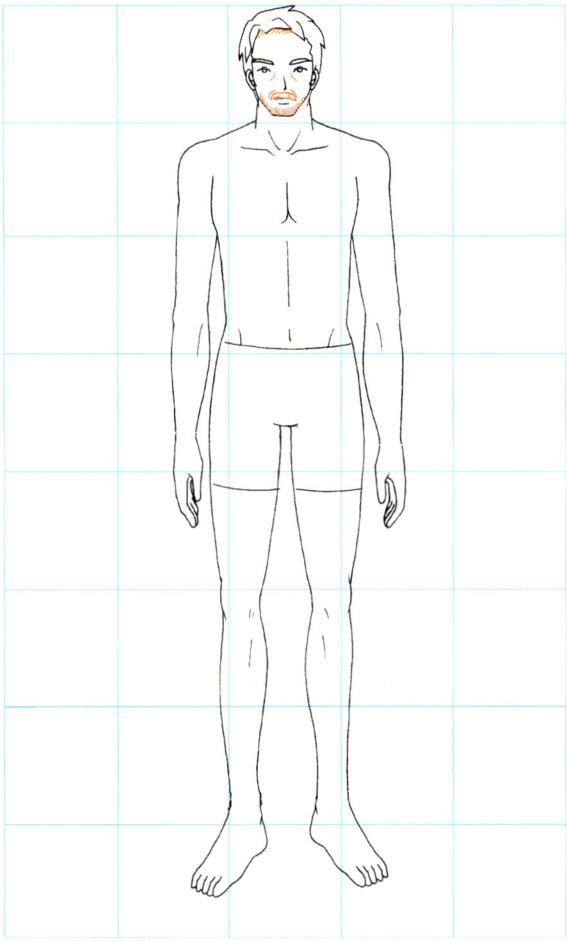

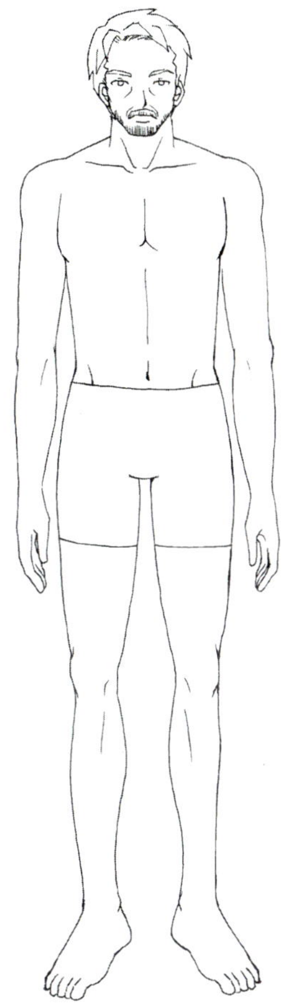

Die Haare ausarbeiten. Einige Falten ins Gesicht zeichnen, dann den Kinn- und Schnurrbart hinzufügen.

An den Haaren noch einige Details ergänzen.

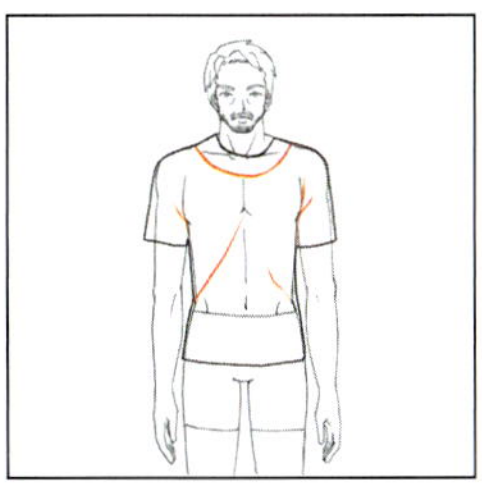

Die Oberkörperdetails ausradieren. Ein Halsbündchen und einige Falten im Shirt einzeichnen.

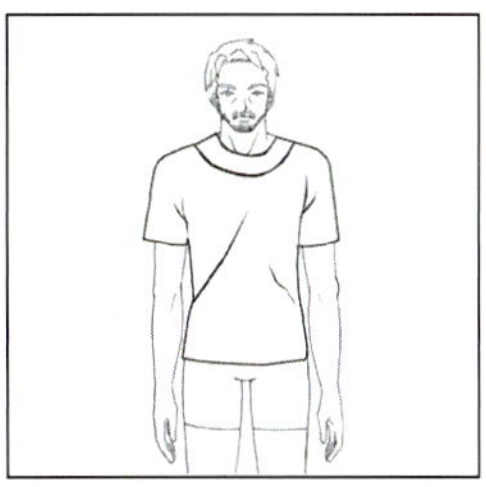

Das T-Shirt ist fertig.

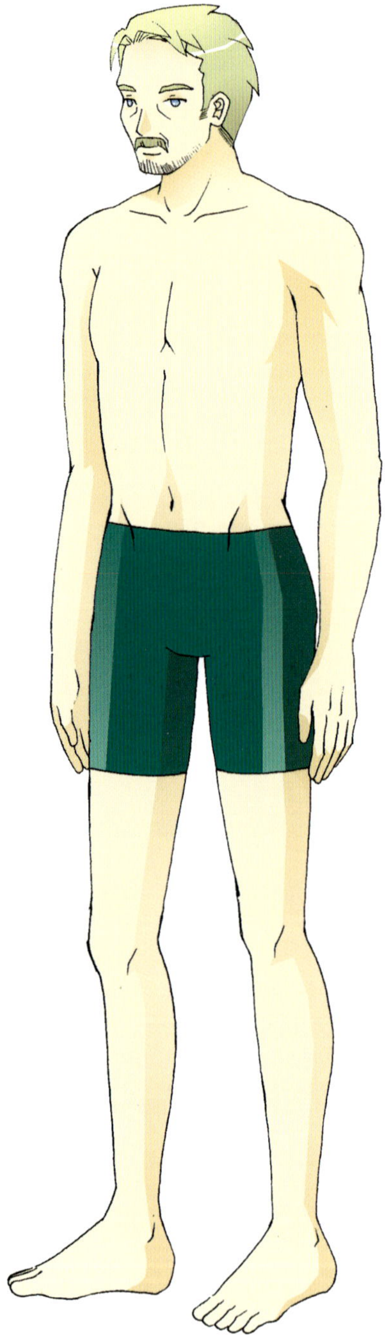

Halbprofil

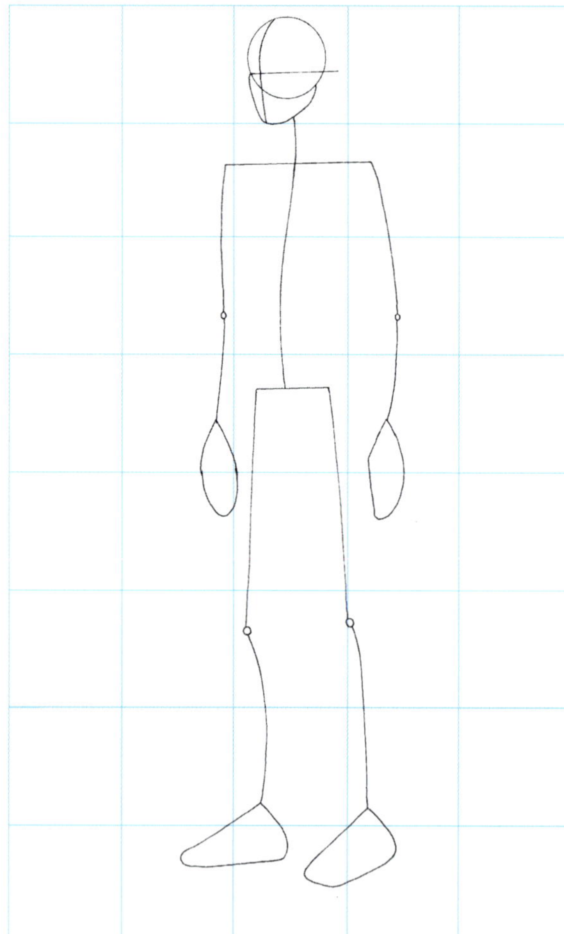

Mit einer Strichfigur beginnen, die leicht zur Seite gedreht ist. Die Position der Gelenke durch winzige Kreise andeuten.

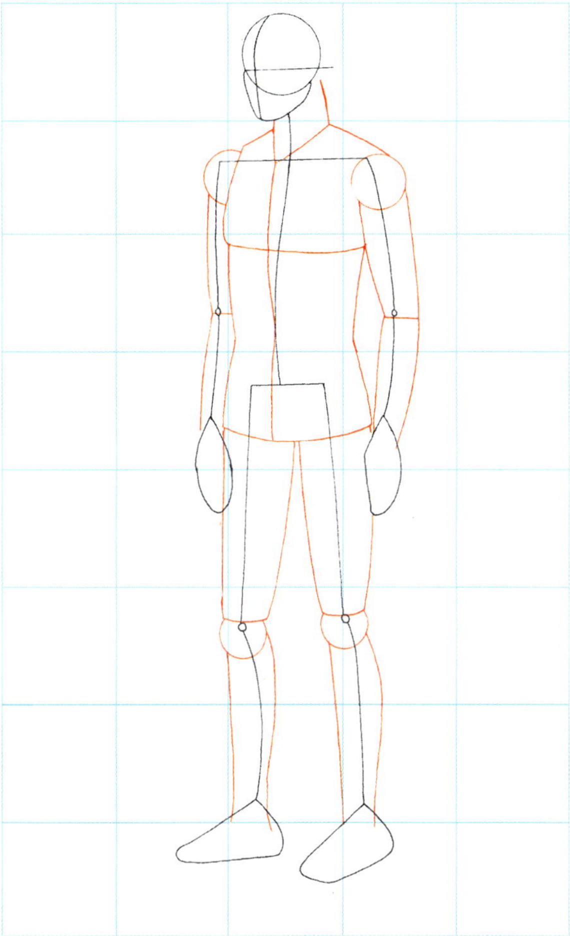

Die Umrisse von Körper und Muskeln zeichnen. Der Hals ist fast so breit wie der Kopf. Die Schultern sind breiter als die Hüften. Taille und Oberschenkel sind etwas voller als beim jungen Mann.

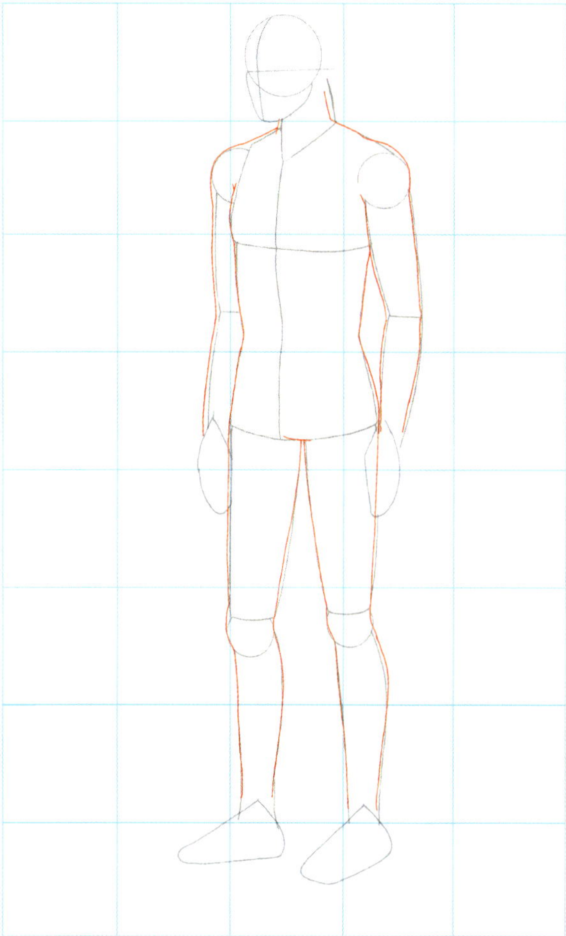

Die Formen von Rumpf, Armen und Beinen genauer ausarbeiten.

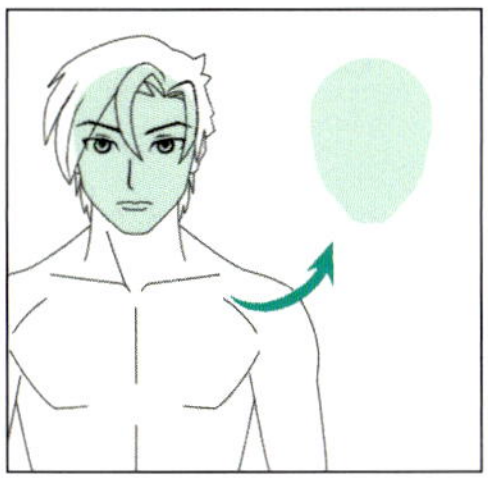

Ein junger Mann hat ein längliches, schmales Gesicht.

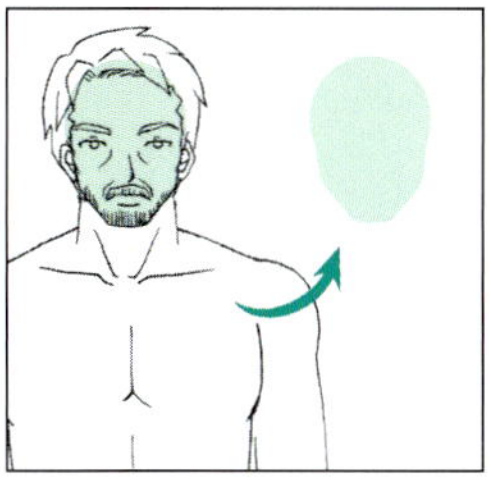

Das Kinn eines älteren Mannes ist etwas breiter, und seine Augen sind kleiner.

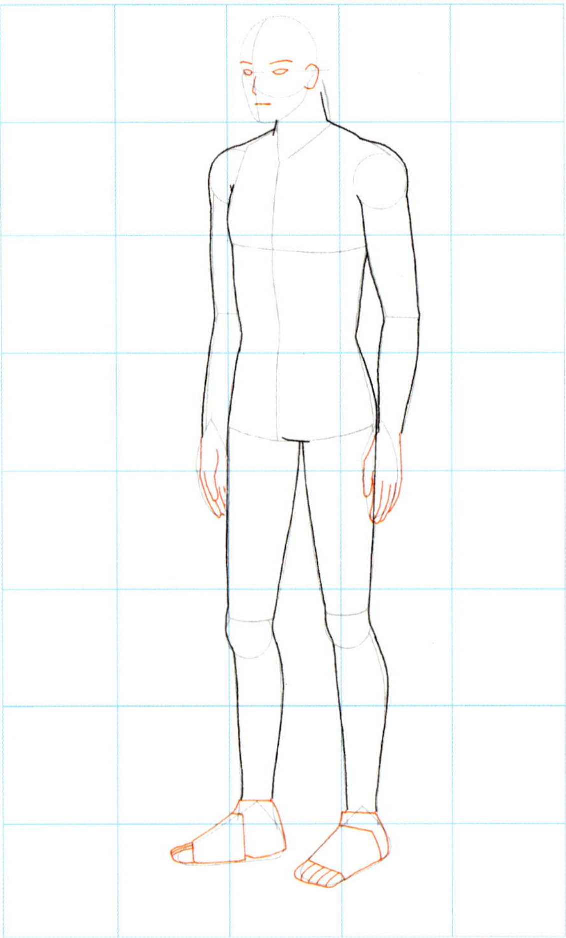

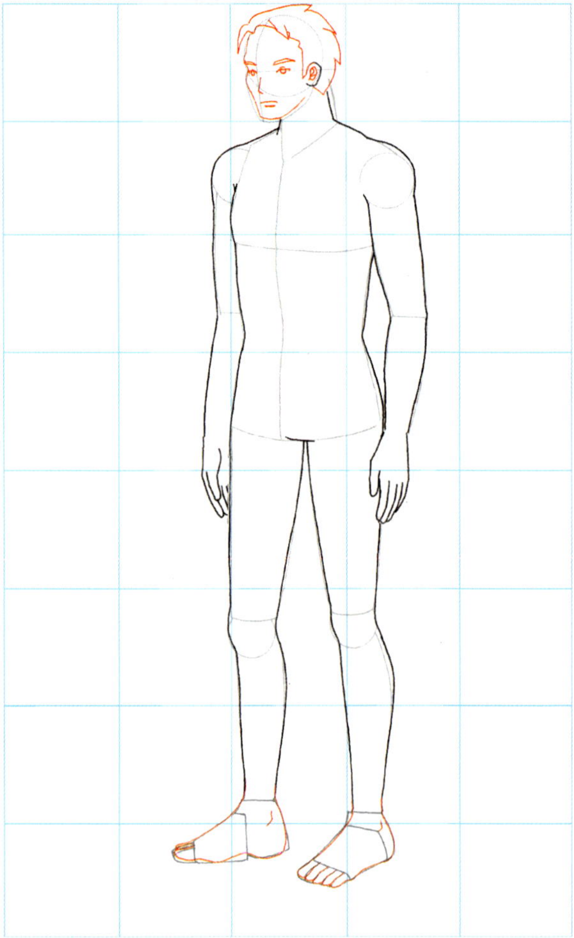

Hände und Füße sowie die Gesichtsmerkmale einzeichnen. Im Halbprofil ist das dem Betrachter nähere Auge größer.

Die Frisur zeichnen. Augen, Nase, Mund und Ohr verfeinern. Die Füße ausarbeiten.

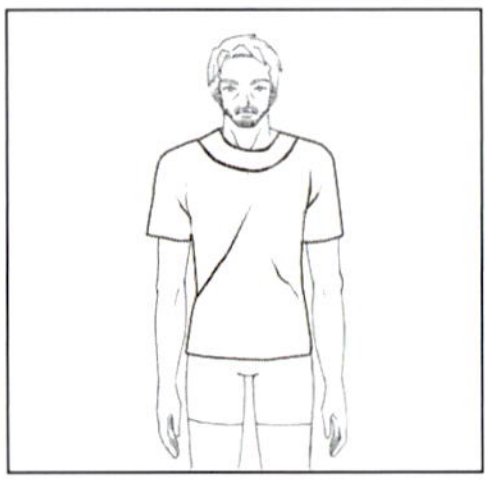

Dieser Mann trägt noch einen Trenchcoat.

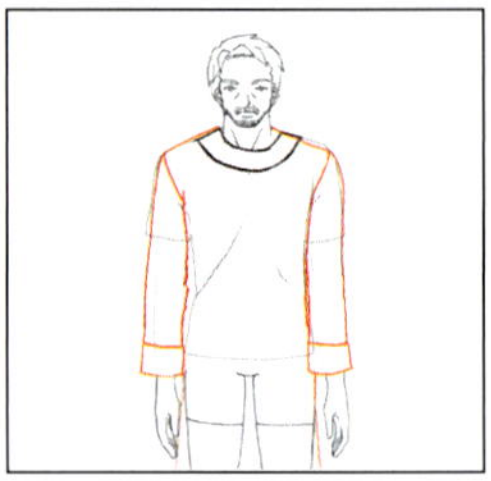

Zuerst Ärmel und Schulterbereich des Mantels zeichnen.

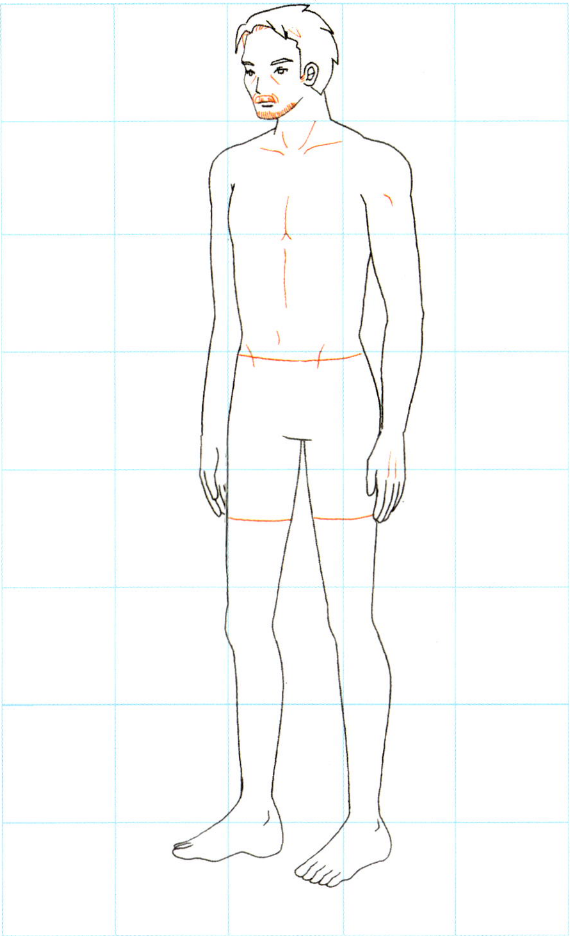

Die Haare verfeinern. Schlüsselbeine sowie Brust- und Bauchmuskeln andeuten. Falten im Gesicht sowie den Bart einzeichnen. Die Hose skizzieren.

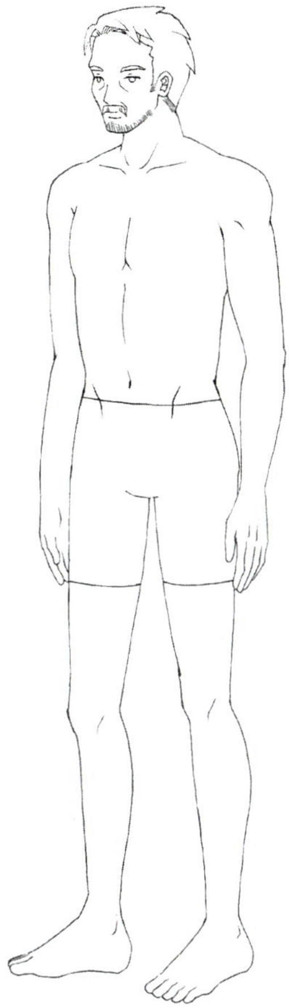

Zuletzt einige kleine Details an den Haaren und Knien hinzufügen.

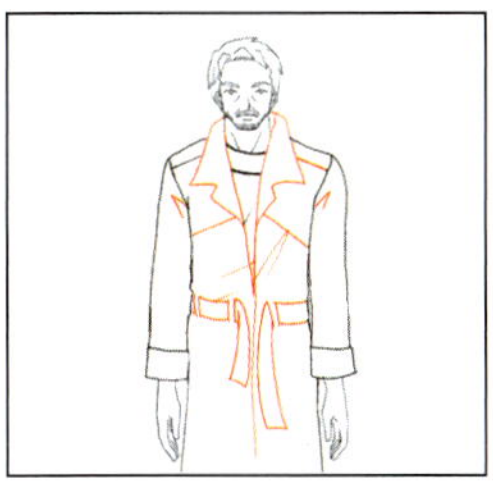

Einen großen Kragen, Gürtel und Falten im Stoff hinzufügen.

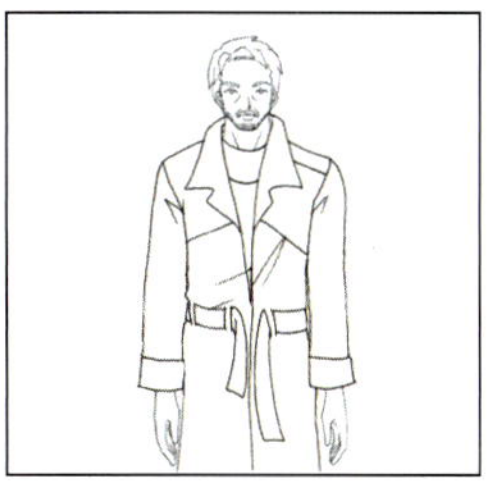

Der neue Mantel steht ihm gut.

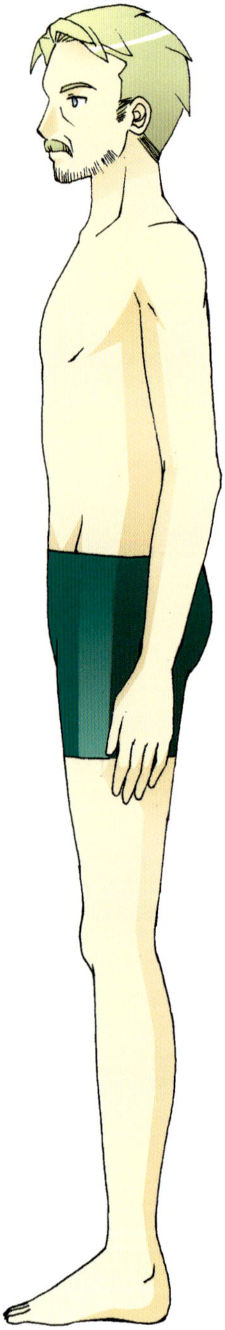

Profil

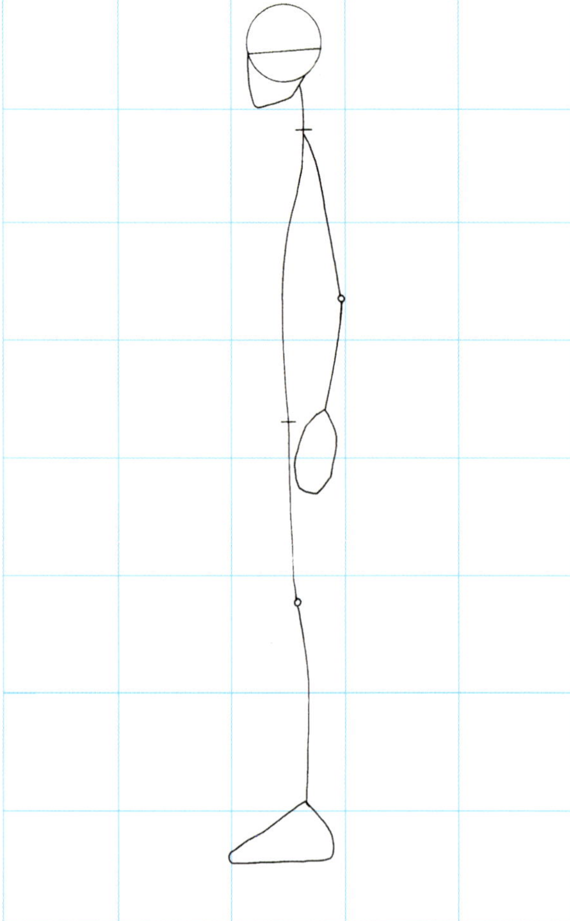

Mit einer Strichfigur beginnen. Von der Seite sind die Krümmung der Wirbelsäule und der markante Kiefer gut zu erkennen. Die Position der Gelenke durch winzige Kreise andeuten.

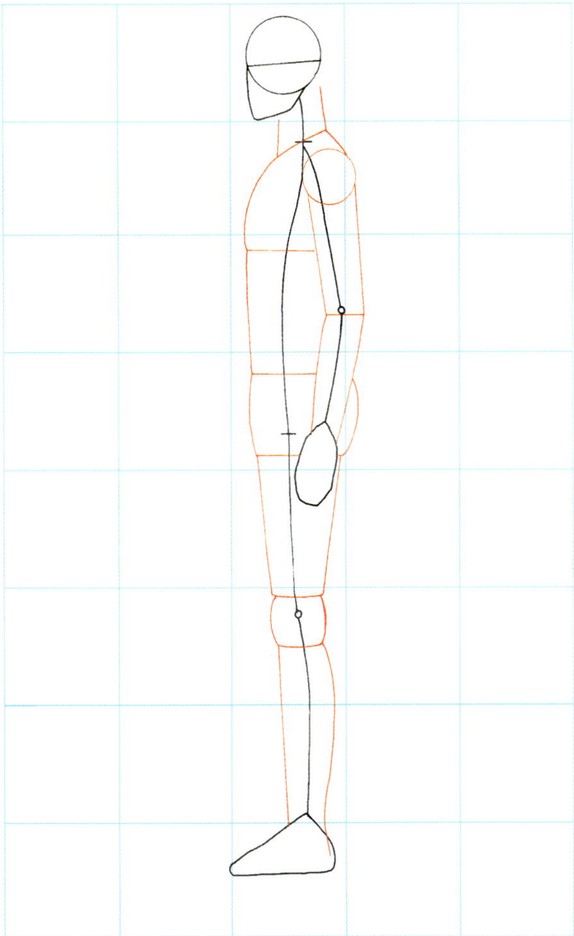

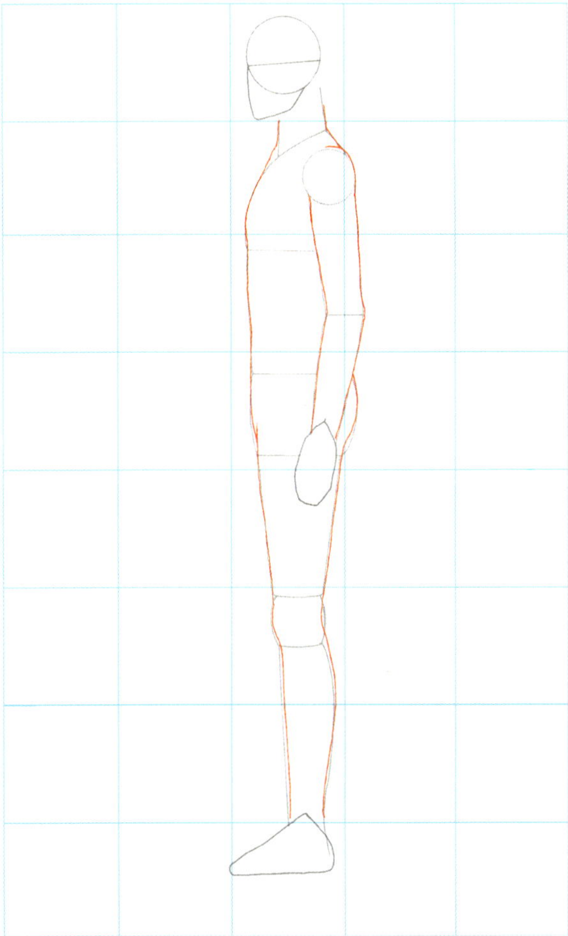

Die Umrisse von Körper und Muskeln zeichnen. Der Hals ist fast so breit wie der Kopf. Der Körper ist insgesamt etwas kompakter als beim jungen Mann.

Die Formen von Rumpf, Arm und Bein genauer ausarbeiten.

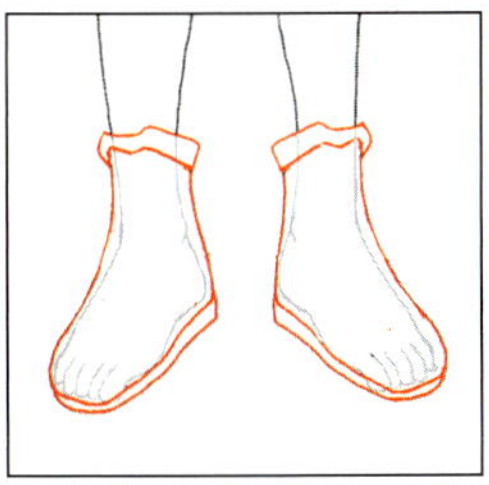

Dieser Mann trägt Schnürstiefel. Zuerst die Sohlen und die Grundformen zeichnen.

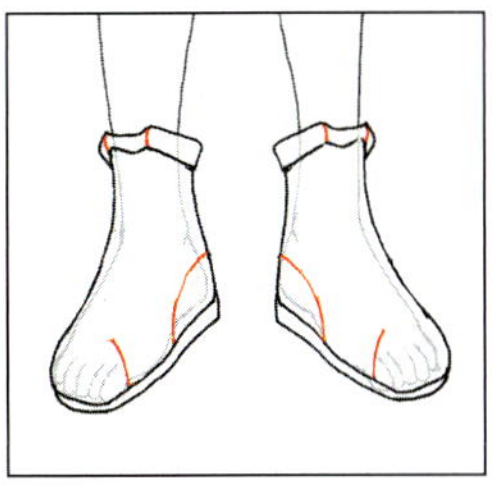

Die Umrisse glätten und deutlicher nachzeichnen. Dann Nahtlinien und Einsätze hinzufügen.

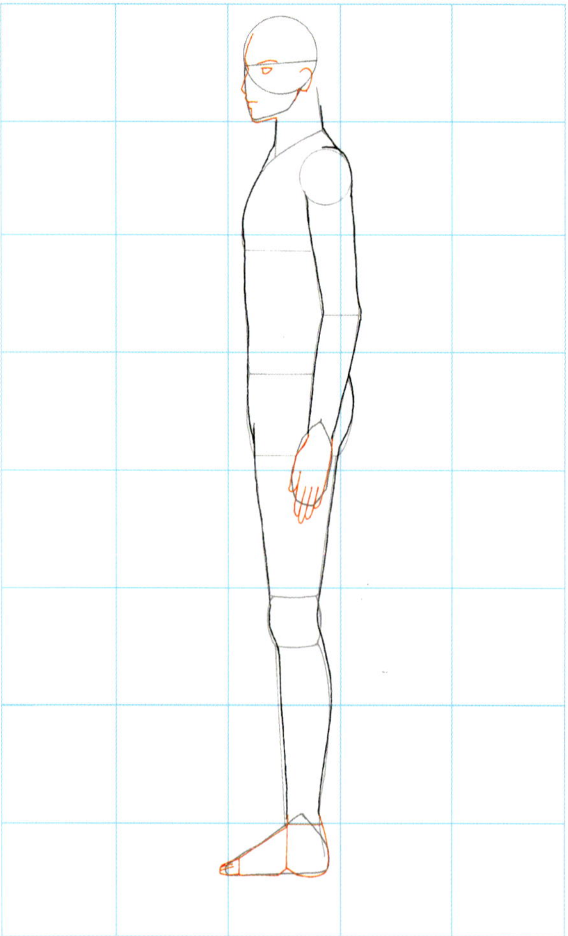

Hand und Fuß genauer ausarbeiten. Das Gesicht einzeichnen. Im Profil ist natürlich nur ein Auge zu sehen.

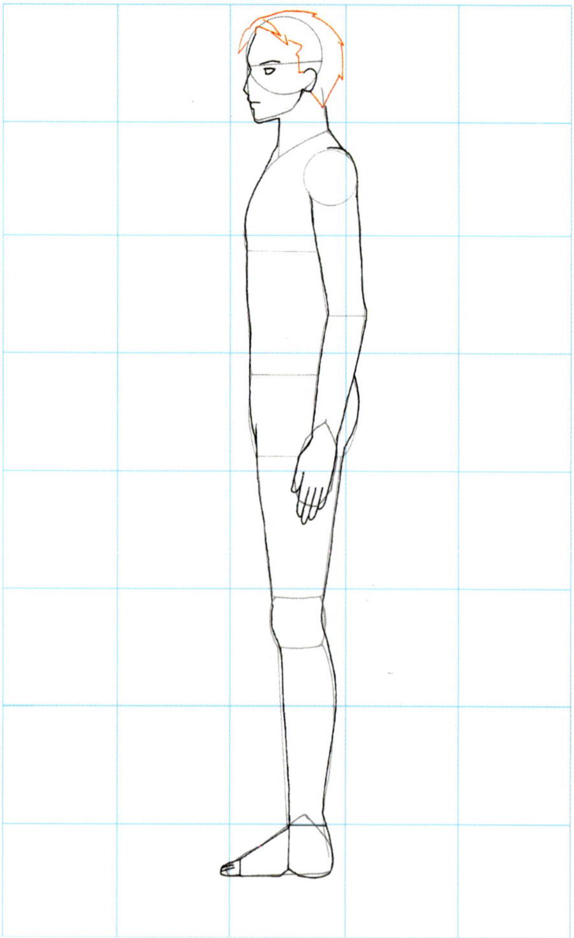

Die Frisur hinzufügen.

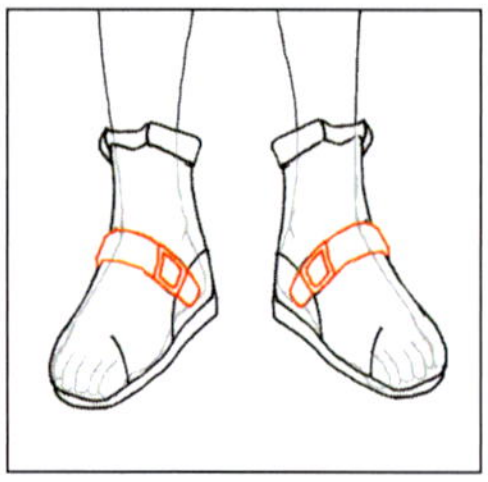

Die Schnallen zeichnen, die über den Fußspann verlaufen.

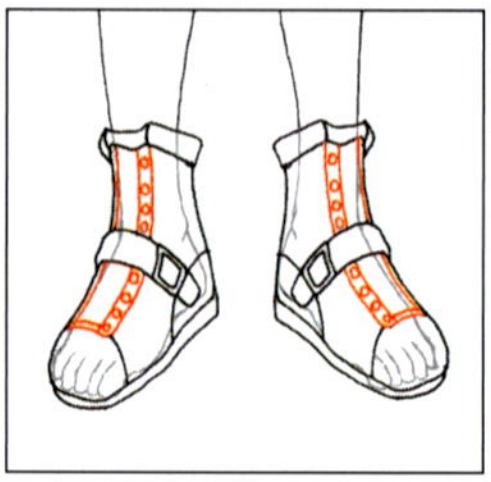

Löcher für die Schnürsenkel hinzufügen.

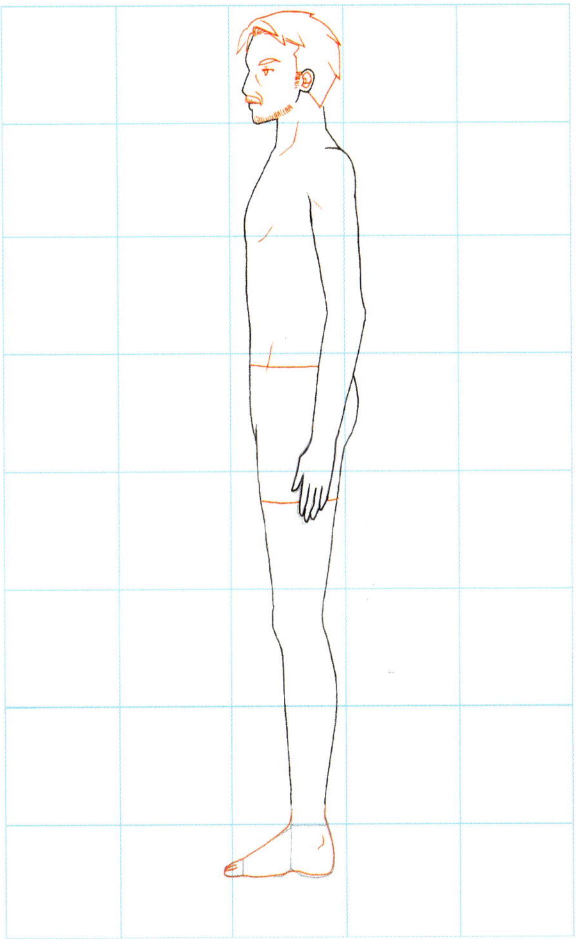

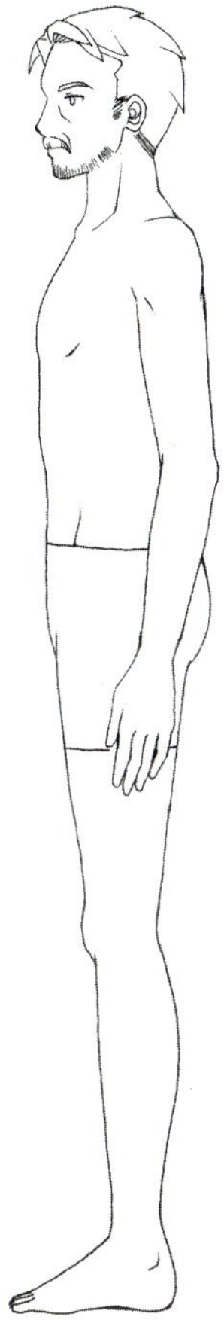

Die Details von Haaren und Gesicht verfeinern. Falten sowie den Bart einzeichnen. Oberkörpermuskeln andeuten und die Hose skizzieren.

Zuletzt noch einige Einzelheiten an den Haaren ergänzen.

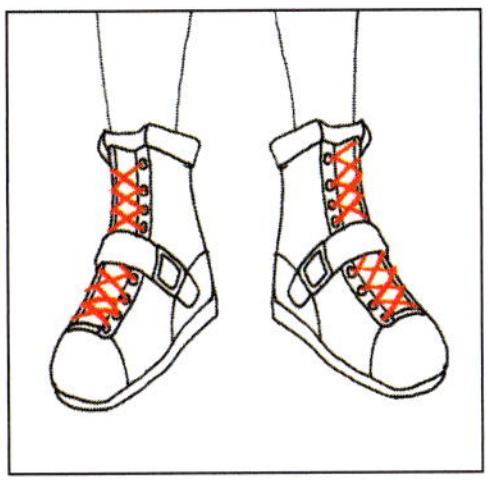

Nun werden die Schnürsenkel gezeichnet.

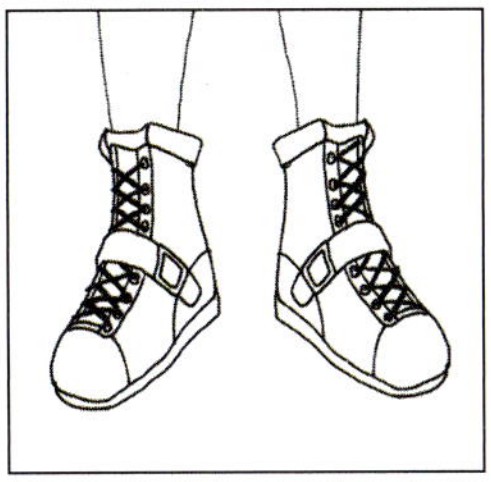

Fertig sind die hohen Schnürstiefel.

KLEINES MÄDCHEN

Ein Kleinkind hat im Verhältnis zur Körpergröße einen großen Kopf, außerdem große Augen. Rumpf, Arme und Beine sind kurz. Der Körperbau ähnelt einer Chibi-Figur, aber Manga-Kleinkinder haben realistische Hände und Füße.

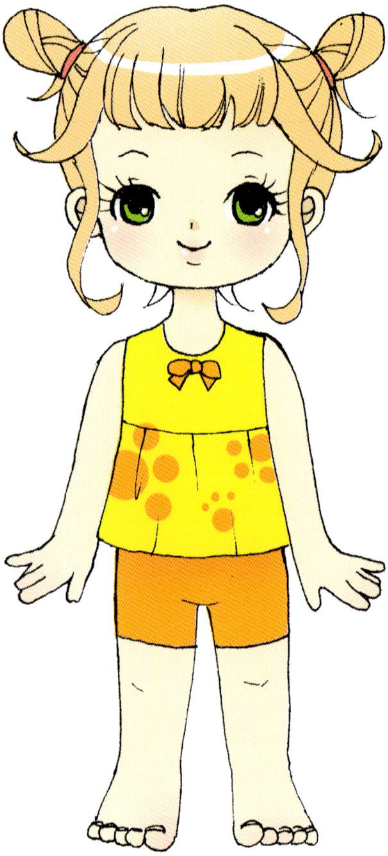

Frontalansicht

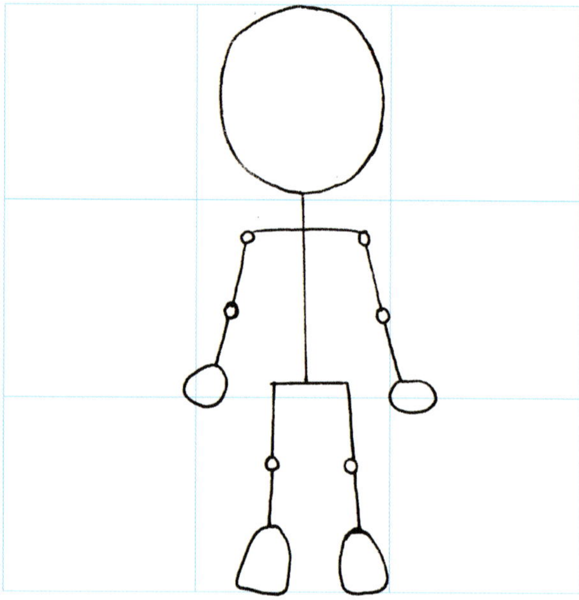

Zuerst eine Strichfigur mit großem Kopf und kurzem Körper zeichnen (3 Kästchen). Arme und Beine sind kurz. Die Position der Gelenke durch winzige Kreise andeuten.

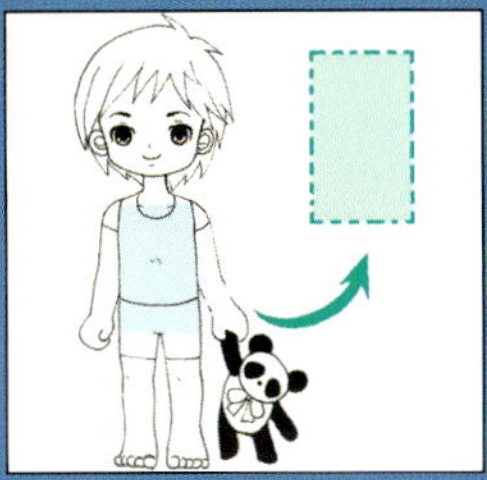

Der Körper eines kleinen Jungen ist rechteckig.

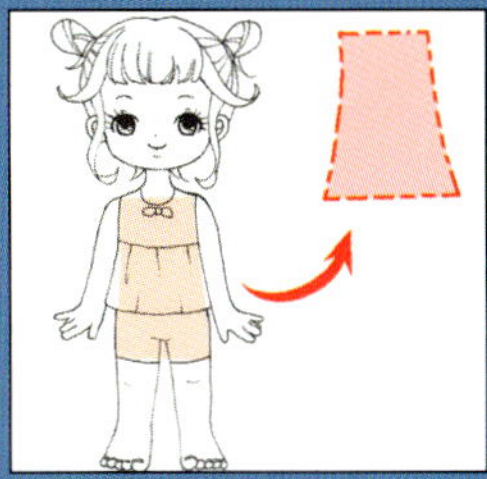

Der Körper des kleinen Mädchens hat eine Trapezform. Er ist unten breiter.

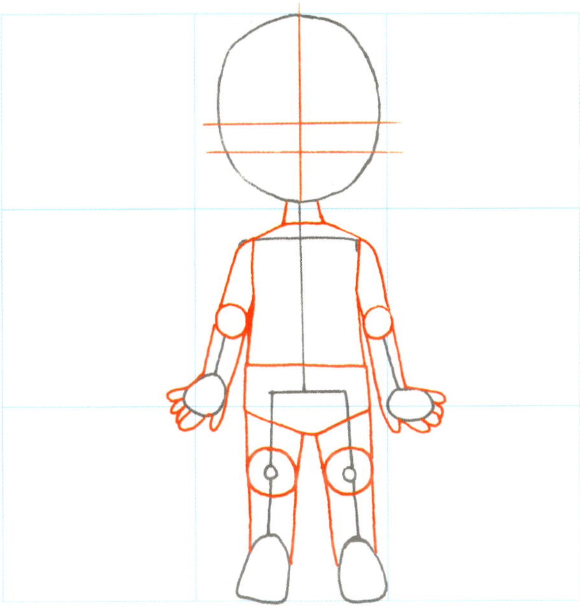

Den Umriss des Körpers grob vorzeichnen, die Gesichtshilfslinien einzeichnen.

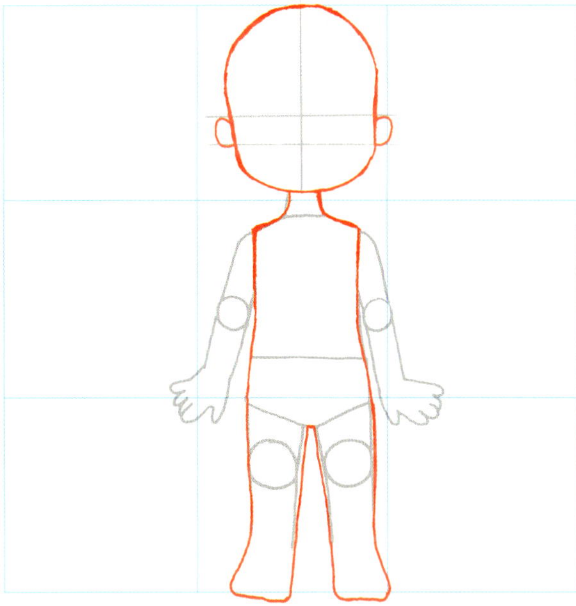

Die Formen von Rumpf, Beinen und Kopf verfeinern. Die Ohren innerhalb der Hilfslinien hinzufügen.

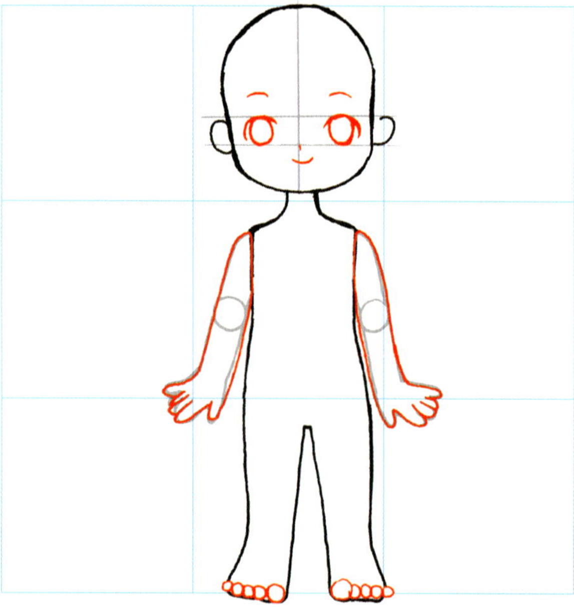

Die Arme ausarbeiten. Augen, Nase und Mund einfügen. Die Zehen als Kreise skizzieren.

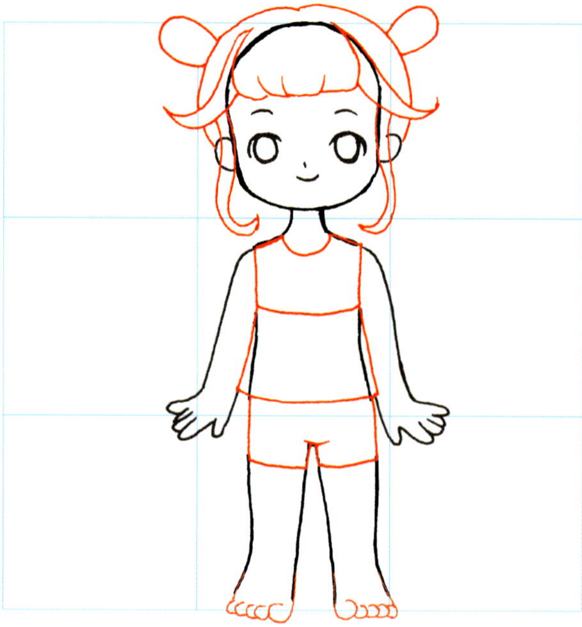

Die Zehen ausarbeiten. Die Frisur zeichnen, sie ist deutlich größer als der Kopf. Die Umrisse der Kleidung skizzieren.

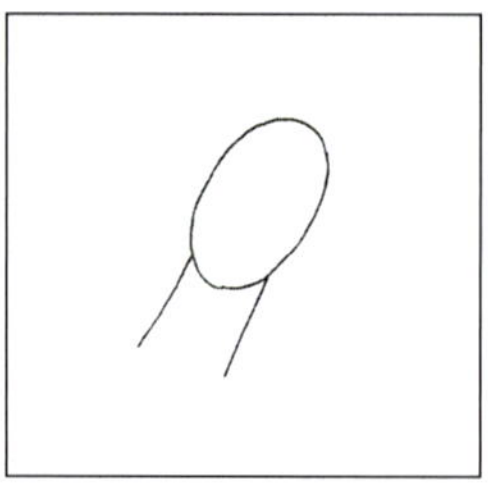

Wie zeichnet man eine Hand, deren Innenfläche dem Betrachter zugewandt ist? Mit einem Oval für die Handfläche beginnen und den Arm anfügen.

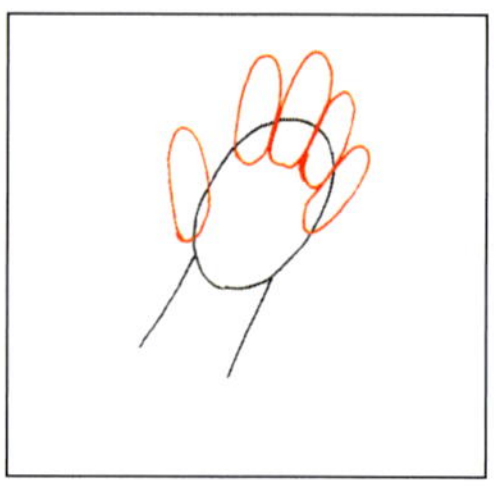

Für jeden Finger ein längliches Oval zeichnen.

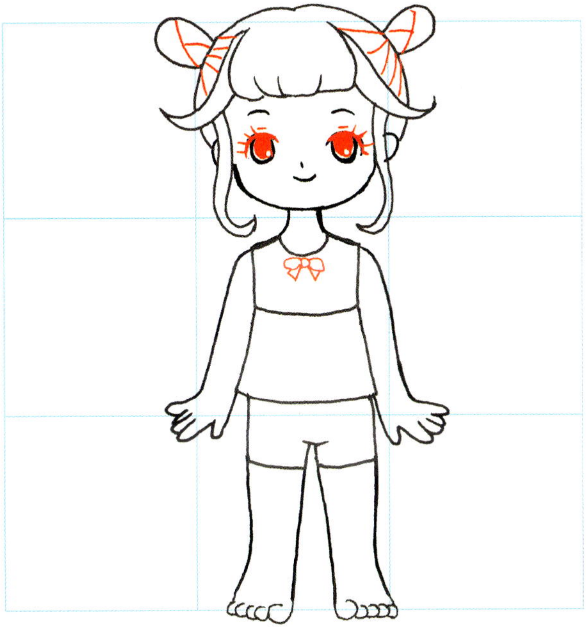

Einige Einzelheiten zu Augen, Haaren und das Schleifchen hinzufügen.

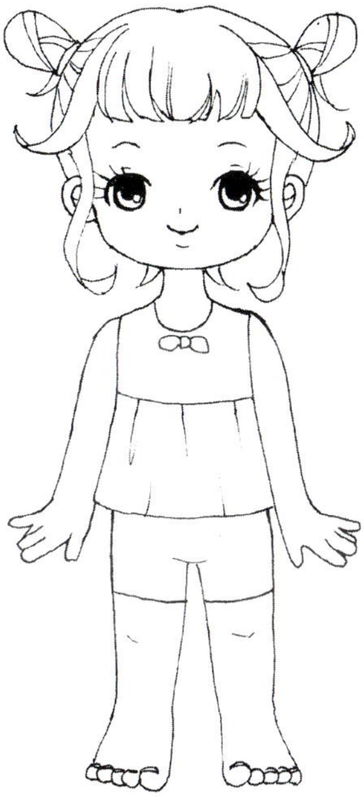

Nun noch einige Details an den Haaren ergänzen und das Hängerchen in Falten legen. Die Kniegelenke andeuten.

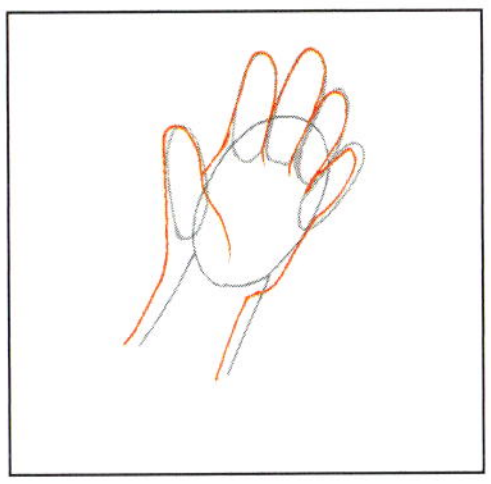

Die Linien glätten und am Handgelenk etwas verjüngen. Die Daumenlinie bis in die Handfläche hinein verlängern.

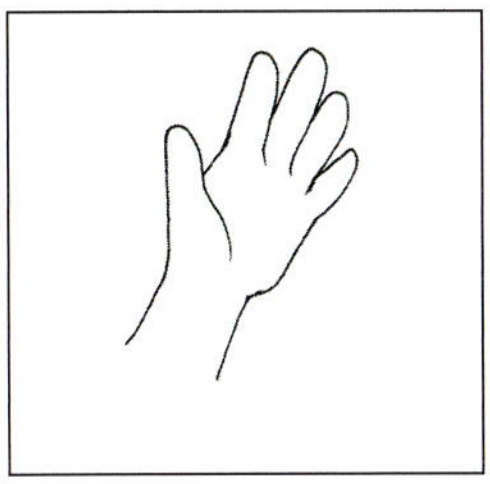

So sieht die fertige Kleinkindhand aus.

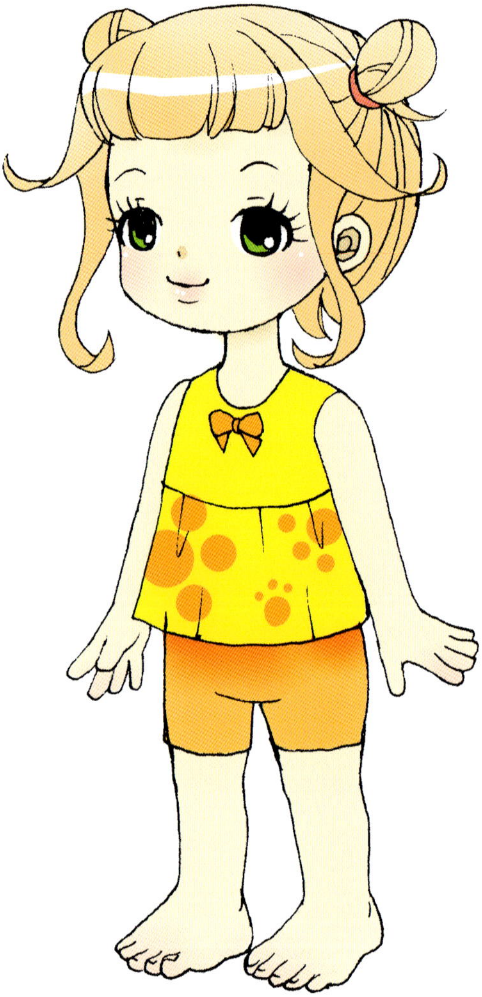

Halbprofil

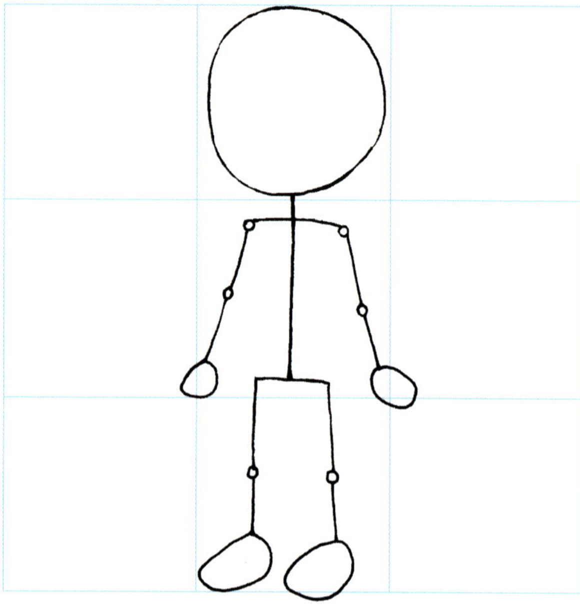

Mit einer Strichfigur beginnen, die etwas gedreht ist. Die Position der Gelenke durch winzige Kreise andeuten.

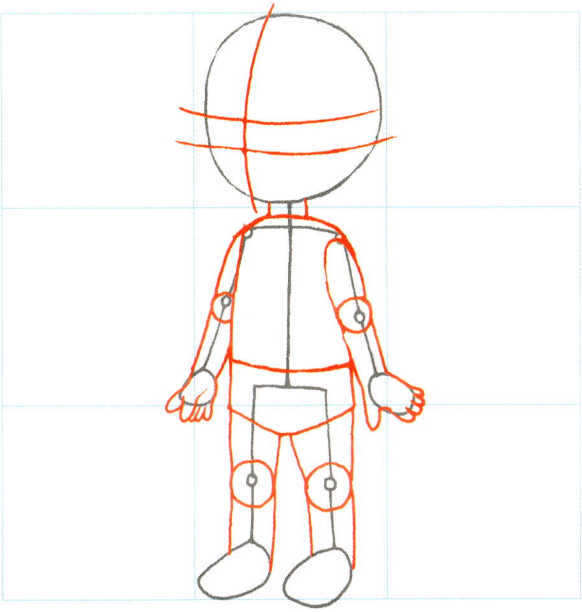

Den Umriss des Körpers mit Höschen grob vorzeichnen, Die Gesichtshilfslinien geschwungen einzeichnen.

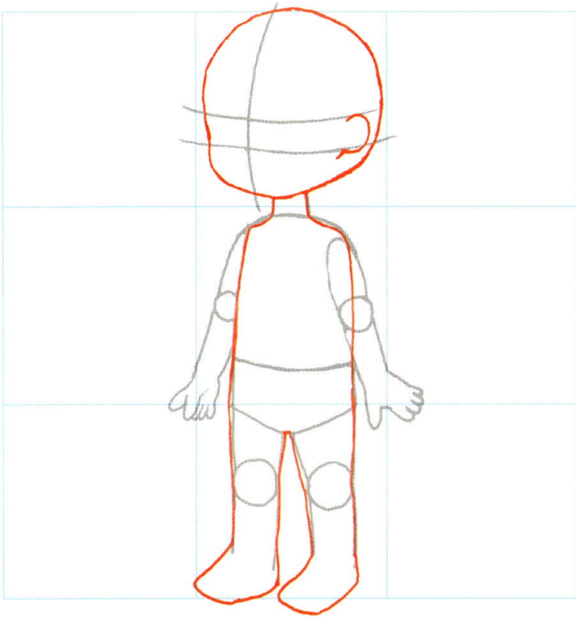

Die Formen von Rumpf, Beinen und Kopf verfeinern. Das Ohr innerhalb der Kopfkontur hinzufügen.

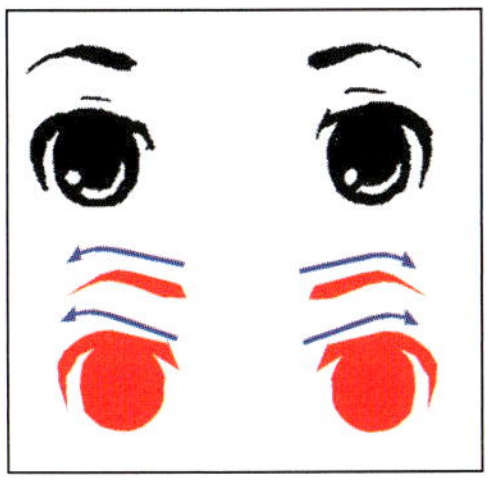

Kleine Jungen haben dickere Augenbrauen, schwerere Augenlider und keine Wimpern. Die äußeren Augenwinkel sind vor dem Abschwung gerade nach oben geneigt.

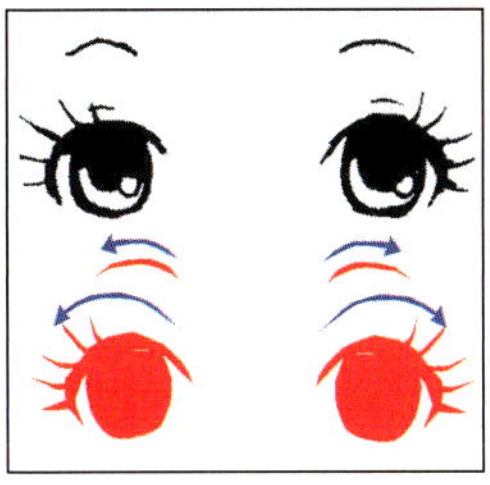

Kleine Mädchen haben lange Wimpern und kürzere, dünnere Augenbrauen. Die äußeren Augenwinkel sind gerundet und nach unten geneigt.

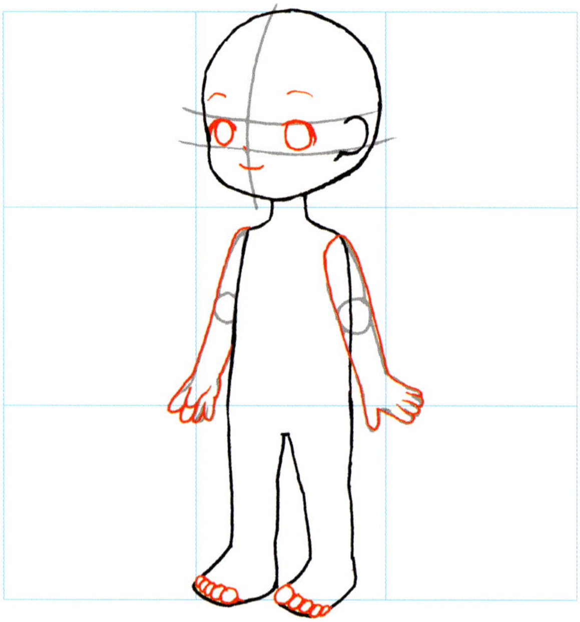

Die Arme ausarbeiten. Nase, Mund und Augen hinzufügen. Im Halbprofil ist das dem Betrachter nähere Auge größer. Die Zehen als Kreise skizzieren.

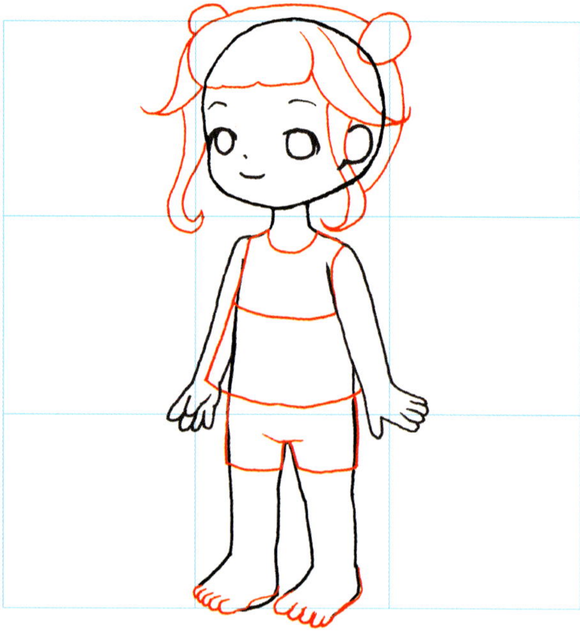

Die Zehen ausarbeiten. Die Frisur zeichnen, sie ist deutlich größer als der Kopf. Die Umrisse der Kleidung skizzieren.

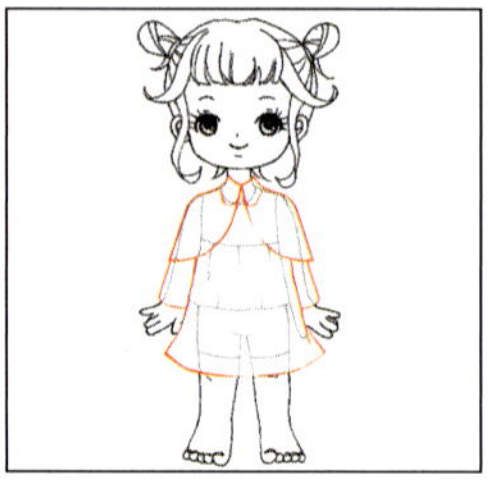

Das Mädchen trägt ein Kleid mit Schultercape. Zuerst lange Ärmel und das Cape zeichnen. Dann folgt das Kleid. Es wird nach unten etwas weiter.

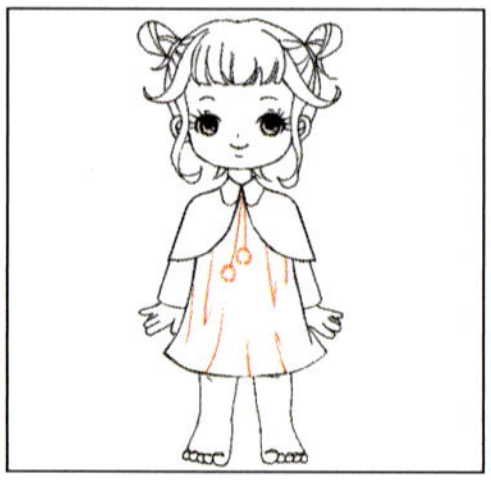

Falten im Kleid einzeichnen. Die Bänder, mit denen das Schultercape geschlossen wird, hinzufügen.

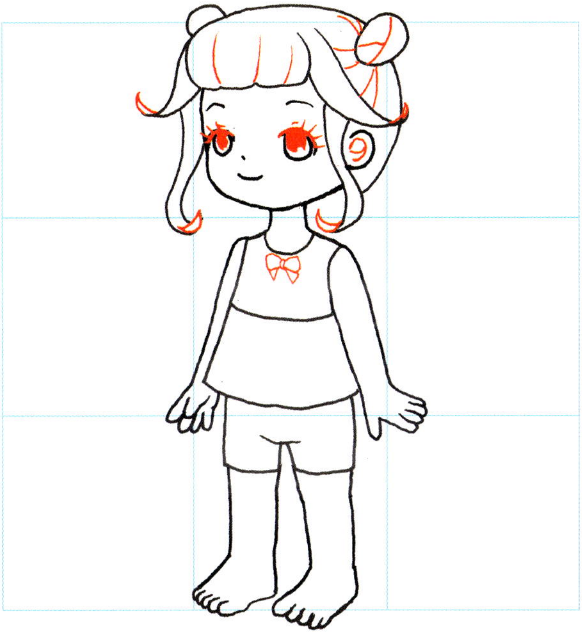

Einige Einzelheiten an Augen, Ohr und Haaren einzeichnen. Das Schleifchen nicht vergessen.

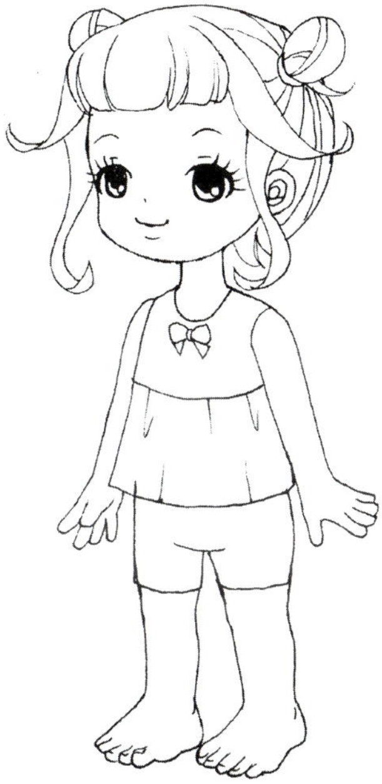

Nun noch einige Details an den Haaren ergänzen und das Hängerchen in Falten legen.

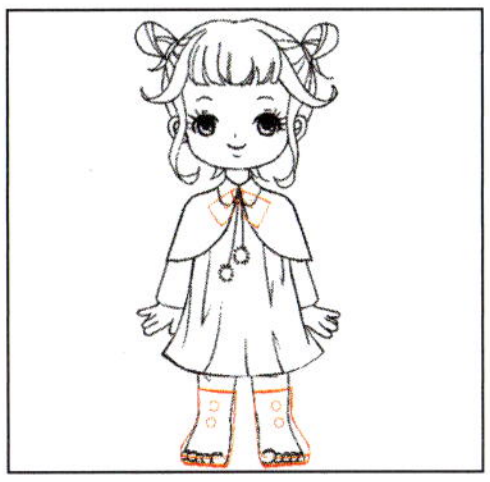

Die Schleife am Kragen andeuten. Die Stiefel zeichnen und die Zehen ausradieren.

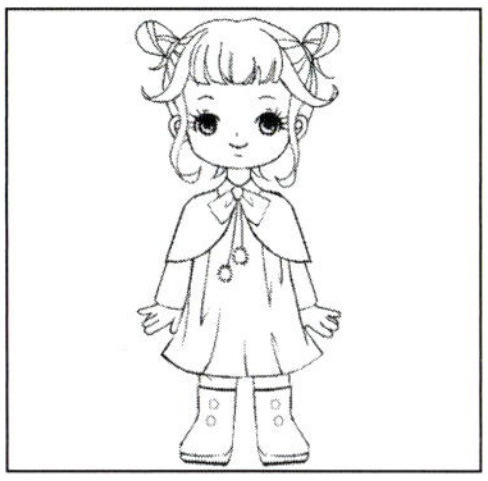

Jetzt kann sie im Schnee spielen.

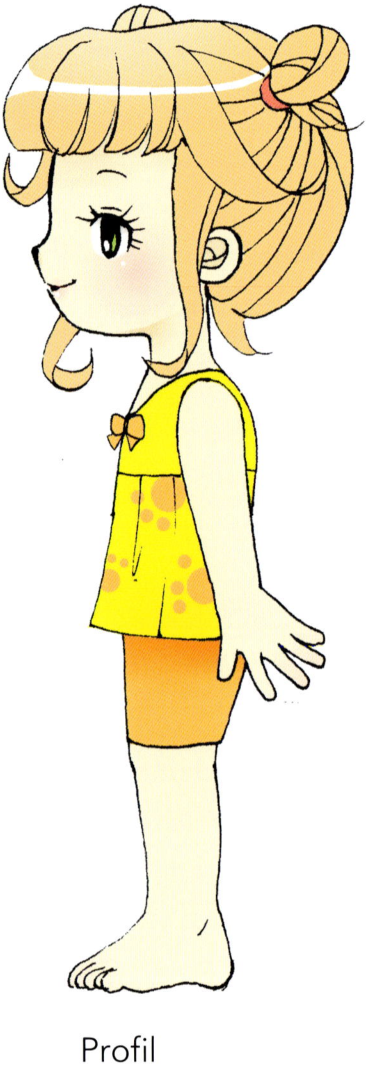

Profil

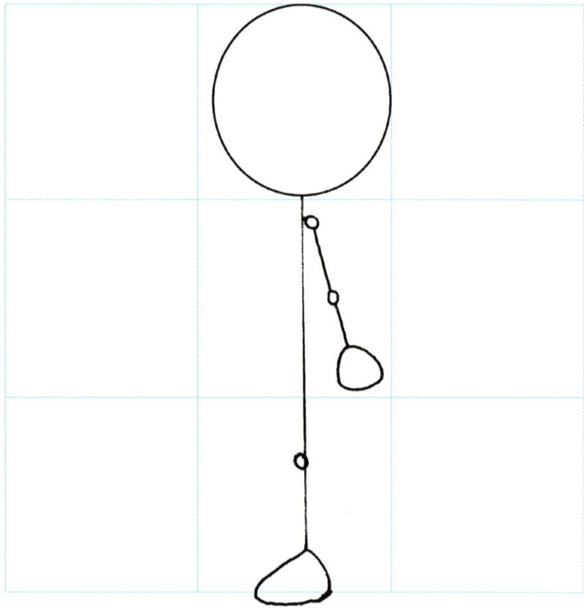

Mit einer Strichfigur im Profil beginnen. Die Position der Gelenke durch winzige Kreise andeuten.

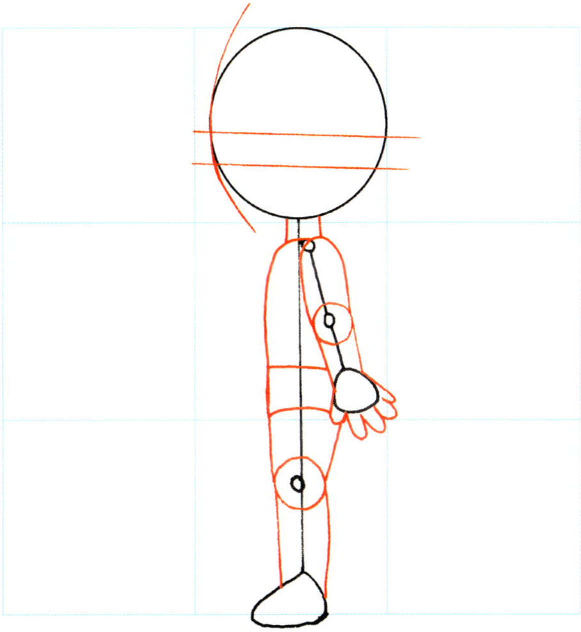

Den Umriss des Körpers grob vorzeichnen. Die Gesichtshilfslinien einzeichnen.

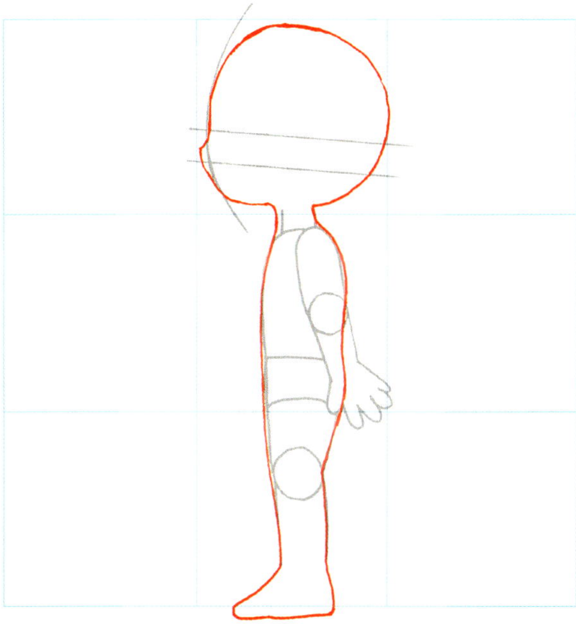

Die Formen von Rumpf, Bein und Kopf verfeinern. Eine winzige Nase hinzufügen.

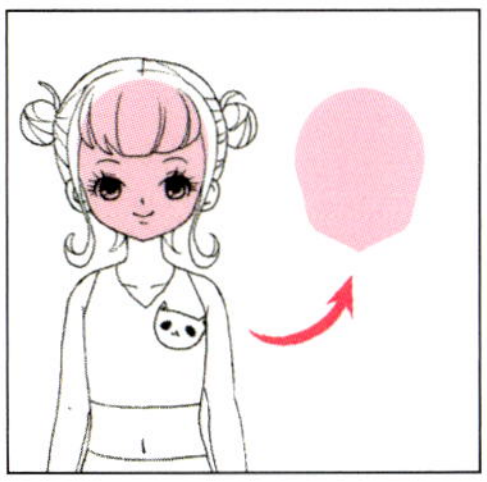

Ein Schulmädchen hat ein ovales Gesicht mit einem kleinen, spitzen Kinn.

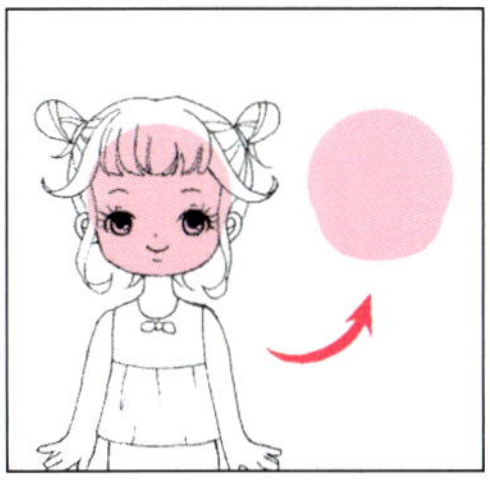

Das Gesicht eines Kleinkinds ist rund und füllig. Das Kinn ist nicht zu ausgeprägt.

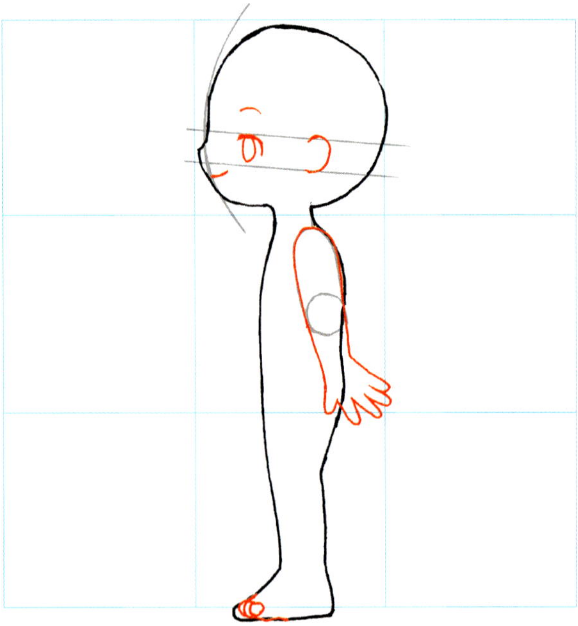

Arm und Gesichtsmerkmale ausarbeiten. Im Profil sieht man natürlich nur ein Auge. Das Ohr ist auch später noch gut zu erkennen. Die Zehen als Kreise andeuten.

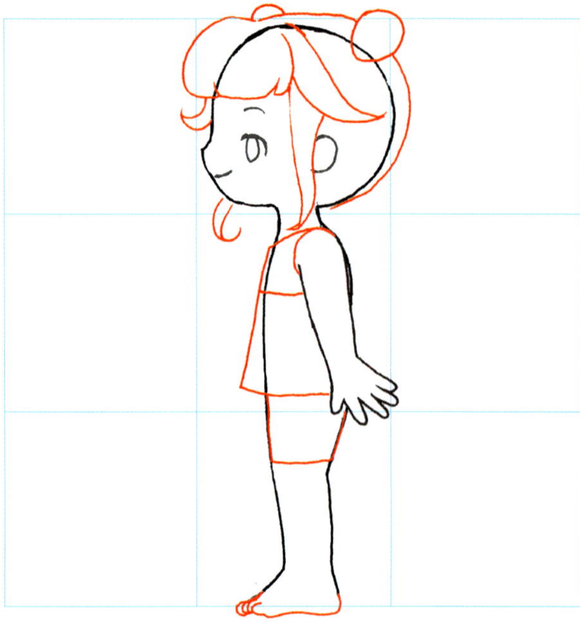

Die Zehen und die Fußsohle ausarbeiten. Die Frisur zeichnen, sie ist deutlich größer als der Kopf. Die Umrisse der Kleidung skizzieren.

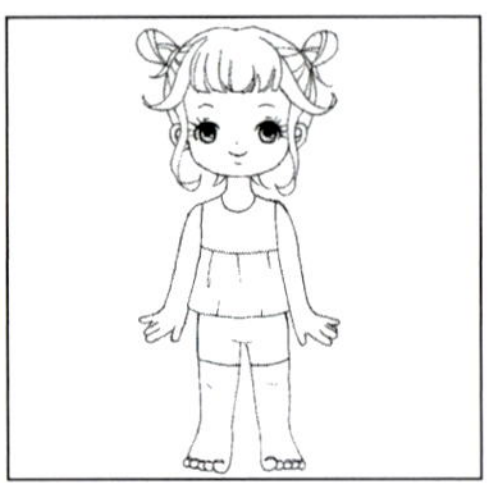

Diesem kleinen Mädchen ziehen wir ein hübsches Kleid an.

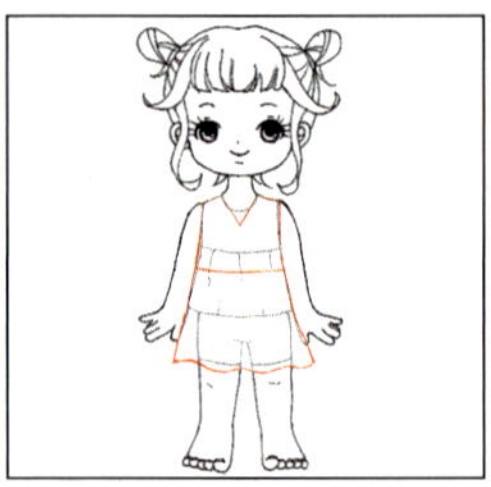

Das Kleid hat einen V-Ausschnitt und einen Rock, der zu den Knien hin weiter wird. Einen Strich für die Brustpasse einzeichnen.

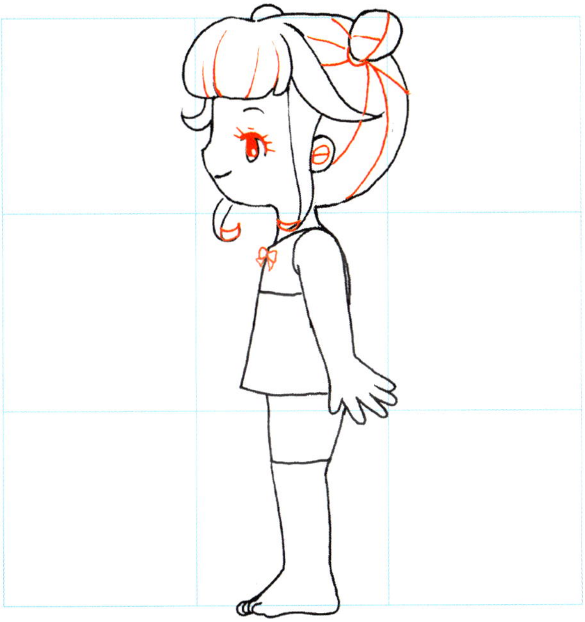

Einige Einzelheiten an Augen, Ohr, Haaren und Shirt einzeichnen.

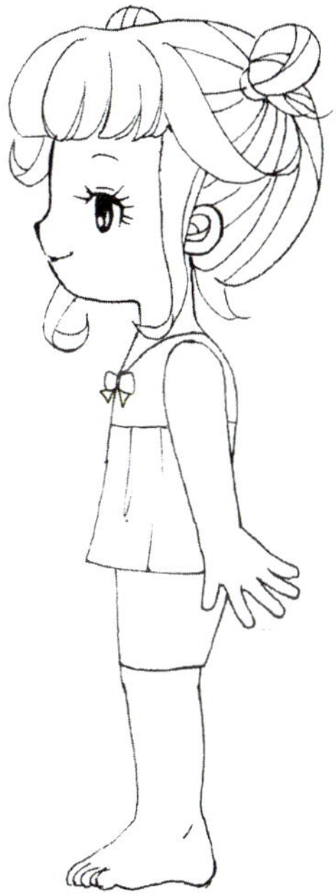

Nun noch einige Details an den Haaren ergänzen und das Hängerchen in Falten legen.

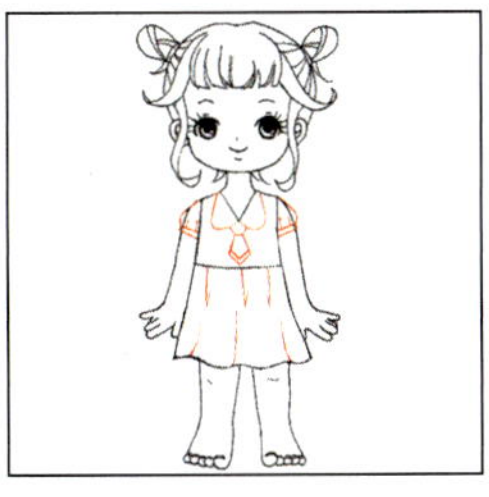

Einen Matrosenkragen, eine kleine Krawatte und Puffärmel hinzufügen. Die Falten im Rock einzeichnen.

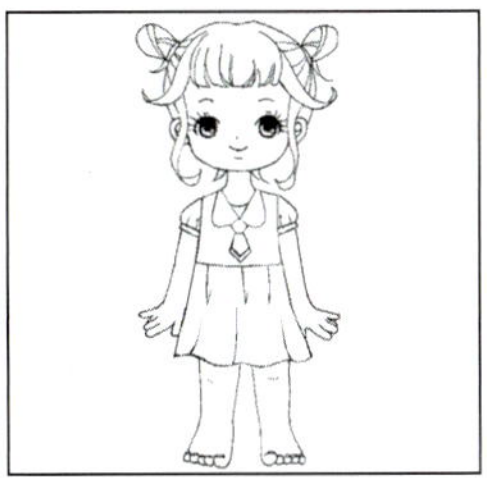

Ist sie nicht niedlich?

MÄDCHEN

Ein Mädchen im Schulalter hat im Vergleich zu einem Kleinkind ein ovaleres Gesicht. Der Körper wird an Hüften und Oberschenkeln bereits etwas breiter und in der Taille schmaler.

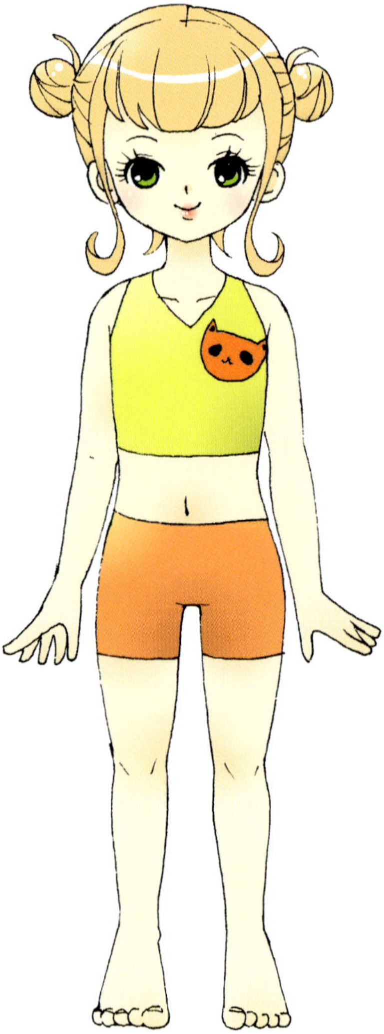

Frontalansicht

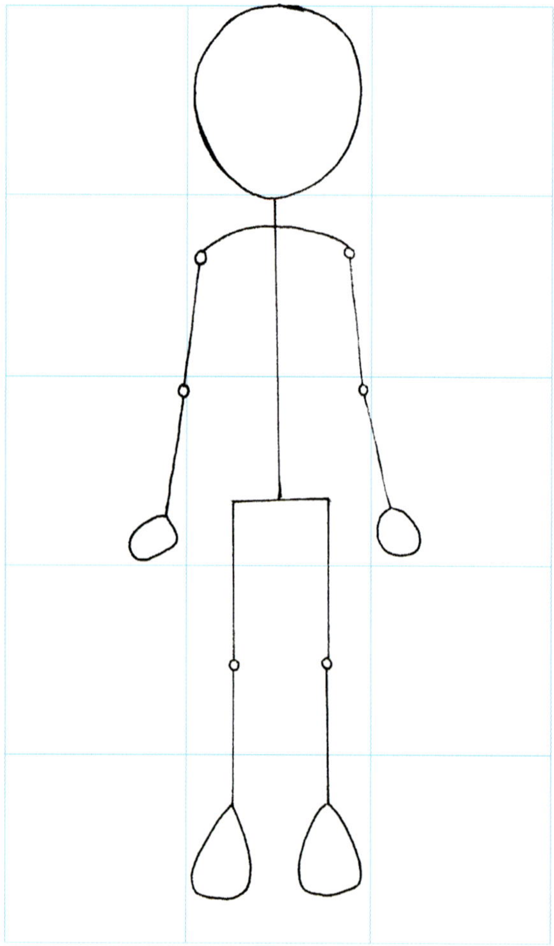

Mit einer Strichfigur beginnen. Gesicht und Körper sind etwas länger als beim Kleinkind, ebenso Arme und Beine. Die Position der Gelenke durch winzige Kreise andeuten.

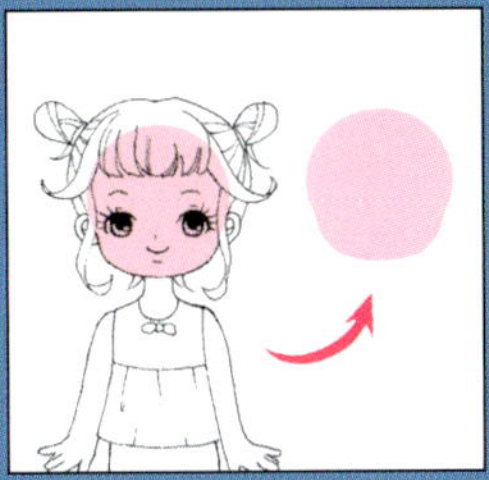

Das Gesicht eines Kleinkinds ist rund und füllig, das Kinn ist nicht ausgeprägt.

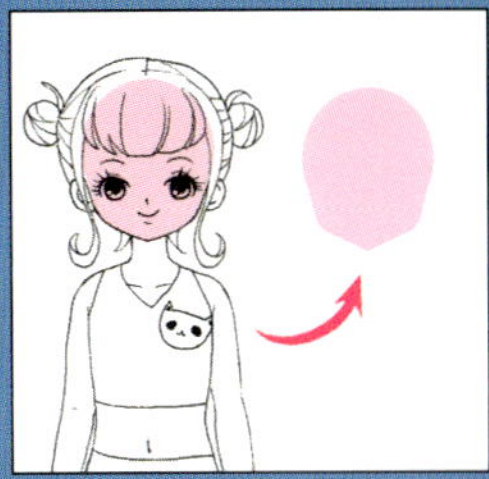

Das Gesicht des älteren Mädchens ist oval mit einem leicht zugespitzten Kinn.

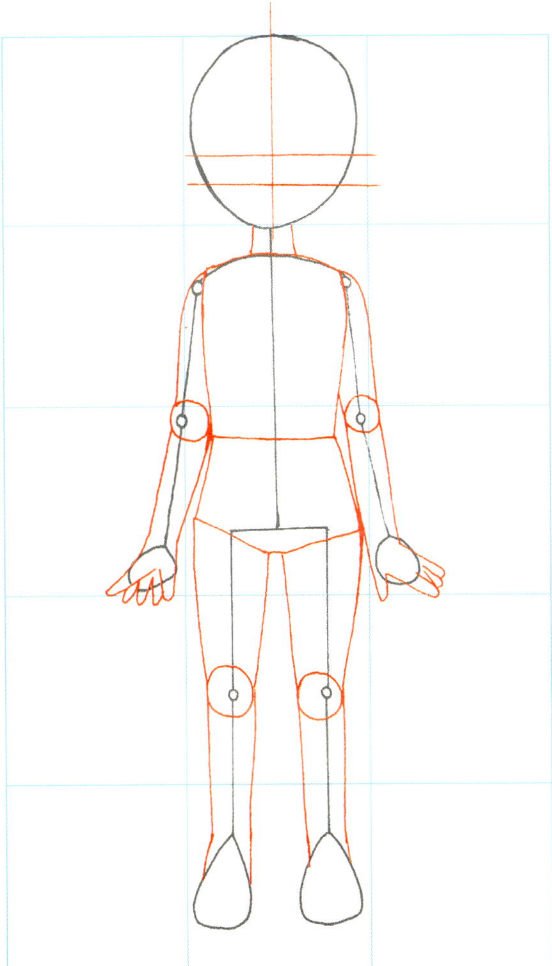

Den Umriss des Körpers grob vorzeichnen. Die Hose markieren und die Gesichtshilfslinien einzeichnen.

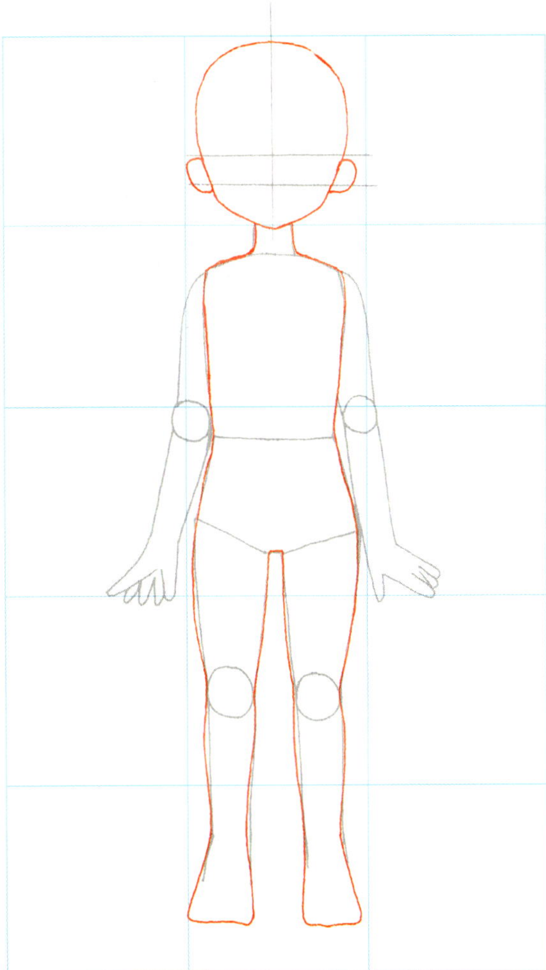

Die Formen von Rumpf, Beinen und Kopf ausarbeiten. Die Ohren hinzufügen.

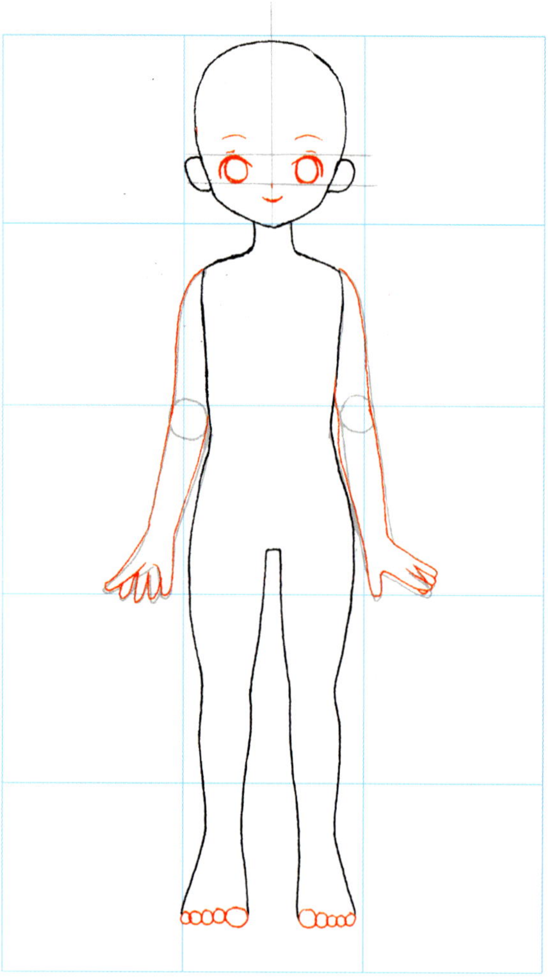

Die Arme ausarbeiten. Augen, Nase und Mund einzeichnen. Die Zehen als Kreise skizzieren.

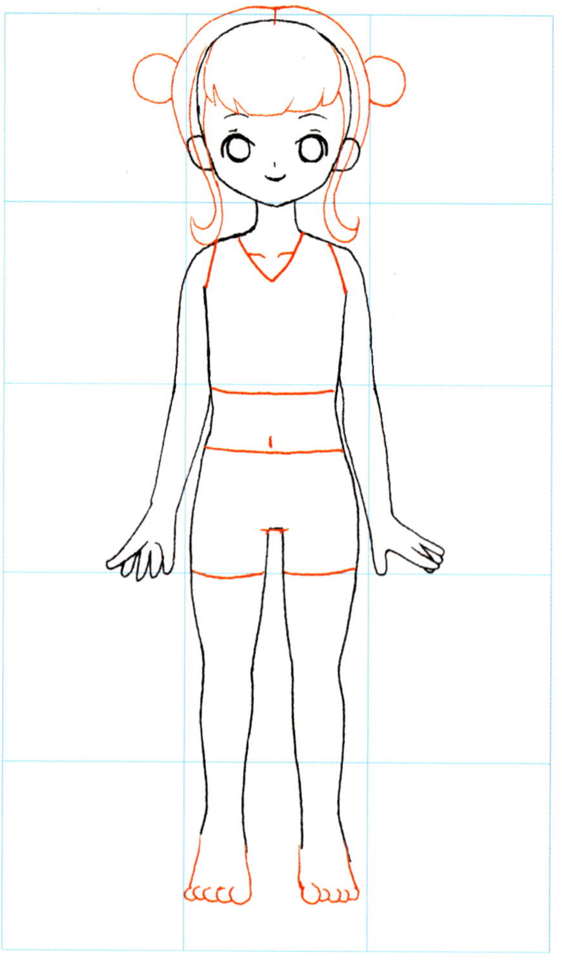

Die Zehen ausarbeiten. Die Frisur zeichnen, sie ist deutlich größer als der Kopf. Die Umrisse der Kleidung skizzieren. Die Schlüsselbeine andeuten.

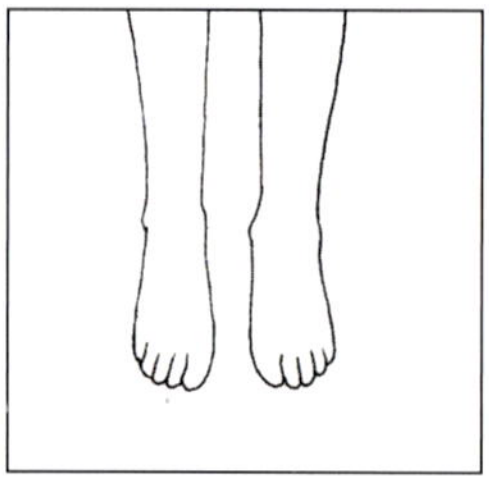

Das Mädchen erhält hübsche Ballerinas. Zuerst einfache Füße zeichnen.

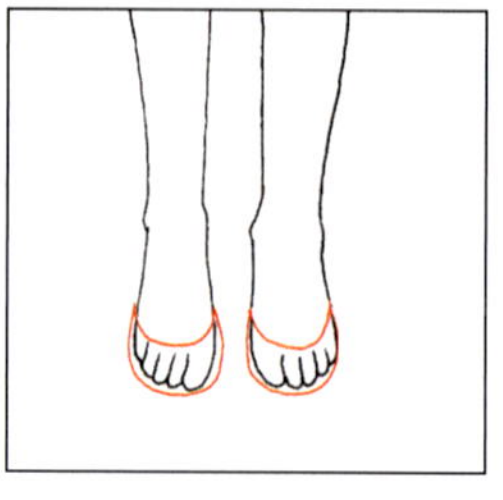

Die Umrisse der Schuhe wie Halbmonde über die Zehenpartie zeichnen.

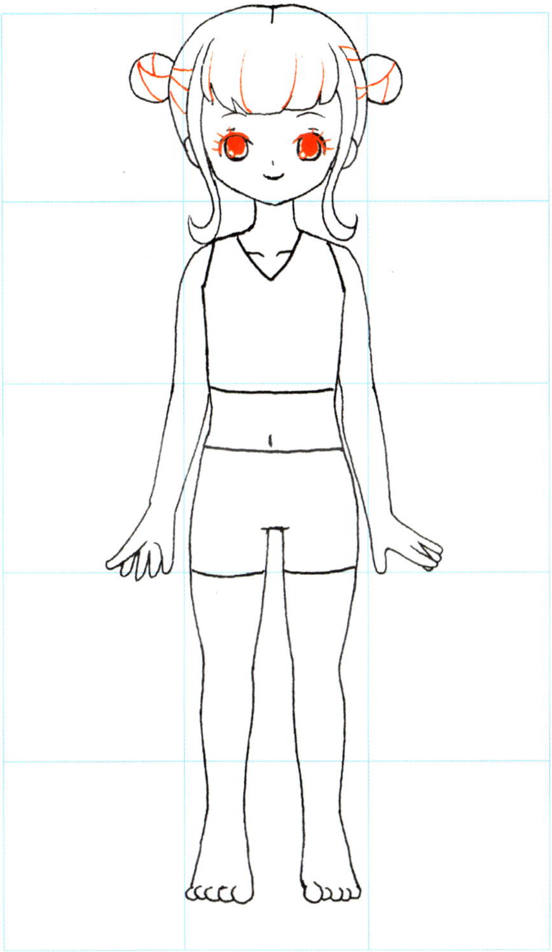

Einige Details an Augen und Haaren einfügen. Striche in den Knoten zeigen, dass sie aus aufgewickelten Haaren bestehen.

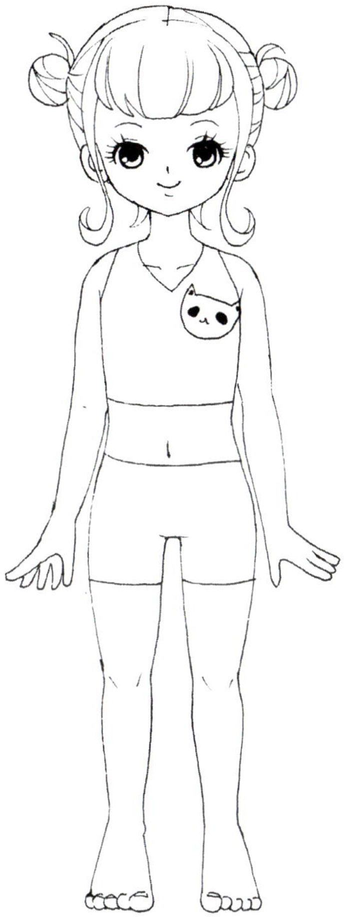

Noch einige kleine Einzelheiten an Kleidung und Haaren hinzufügen.

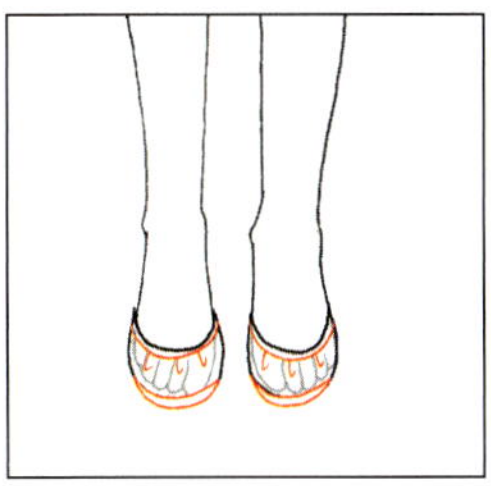

Dünne Sohlen einfügen, die nur vorn an den Schuhen zu sehen sind. Die Nähte an der Schuhkante (zum Fuß hin) einzeichnen und die Zehen ausradieren.

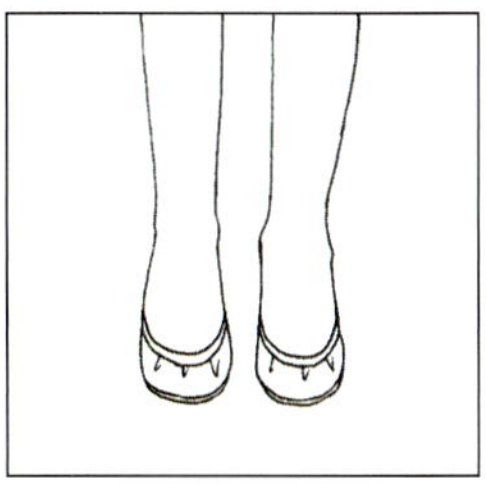

So sollen die fertigen Schuhe aussehen.

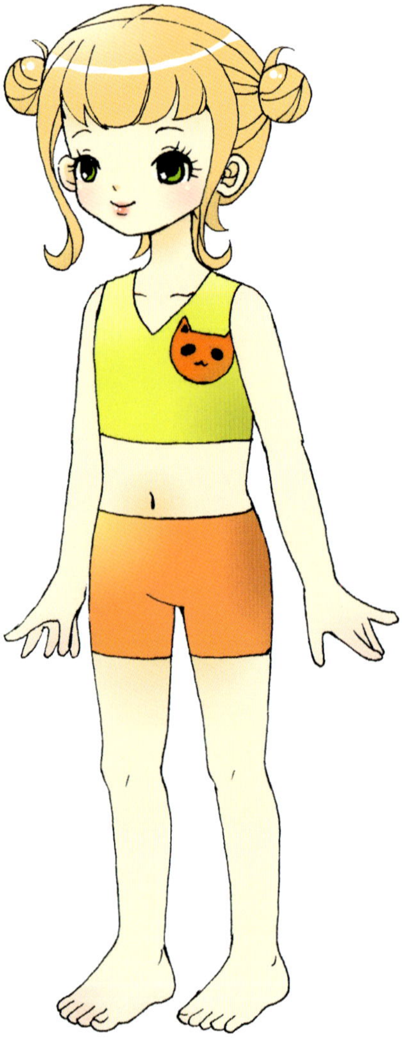

Halbprofil

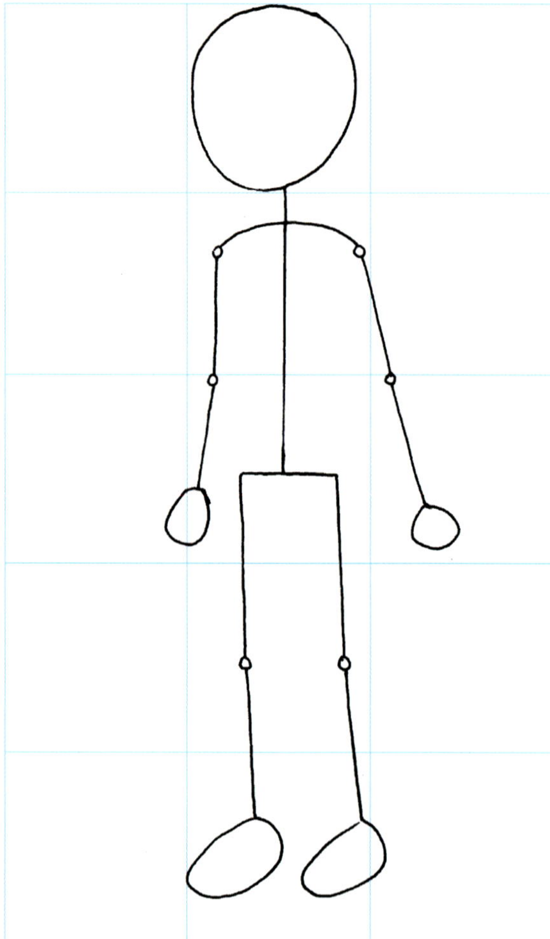

Mit einer Strichfigur beginnen, die etwas gedreht ist. Die Position der Gelenke durch winzige Kreise andeuten.

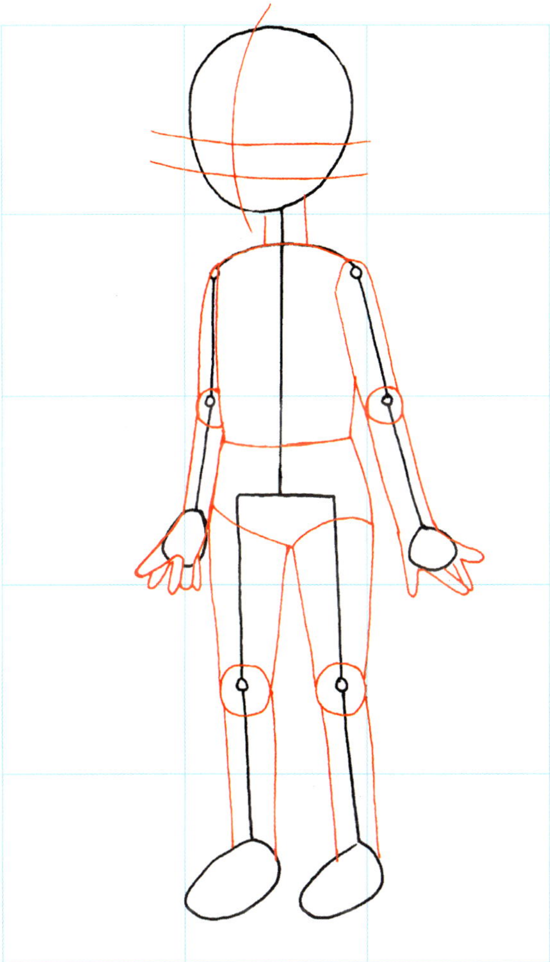

Den Umriss des Körpers und der Hose grob vorzeichnen und die Gesichtshilfslinien einzeichnen.

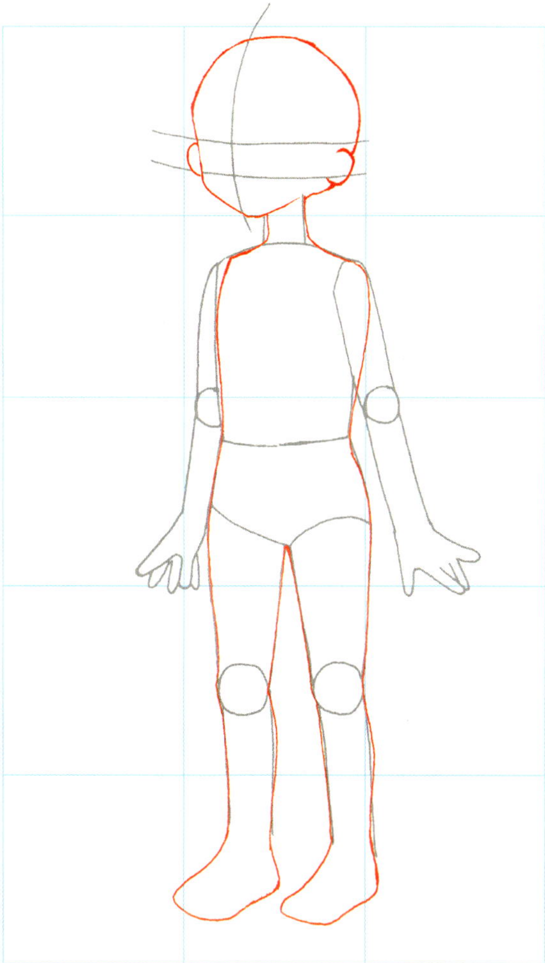

Die Formen von Rumpf, Beinen und Kopf ausarbeiten. Die Ohren hinzufügen.

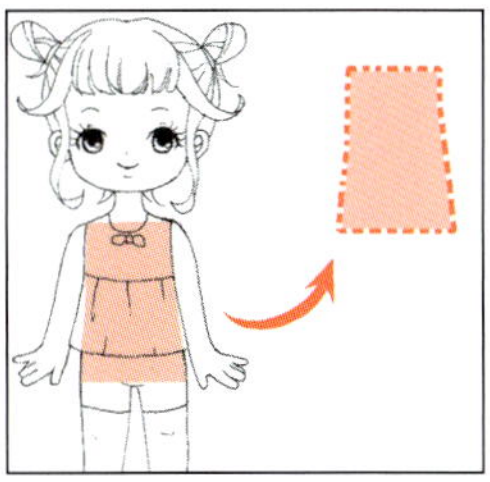

Ein Kleinkind hat einen trapezförmigen Rumpf, der sich nach unten leicht verbreitert.

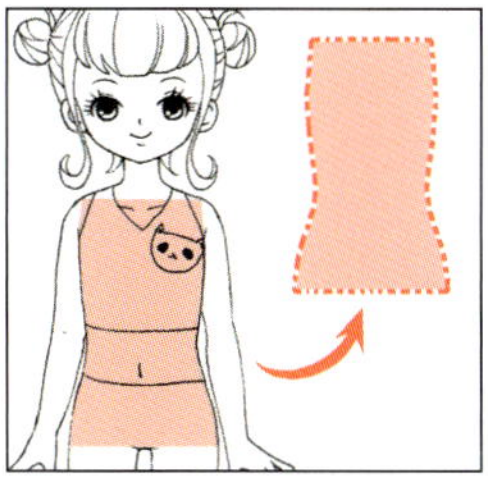

Das ältere Mädchen hat noch keine Brüste, aber ihr Körper wird bereits kurviger: Er ist an den Hüften schon breiter und in der Taille schmaler.

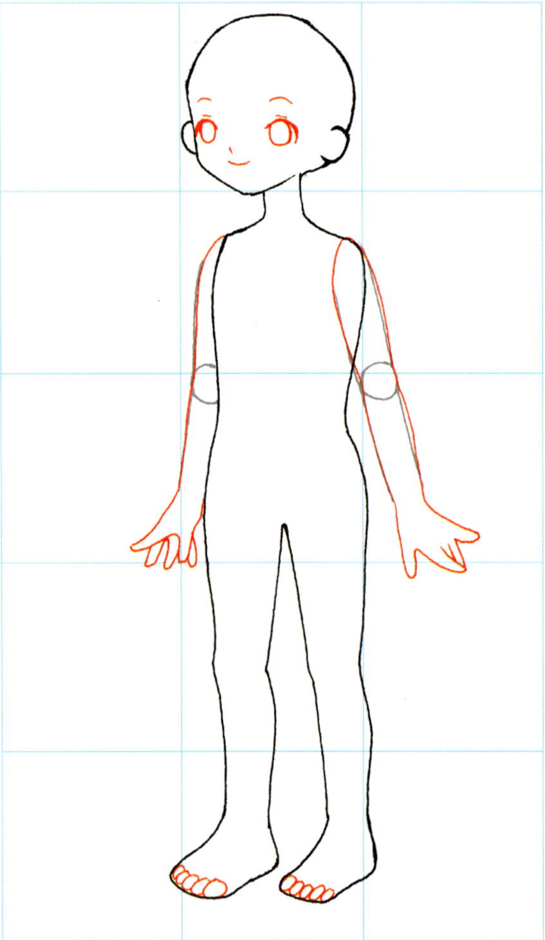

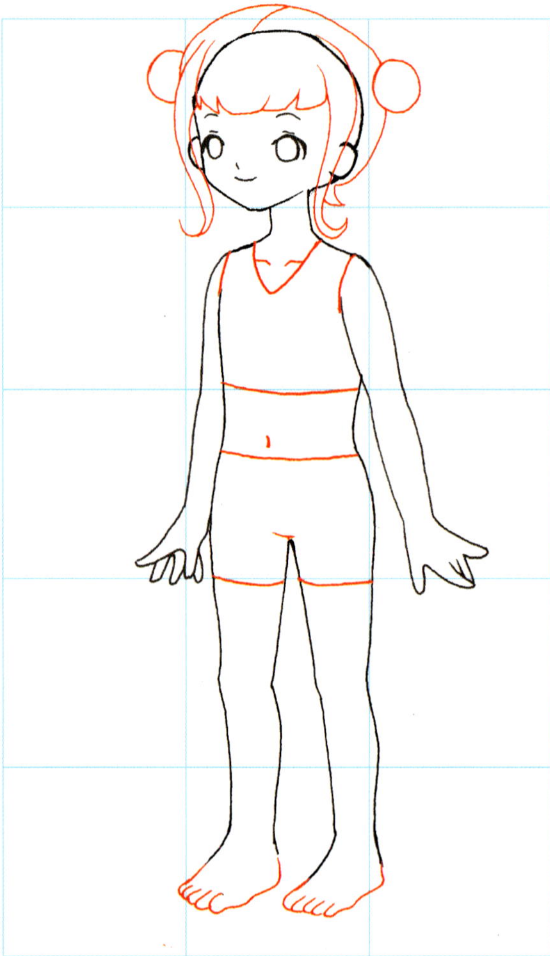

Die Arme ausarbeiten. Nase, Mund und Augen einzeichnen. Im Halbprofil ist das dem Betrachter nähere Auge größer. Die Zehen als Kreise skizzieren.

Die Zehen ausarbeiten. Die Frisur zeichnen, sie ist deutlich größer als der Kopf. Die Umrisse der Kleidung skizzieren und die Schlüsselbeine andeuten.

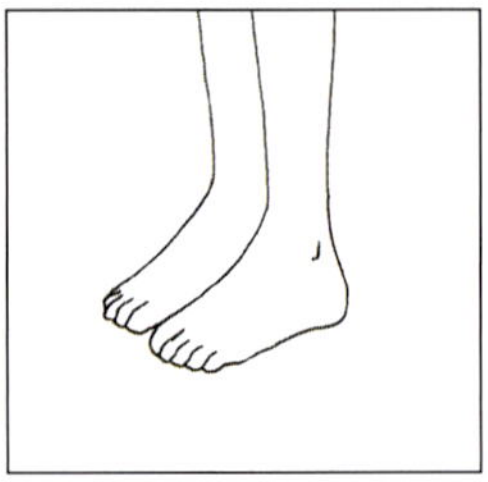

Jetzt werden auch die Ballerinas schräg von der Seite gezeichnet. Mit einfachen Füßen beginnen.

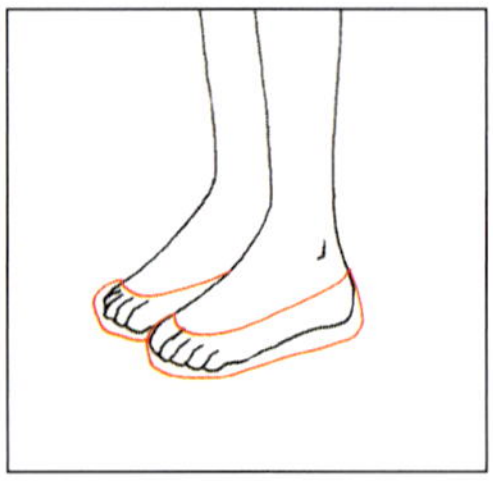

Einfache Umrisse der Schuhe um die Füße zeichnen.

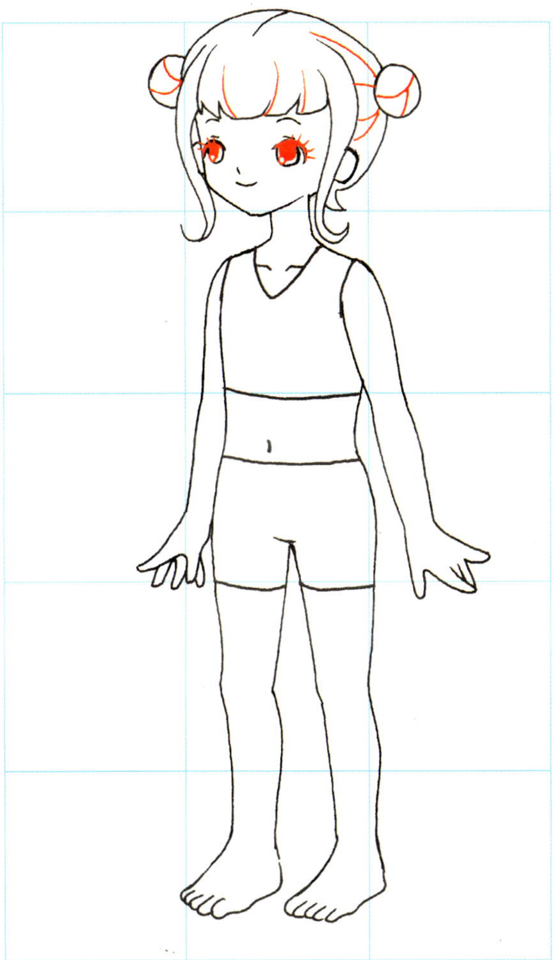

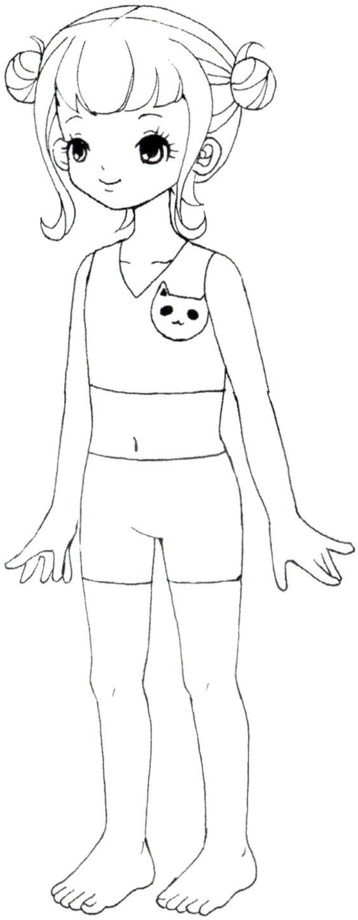

Einige Details an Augen und Haaren einfügen. Striche in den Knoten zeigen, dass sie aus aufgewickelten Haaren bestehen.

Noch einige letzte Einzelheiten an Kleidung und Haaren hinzufügen.

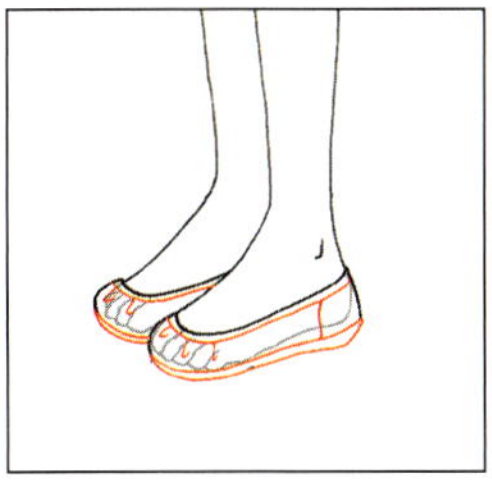

Die Sohlen sind dünn und werden zu den Fersen hin etwas dicker. Nähte an der Spitze und der Ferse einzeichnen.

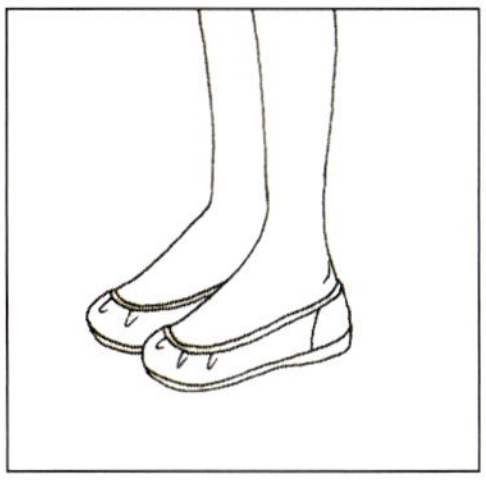

So sollen die fertigen Schuhe aussehen.

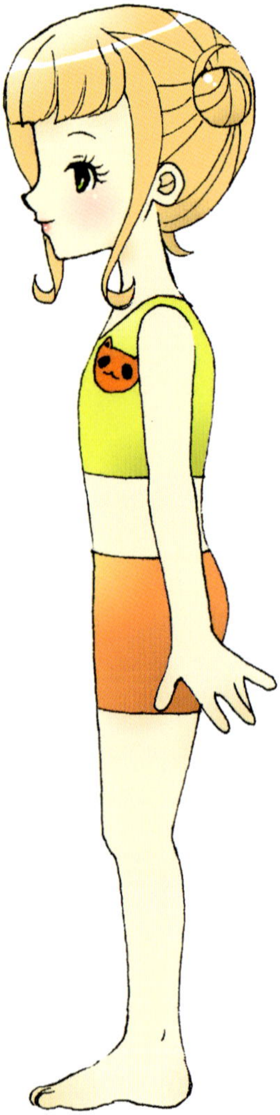

Profil

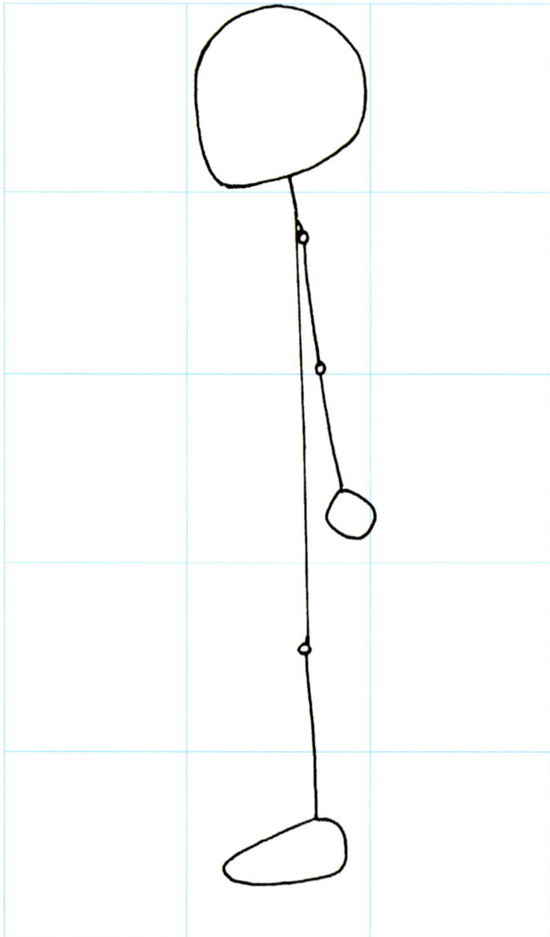

Mit einer Strichfigur im Profil beginnen. Die Position der Gelenke durch winzige Kreise andeuten.

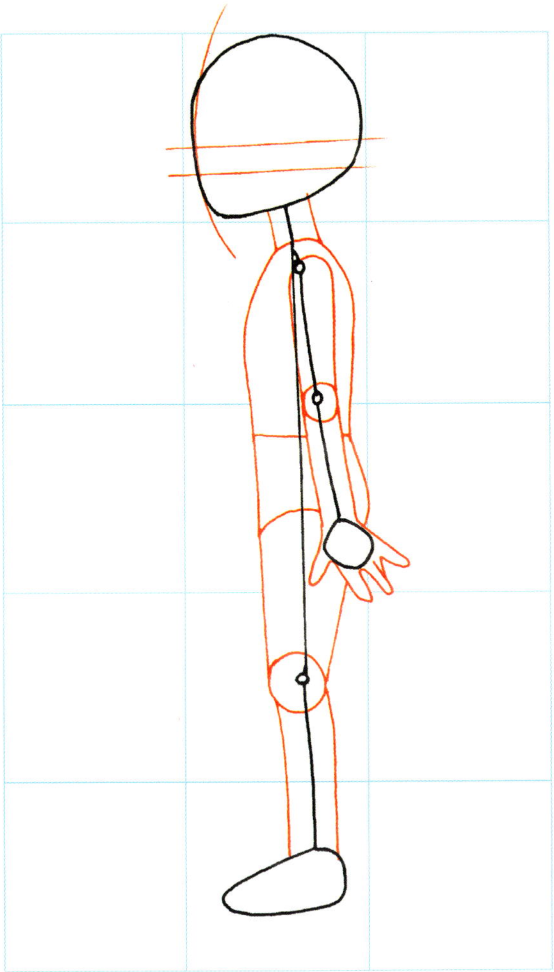

Den Umriss des Körpers grob vorzeichnen. Die Gesichtshilfslinien hinzufügen. Schon in diesem Alter sieht der weibliche Körper von der Seite etwas kurviger aus.

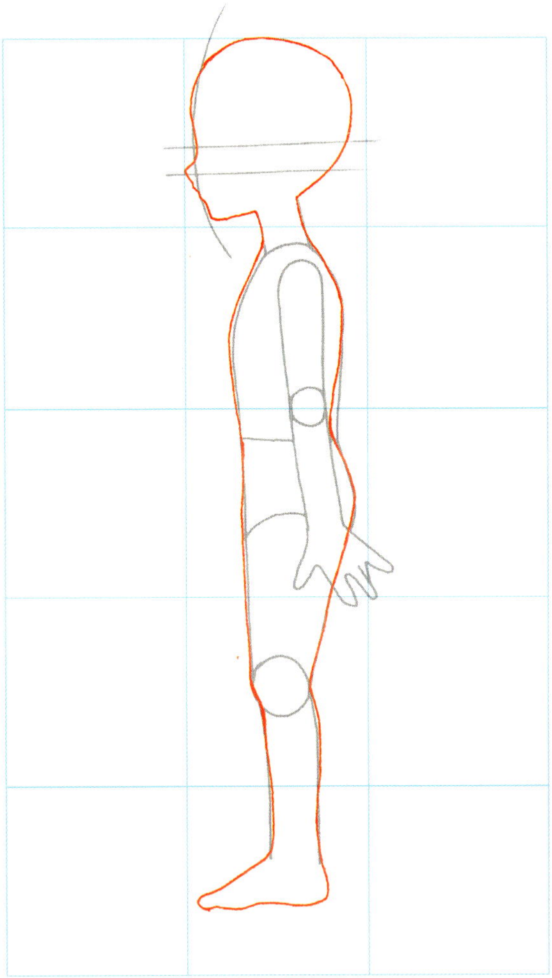

Die Formen von Rumpf, Bein und Gesicht verfeinern. Eine kleine Nase einzeichnen – aber etwas länger als beim Kleinkind.

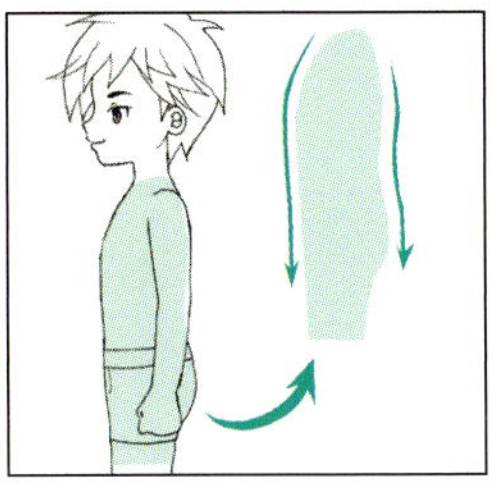

Der Körper eines Jungen ist von der Seite fast gerade und nur an der Lendenwirbelsäule konturiert.

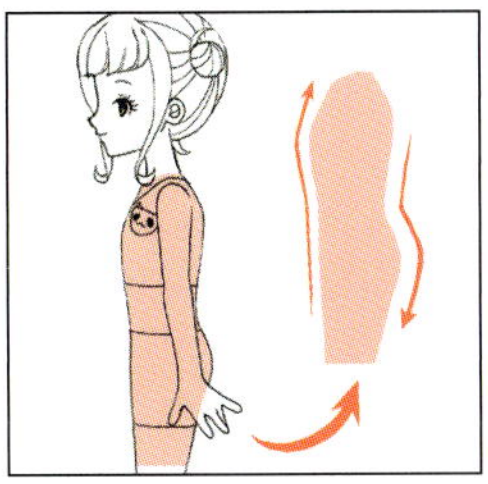

Der Körper eines Mädchens ist von der Seite deutlich kurviger.

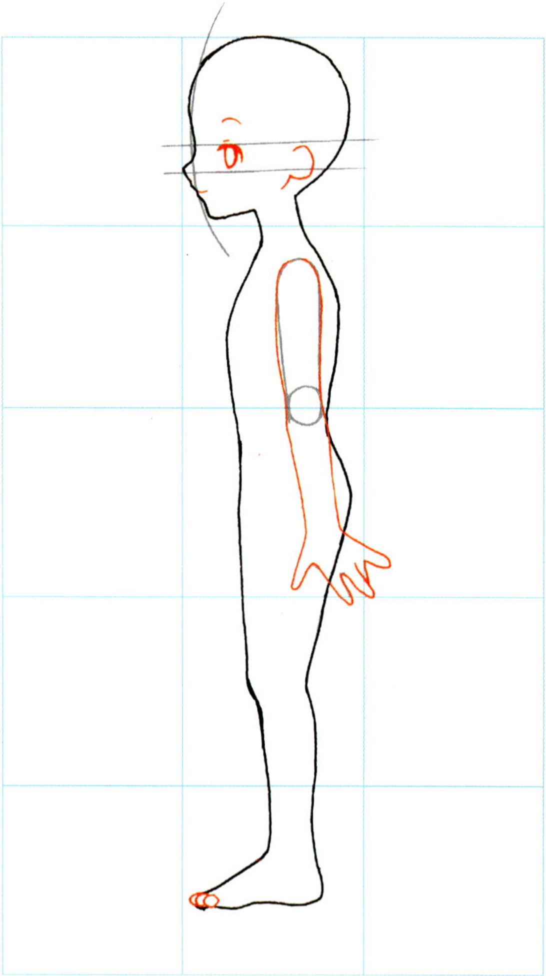

Arme und Gesicht ausarbeiten. Im Profil sieht man natürlich nur ein Auge. Das Ohr ist auch später gut zu erkennen. Die Zehen als Kreise andeuten.

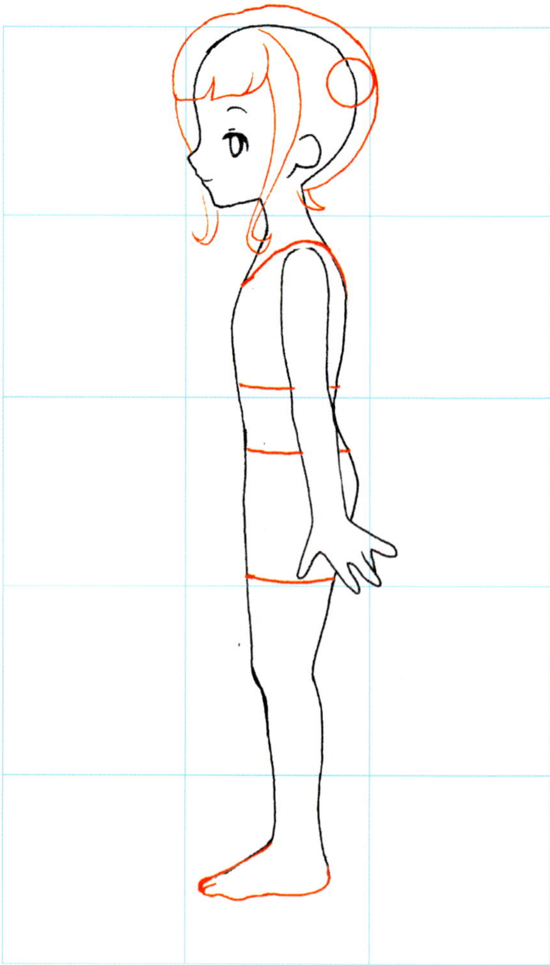

Die Frisur zeichnen, sie ist deutlich größer als der Kopf. Die Umrisse der Kleidung skizzieren. Die Zehen ausarbeiten.

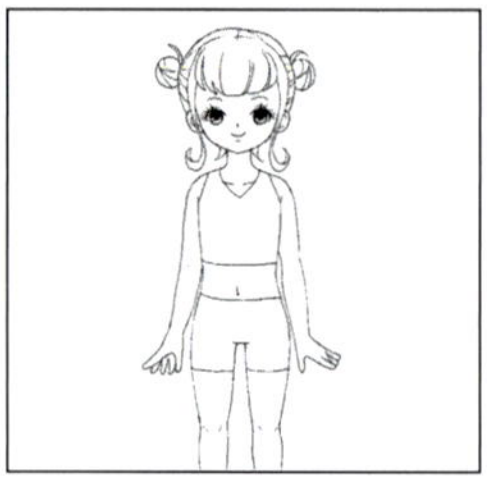

Ziehen wir dem Mädchen ein verspieltes Kleid an.

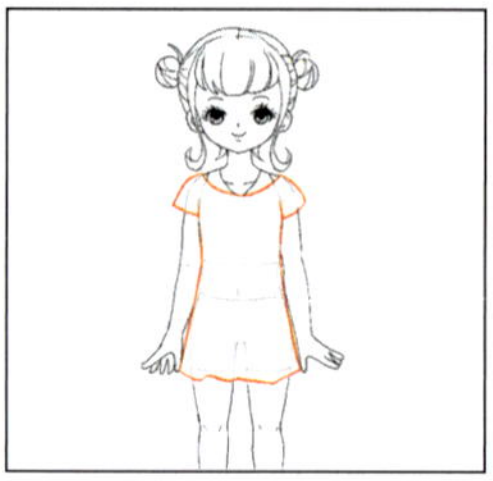

Ein einfaches, sehr kurzes Kleid mit kurzen Ärmeln zeichnen. Körper und Unterwäsche darunter ausradieren.

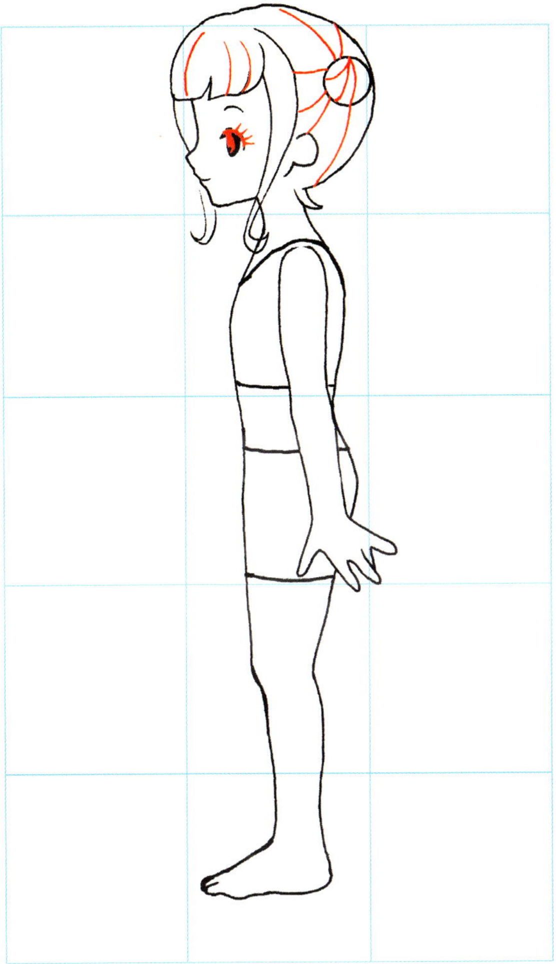

Einige Details an Augen und Haaren einfügen. Striche in dem Knoten zeigen, dass er aus aufgewickelten Haaren besteht.

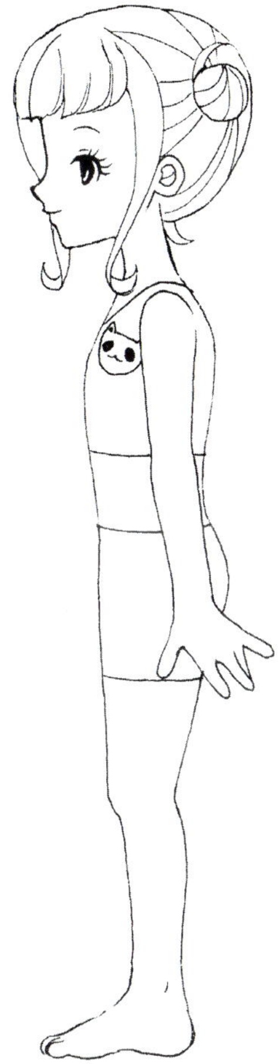

Noch einige letzte Einzelheiten an Kleidung und Haaren hinzufügen.

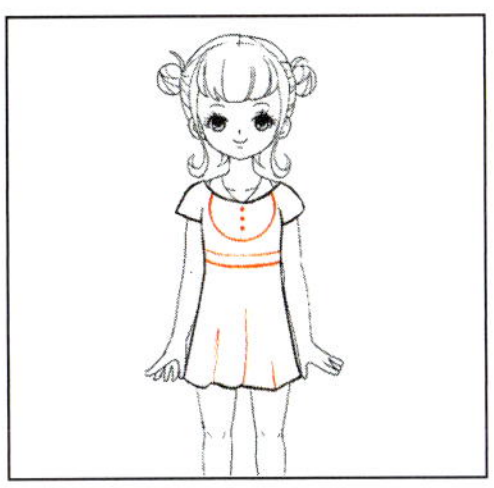

Knöpfe, Kragen und ein Band unter der Brustpasse einzeichnen. Das Kleid besteht aus Samt, der schwer fällt, darum wirft der Rock nur wenige breite Falten.

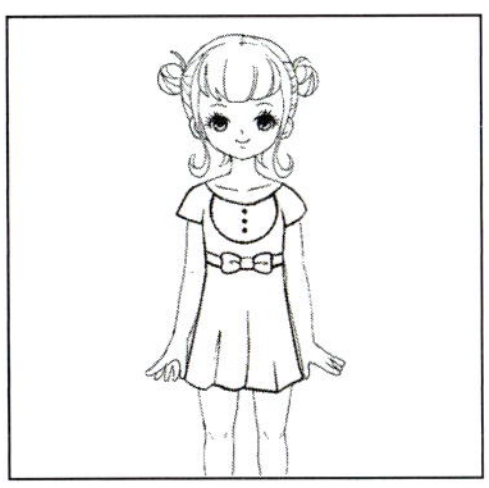

Jetzt fehlt nur noch die hübsche Schleife in der hohen Taille.

TEENAGER

Beim Teenager werden Hüften und Oberschenkel fülliger, die Taille ist schmal und die Brust beginnt sich zu runden. Die Arme und Beine werden in diesem Alter schlanker und im Verhältnis zum Kopf länger.

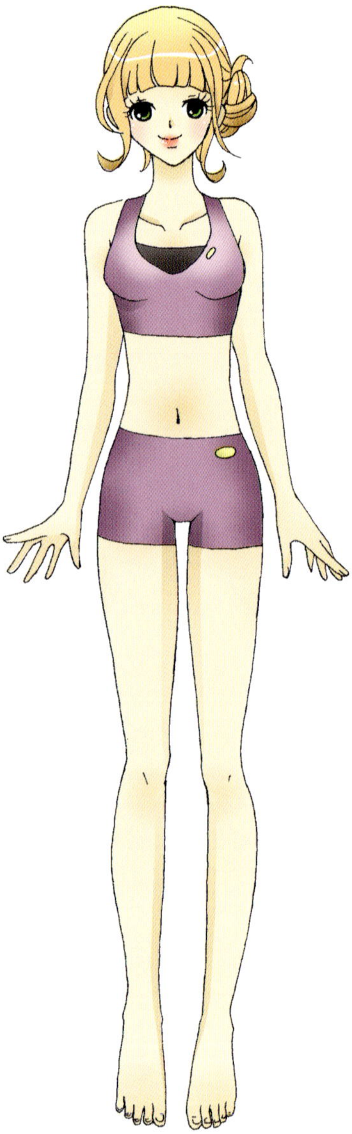

Frontalansicht

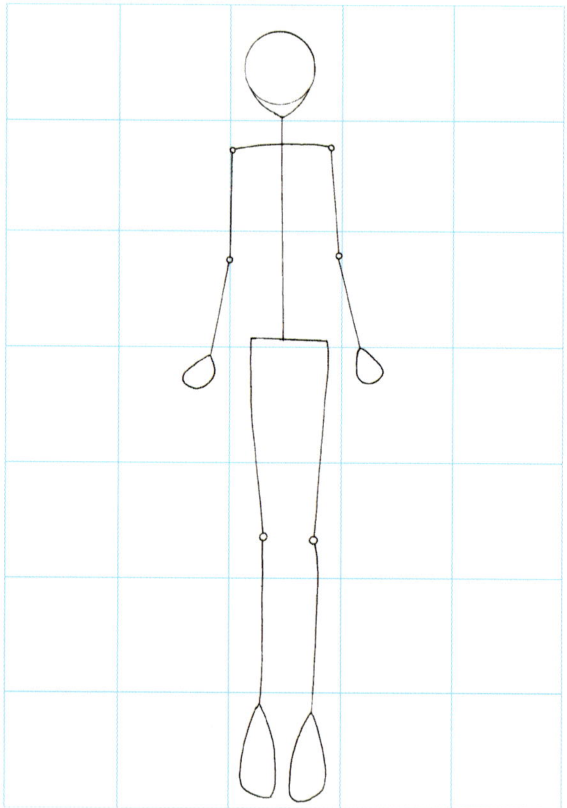

Mit einer größeren, schlanken Strichfigur (6,5 Kästchen) beginnen. Die Position der Gelenke durch winzige Kreise andeuten.

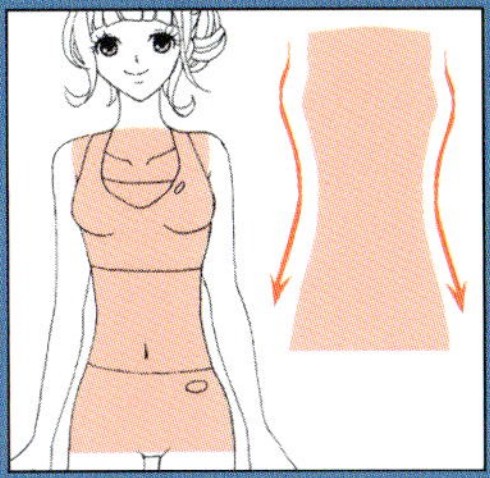

Der Oberkörper eines Teenagers ist kürzer und weniger kurvig als der einer erwachsenen Frau.

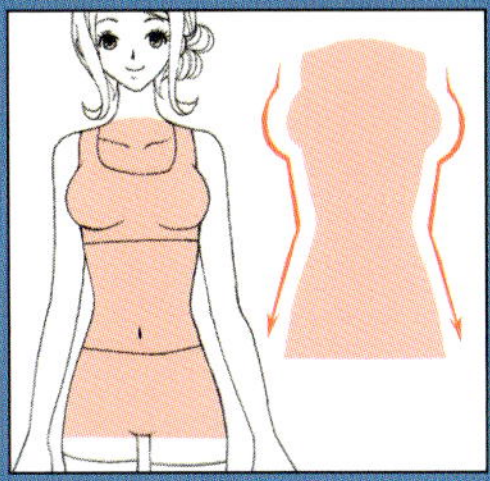

Eine erwachsene Frau hat einen längeren, kurvigeren Körper und eine deutlicher ausgeprägte Taille.

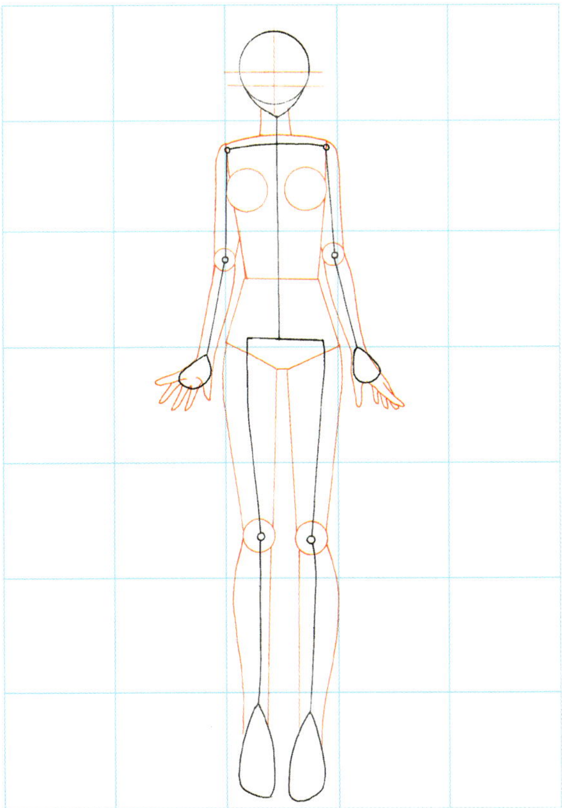

Den Umriss des Körpers grob vorzeichnen. Die Gesichtshilfslinien hinzufügen. Die Brüste durch zwei Kreise andeuten. Die Finger zeichnen.

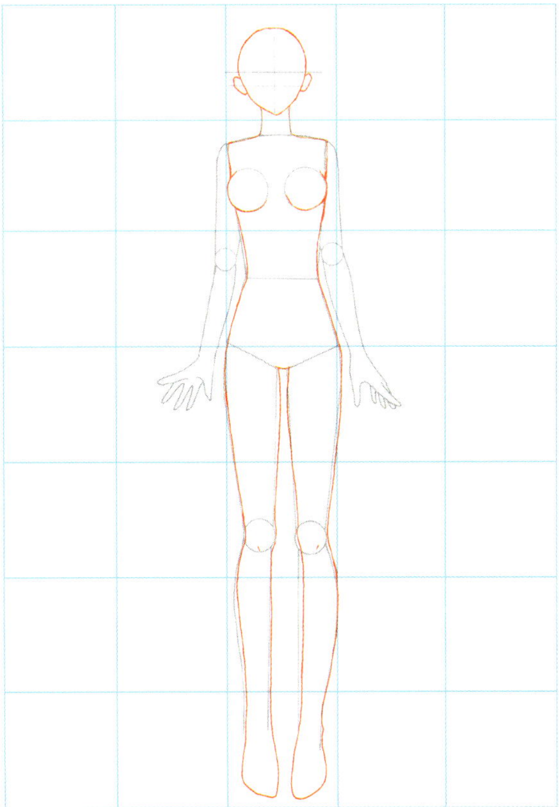

Die Formen von Rumpf, Beinen und Kopf ausarbeiten. Die Ohren hinzufügen.

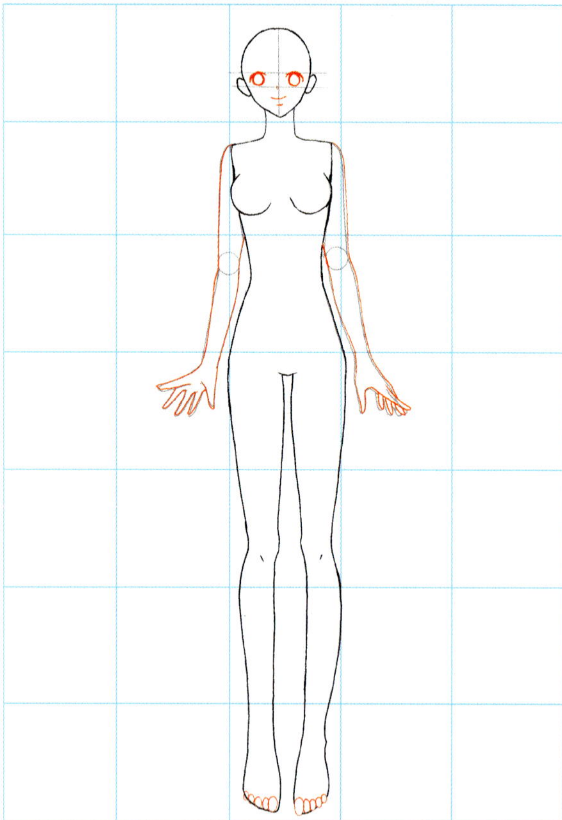

Die Arme ausarbeiten. Augen, Nase und Mund einzeichnen. Die Zehen als Kreise andeuten.

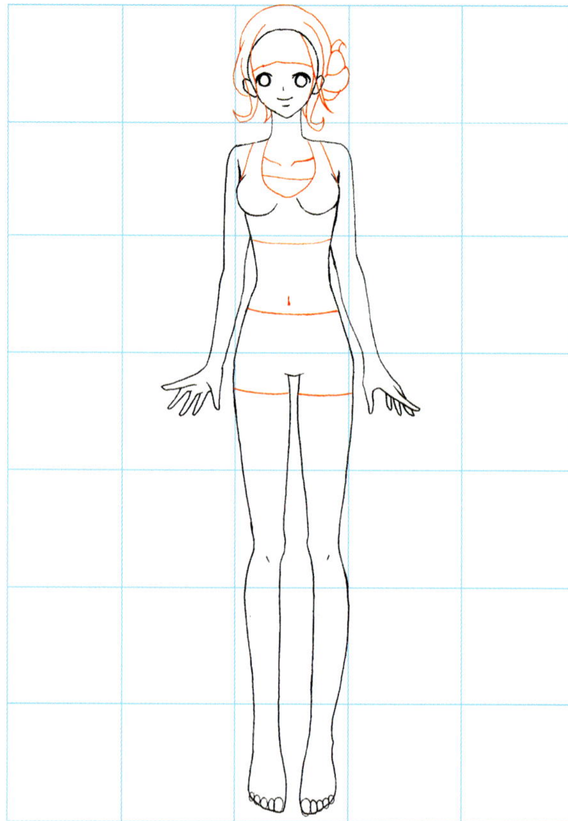

Die Frisur zeichnen, sie ist deutlich größer als der Kopf. Die Umrisse der Kleidung skizzieren und die Schlüsselbeine andeuten.

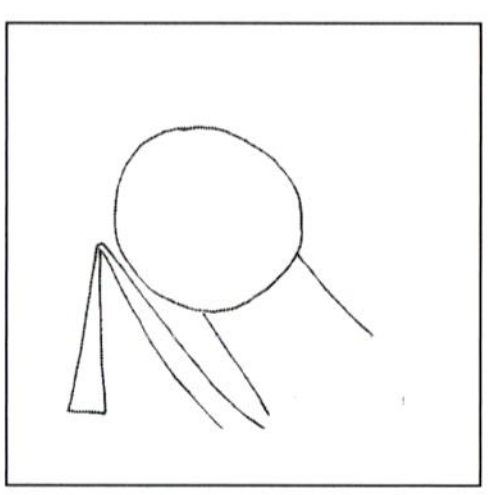

Wir zeichnen eine rechte Hand mit einem Band. Mit einem Kreis für den Handrücken beginnen und den Arm mit einfachen Strichen anfügen. Direkt neben der Hand das Band zeichnen.

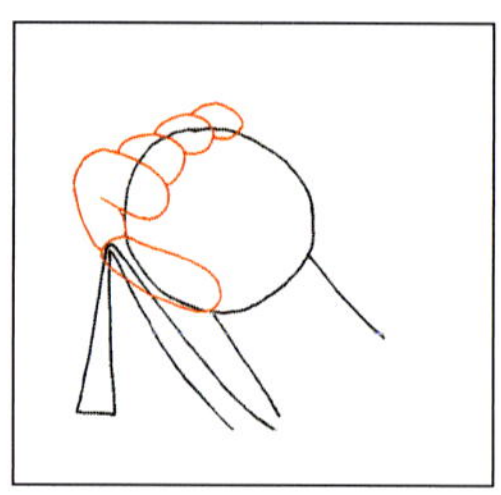

Den Daumen zeichnen. Er liegt auf dem Band und drückt es gegen die Spitze des Zeigefingers. Die anderen Finger als Ovale andeuten.

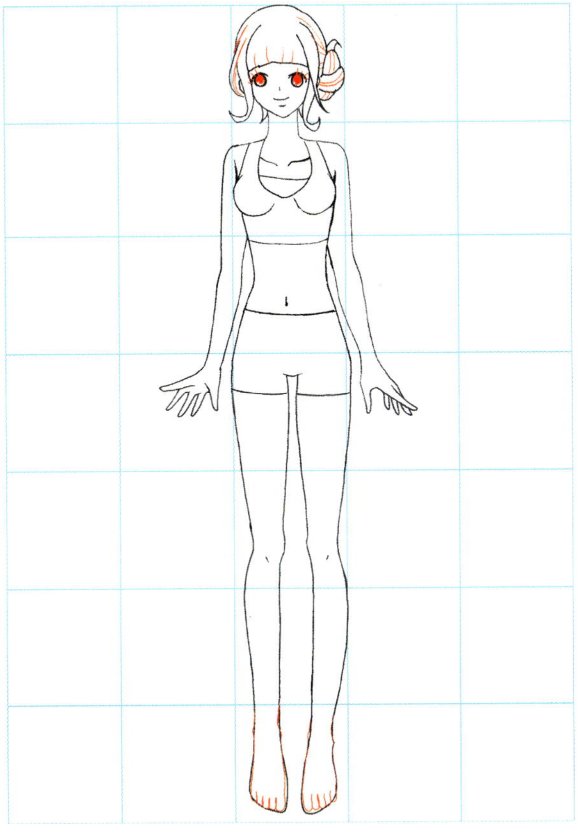

Einige Details an Augen und Haaren einzeichnen. Striche im Knoten zeigen,dass er aus aufgewickelten Haaren besteht. Die Zehen ausarbeiten.

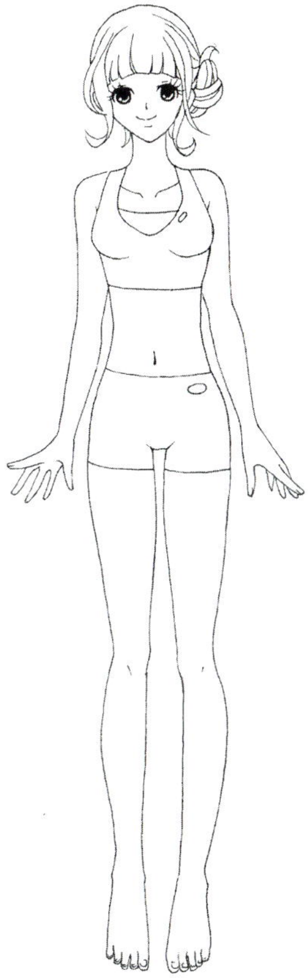

Zuletzt noch einige kleine Einzelheiten an Kleidung und Haaren hinzufügen.

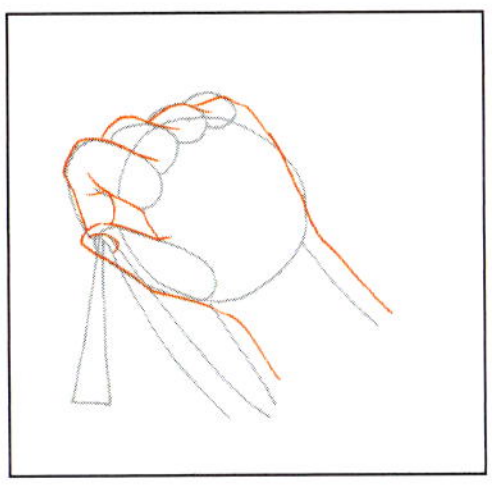

Die Linien glätten, dabei das Handgelenk etwas schmaler zeichnen. Den Daumennagel hinzufügen.

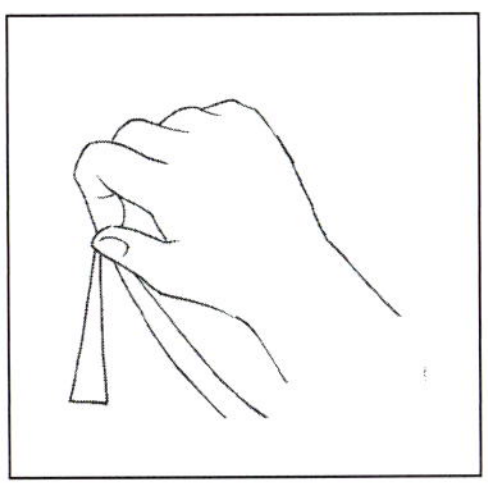

So soll die fertige Hand aussehen.

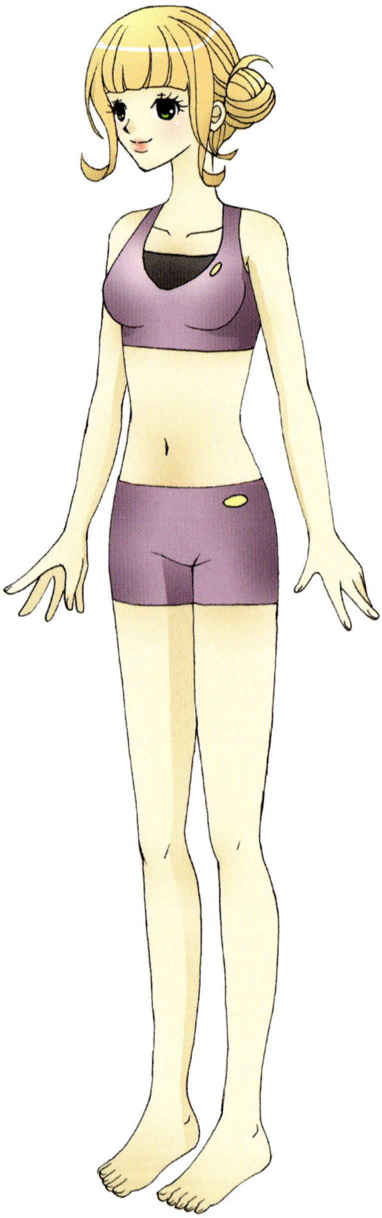

Halbprofil

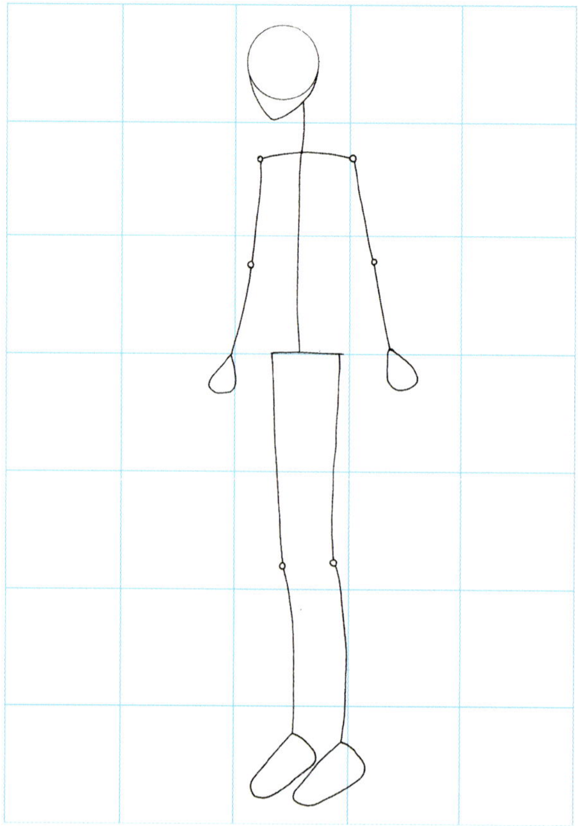

Eine Strichfigur zeichnen, die leicht gedreht ist. Die Position der Gelenke durch winzige Kreise andeuten.

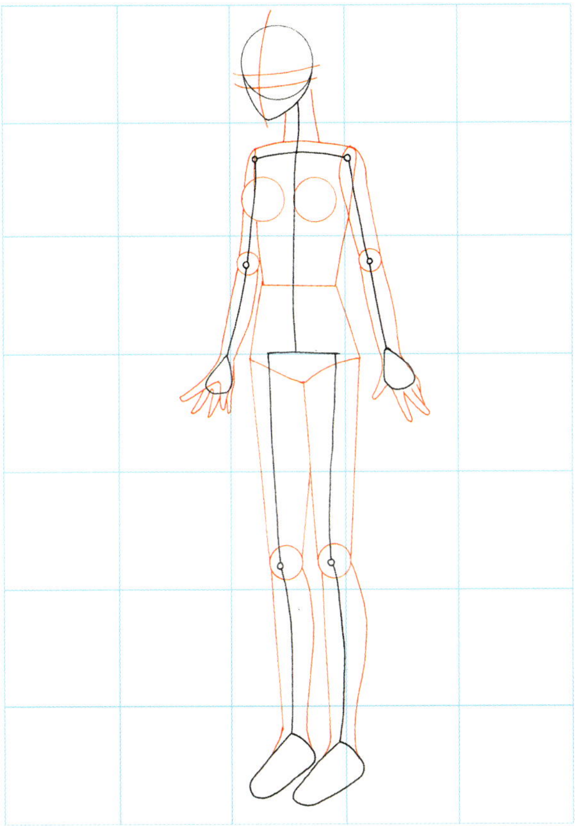

Den Umriss des Körpers grob vorzeichnen. Die geschwungenen Gesichtshilfslinien hinzufügen. Die Brüste durch zwei Kreise andeuten. Die Finger zeichnen.

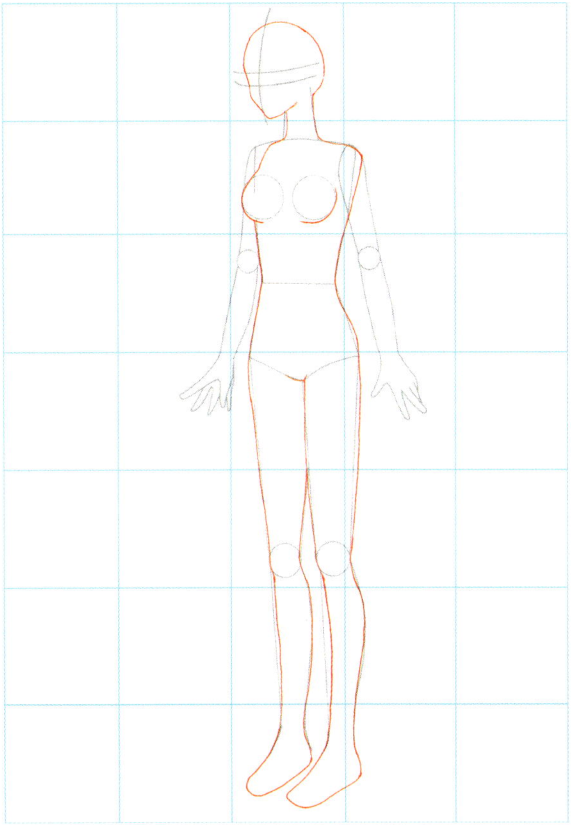

Die Formen von Rumpf, Beinen und Kopf ausarbeiten.

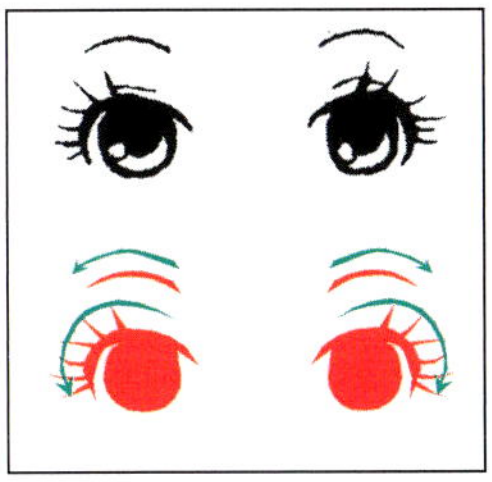

Die Augen eines jüngeren Mädchens haben eine große Iris, kurze Augenbrauen und kurze Oberlider.

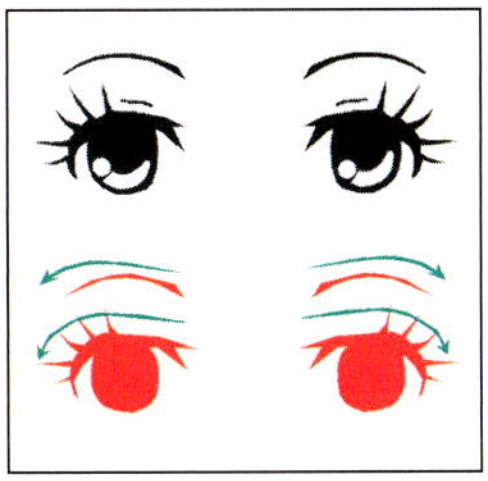

Die Augen eines weiblichen Teenagers haben eine etwas kleinere Iris, längere Augenbrauen und flachere, längere Oberlider.

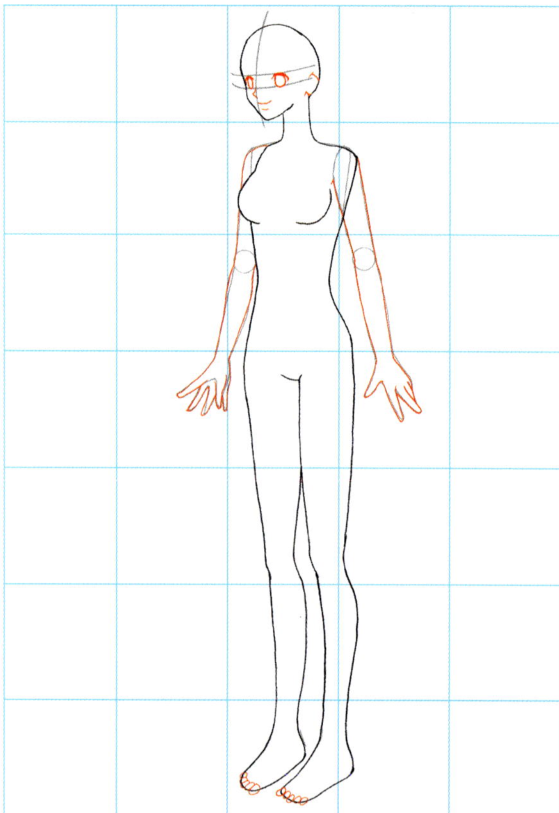

Die Arme ausarbeiten. Nase, Mund, Ohr und Augen einzeichnen. Im Halbprofil ist das dem Betrachter nähere Auge größer. Die Zehen als Kreise andeuten.

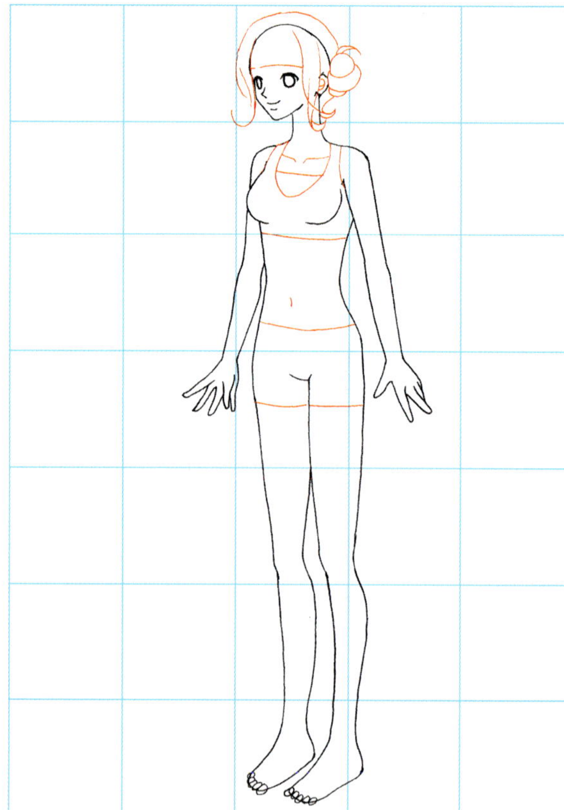

Die Frisur zeichnen, sie ist deutlich größer als der Kopf. Die Umrisse der Kleidung skizzieren und die Schlüsselbeine sowie den Nabel andeuten.

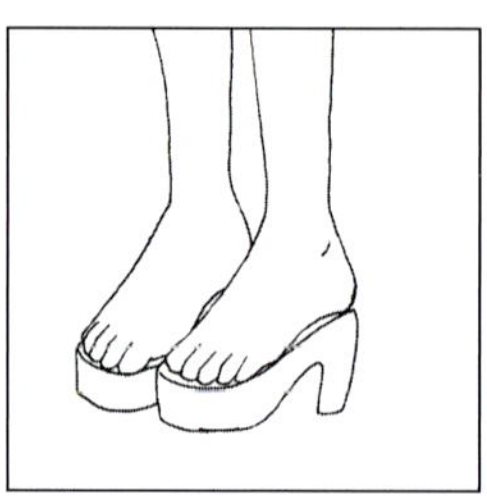

Unser Teenager trägt Sandalen mit Plateausohlen. Aus diesem Blickwinkel sind sowohl die Sohlen als auch die Absätze zu sehen.

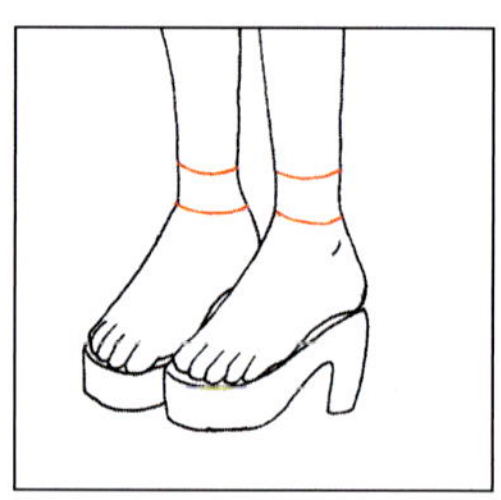

Die Knöchelriemen zeichnen.

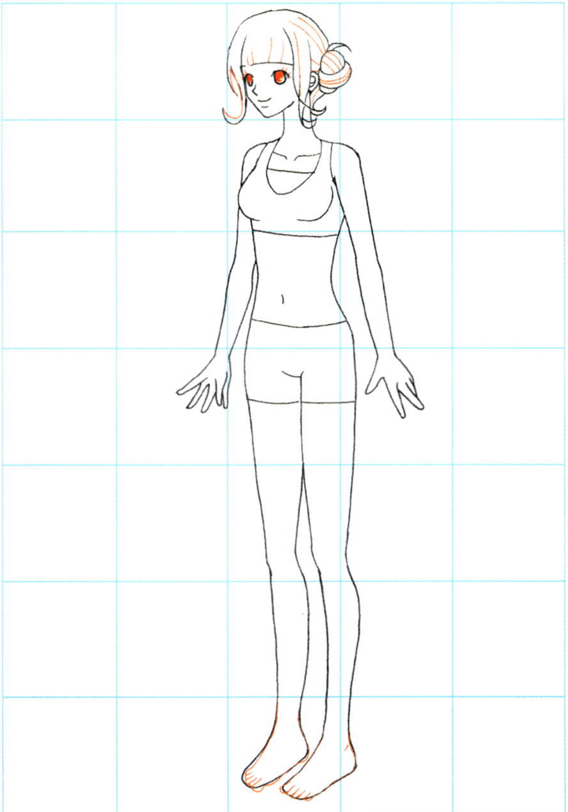

Einige Details an Augen und Haaren einzeichnen. Striche im Knoten zeigen, dass er aus aufgewickelten Haaren besteht. Die Zehen ausarbeiten.

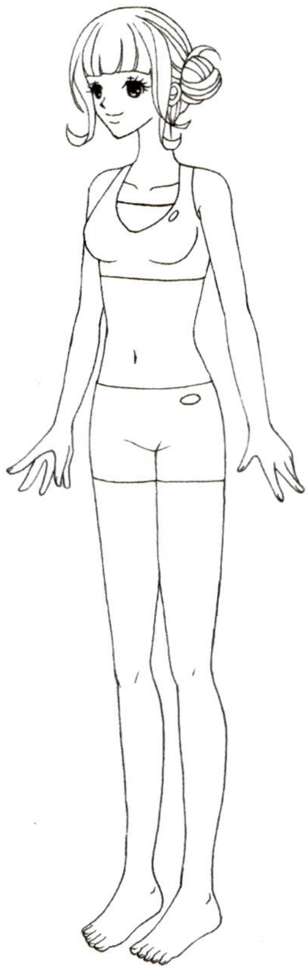

Zuletzt noch einige kleine Einzelheiten an Kleidung und Haaren hinzufügen.

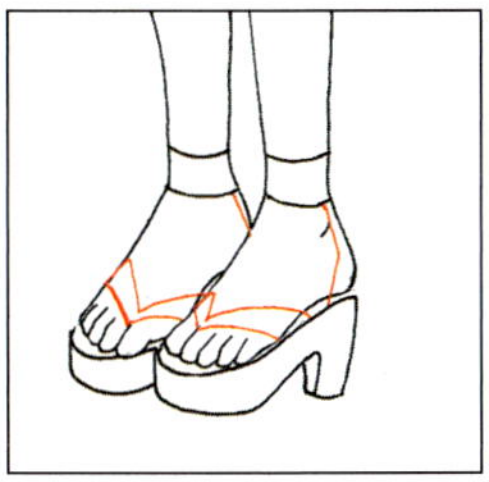

Fersenkappen und Zehenriemen hinzufügen. Aus diesem Blickwinkel sehen die äußeren Zehenriemen länger aus als die inneren.

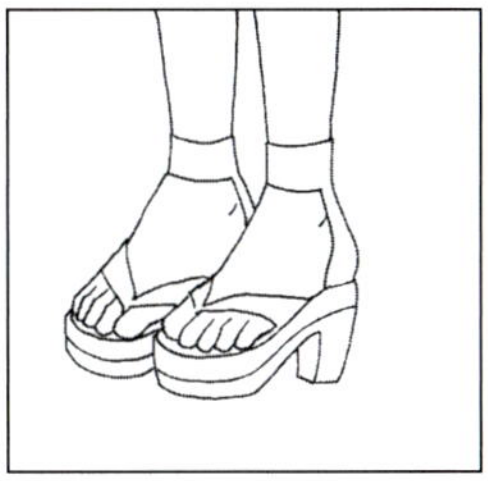

Sehen die Sandalen nicht schick aus?

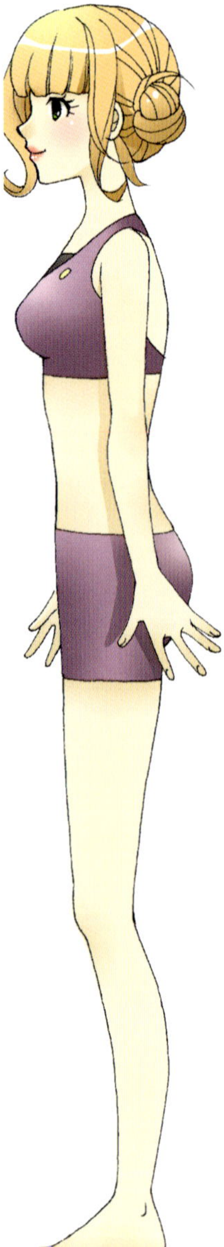

Profil

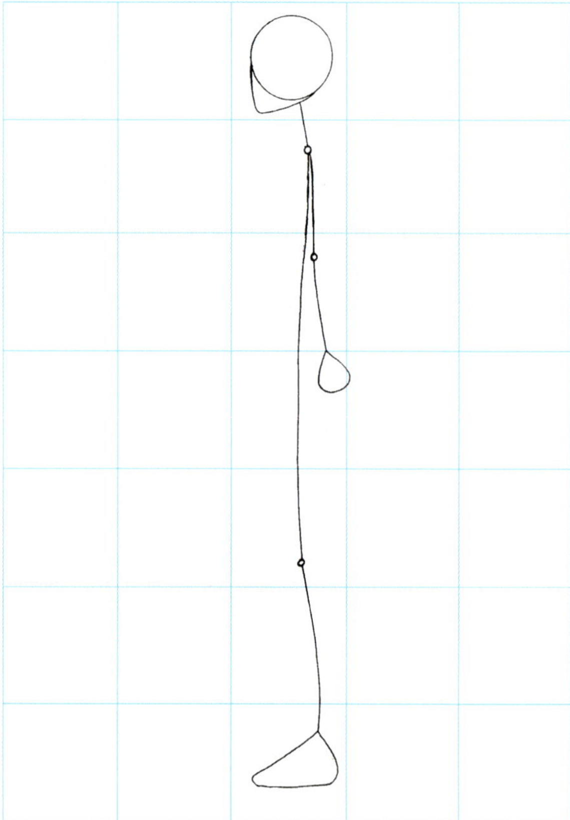

Mit einer Strichfigur im Profil beginnen. Die Position der Gelenke durch winzige Kreise andeuten.

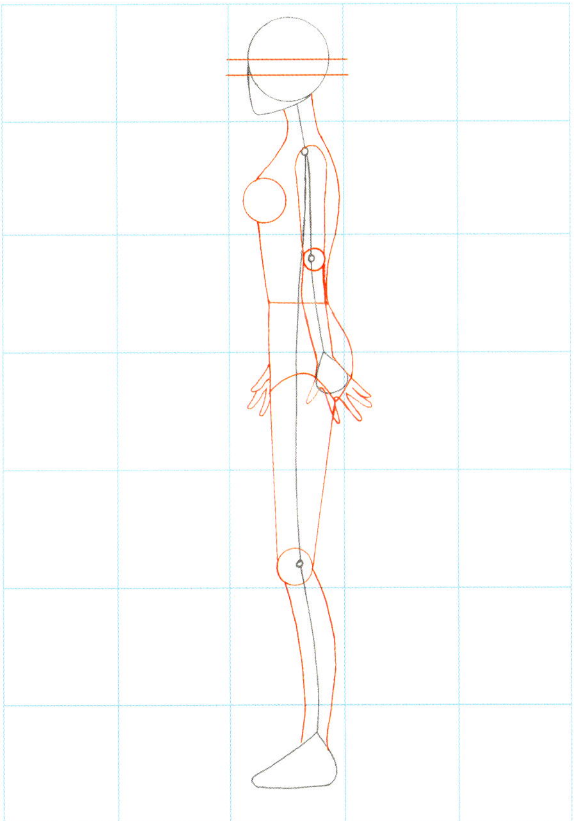

Den Umriss des Körpers grob vorzeichnen, dabei besonders auf die kurvigeren Bereiche achten. Die Gesichtshilfslinien hinzufügen und die Finger lang und schlank zeichnen.

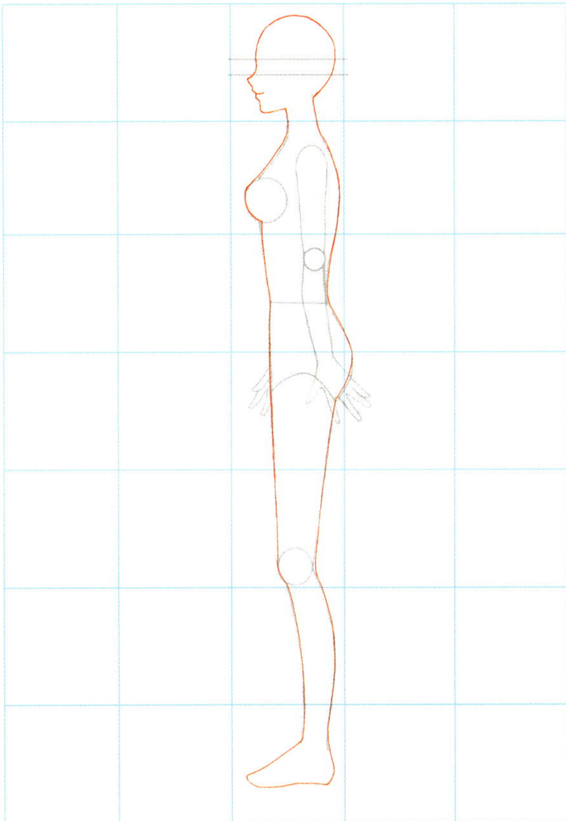

Die Formen von Rumpf, Beinen und Kopf ausarbeiten. Das Gesicht ist länglicher als bei einem jüngeren Mädchen, und auch die Nase ist etwas länger.

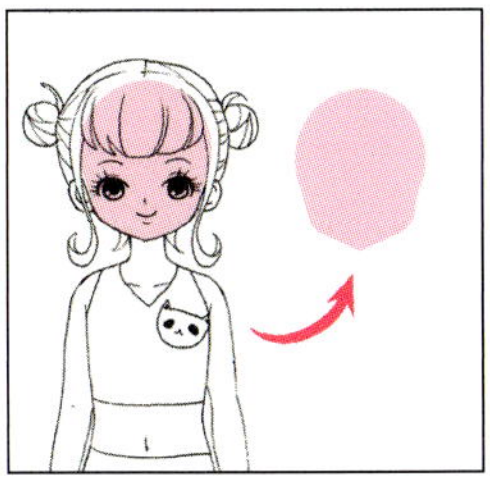

Das Gesicht eines jüngeren (Schul-)Mädchens ist runder und hat ein kleines, spitzes Kinn.

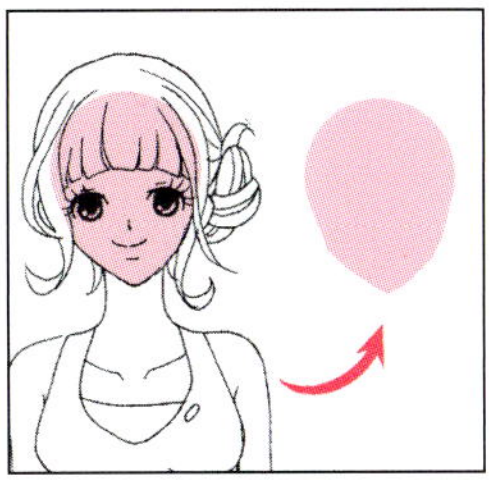

Der Teenager hat ein ovales Gesicht mit schräg abfallendem Kiefer und spitzem Kinn.

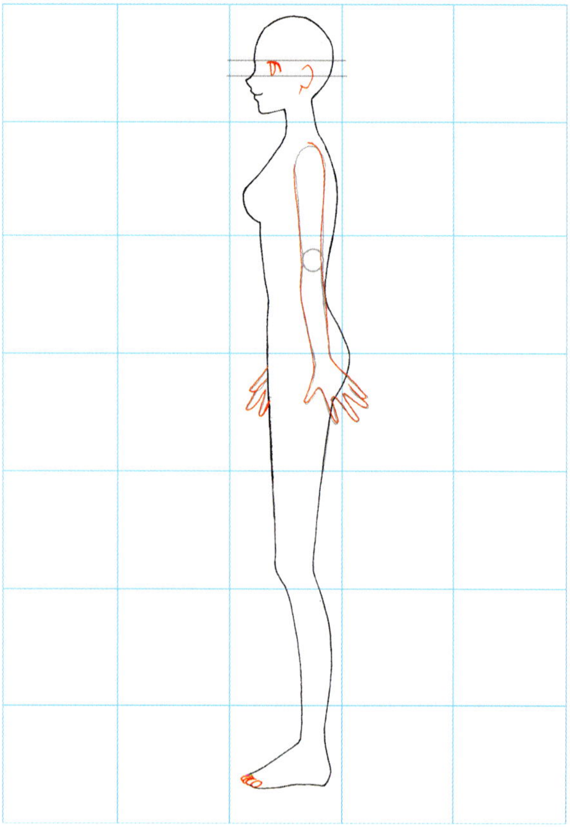

Arm, Hände und Gesicht ausarbeiten. Im Profil sieht man natürlich nur ein Auge. Das Ohr ist auch später noch durch die Haare zu erkennen. Die Zehen als Kreise andeuten.

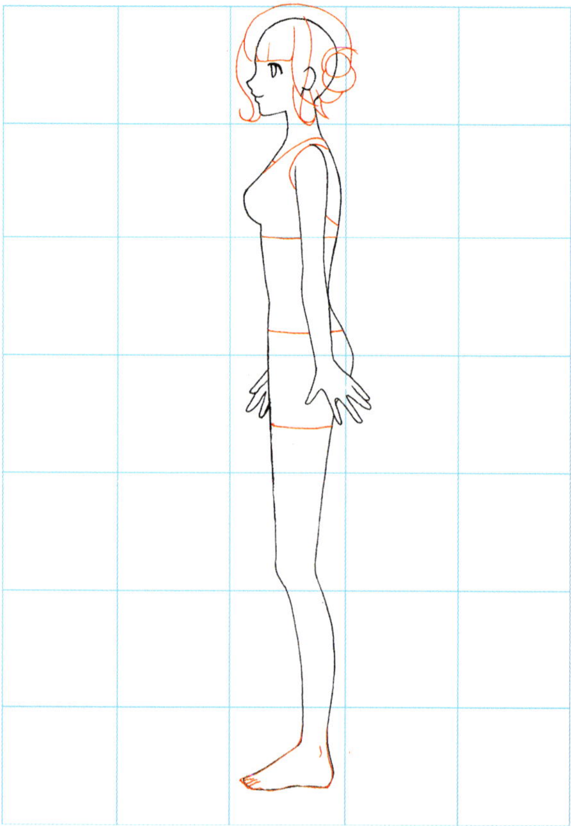

Die Frisur zeichnen, sie ist deutlich größer als der Kopf. Die Umrisse der Kleidung skizzieren und die Zehen und Knöchel ausarbeiten.

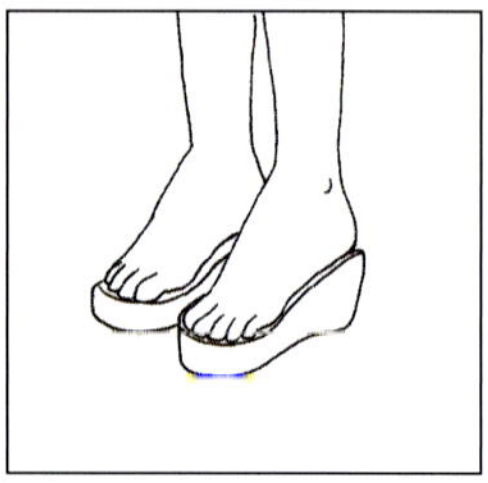

Zu einem Teenager passen hübsche Schuhe. Mit den Sohlen beginnen, die zur Ferse hin höher werden. Danach die Füße zeichnen, die leicht auf den Zehenspitzen stehen.

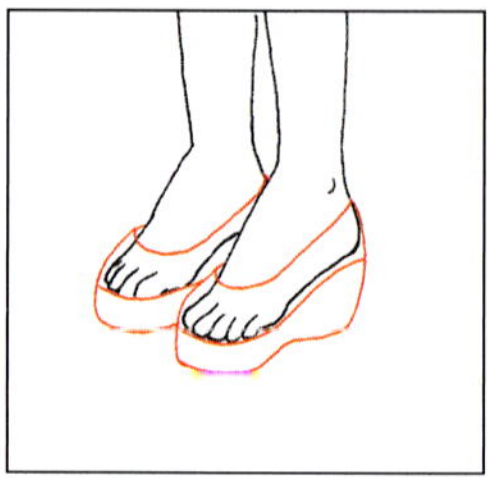

Die Umrisse der Oberschuhe zeichnen.

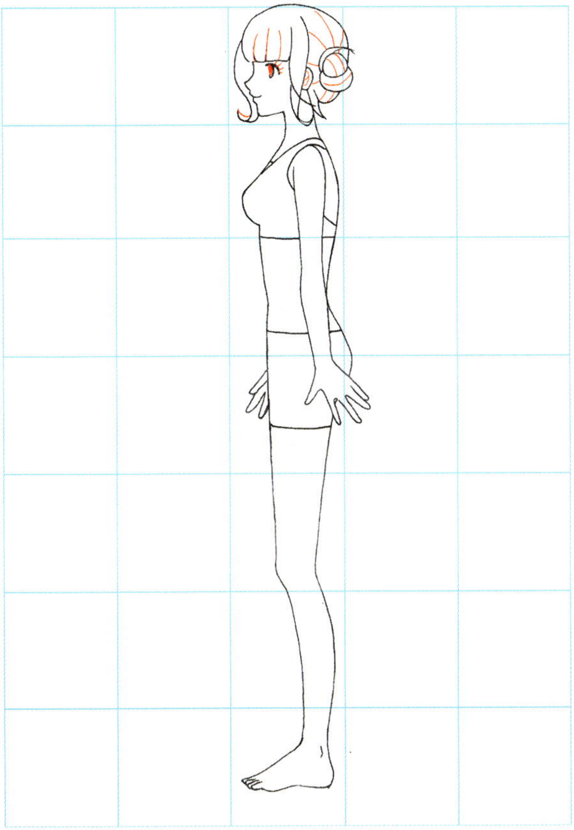

Einige Details an Auge und Haaren einzeichnen. Striche im Knoten zeigen, dass er aus aufgewickelten Haaren besteht.

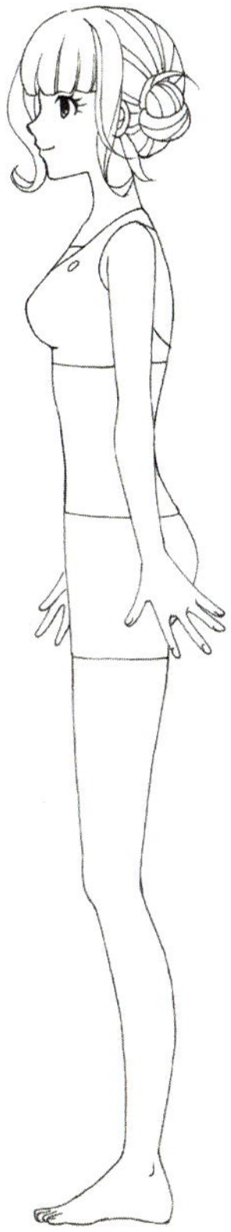

Zuletzt noch einige kleine Einzelheiten an Kleidung und Haaren ergänzen.

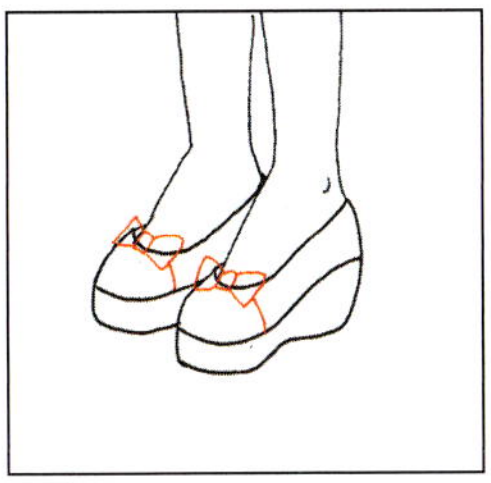

Details wie Nähte und Schleifen hinzufügen.

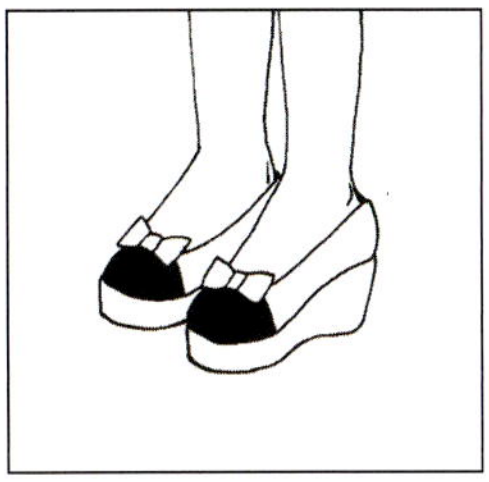

Die Spitze kann farbig ausgemalt werden.

JUNGE FRAU

Eine erwachsene Frau ist an Brust, Hüften und Oberschenkeln kurviger als ein Teenager. Die Beine sind länger, sodass sie dünner und die Knie kleiner aussehen. Der Hals ist schlanker.

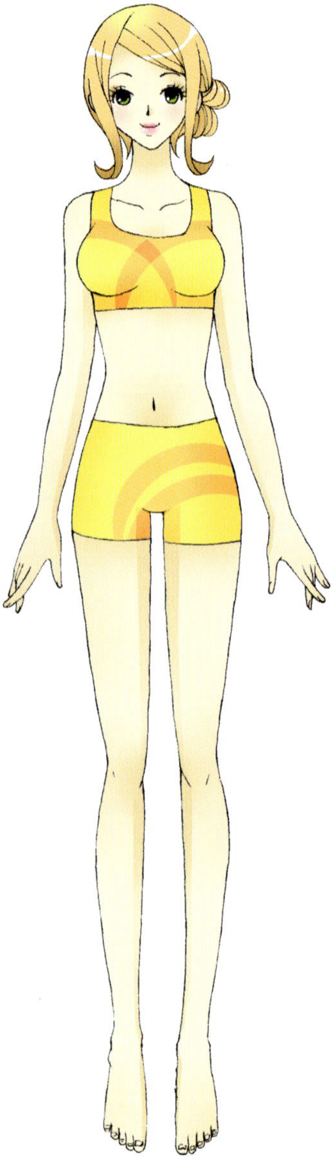

Frontalansicht

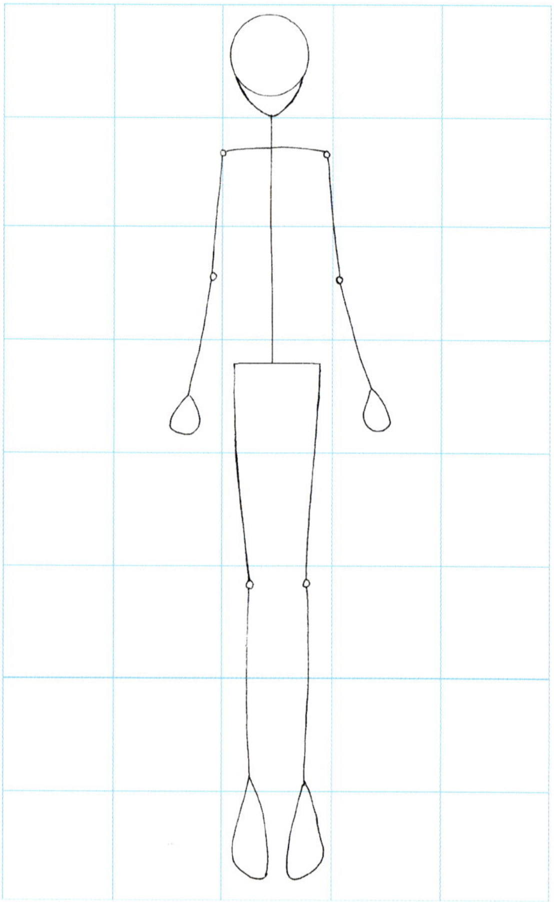

Mit einer Strichfigur beginnen, die etwas größer (7,5 Kästchen) als ein Teenager ist. Das Gesicht ist länglicher und hat ein ausgeprägteres Kinn. Die Position der Gelenke durch winzige Kreise andeuten.

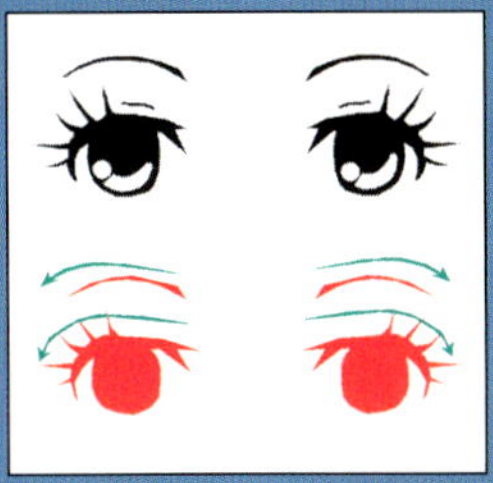

Die Augen eines Teenagers haben noch kindliche Merkmale, beispielsweise die große Iris.

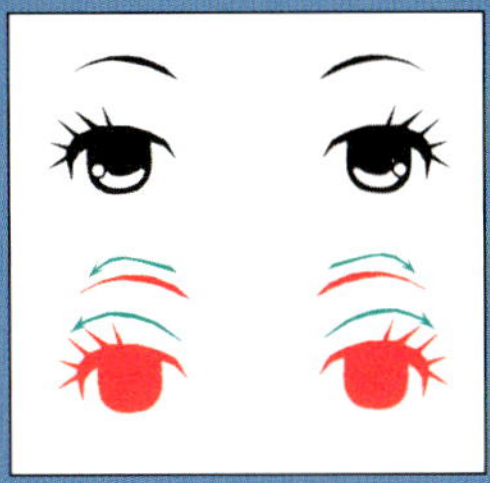

Die Augen einer erwachsenen Frau sind kleiner als die eines Teenagers, und ihr Abstand zu den Augenbrauen ist größer.

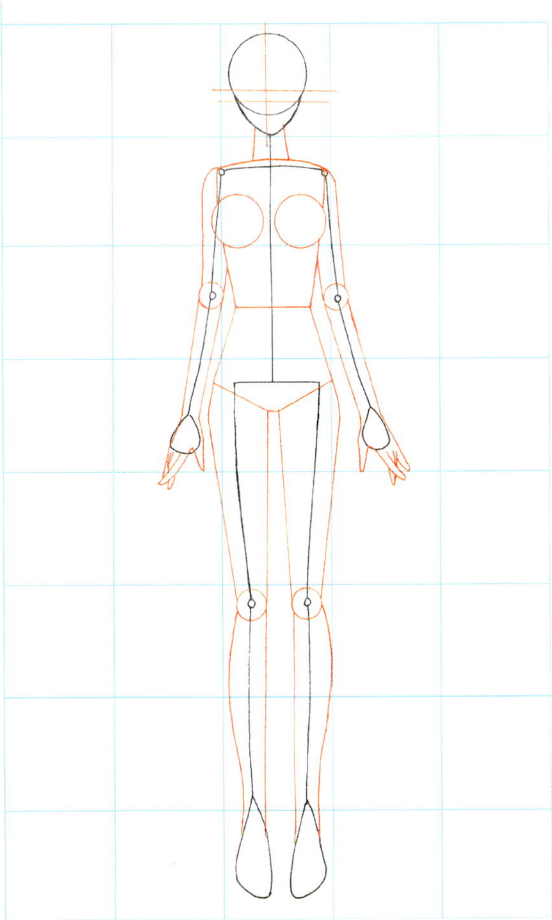

Den Umriss des Körpers grob vorzeichnen. Die Gesichtshilfslinien hinzufügen. Kreise für die Brüste einzeichnen, sie sind etwas größer als beim Teenager. Die Finger zeichnen.

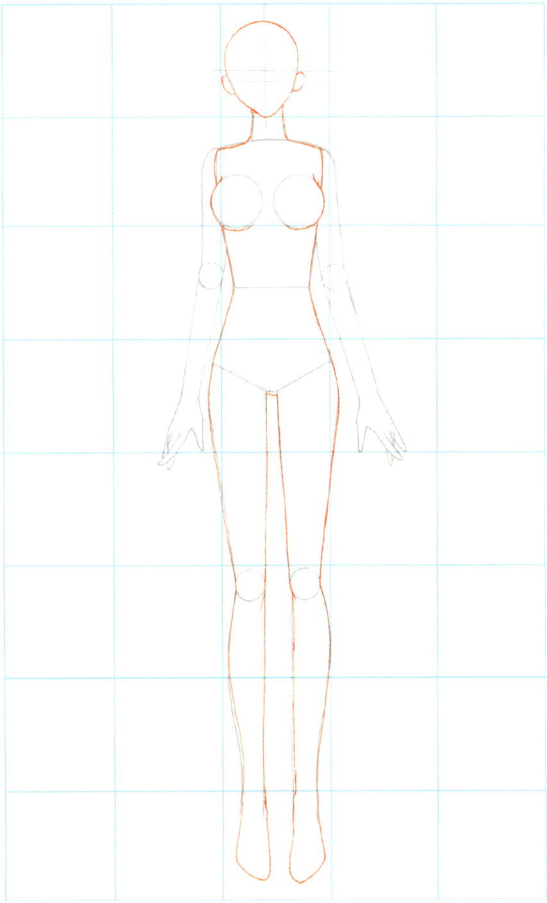

Die Formen von Rumpf, Beinen und Kopf ausarbeiten. Die Ohren hinzufügen.

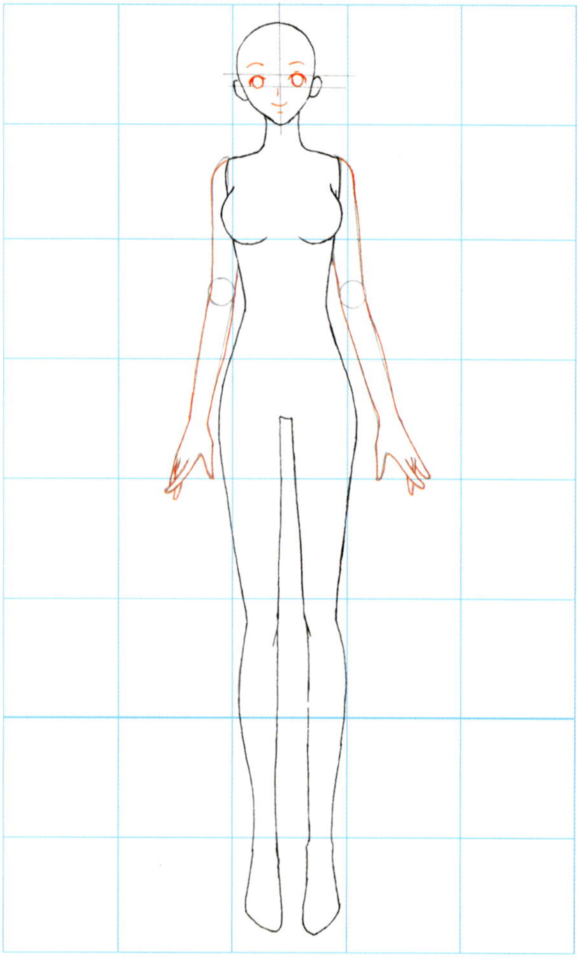

Die Arme ausarbeiten. Augen, Nase und Mund einzeichnen.

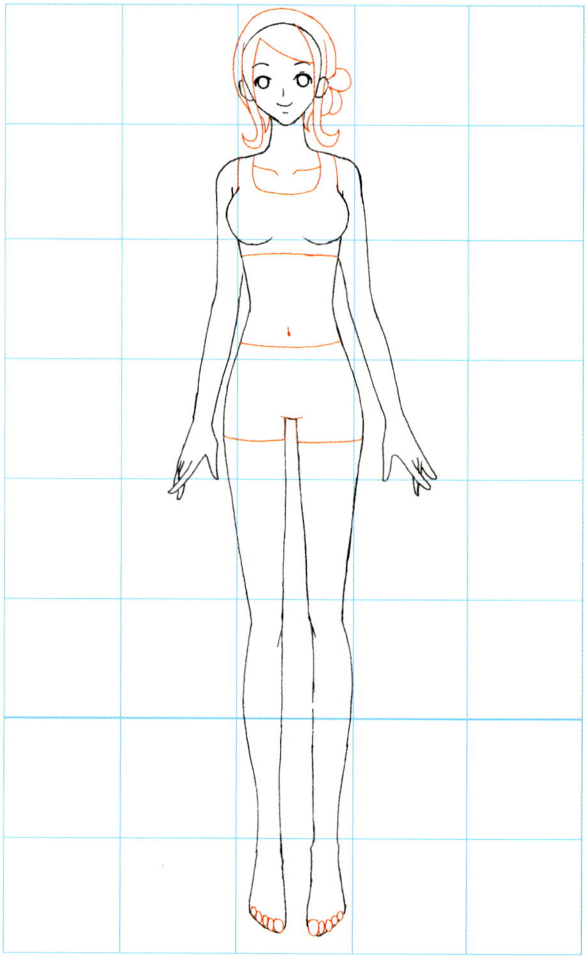

Die Frisur zeichnen, sie ist deutlich größer als der Kopf. Die Umrisse der Kleidung skizzieren. Zehen, Nabel und Schlüsselbeine andeuten.

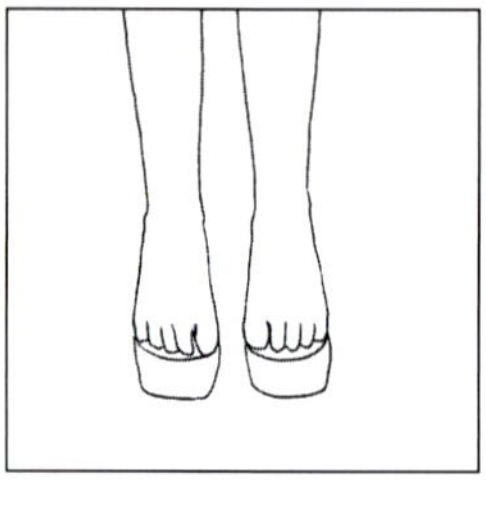

Die junge Frau trägt Sandalen. Zuerst die dicken Sohlen zeichnen, dann die Füße. So ist es leichter, den Winkel der Füße richtig zu treffen.

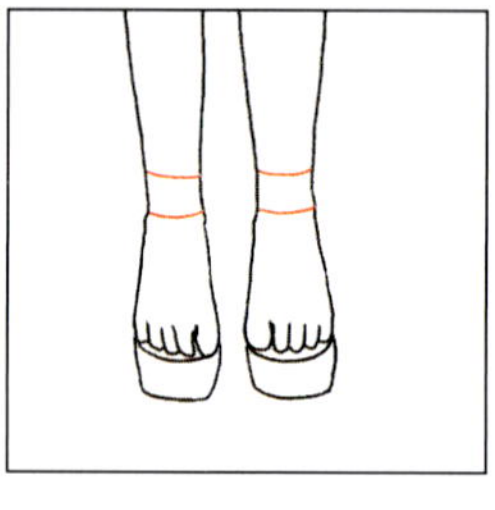

Die Knöchelriemen hinzufügen.

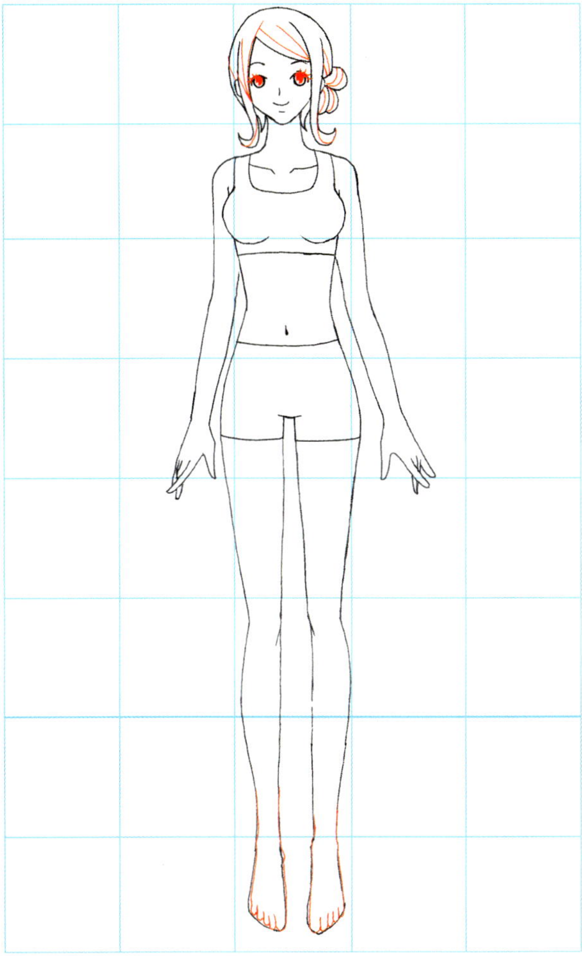

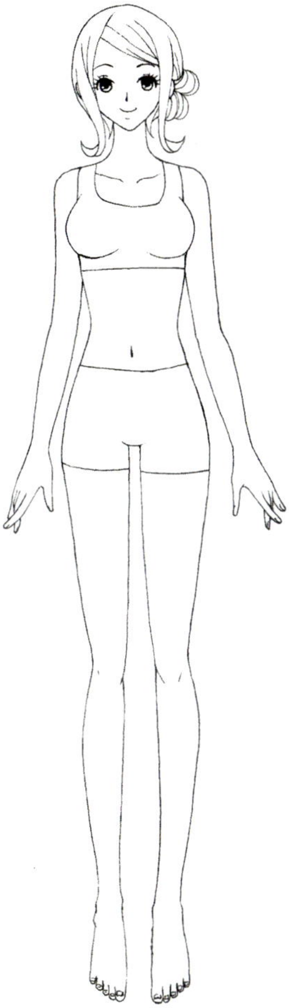

Die Füße ausarbeiten. Einige Details an Augen und Haaren einfügen. Striche im Knoten zeigen, dass er aus aufgewickelten Haaren besteht.

Zuletzt noch einige Einzelheiten an Haaren, Fingern und Zehen ergänzen.

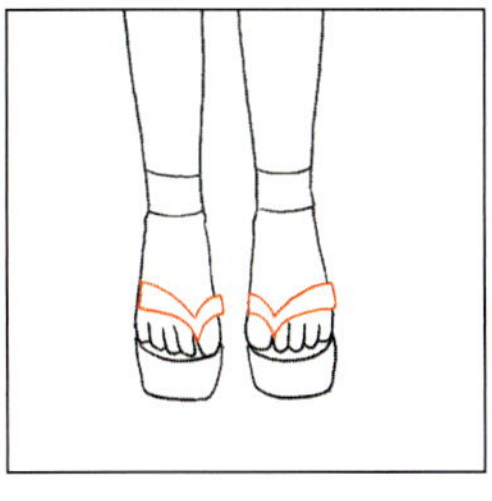

Die vorderen Riemen einzeichnen. Sie laufen im Großzehenzwischenraum zusammen.

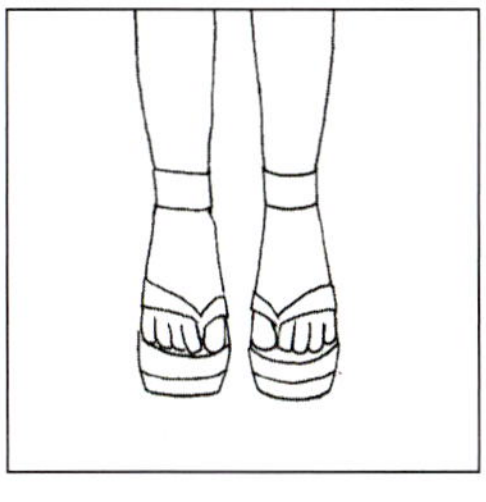

Zuletzt noch ein Detail der Sohlen hinzufügen.

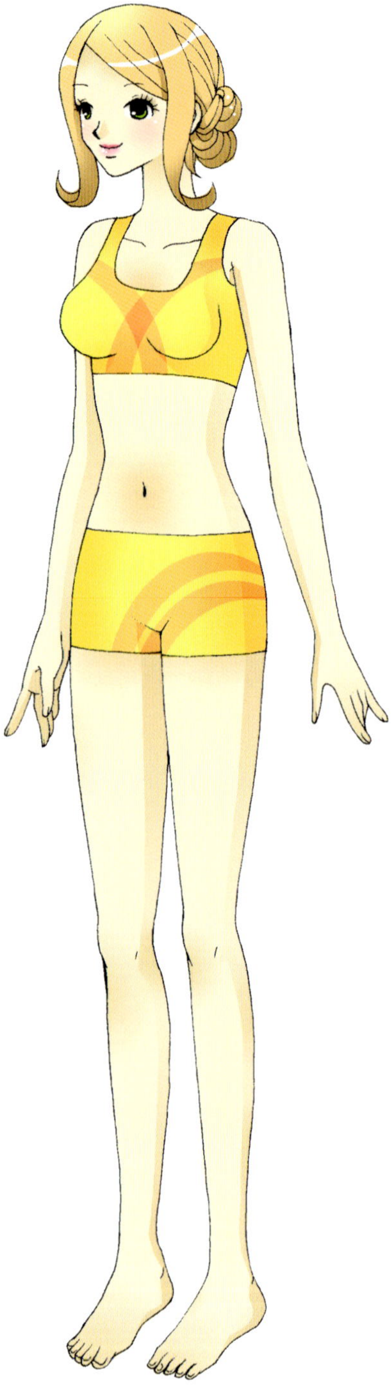

Halbprofil

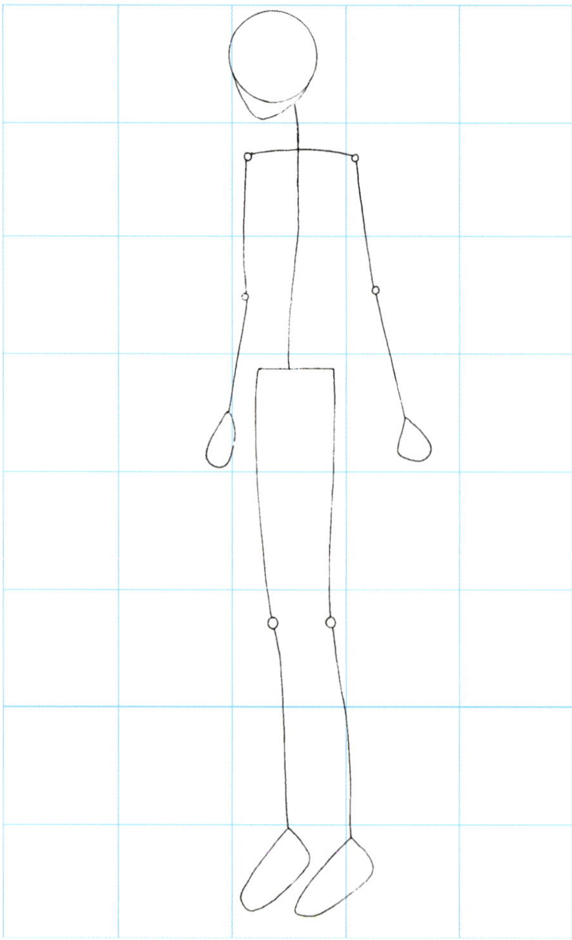

Eine Strichfigur zeichnen, die leicht gedreht ist. Die Position der Gelenke durch winzige Kreise andeuten.

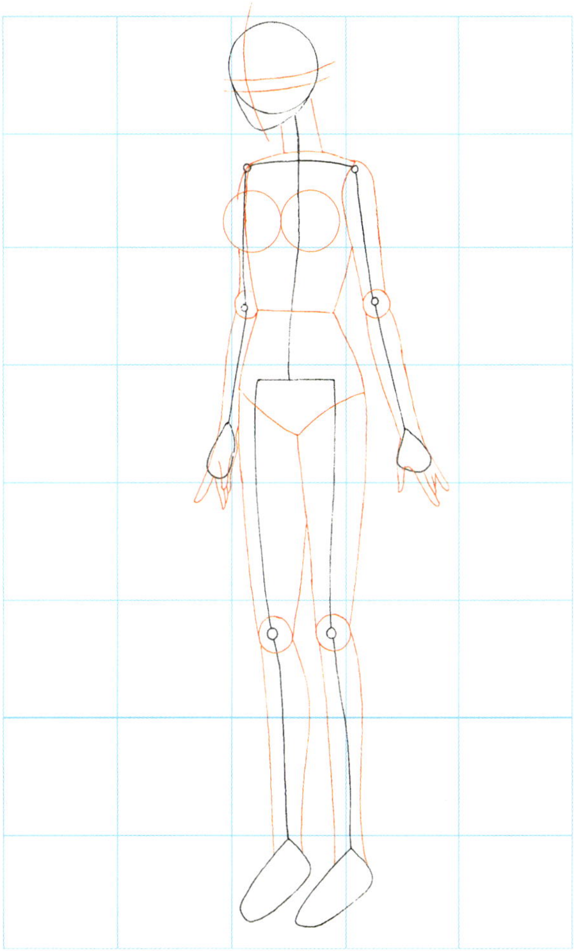

Den Umriss des Körpers grob vorzeichnen. Die Gesichtshilfslinien hinzufügen. Die Hüften sind breiter, die Taille schmaler als beim Teenager. Die Brüste durch Kreise andeuten. Die Finger zeichnen.

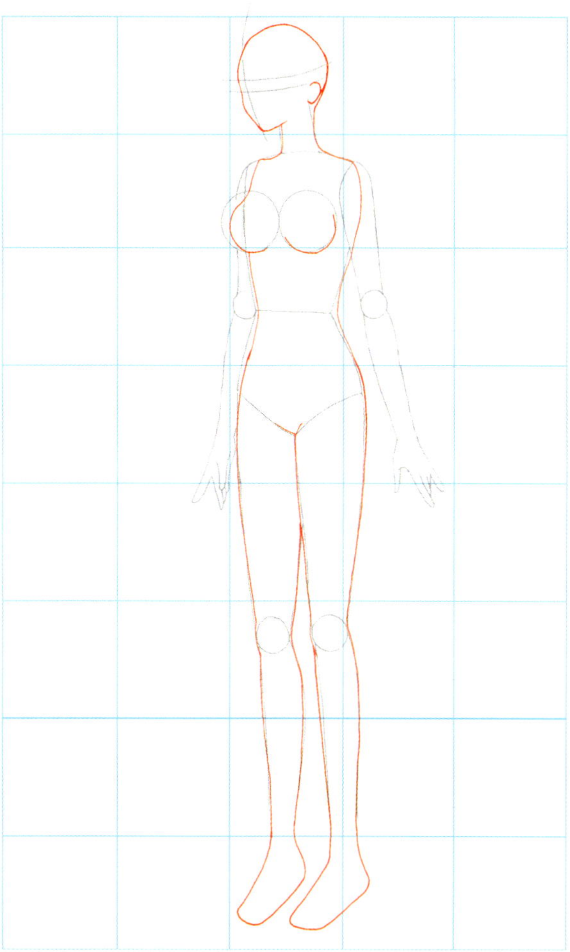

Die Formen von Rumpf, Beinen und Kopf ausarbeiten. Das Ohr hinzufügen.

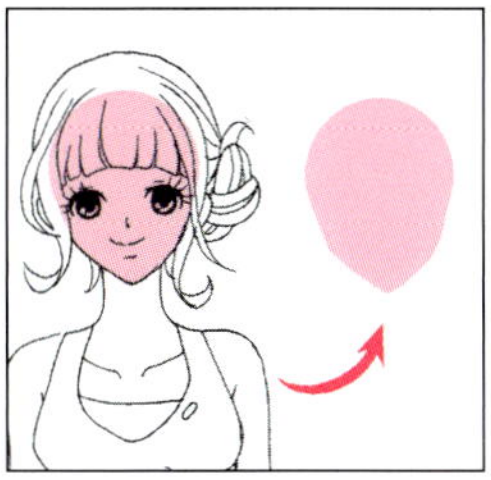

Ein Teenager hat schon ein spitzes Kinn, aber das Gesicht ist kürzer als bei einer erwachsenen Frau.

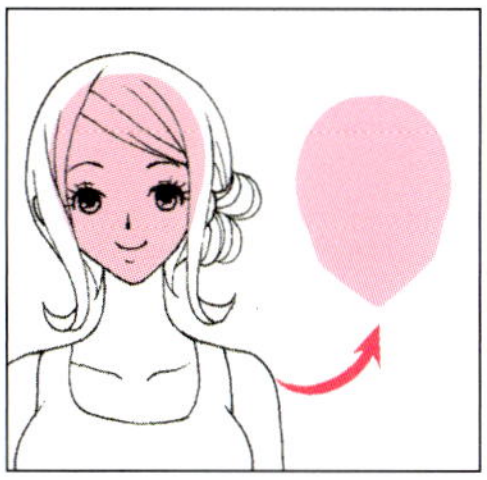

Das Gesicht einer erwachsenen Frau ist länger als das eines Teenagers.

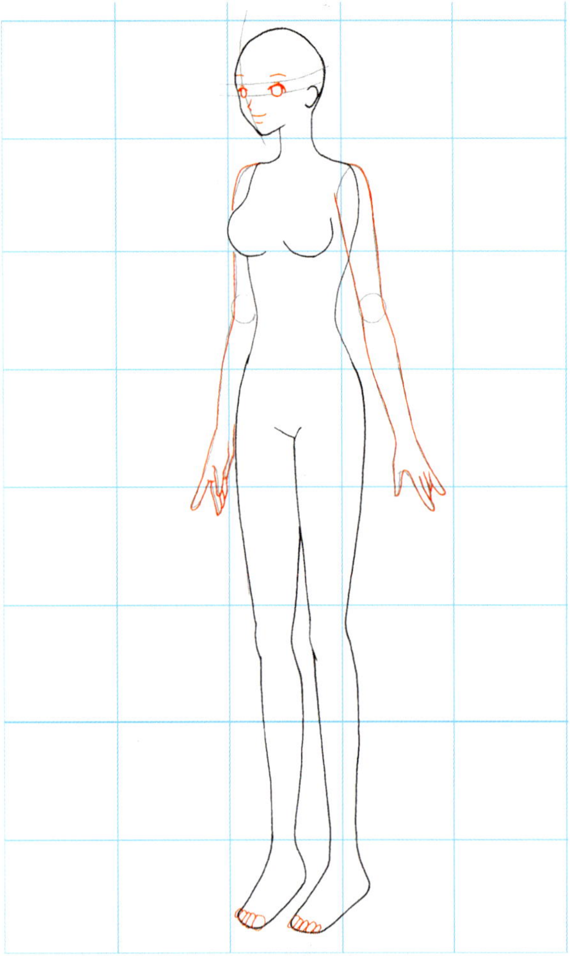

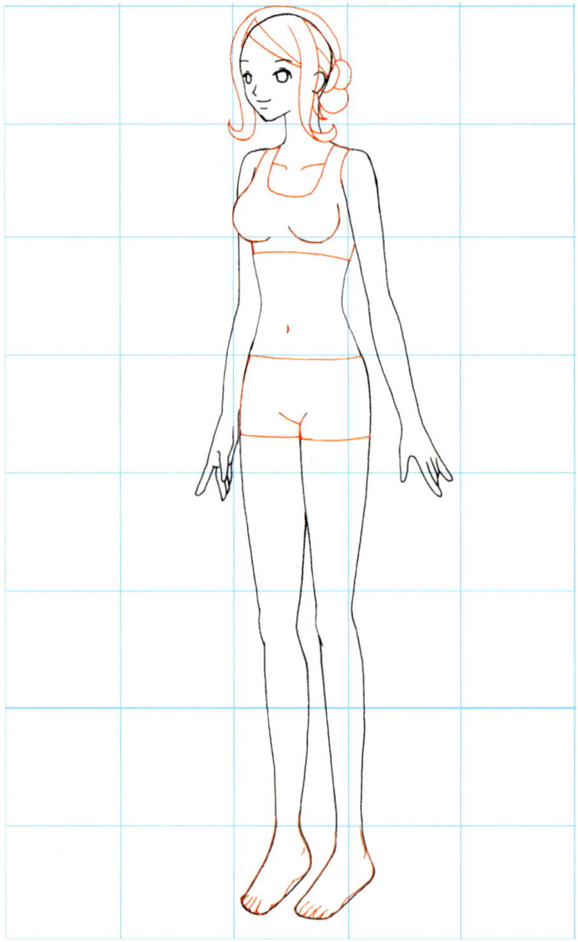

Die Arme und Hände ausarbeiten. Augen, Nase und Mund einzeichnen. Im Halbprofil ist das dem Betrachter nähere Auge größer. Die Zehen als Kreise skizzieren.

Die Frisur zeichnen, sie ist etwas größer als der Kopf. Die Umrisse der Kleidung skizzieren. Die Füße ausarbeiten. Schlüsselbeine und Nabel andeuten.

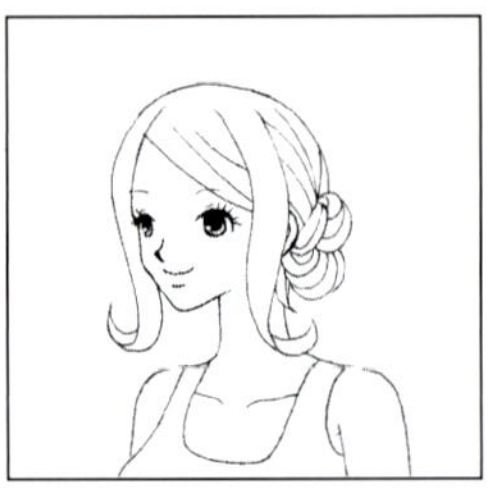

Die junge Frau soll ein hübsches Hütchen bekommen.

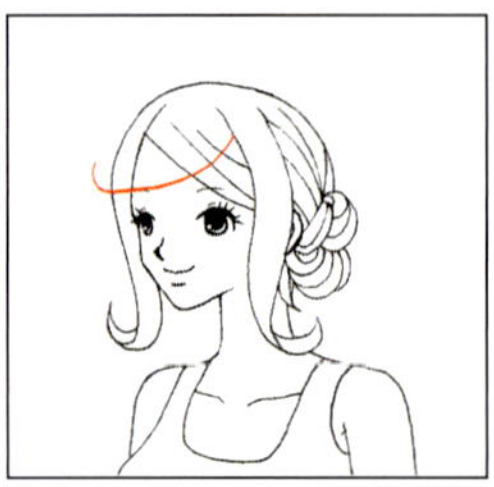

Zuerst den Umriss des schmalen Schirms knapp über den Augenbrauen zeichnen.

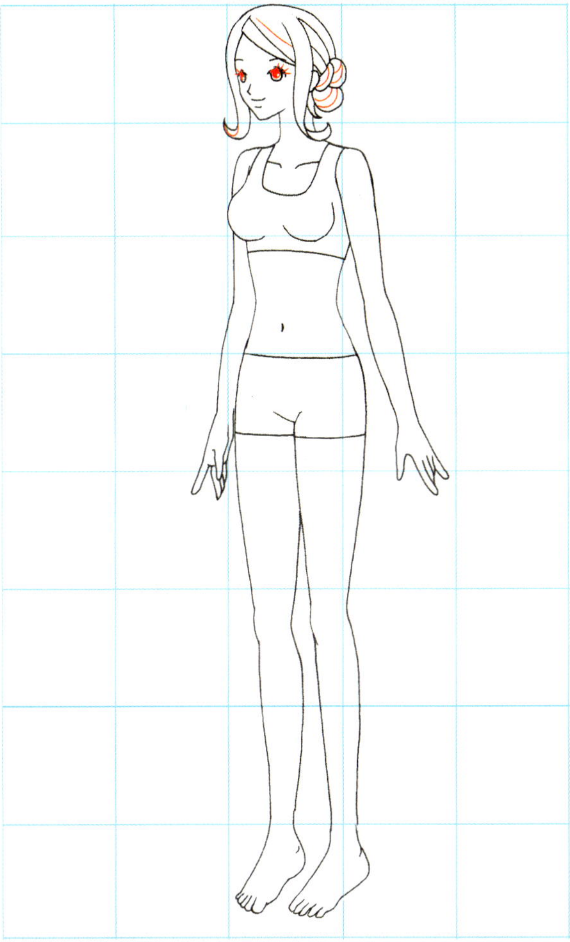

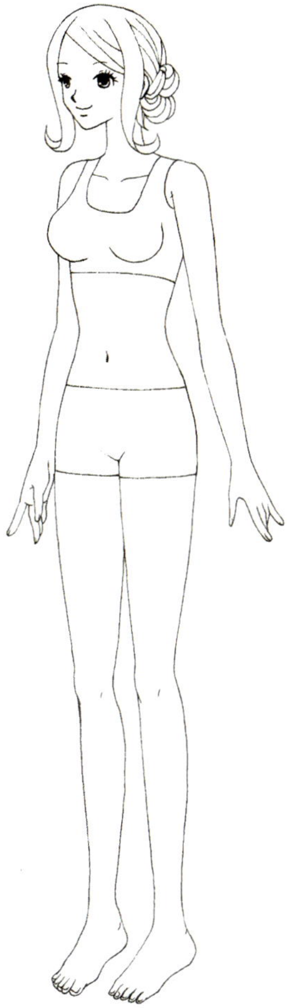

Einige Details an Augen und Haaren einfügen. Striche im Knoten zeigen, dass er aus aufgewickelten Haaren besteht.

Zuletzt noch einige Einzelheiten in den Haaren ergänzen.

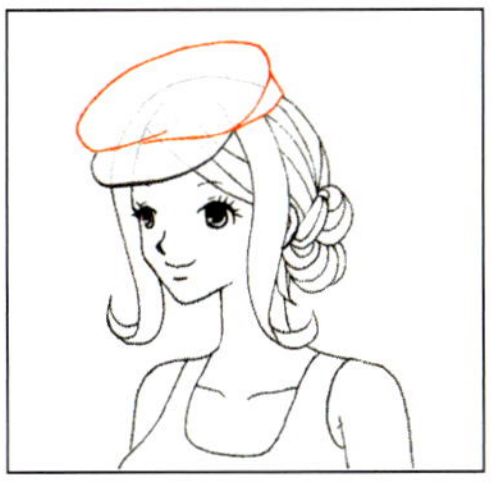

Das Hütchen sitzt auf den Haaren, ist also höher als der Kopf. Sein unterer Rand liegt an den Haaren an. Die Haare unter dem Hütchen ausradieren.

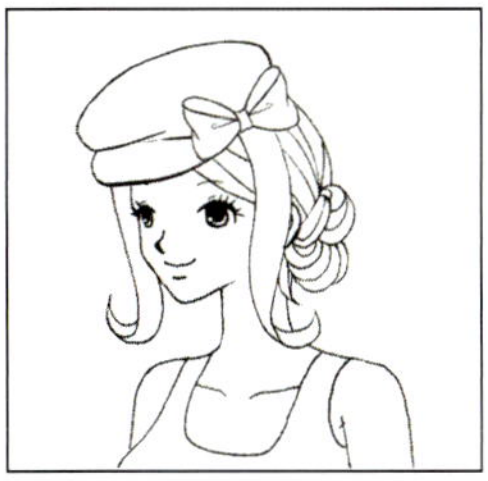

Eine Schleife gibt dem Hütchen den letzten Schliff.

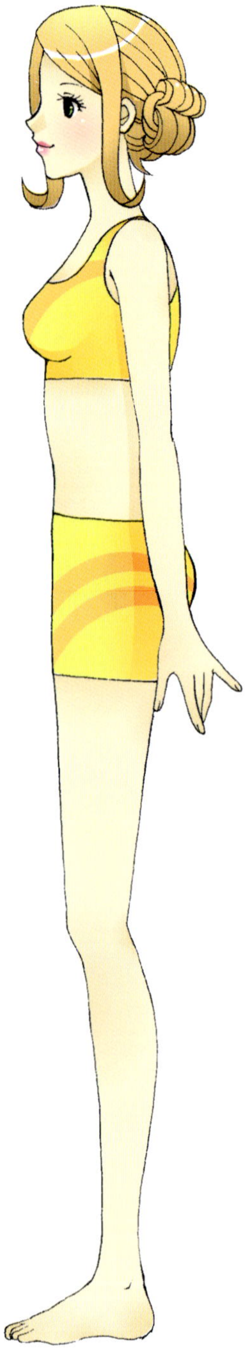

Profil

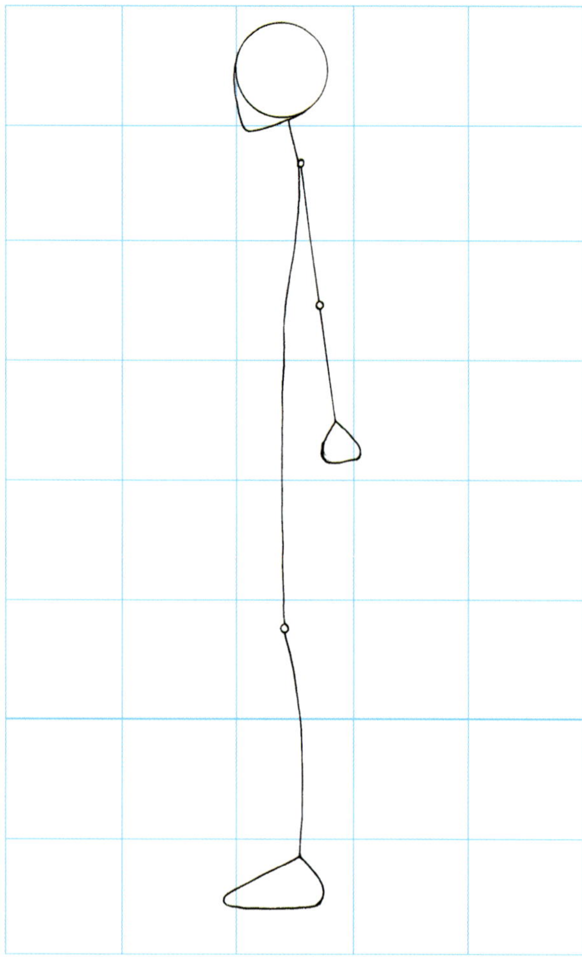

Mit einer Strichfigur im Profil beginnen. Die Position der Gelenke durch winzige Kreise andeuten.

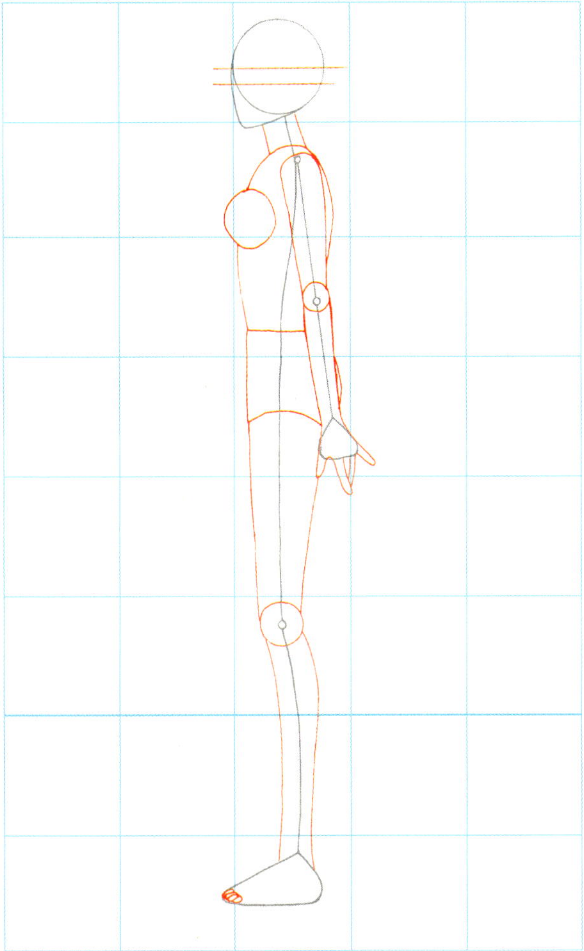

Den Umriss des Körpers grob vorzeichnen, die Brust als Kreis. Die Gesichtshilfslinien hinzufügen. Finger und Zehen zeichnen.

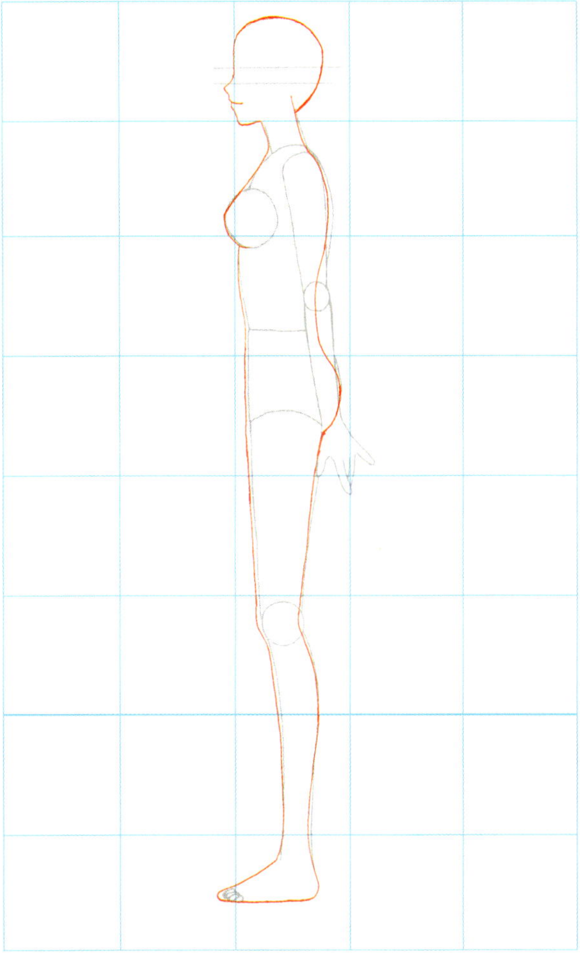

Die Formen von Rumpf, Beinen und Kopf ausarbeiten. Das Gesicht ist länger als das eines Teenagers, ebenso die Nase.

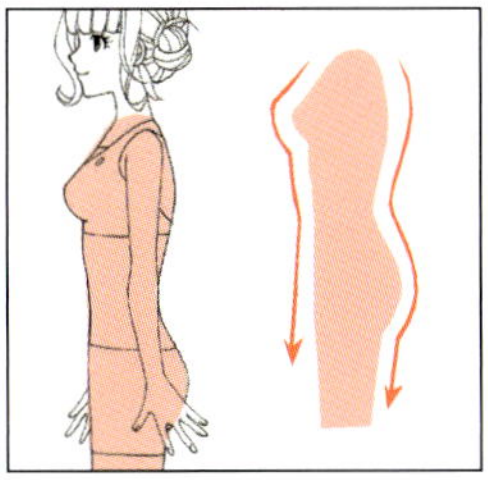

Von der Seite ist der Körper eines Teenagers nicht so kurvig wie der einer erwachsenen Frau, und der Rumpf ist kürzer.

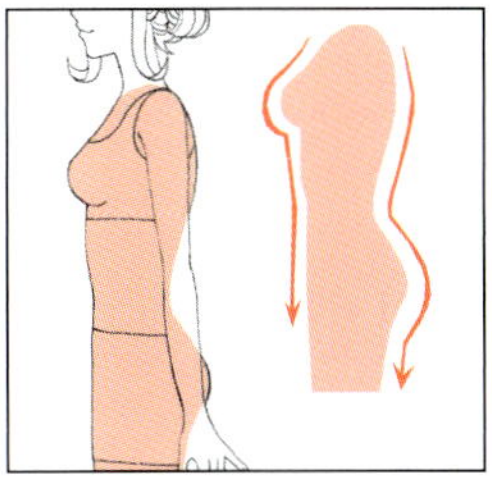

Von der Seite ist der Körper einer erwachsenen Frau kurviger als der eines Teenagers, und der Rumpf ist länger.

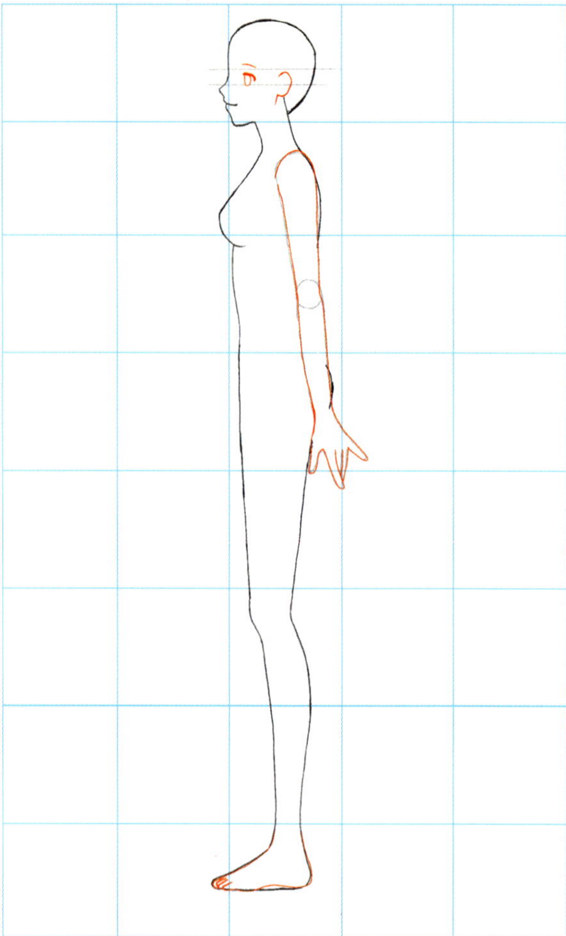

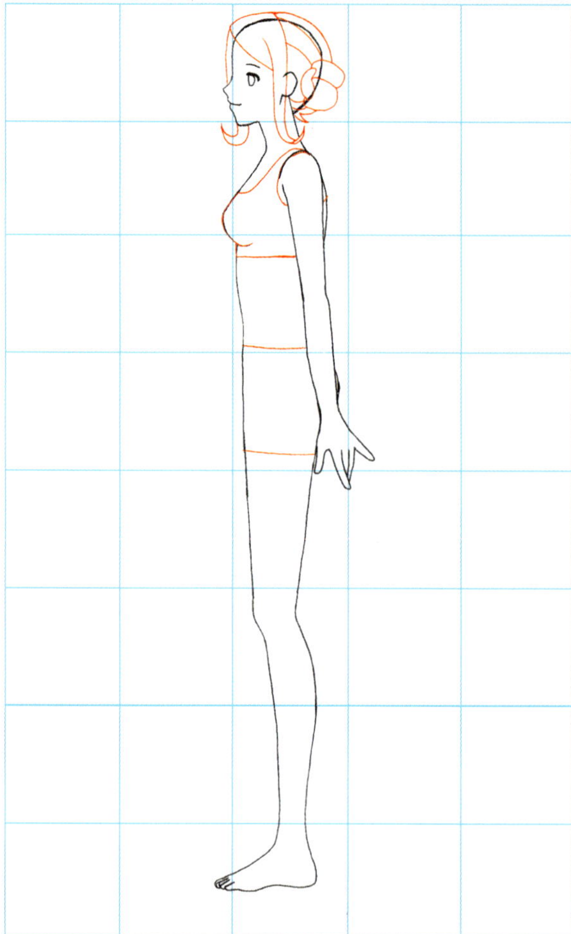

Arm und Gesicht ausarbeiten. Im Profil sieht man natürlich nur ein Auge. Das Ohr ist auch später unter dem Haar noch zu erkennen. Die Füße ausarbeiten.

Die Frisur zeichnen, sie ist etwas größer als der Kopf. Die Umrisse der Kleidung skizzieren.

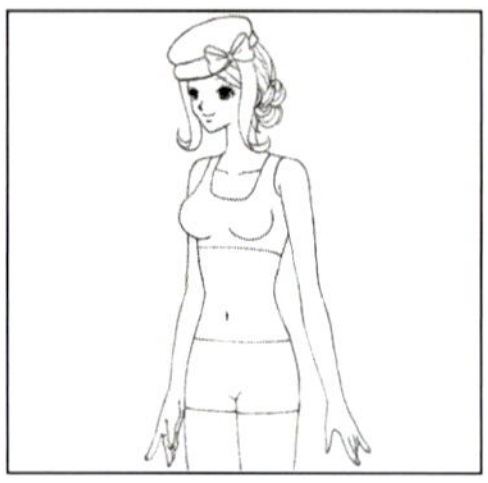

Jetzt wird die junge Frau fein angezogen. Das Hütchen hat sie schon.

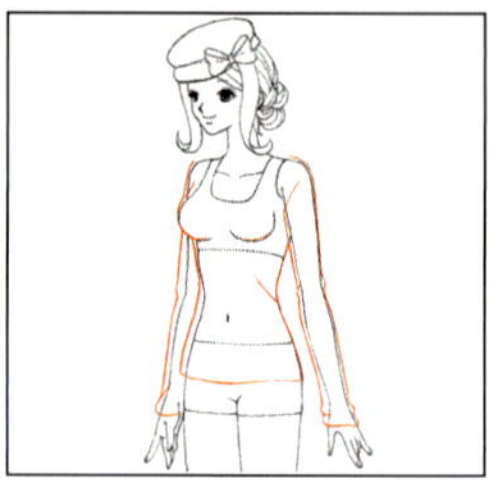

Einen dünnen Pullover mit langen Ärmeln zeichnen, der sich locker an den Körper schmiegt.

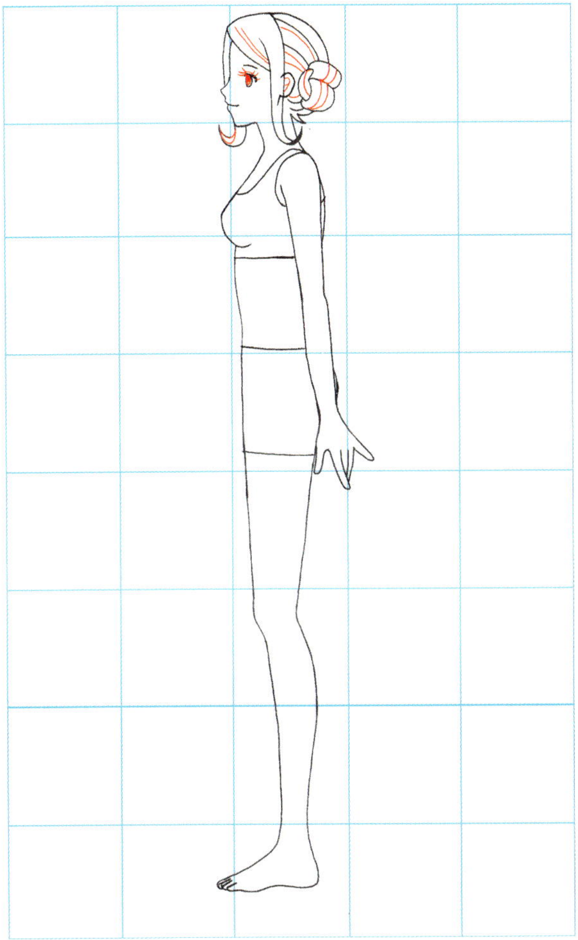

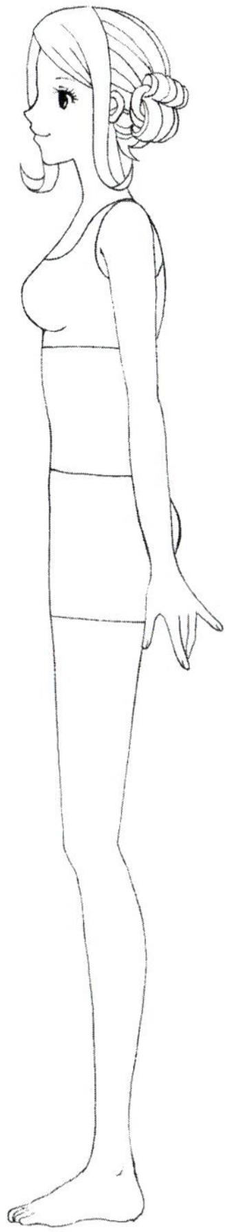

Einige Details an Auge und Haaren einzeichnen. Striche im Knoten zeigen, dass er aus aufgewickelten Haaren besteht.

Die Rundungen feiner ausarbeiten. Zuletzt Details am Knöchel und eventuell Fingernägel ergänzen.

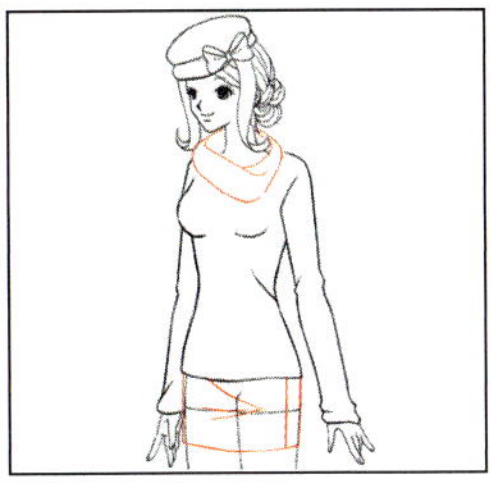

Einen weiten Rollkragen oder Schalkragen und einen kurzen, geraden Rock hinzufügen. Striche des Körpers, die unter der Kleidung liegen, ausradieren.

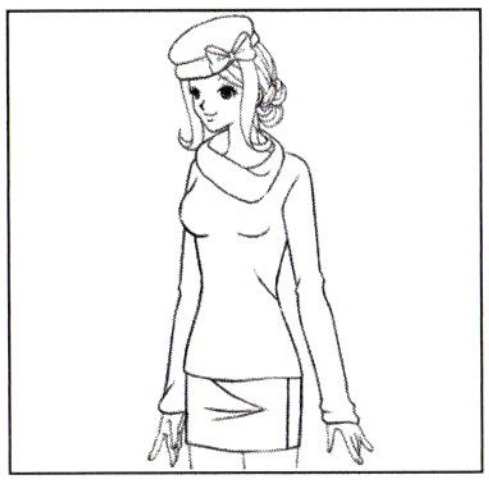

Ein schickes Outfit!

ÄLTERE FRAU

Mit zunehmendem Alter verändert sich der Körper: Die Brüste sinken herab, die Taille wird fülliger, die Haare ergrauen, und die Haut bekommt Falten. Aber Mangafrauen sind auch in fortgeschrittenem Alter noch schön.

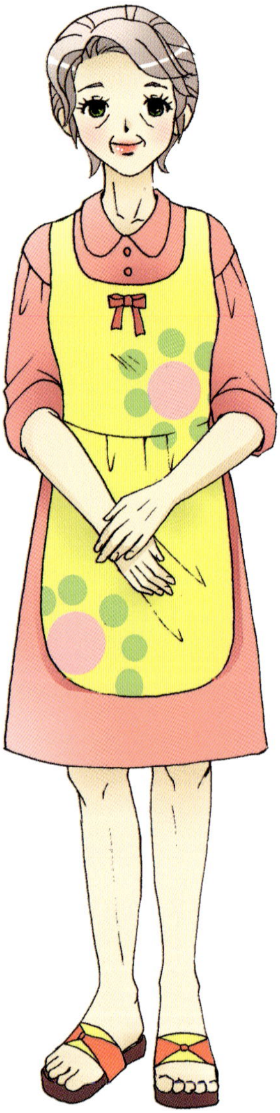

Frontalansicht

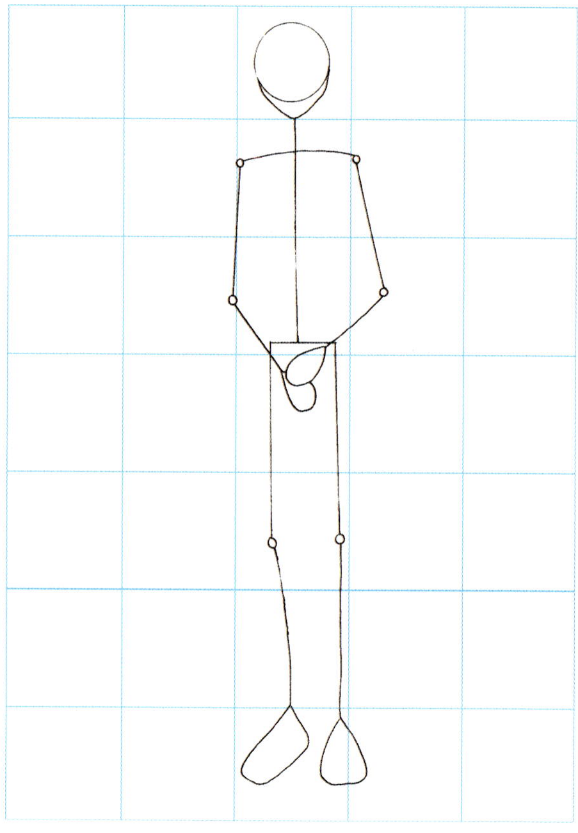

Mit einer Strichfigur beginnen, die etwas kleiner (6,5 Kästchen) als eine junge erwachsene Frau ist. Die Schulterlinie ist leicht abfallend. Die Position der Gelenke durch winzige Kreise andeuten.

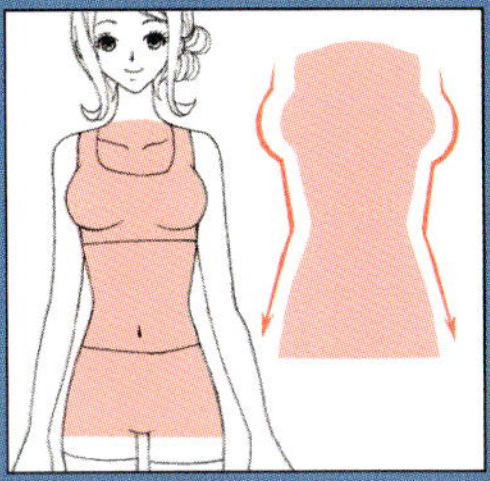

Von vorn sieht der Körper einer jungen Frau sehr kurvig aus.

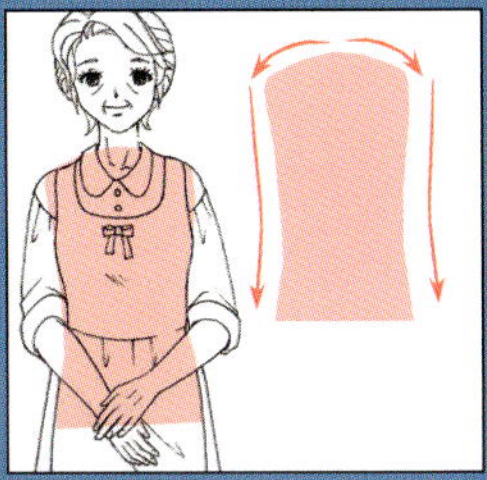

Bei einer älteren Frau sind die Kurven viel weniger ausgeprägt.

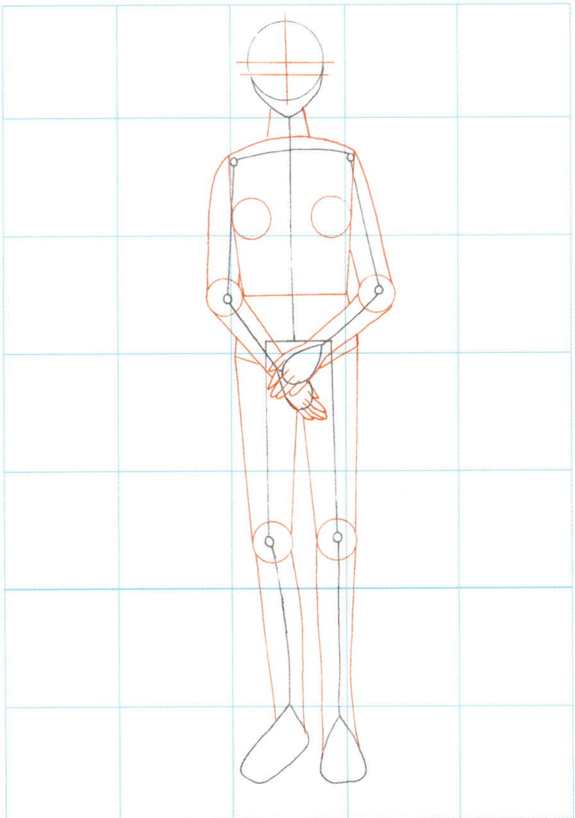

Den Umriss des Körpers grob vorzeichnen. Die Gesichtshilfslinien einfügen. Die Brüste durch zwei Kreise andeuten. Sie sind kleiner und sitzen tiefer als bei einer jungen Frau. Die Finger zeichnen.

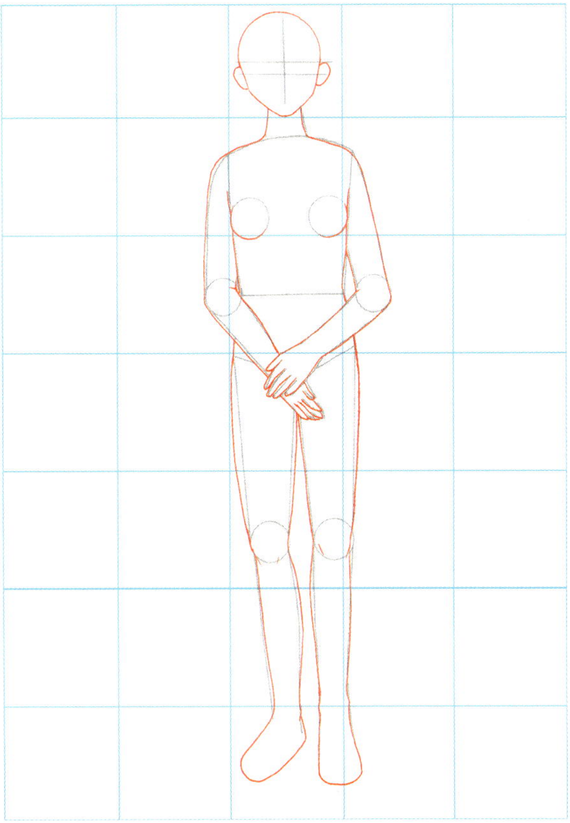

Die Formen von Rumpf, Beinen, Armen und Kopf ausarbeiten. Der Körper ist etwas fülliger als bei einer jungen Frau. Die Ohren hinzufügen.

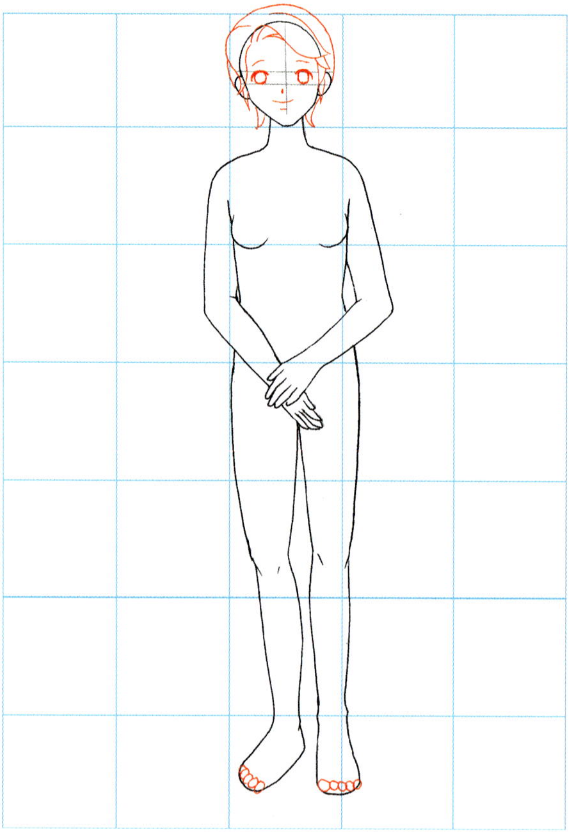

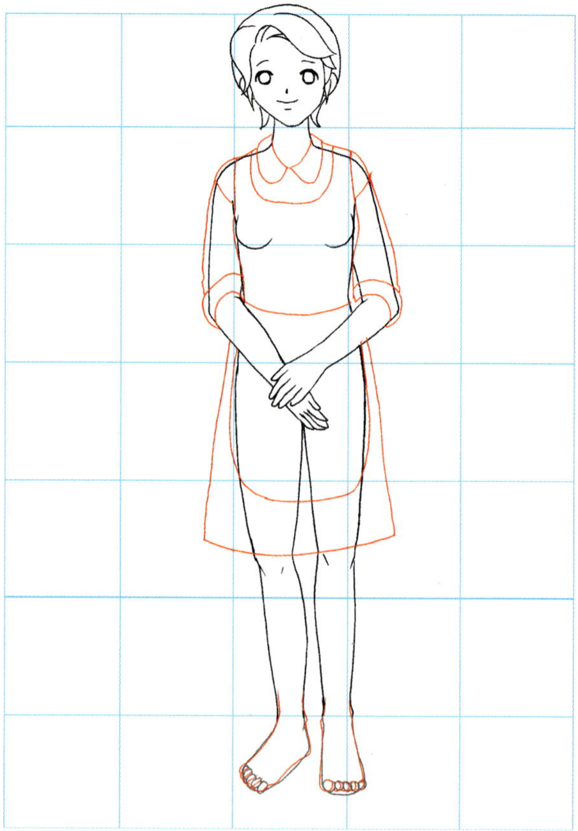

Augen, Nase, Ohren und Mund hinzufügen. Die Zehen als Kreise skizzieren. Die Frisur zeichnen, sie ist etwas größer als der Kopf.

Die Umrisse der Kleidung skizzieren und die Füße ausarbeiten.

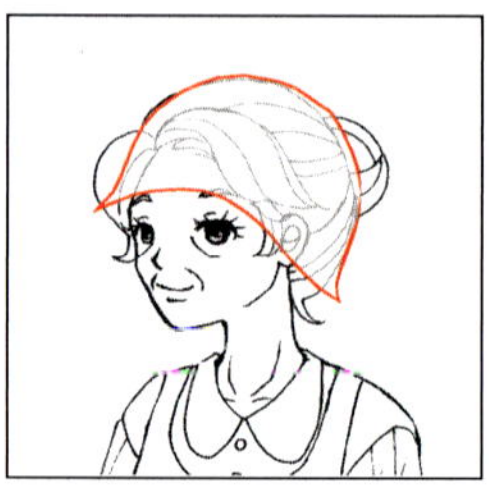

Diese Frau trägt einen glockenförmigen Hut, vorne mit kleiner Krempe. Zuerst die Grundform des Huts zeichnen.

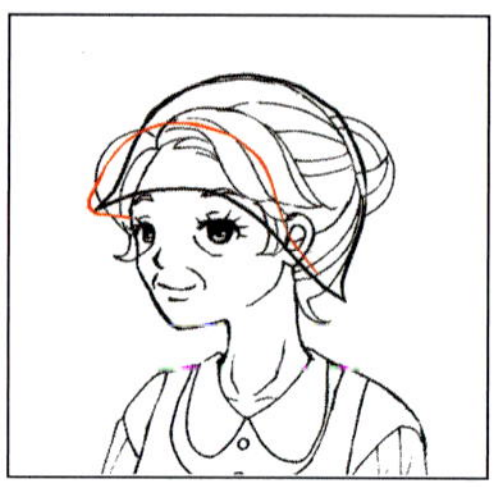

Dann die hochgeschlagene Krempe skizzieren.

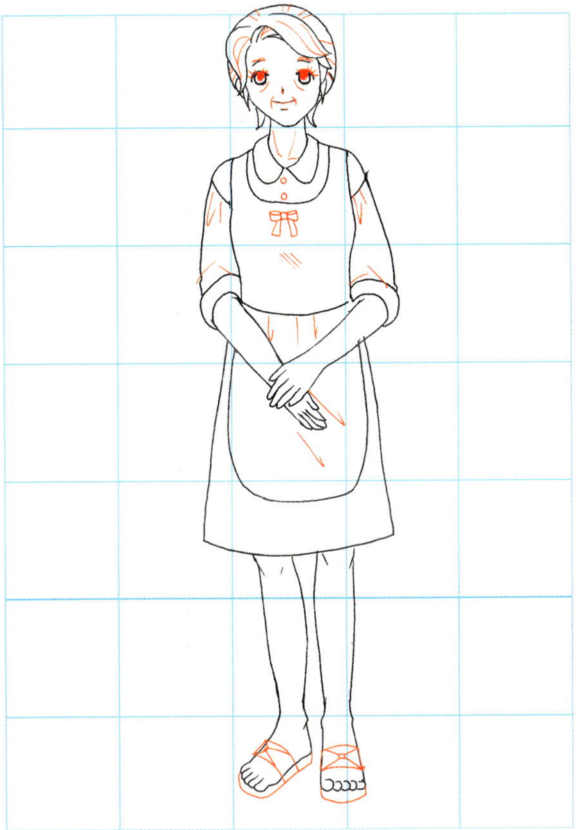

Einige Details an Augen, Kleidung und Haaren einzeichnen. Zarte Falten im Gesicht und am Hals andeuten. Die Sandaletten zeichnen.

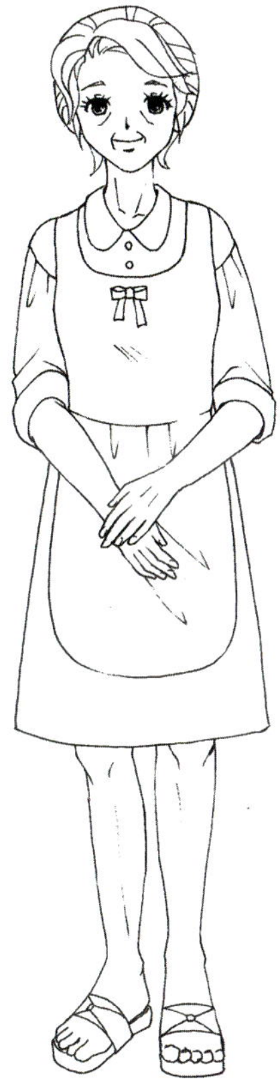

Einige Falten auf Händen und Beinen einzeichnen. Zuletzt Einzelheiten von Händen und Füßen ergänzen.

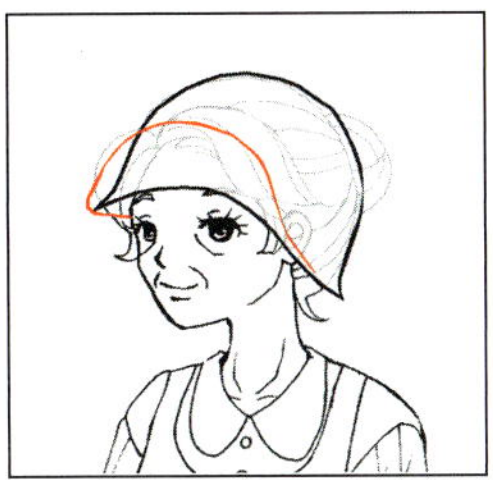

Alle Striche von Kopf und Haaren, die unter dem Hut liegen, ausradieren.

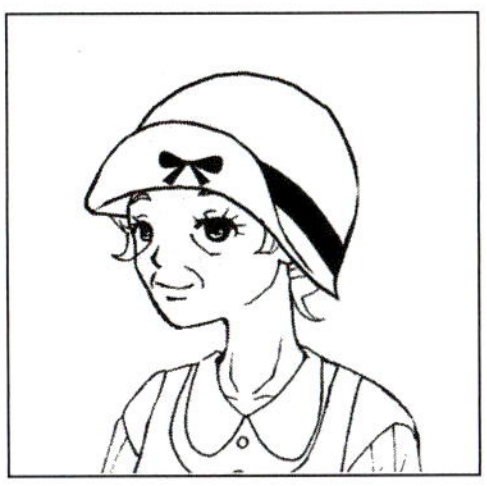

Ein Hutband und eine Schleife hinzufügen.

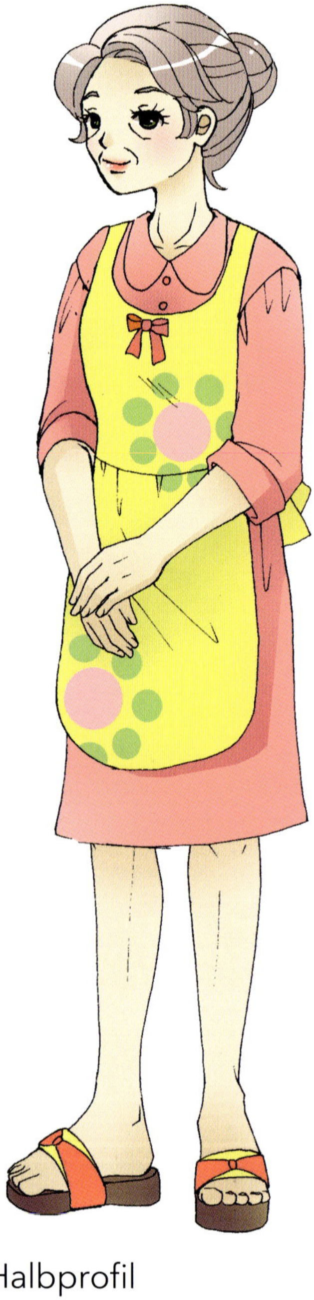

Halbprofil

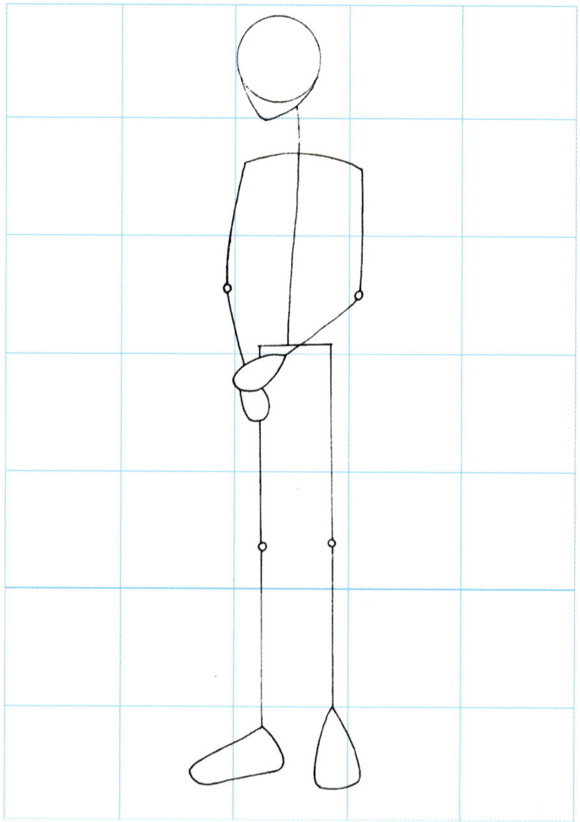

Eine Strichfigur zeichnen, die etwas gedreht ist. Auf die leicht abfallende Schulterlinie achten. Die Position der Gelenke durch winzige Kreise andeuten.

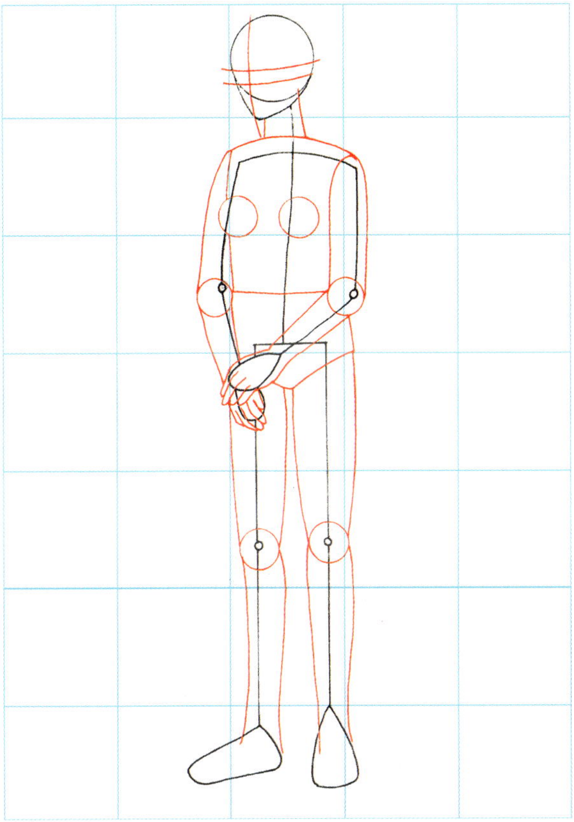

Den Umriss des Körpers grob vorzeichnen. Die Gesichtshilfslinien einfügen. Die Brüste durch zwei Kreise andeuten. Sie sind kleiner und sitzen tiefer als bei einer jungen Frau. Die Finger zeichnen.

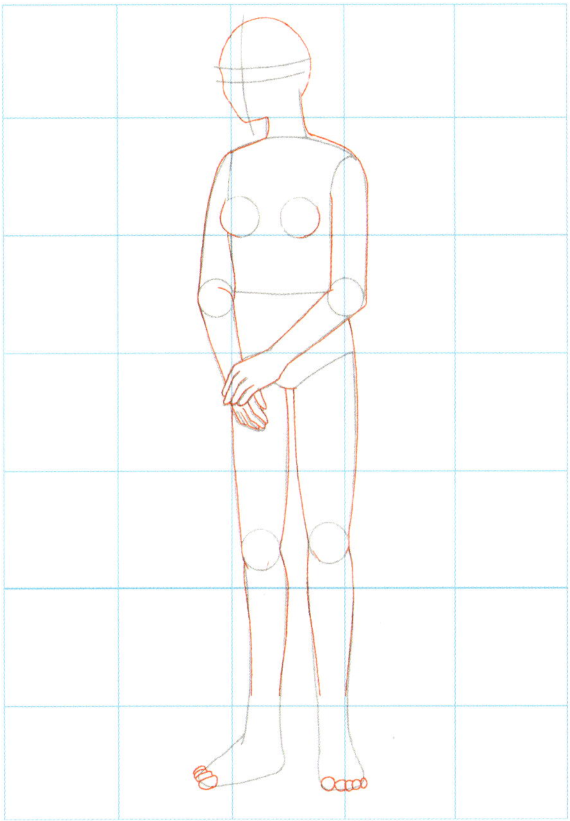

Die Formen von Rumpf, Beinen, Armen und Kopf ausarbeiten. Der Körper ist etwas fülliger und weniger konturiert als bei einer jungen Frau. Die Zehen als Kreise skizzieren.

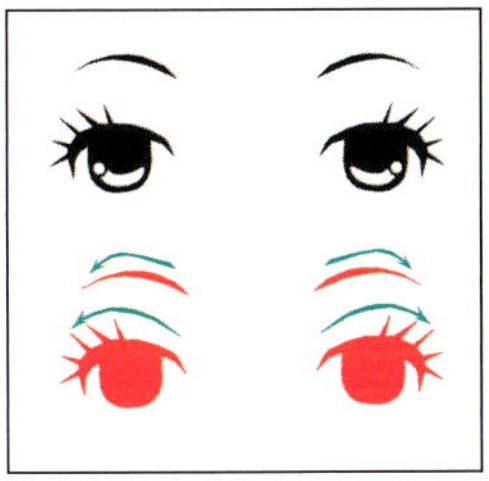

Eine junge Frau hat faltenlose Augen mit leicht ansteigenden Augenwinkeln.

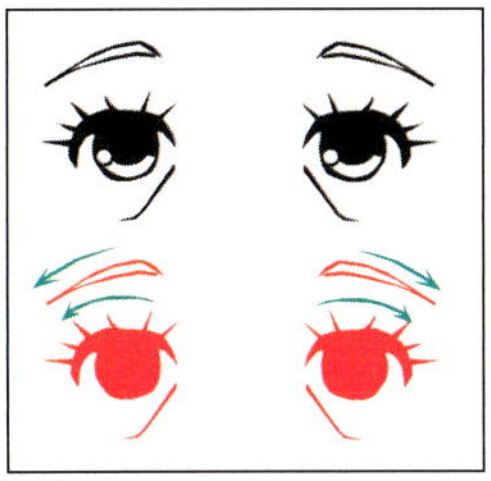

Bei einer älteren Frau fallen die äußeren Augenwinkel ab. Unter den Augen zarte Falten zeichnen.

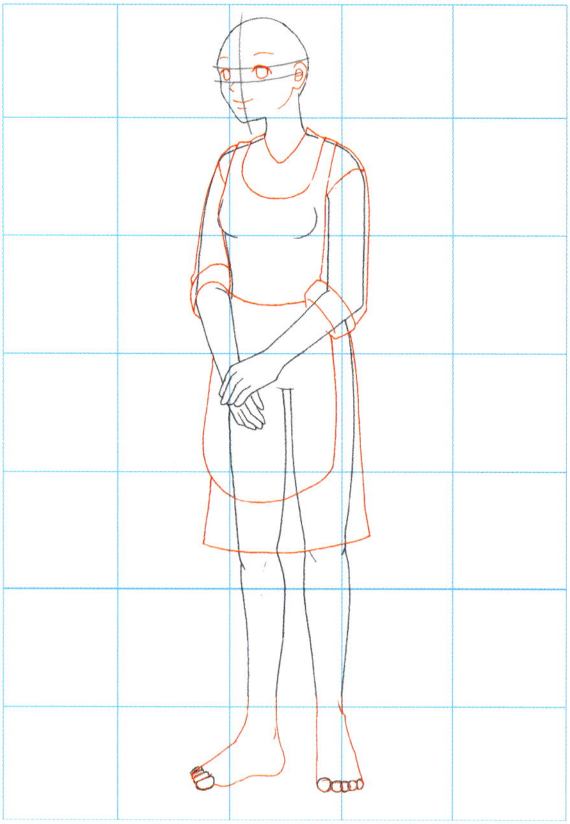

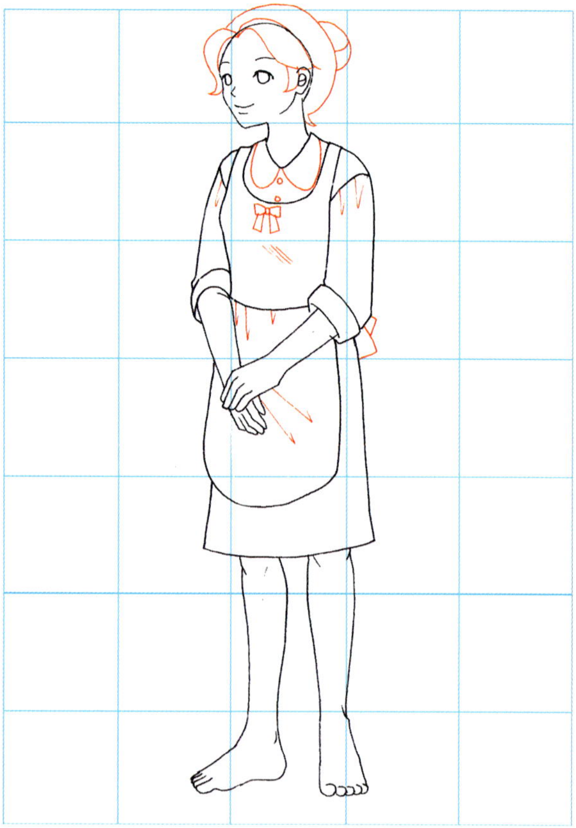

Augen, Ohr, Nase und Mund einzeichnen. Im Halbprofil ist das dem Betrachter nähere Auge größer. Die Umrisse der Kleidung skizzieren. Die Füße ausarbeiten.

Die Frisur zeichnen, sie ist deutlich größer als der Kopf. Einige Details der Kleidung einzeichnen: Kragen, Falten, Schleife …

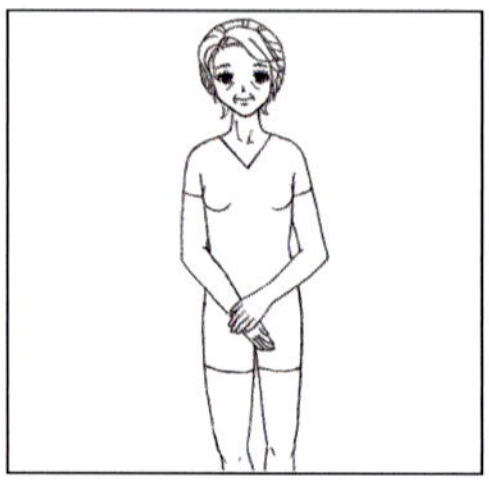

Die ältere Frau braucht einen Mantel.

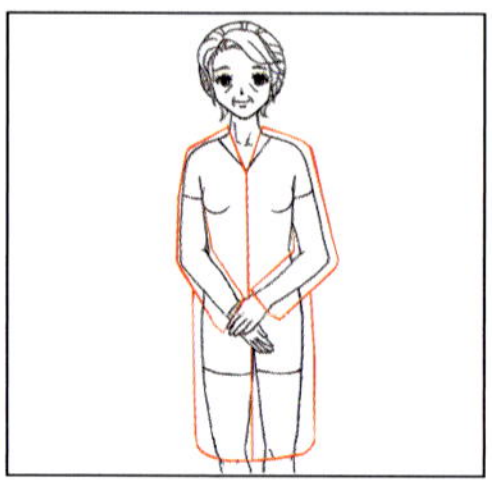

Die Umrisse eines knielangen Mantels zeichnen.

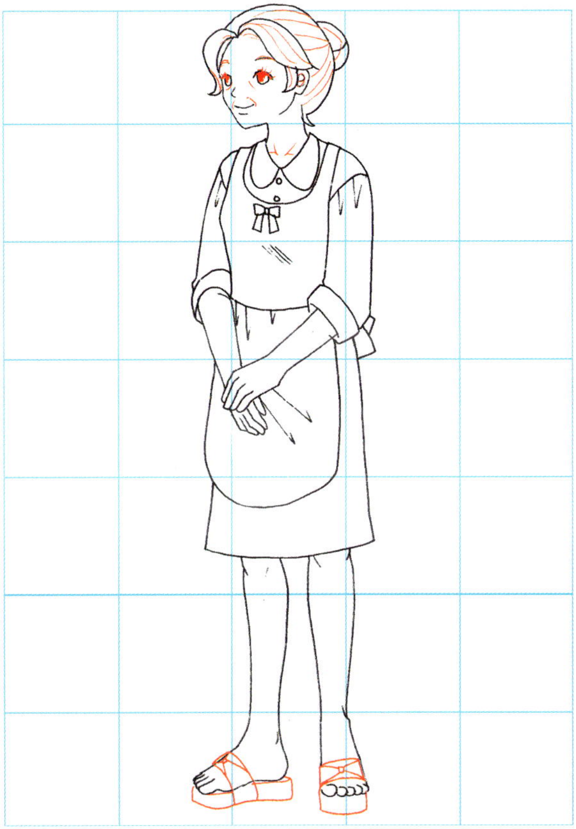

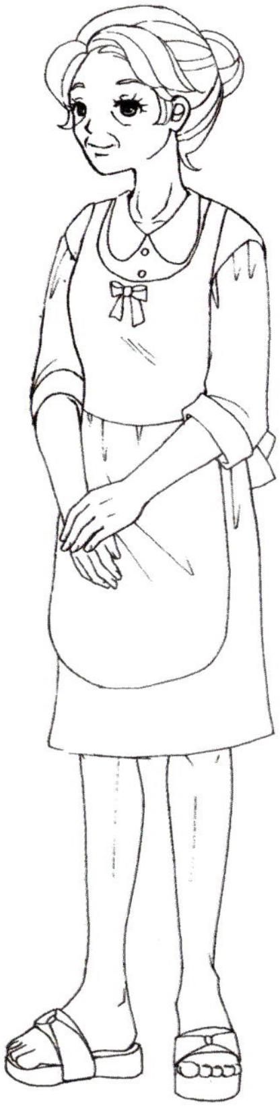

Einige Details in Augen und Haaren einzeichnen. Zarte Falten im Gesicht und am Hals andeuten. Die Sandaletten zeichnen.

Einige Falten auf Händen und Beinen einzeichnen. Zuletzt Einzelheiten von Händen und Füßen ergänzen.

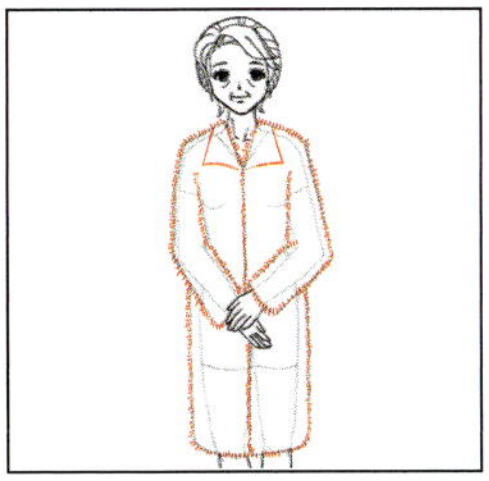

Den Kragen hinzufügen. Die Kontur stricheln, um anzudeuten, dass es ein Pelzmantel ist (Kunstpelz, versteht sich). Die Striche des Körpers unter dem Mantel ausradieren.

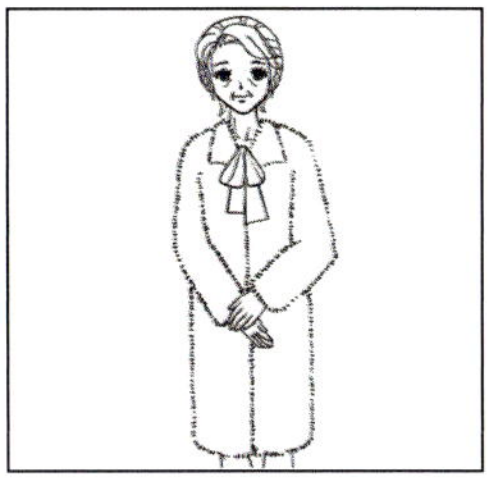

Nun fehlt noch die Schleife unter dem Kragen.

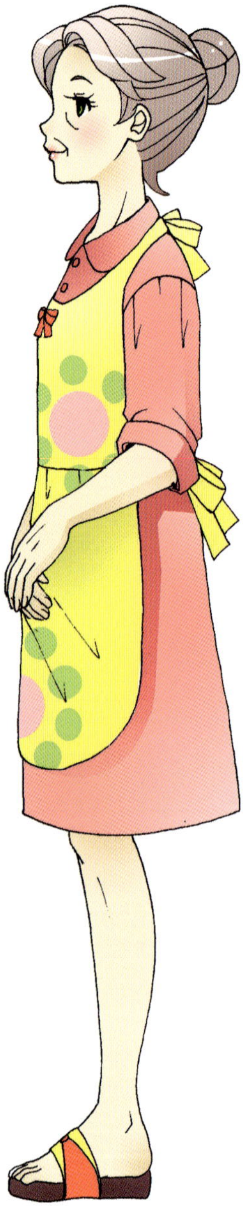

Profil

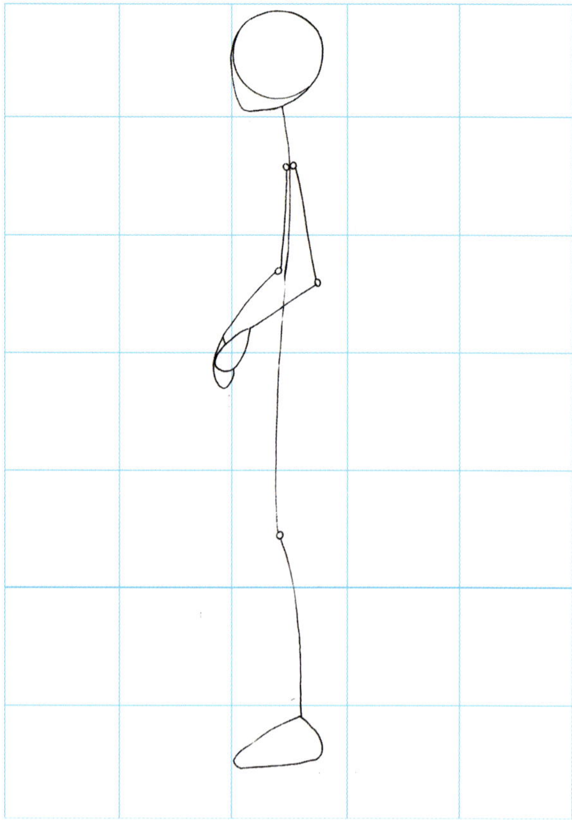

Mit einer Strichfigur im Profil beginnen. Der obere Rücken ist leicht gerundet. Die Position der Gelenke durch winzige Kreise andeuten.

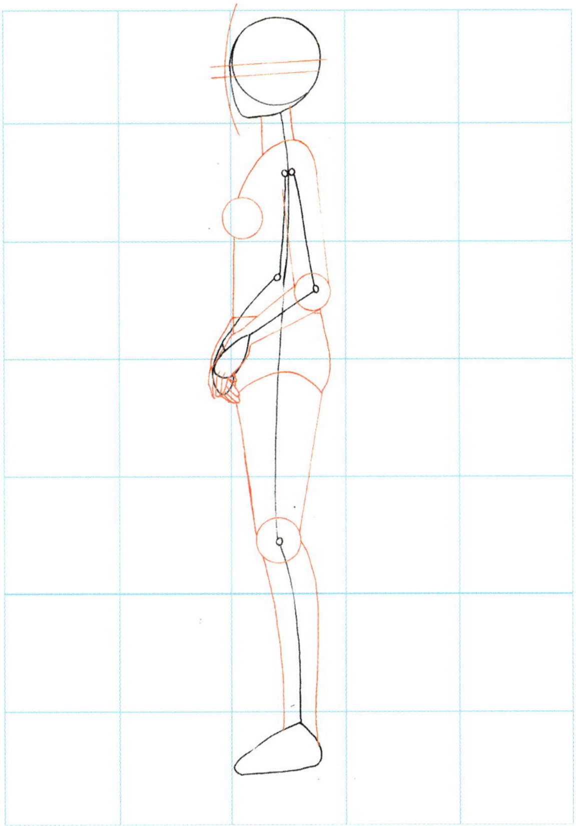

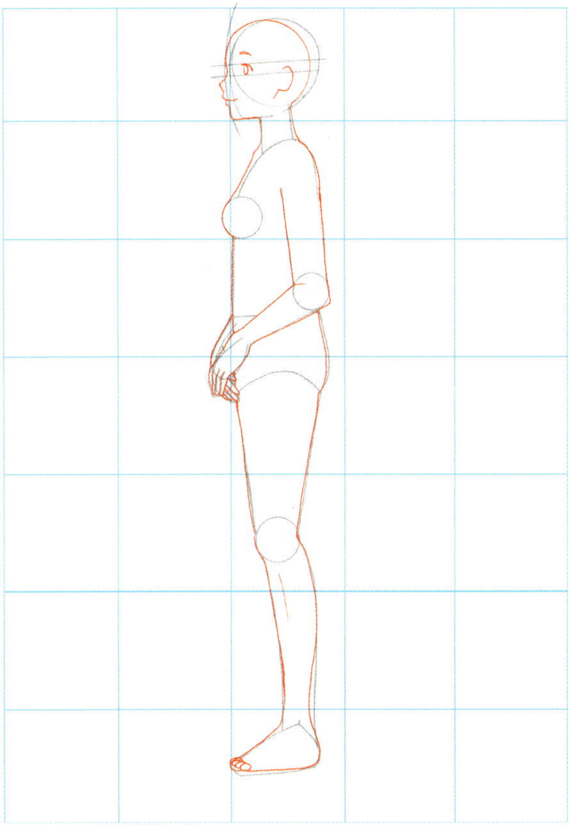

Den Umriss des Körpers grob vorzeichnen. Die Gesichtshilfslinien einfügen. Die Brust durch einen Kreis andeuten. Sie ist kleiner und sitzt tiefer als bei einer jungen Frau. Die Finger zeichnen.

Die Formen von Rumpf, Bein, Arm und Kopf ausarbeiten. Der Körper ist etwas fülliger und weniger kurvig als bei einer jungen Frau. Auge, Ohr, Nase und Mund einzeichnen. Die Zehen skizzieren.

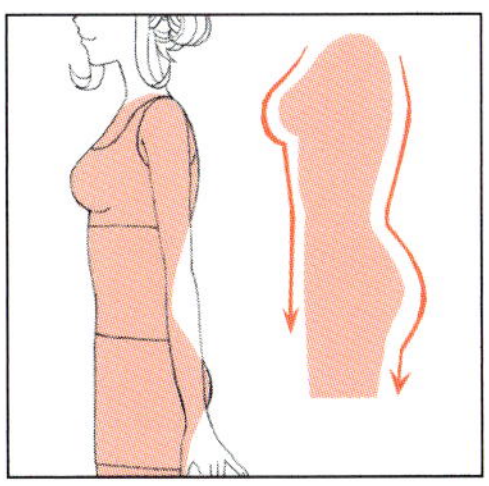

Von der Seite sieht der Körper einer jungen Frau recht kurvig aus.

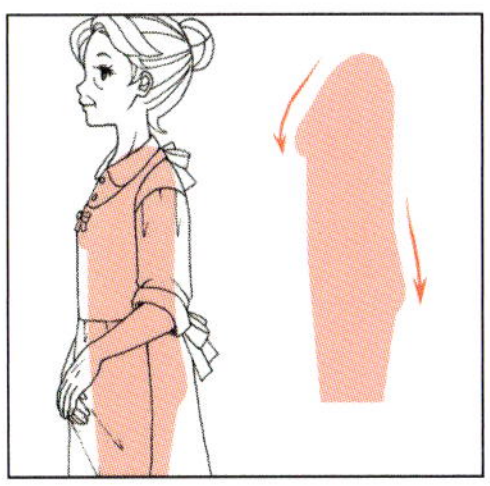

Mit den Jahren wird der Rumpf fülliger, darum sieht der Körper der älteren Frau von der Seite gerader aus.

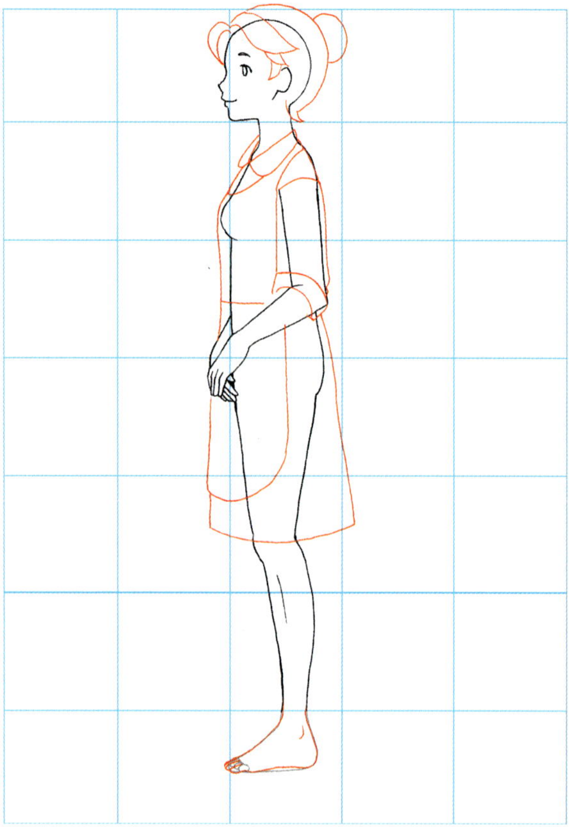

Die Frisur zeichnen, sie ist deutlich größer als der Kopf. Die Umrisse der Kleidung skizzieren. Die Füße ausarbeiten.

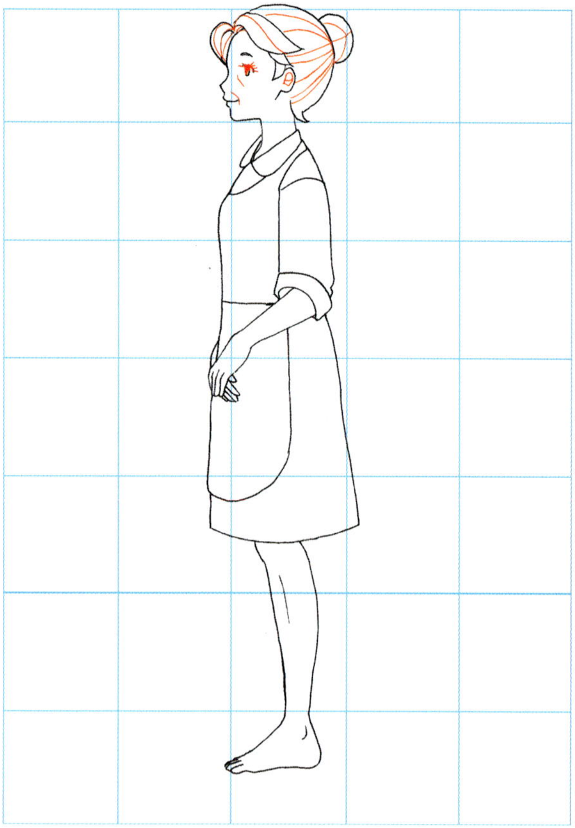

Einige Details an Auge und Haaren hinzufügen. Die Falten im Gesicht andeuten.

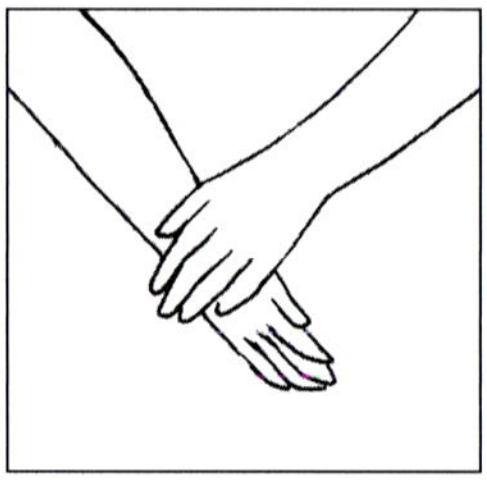

Die ältere Frau trägt ein Paar elegante Handschuhe. Zuerst die übereinandergelegten Hände zeichnen.

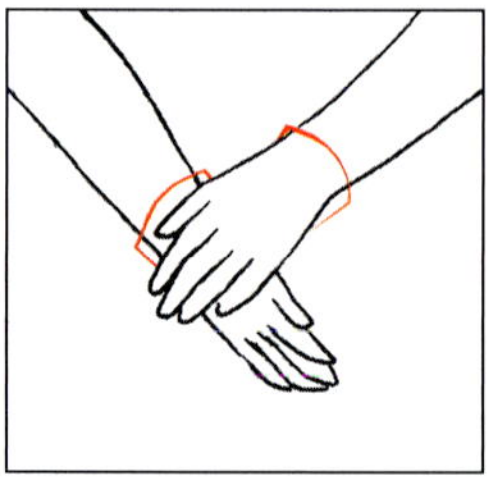

Querstriche an den Handgelenken zeigen, wo die Handschuhe enden.

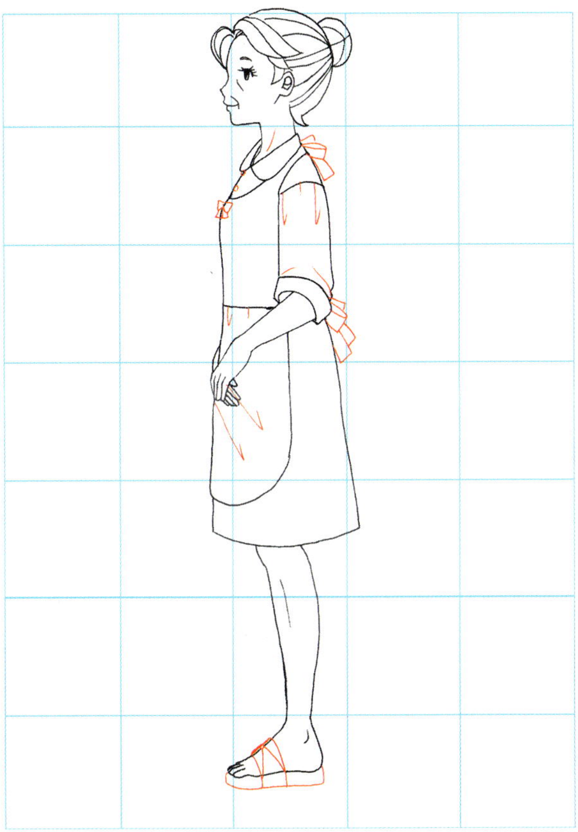

Einige Details an der Kleidung hinzufügen. Die Sandaletten zeichnen.

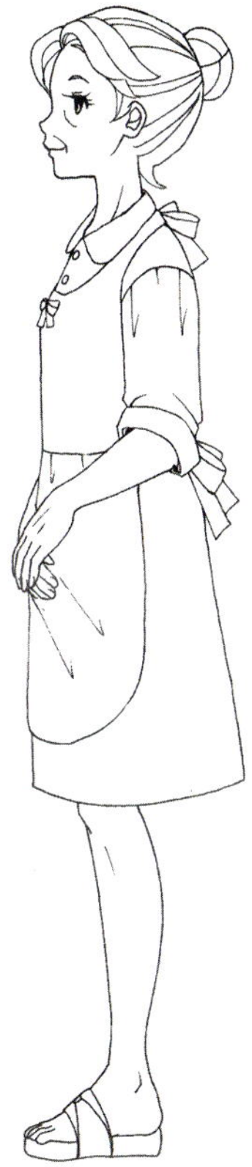

Zuletzt noch einige Falten auf den Händen und den Beinen andeuten.

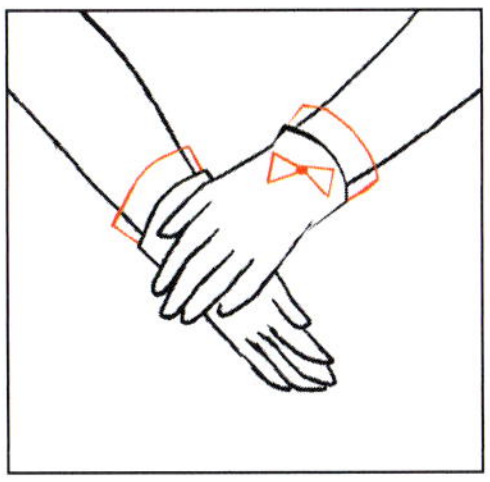

Die Zierränder durch je einen weiteren Strich darstellen. Die Schleife einzeichnen.

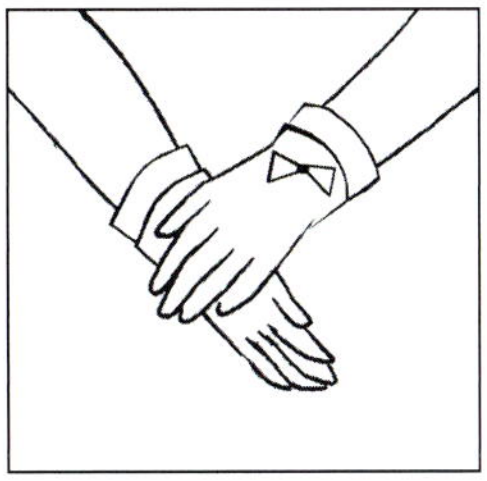

Fertig sind die eleganten Handschuhe.

WEIBLICHE KLEIDUNG

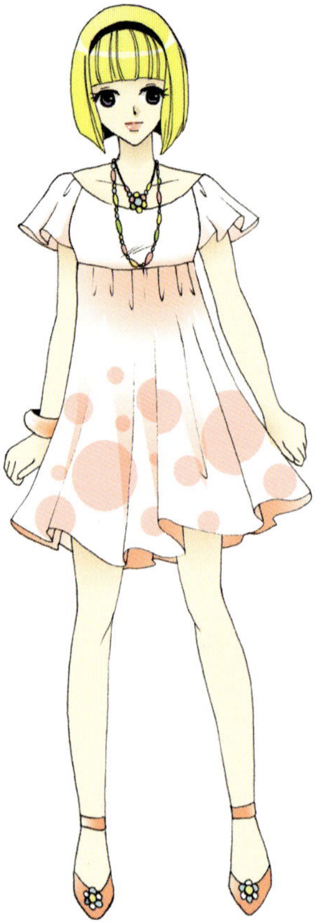

Partykleid

Dieses Mädchen trägt ein Kleid aus Chiffon. Das ist ein zarter, leichter, fließender Stoff mit einer seidig-glatten Oberfläche.

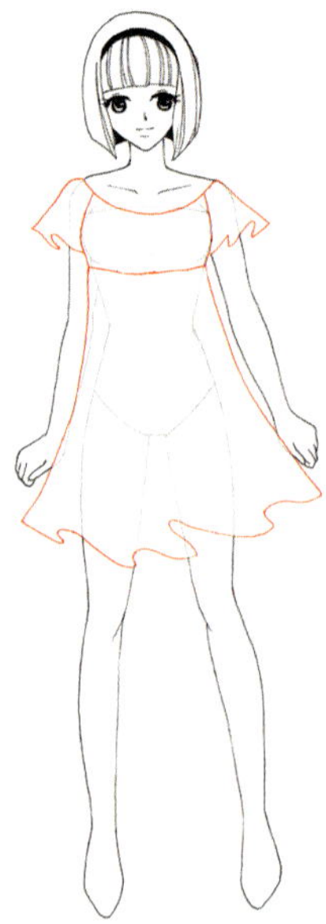

Die äußere Kontur des Kleids skizzieren. Bei leichten, dünnen Stoffen sollte der Saum immer wellig aussehen.

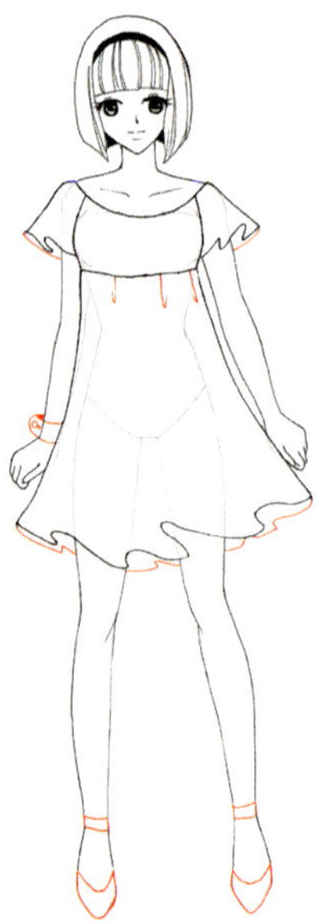

Einige Falten unter der Brustpasse andeuten. Den Armreifen und die Schuhe mit den Knöchelriemen zeichnen.

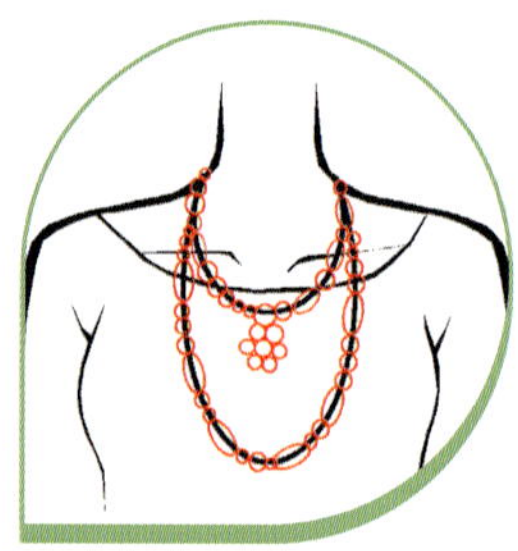

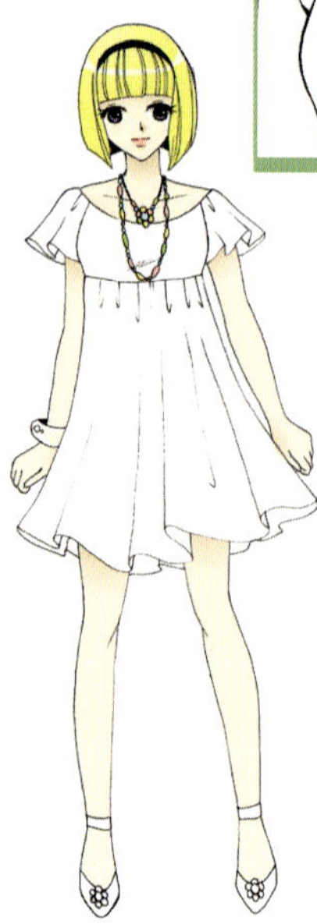

Die Stofffülle durch weitere Falten verdeutlichen. Die Perlenketten hinzufügen.

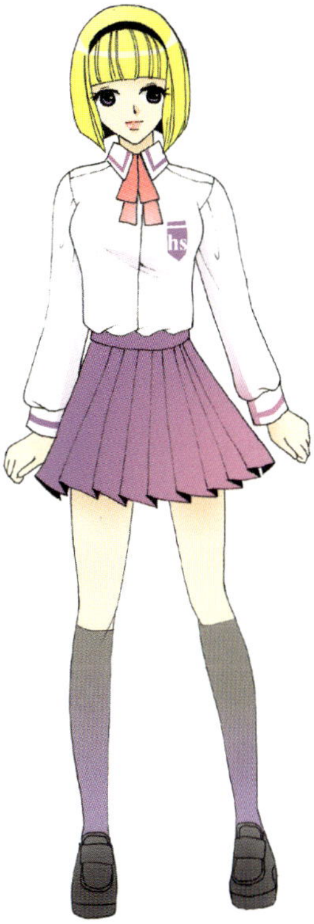

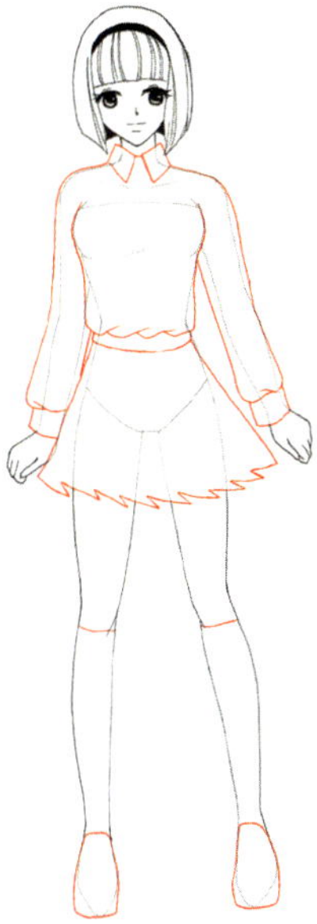

Schuluniform

Uniformblusen bestehen meist aus dünner, aber fester Baumwolle. Das Material des Rocks ist ein dickerer, schwerer Wollstoff.

Die Umrisse der Kleidung um den Körper herum vorzeichnen. Der Rock hat unten eine regelmäßige Zackenkante. Einfache Striche für die Kniestrümpfe und die Schuhe einfügen.

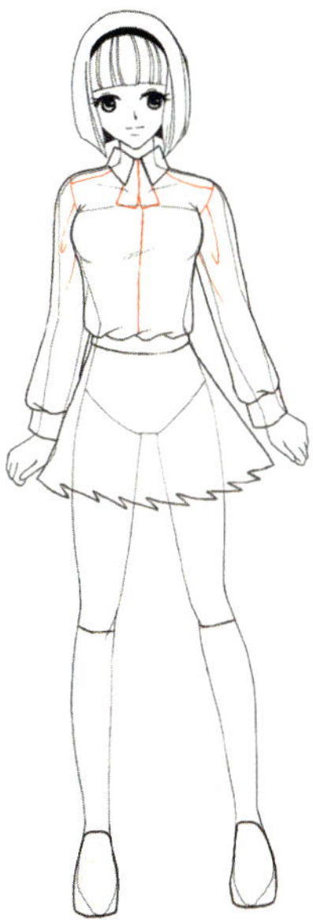

Falten in der Bluse, Nahtlinien und ein Schleifenband unter dem Blusenkragen hinzufügen.

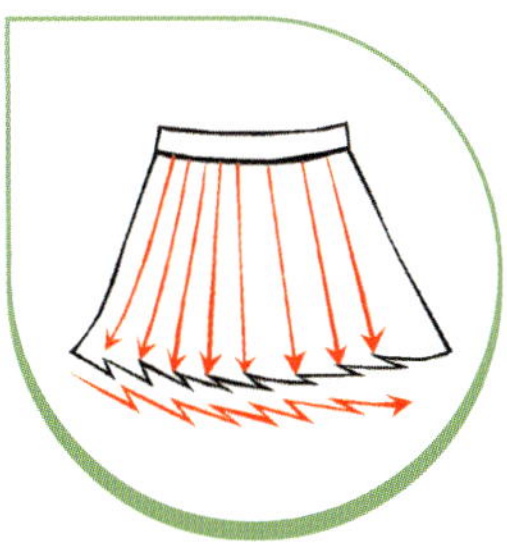

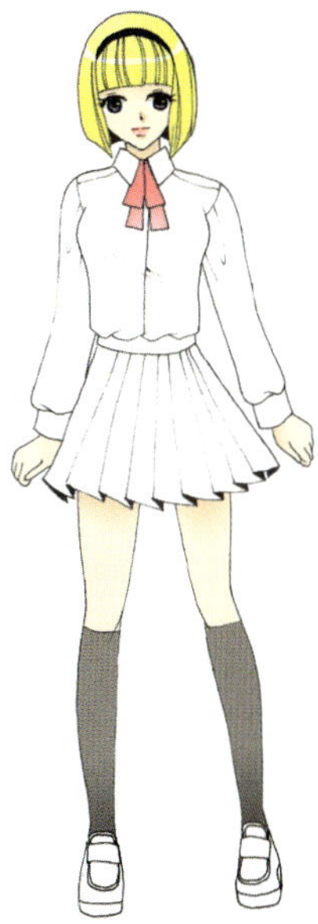

Die Schuhe als Slipper ausarbeiten (siehe Seite 68/69). Den Schatten unter dem Rocksaum einfügen und die Falten im Rock durch gerade Striche jeweils bis zu einer Zackenspitze verdeutlichen.

Freizeitkleidung

Ein Top, eine knielange Hose und Ballerinas – so ist dieser Teenager für den Nachmittag mit Freundinnen gut angezogen.

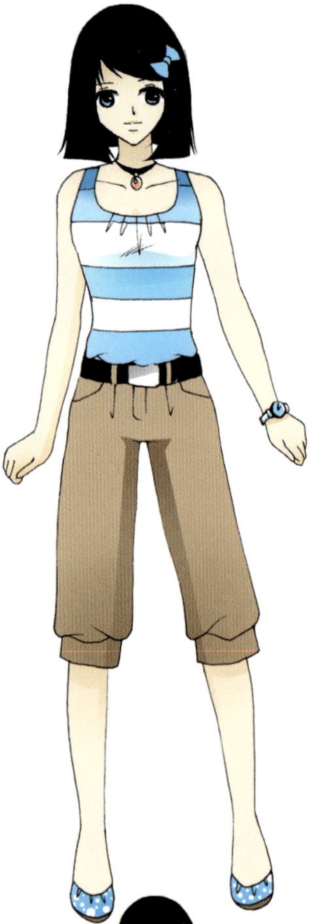

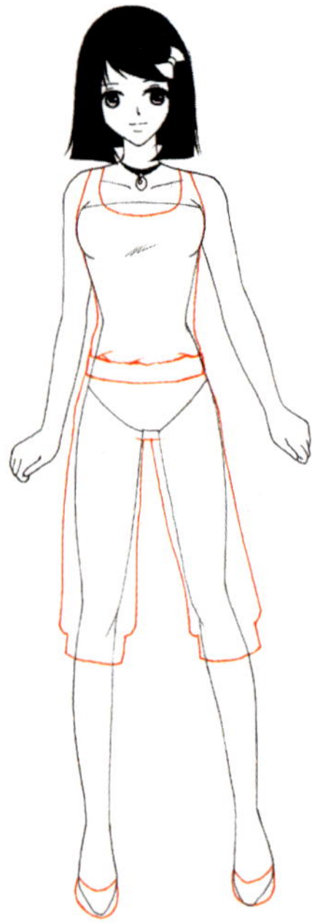

Die Umrisse von Top, Hose und Schuhen mit einfachen Strichen vorzeichnen.

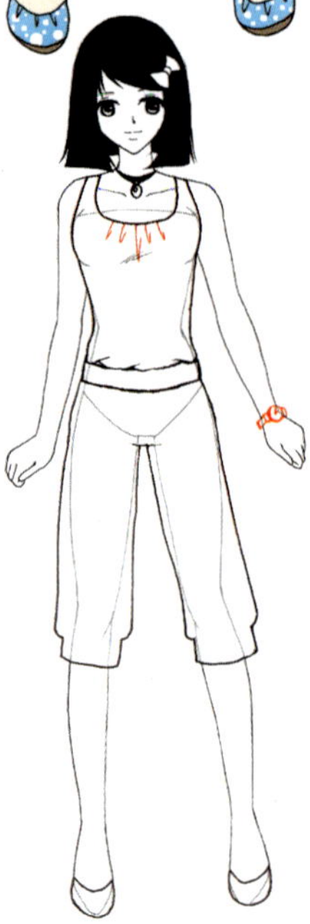

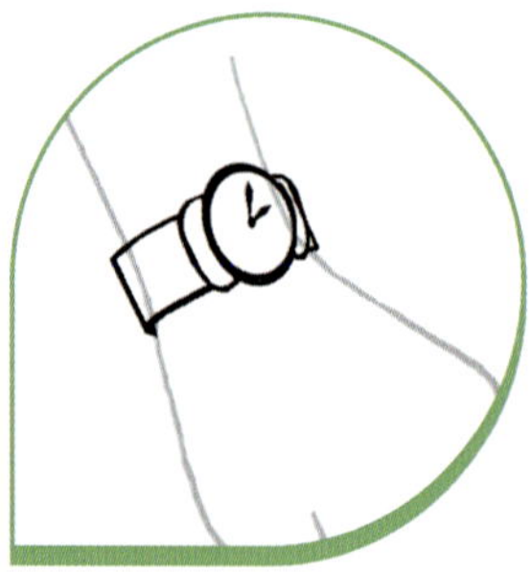

Kleine Fältchen am Top andeuten. Wer möchte, zeichnet auch eine Armbanduhr.

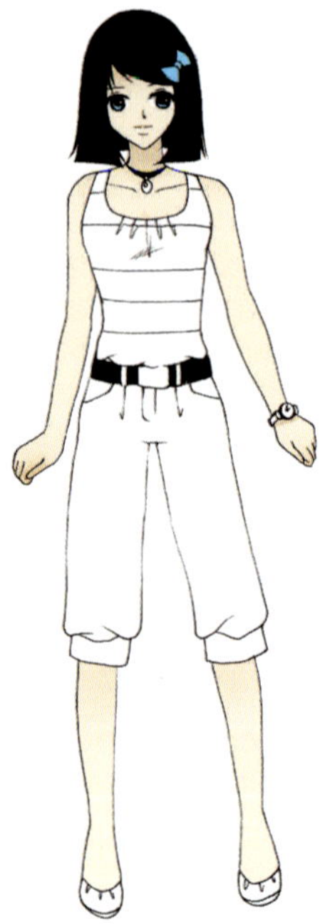

Hosentaschen, Reißverschluss und Kniebündchen einfügen. Den Gürtel deutlicher ausarbeiten.

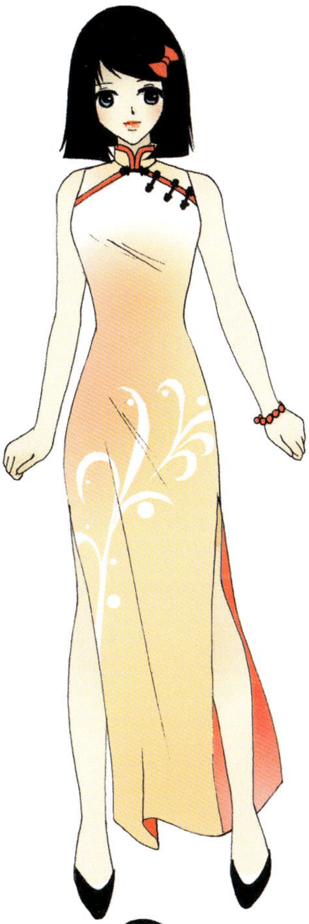

Abendkleid

Solche Abendkleider im asiatischen Stil sind meist aus Seide oder ähnlich leichtem Stoff geschneidert. Damit kann sich die junge Frau auf jedem Fest sehen lassen.

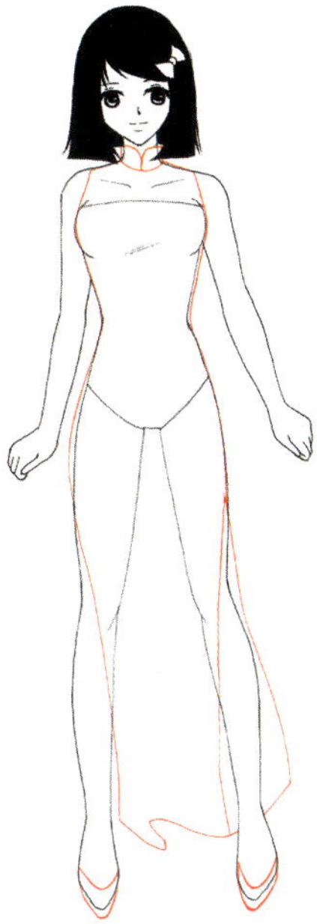

Die Umrisse von Kleid und Schuhen vorzeichnen. Auf die fließende Kontur des Saums achten.

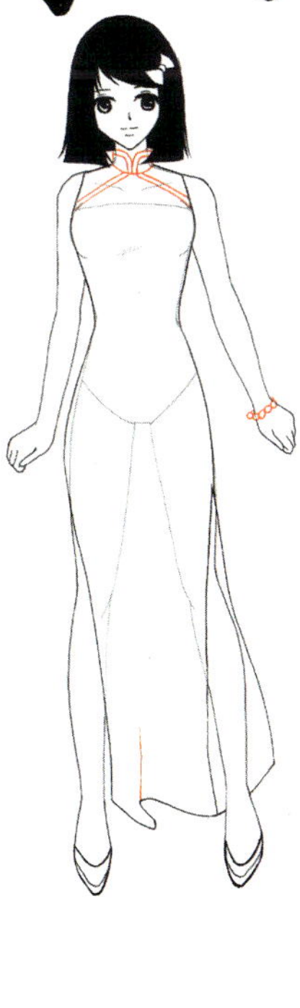

Den Halsabschluss des Kleids ausarbeiten und das Perlenarmband hinzufügen.

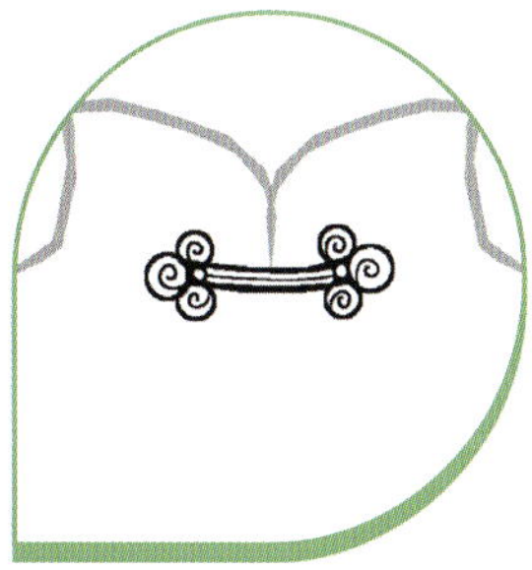

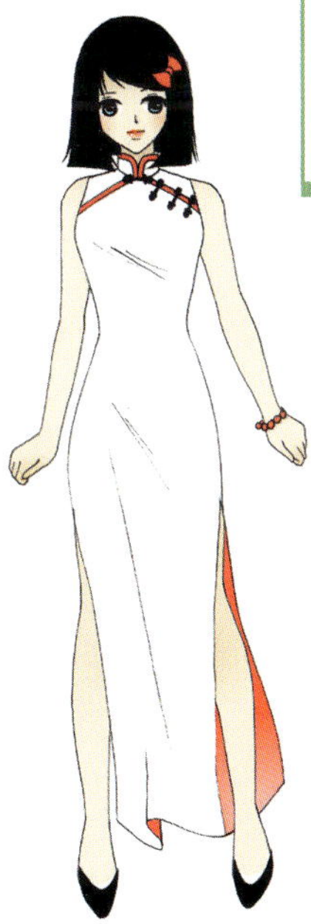

Alle Striche verfeinern. Einen eleganten seitlichen Verschluss am Hals und drei seitlich an der Schulter einzeichnen. Die Bewegung des Stoffs durch Falten andeuten.

MÄNNLICHE KLEIDUNG

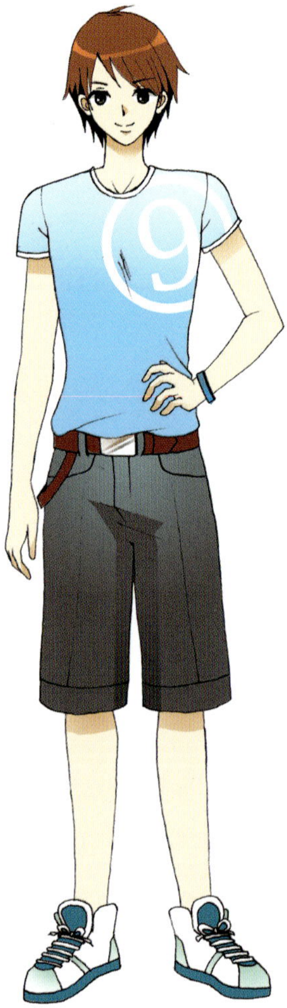

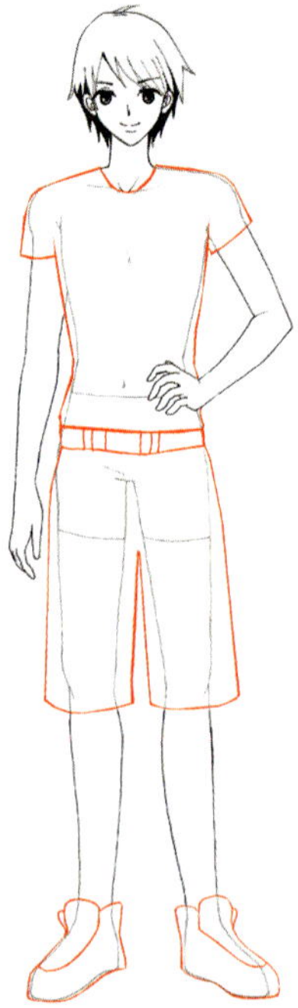

Lässig

In T-Shirt und Shorts sind Jungs und junge Männer am liebsten unterwegs. Die Sneaker nicht vergessen.

Shirt, Hose und Schuhe mit einfachen Strichen vorzeichnen.

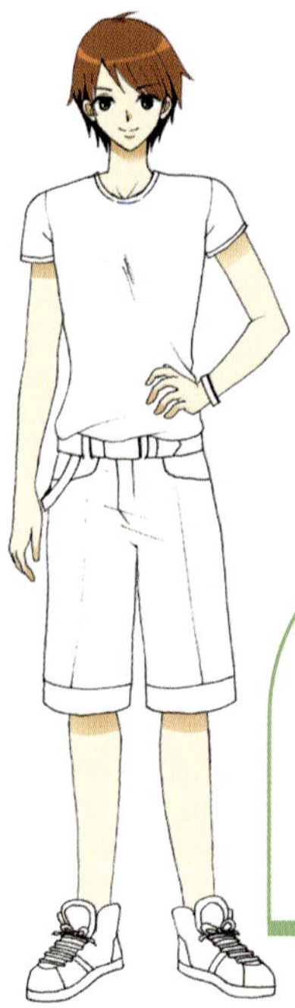

Einige Falten auf den Shorts einzeichnen, außerdem Taschen, Reißverschluss und den Umschlag an den Hosenbeinen. Dann Details auf Gürtel, Schuhen und Shirt ausarbeiten.

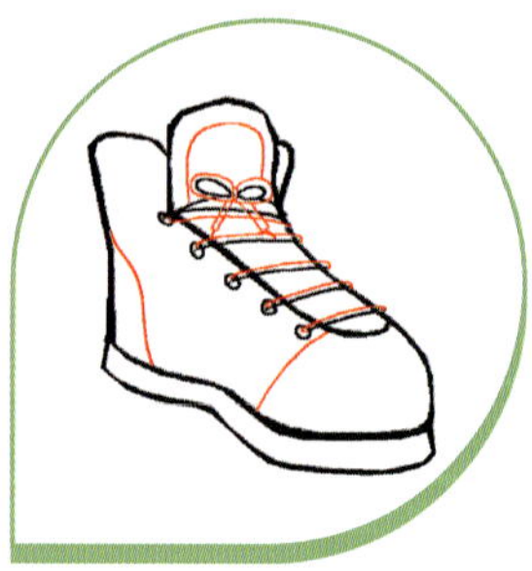

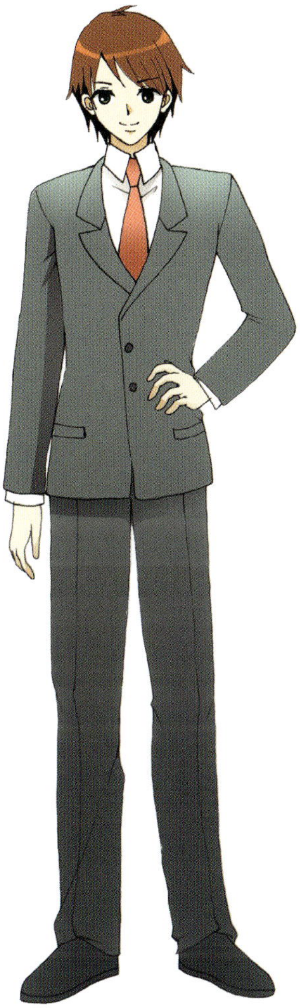

Anzug

Soll der Teenager eleganter aussehen? Dann muss er einen Anzug tragen. Anzüge bestehen normalerweise aus festem Wollstoff und werfen, wenn sie perfekt sitzen, nur wenige Falten.

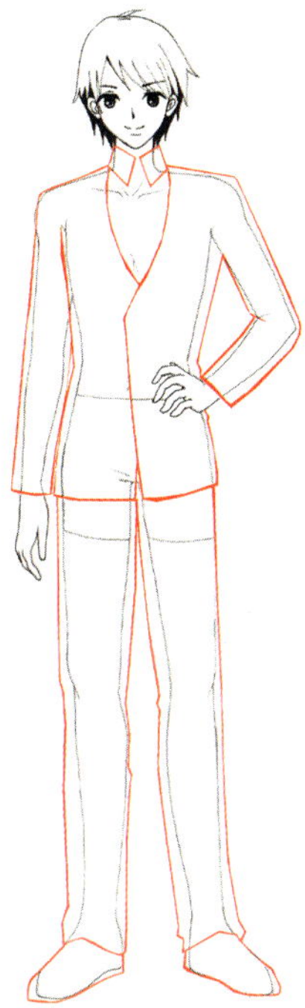

Den Anzug sowie den Hemdkragen und die Schuhe mit einfachen Strichen vorzeichnen.

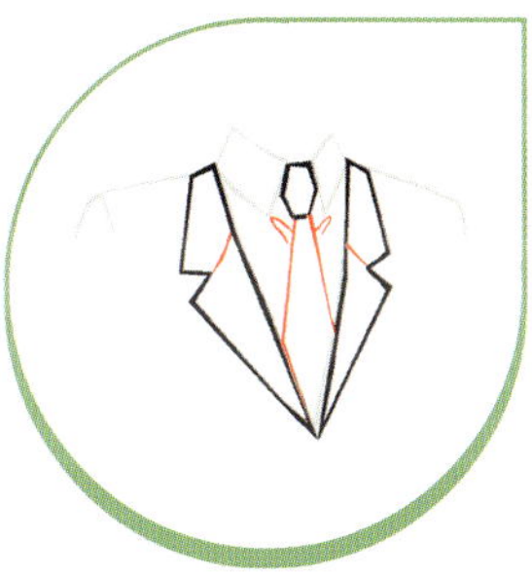

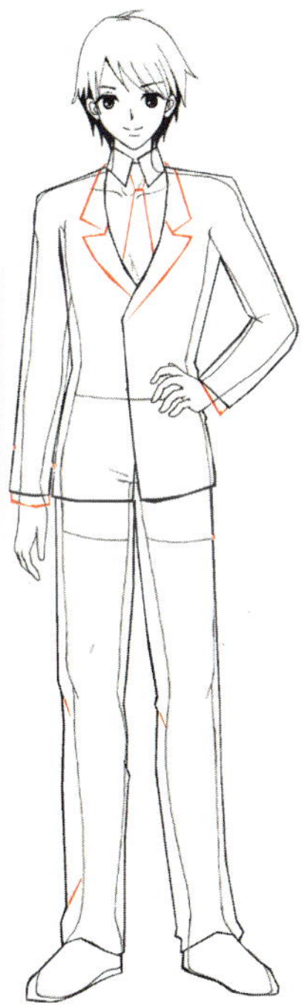

Das Revers und die Krawatte einzeichnen. Einige wenige Falten auf Hosenbeinen und Ärmeln andeuten.

Einige Details wie Taschen oder Knöpfe ergänzen.

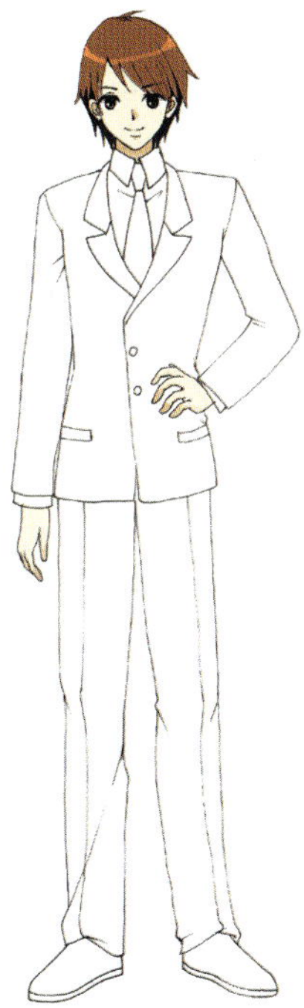

EMOTIONEN UND MIMIK

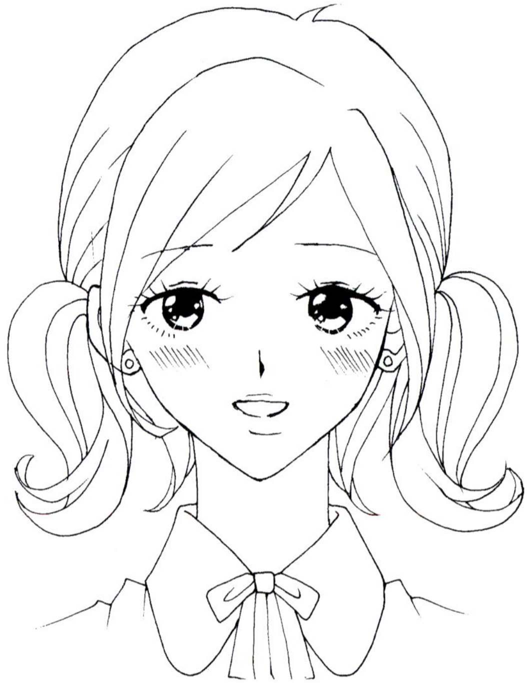

Verlegen

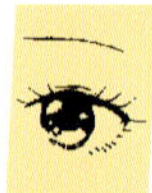

gehobene Augenbrauen und strahlende Augen

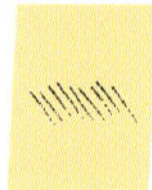

errötete Wangen

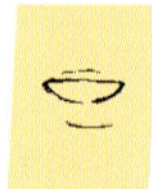

schüchternes Lächeln

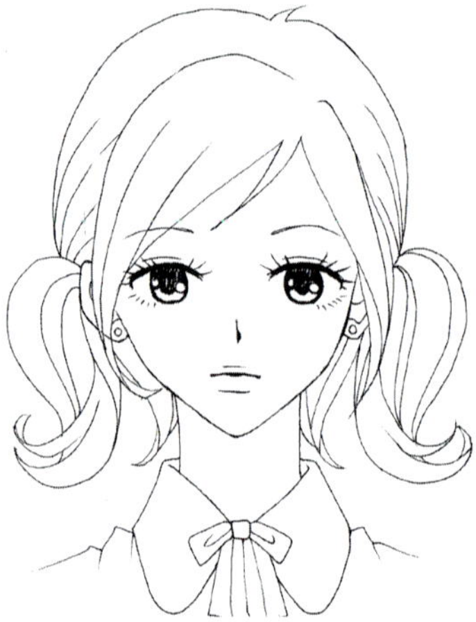

Zum Vergleich: ein ruhiger, neutraler Gesichtsausdruck.

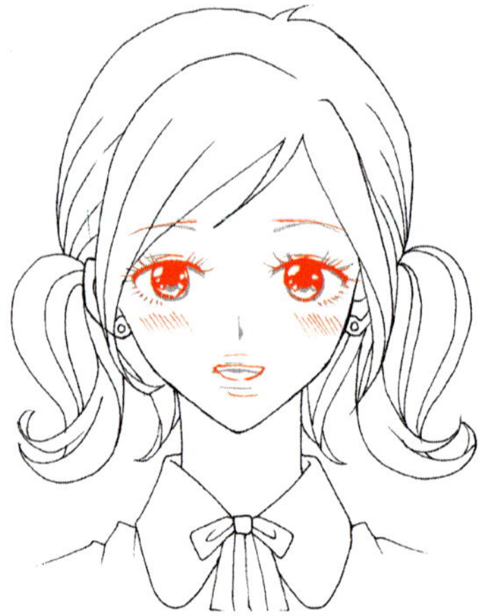

Die Augenbrauen anheben, strahlende Augen und errötete Wangen zeichnen. Der Mund ist leicht geöffnet, die Mundwinkel sind angehoben.

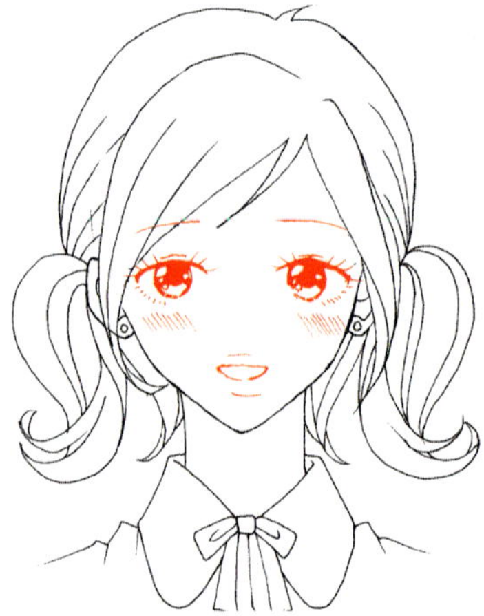

Der Unterschied ist deutlich. So sieht sie schüchtern, hoffnungsvoll und glücklich aus.

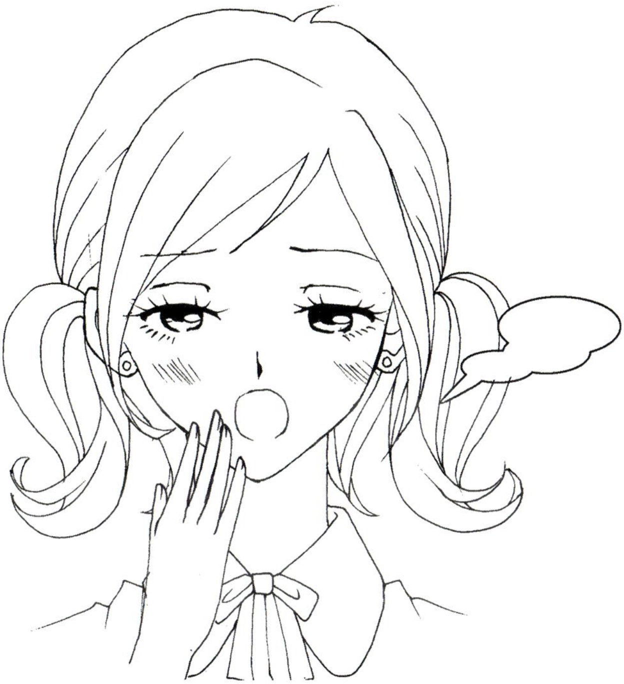

Müde

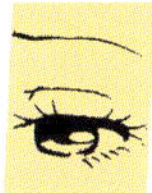

leicht gehobene Augenbrauen, Augen halb geschlossen

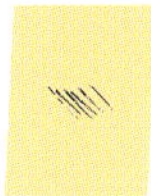

errötete Wangen

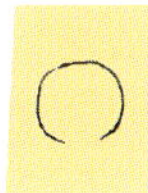

zum Gähnen geöffneter Mund

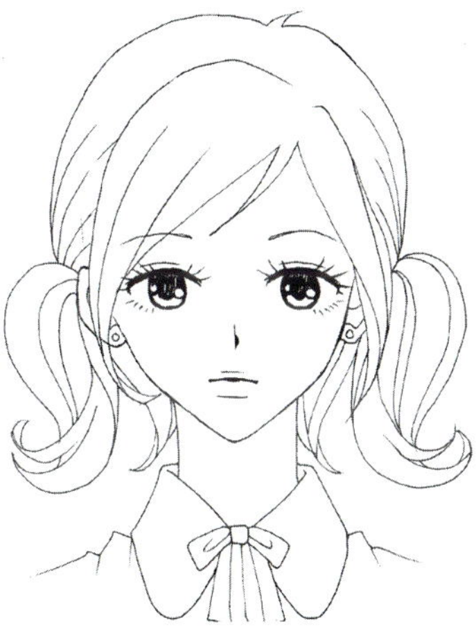

Zum Vergleich: ein ruhiger, neutraler Gesichtsausdruck.

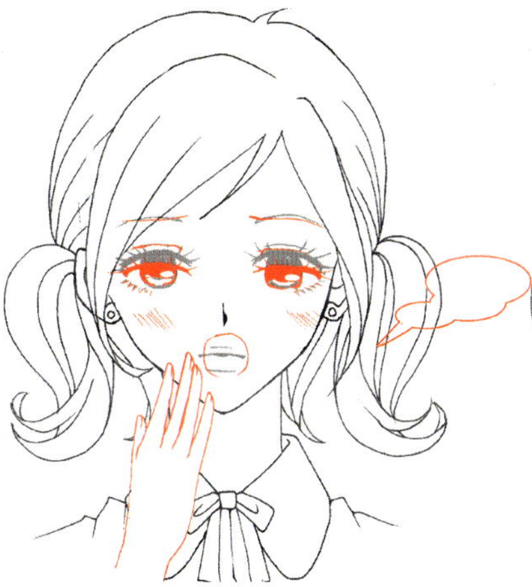

Die Augen sind halb geschlossen, die Augenbrauen in der Mitte etwas hochgezogen, die Wangen sind rosa. Sie hebt die Hand, um den zum Gähnen geöffneten Mund zu verdecken.

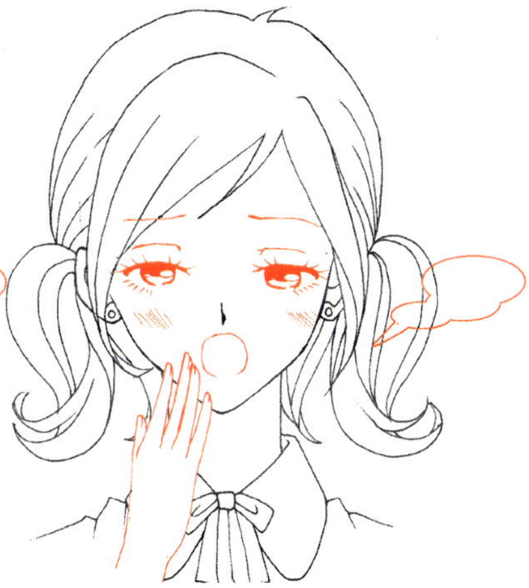

Als Symbol für das Gähnen kommt aus dem Mund des müden Mädchens eine kleine Wolke.

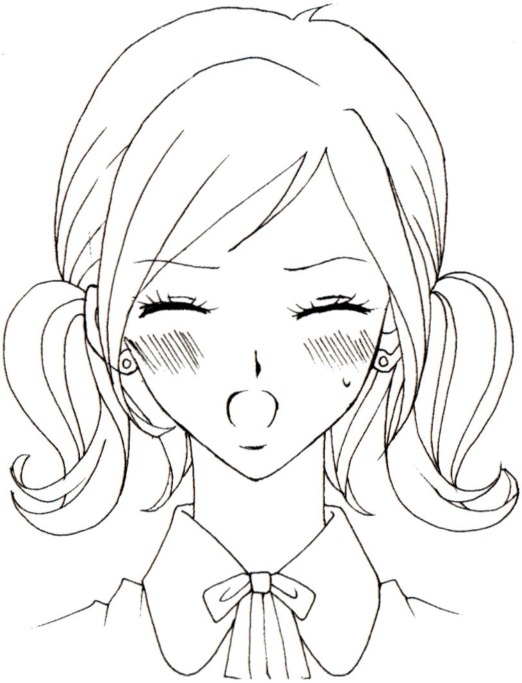

Beschämt

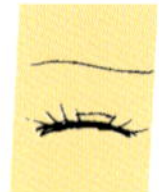

Augen fest geschlossen

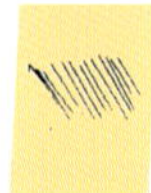

stark gerötete Wangen

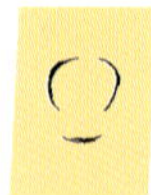

offener Mund

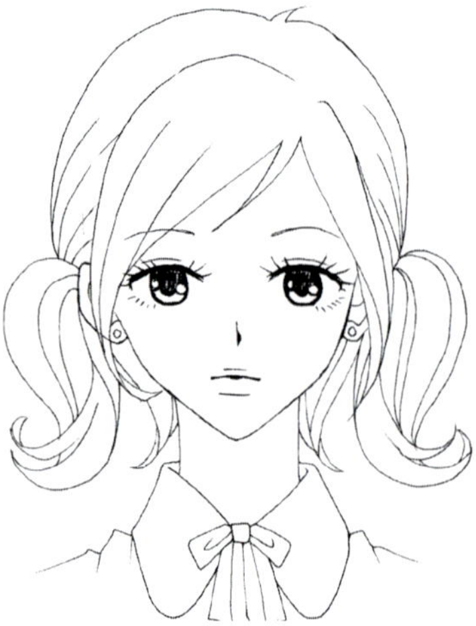

Zum Vergleich: ein ruhiger, neutraler Gesichtsausdruck.

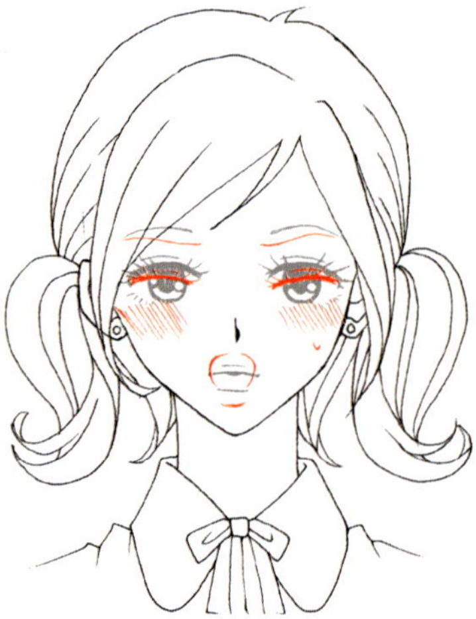

Die geschlossenen Augen und die geröteten Wangen zeichnen. Die Augenbrauen liegen tiefer als neutral, der Mund steht offen.

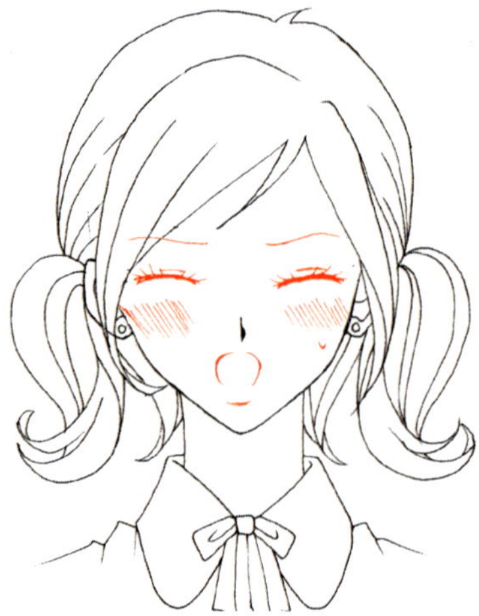

Auch der kleine Schweißtropfen auf der Wange zeigt, dass dem Mädchen etwas sehr peinlich ist.

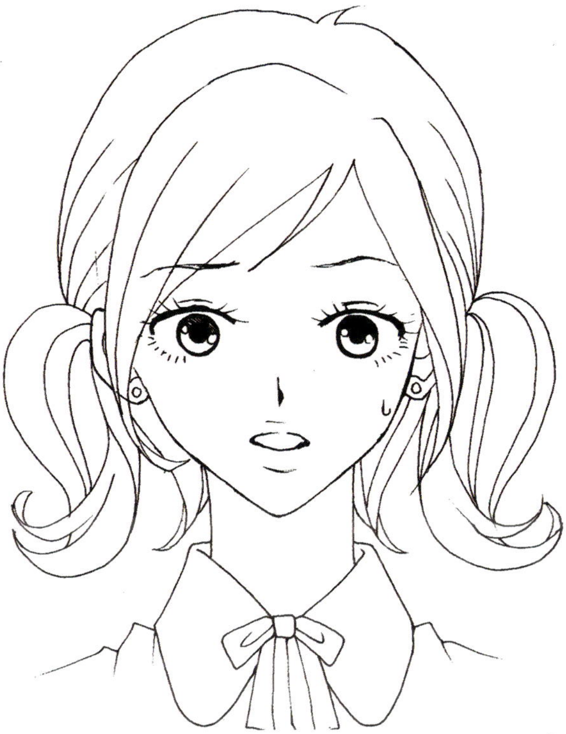

Erschrocken

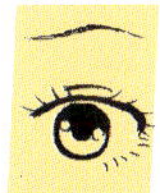

Augenbrauen wellig verzogen, Augen weit offen

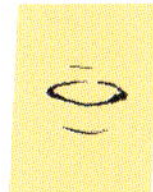

Mund leicht offen und sprachlos

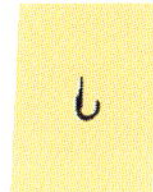

kleiner Schweißtropfen als Symbol für Stress

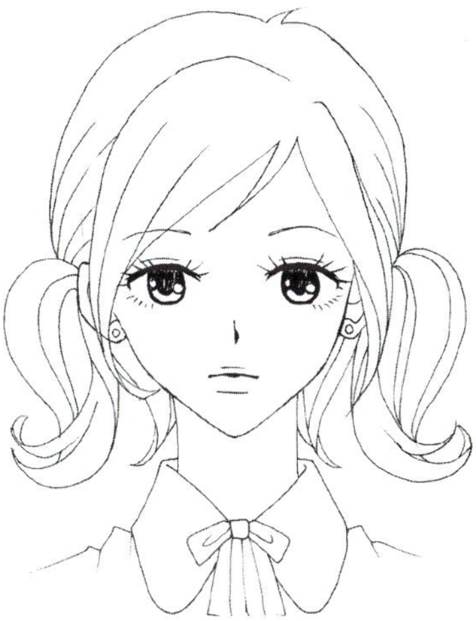

Zum Vergleich: ein ruhiger, neutraler Gesichtsausdruck.

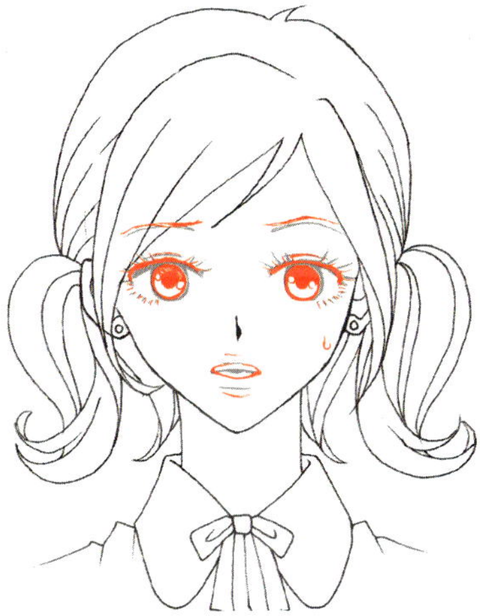

Die Augenbrauen sind gewellt. Die Augen sind weit geöffnet, also den gesamten Augapfel zeichnen. Der Mund ist leicht geöffnet, als ob sie gleich etwas sagen wollte.

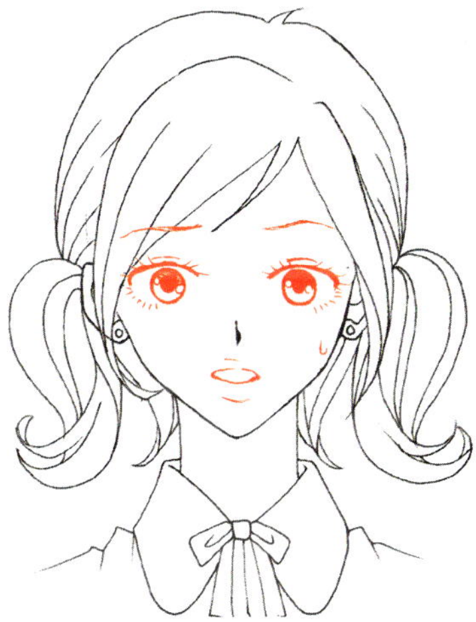

Der kleine Schweißtropfen auf der Wange ist ein Symbol für emotionalen Aufruhr.

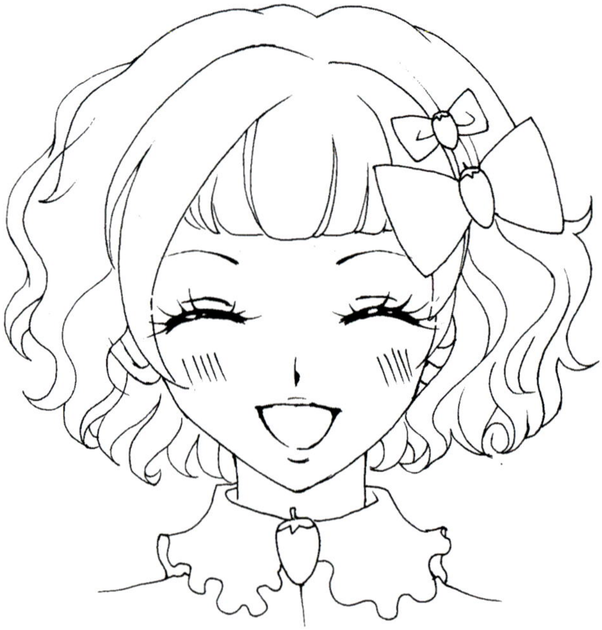

Vergnügt

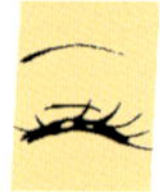

Augen geschlossen, aber glitzernd

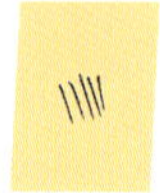

leicht gerötete Wangen

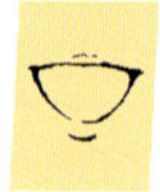

zum Lachen geöffneter Mund

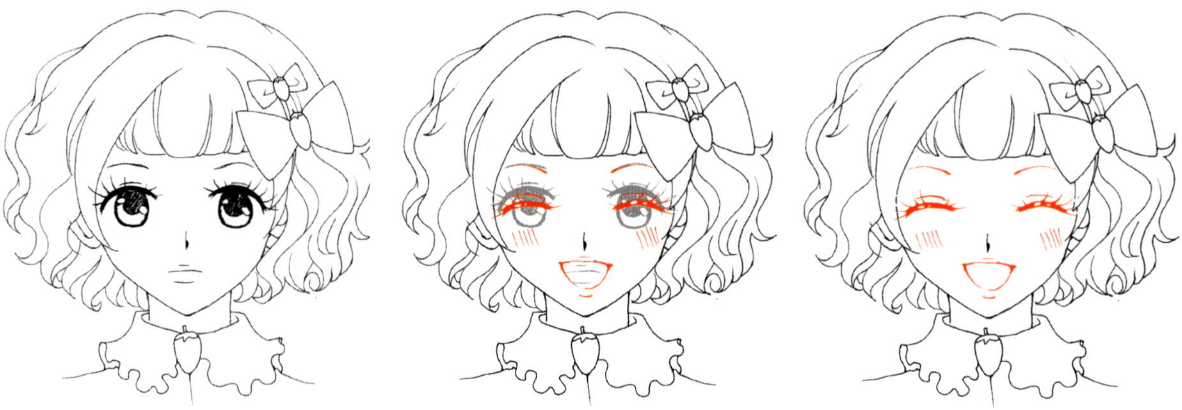

Zum Vergleich: ein ruhiger, neutraler Gesichtsausdruck.

Die Augen sind geschlossen, die Wangen leicht gerötet, und der Mund ist grob dreieckig zum Lachen geöffnet.

Selbst die geschlossenen Augen glänzen. Dafür sorgen gezeichnete Lichtreflexe.

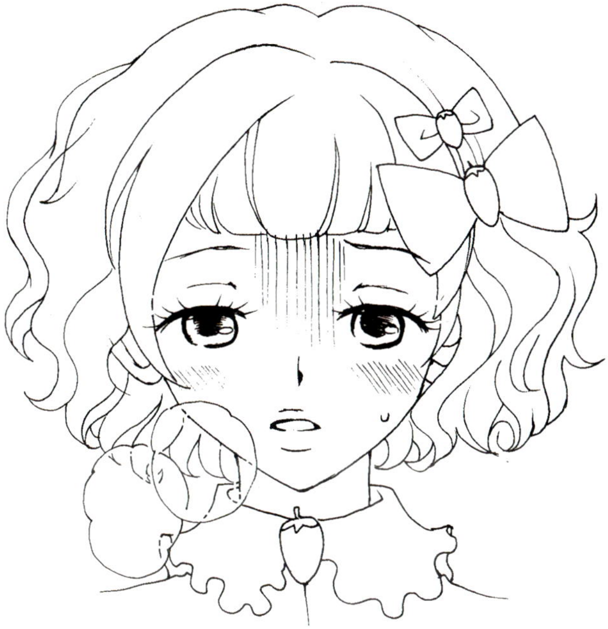

Krank

Senkrechte Striche auf der Stirn stehen für Benommenheit.

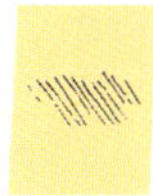

Gerötete Wangen und ein Schweißtropfen zeigen, dass es dem Mädchen nicht gut geht.

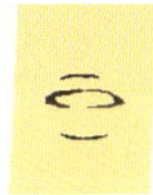

Mund minimal geöffnet, Mundwinkel zeigen leicht nach unten.

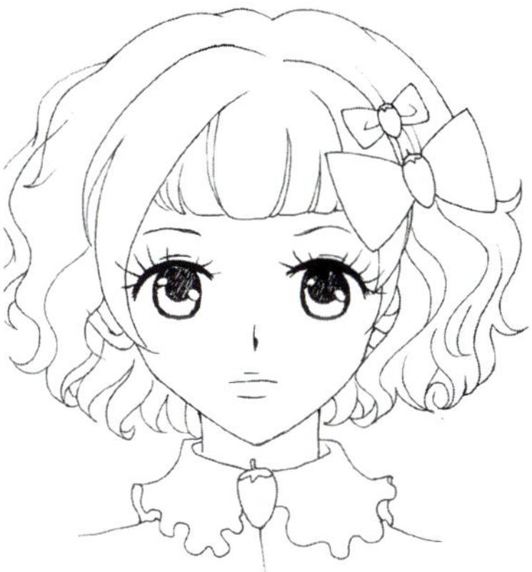

Zum Vergleich: ein ruhiger, neutraler Gesichtsausdruck.

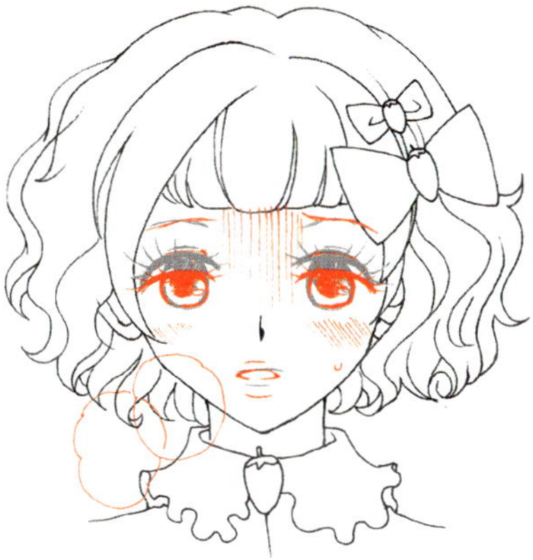

Zum Drittel geschlossene Augen zeichnen und die Rötung der Wangen andeuten. Den Schweißtropfen nicht vergessen. Der Mund ist leicht geöffnet.

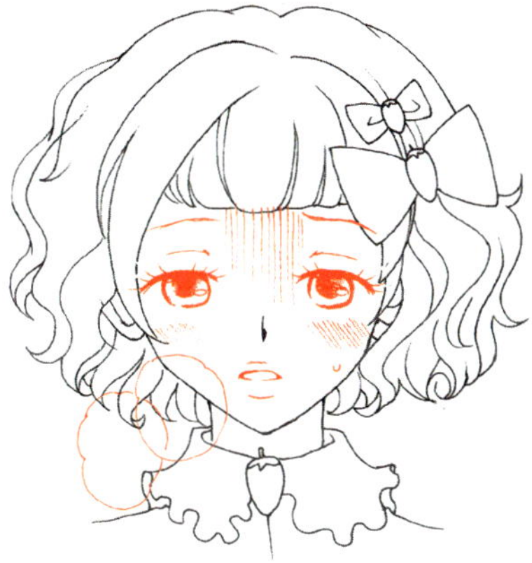

Senkrechte Striche auf der Stirn werden im Manga gern als Symbol für Benommenheit oder Schwindel verwendet. Kleine Wolken vor dem Mund zeigen, dass sie schwer atmet.

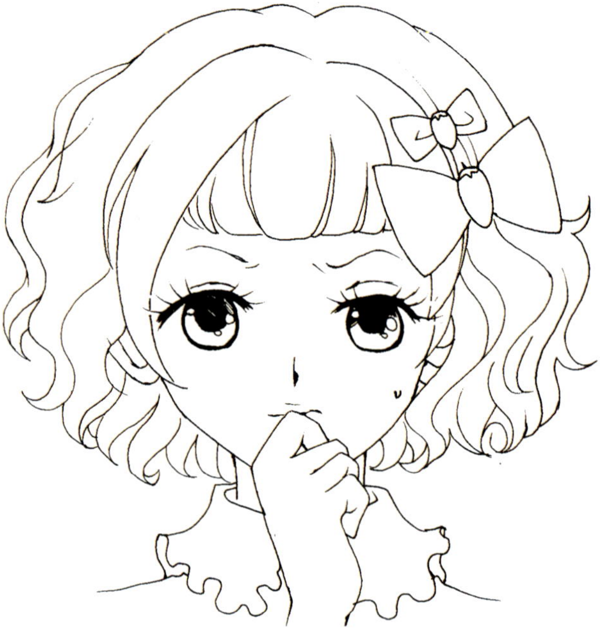

Nachdenklich

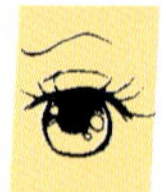

Eine Augenbraue beschreibt eine Welle, die andere ist flacher.

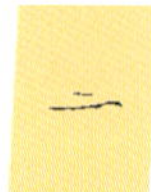

fest geschlossener Mund

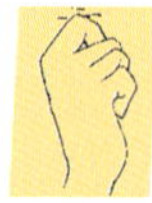

Hand am Mund

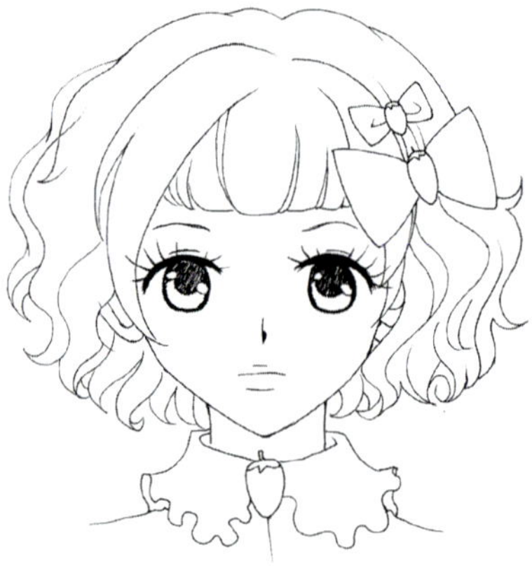

Zum Vergleich: ein ruhiger, neutraler Gesichtsausdruck.

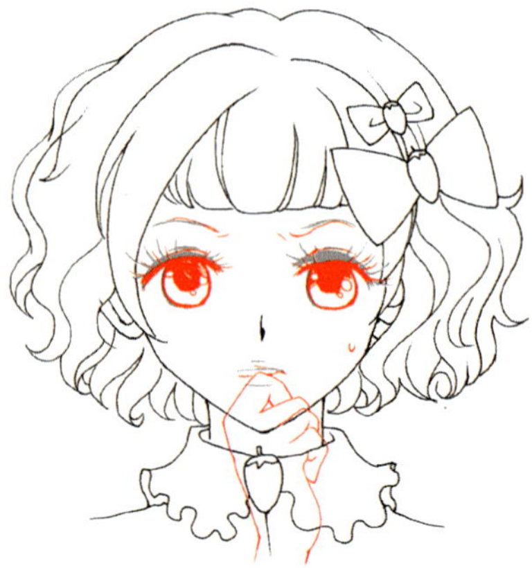

Beim angestrengten Nachdenken sind die Augenbrauen in Bewegung: Eine ist gehoben, die andere gesenkt und liegt in einer Welle. Dadurch entsteht auf der Stirn eine kleine Falte.

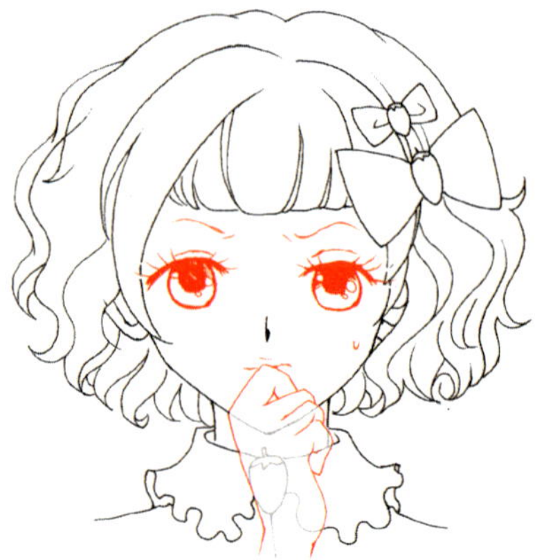

Der kleine Schweißtropfen steht hier für die Anstrengung. Der gekrümmt angehobene Zeigefinger ihrer Hand liegt an der Unterlippe.

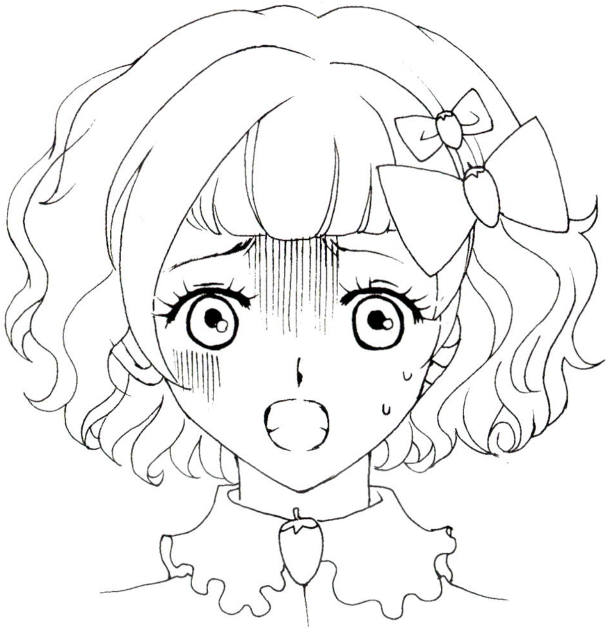

Entsetzt

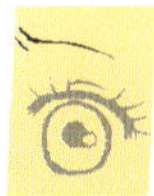

Augenbrauen in der Mitte stark gehoben, nach außen gesenkt

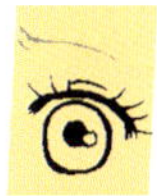

Augen weit offen, kleine Pupillen

Senkrechte Striche auf Stirn und Wange stehen für Schwindel (vor Schreck).

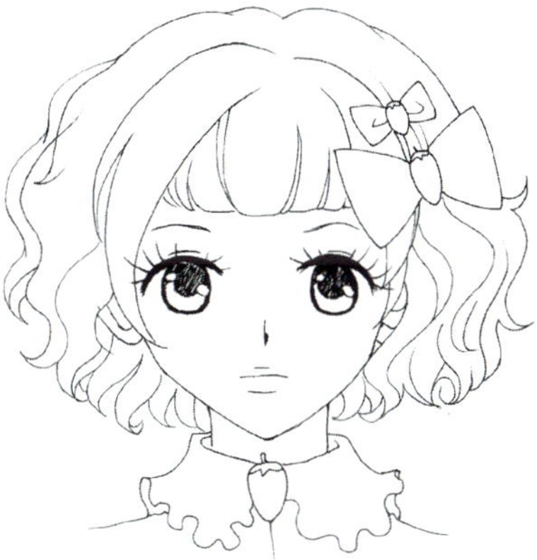

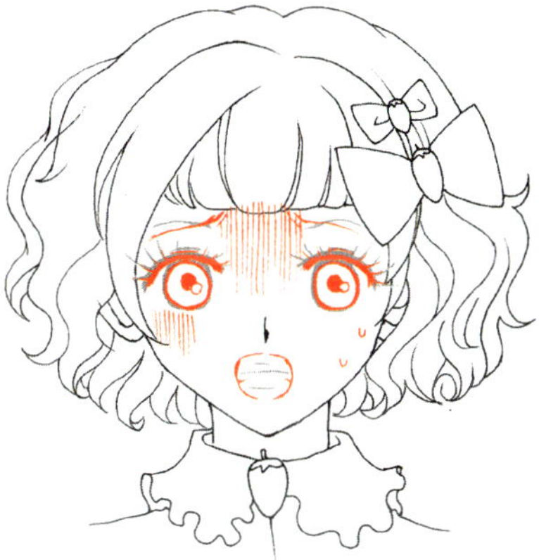

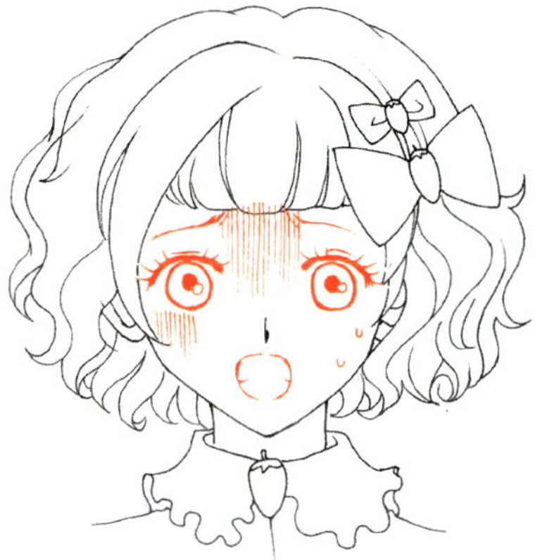

Zum Vergleich: ein ruhiger, neutraler Gesichtsausdruck.

Die Augen sind weit offen, die Pupillen sind deutlich kleiner. Die Augenbrauen sind an den Seiten gesenkt und über der Stirn stark hochgezogen, insgesamt länger als in der neutralen Version.

Senkrechte Striche auf Stirn und/oder Wange sind im Manga ein Zeichen für Schwindel oder Benommenheit. Die Schweißtröpfchen stehen für Stress.

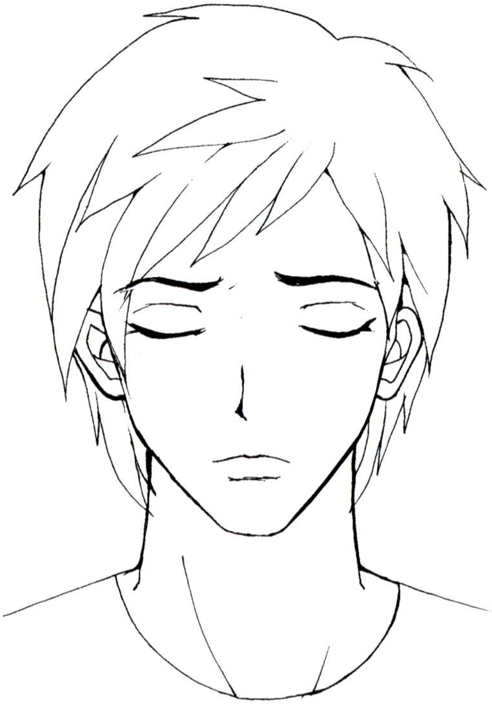

Traurig

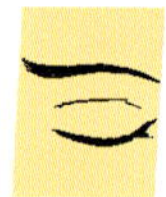

Augen sanft geschlossen, Augenbrauen über der Stirn leicht gehoben

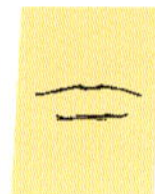

Mund geschlossen

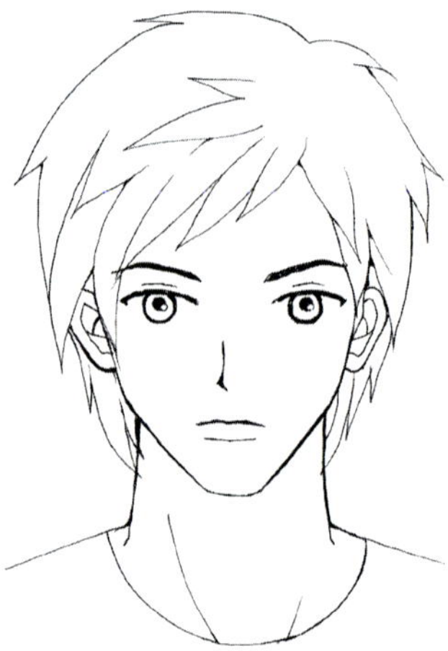

Zum Vergleich: ein ruhiger, neutraler Gesichtsausdruck.

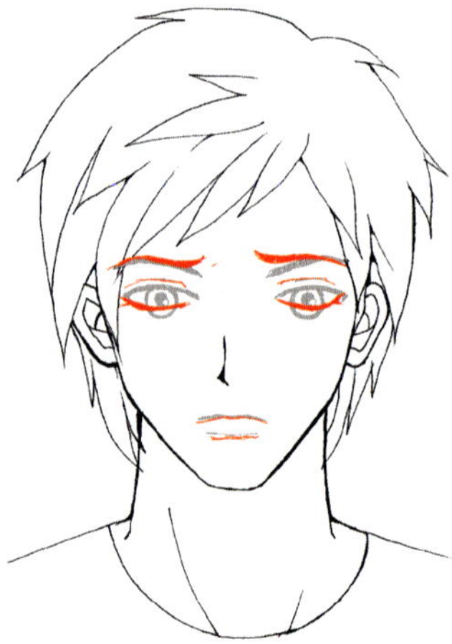

Die Augenbrauen sind über der Nasenwurzel leicht angehoben. Die geschlossenen Augen beschreiben einen flachen Bogen nach unten. Die Lidfalte zart einzeichnen.

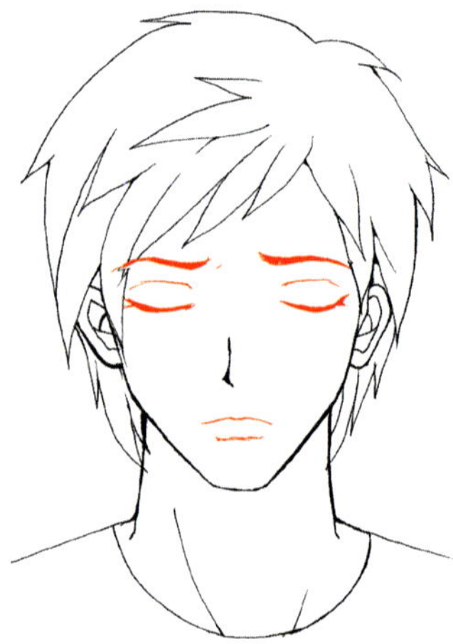

Die Mundwinkel zeigen etwas nach unten. Für ein traurig-versöhnliches Lächeln könnten sie auch leicht nach oben gekrümmt sein.

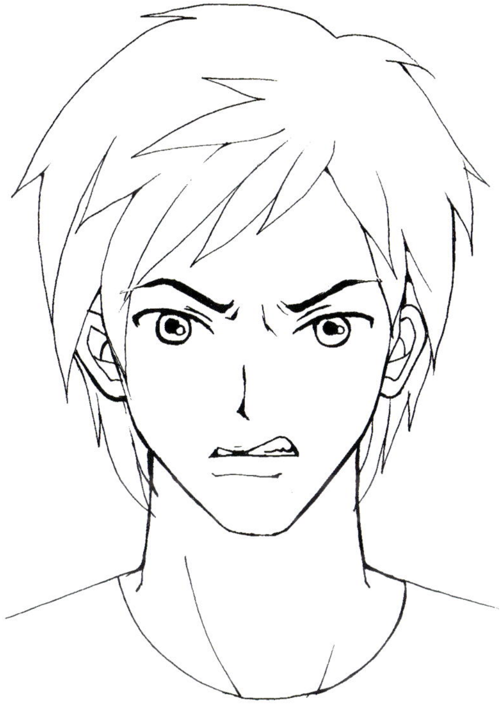

Wütend

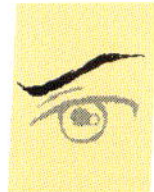

sehr tief gezogene Augenbrauen zur Nasenwurzel, Falten zwischen den Brauen

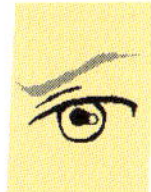

kleine Pupillen

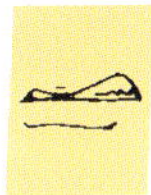

verzerrter Mund, gebleckte Zähne

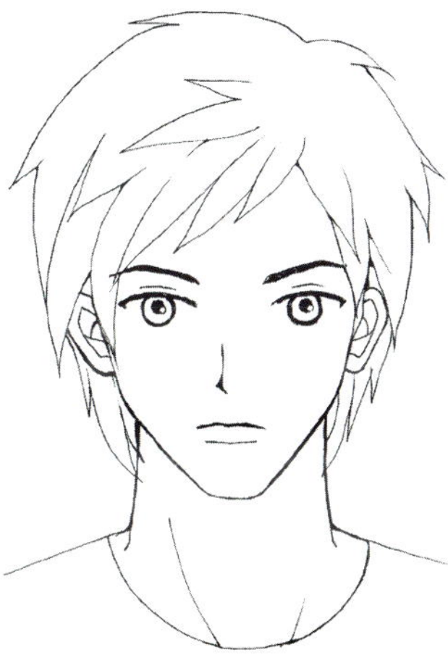

Zum Vergleich: ein ruhiger, neutraler Gesichtsausdruck.

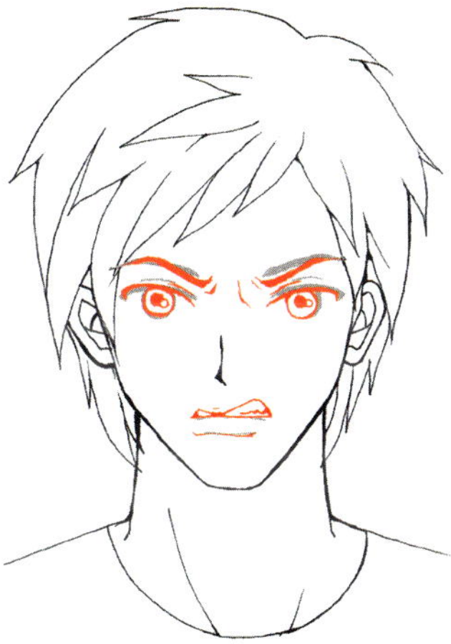

Die Augenbrauen sind tief zur Nasenwurzel hinabgezogen, sodass eine Welle entsteht. Dazwischen entsteht eine Falte. Die Pupillen sind klein.

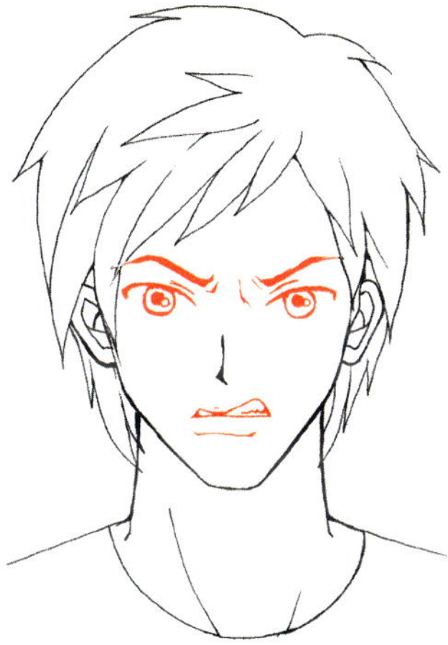

Durch den verzerrten Mund kann man ein wenig die Zähne sehen.

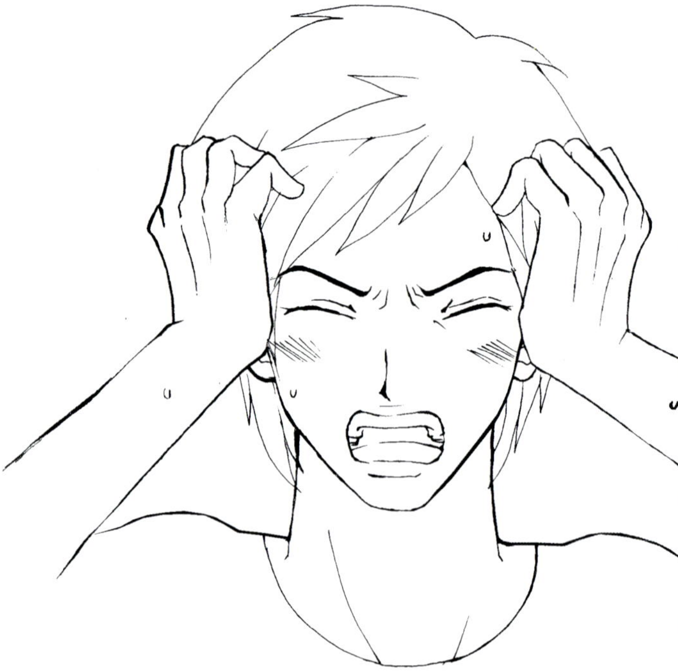

Frustriert

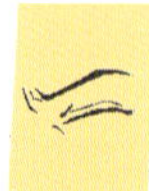

Augen zugekniffen, Augenbrauen zur Nasenwurzel herabgezogen, kurze Stirnfalten

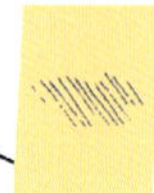

gerötete Wangen

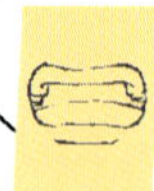

Mund weit offen, Zähne sichtbar

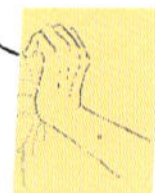

Hände an den Kopf gehoben, Haare raufend

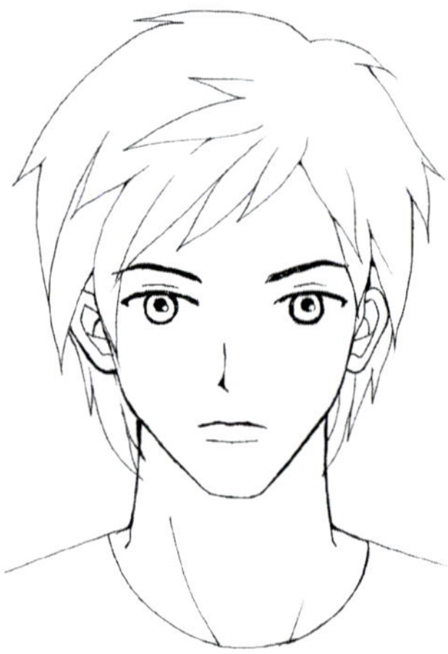

Zum Vergleich: ein entspannter, neutraler Gesichtsausdruck.

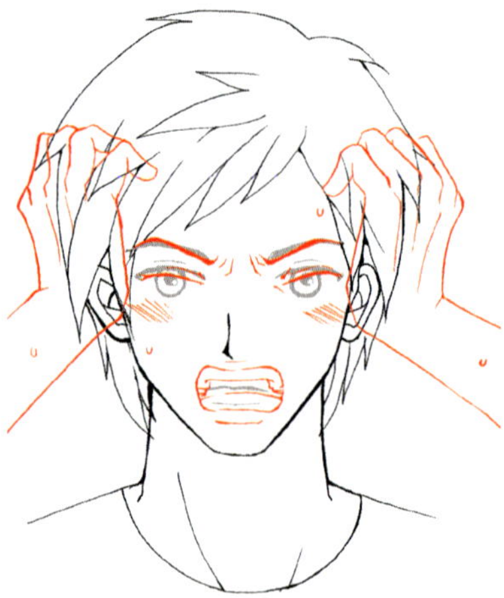

Die geschlossenen Augen beschreiben leichte Bögen nach oben. Augenbrauen und Stirnfalten drücken Zorn oder Verzweiflung aus. Die Wangen sind gerötet. Der Mund ist so weit geöffnet, dass man Zahnreihen sieht.

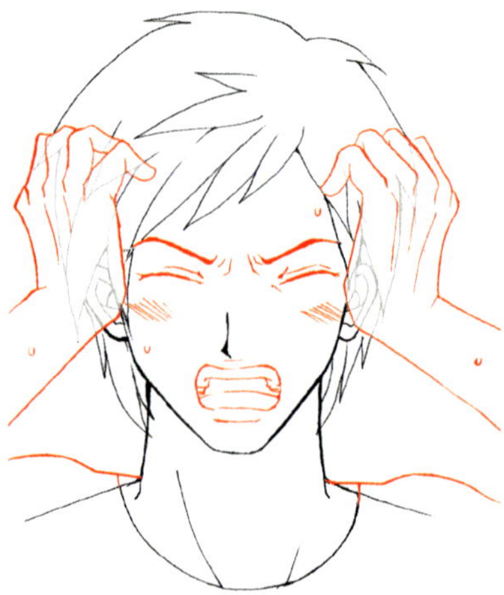

Die Person greift sich mit den Händen an den Kopf, darum sind die Schultern leicht angehoben! Die Schweißtropfen symbolisieren Stress.

Enttäuscht

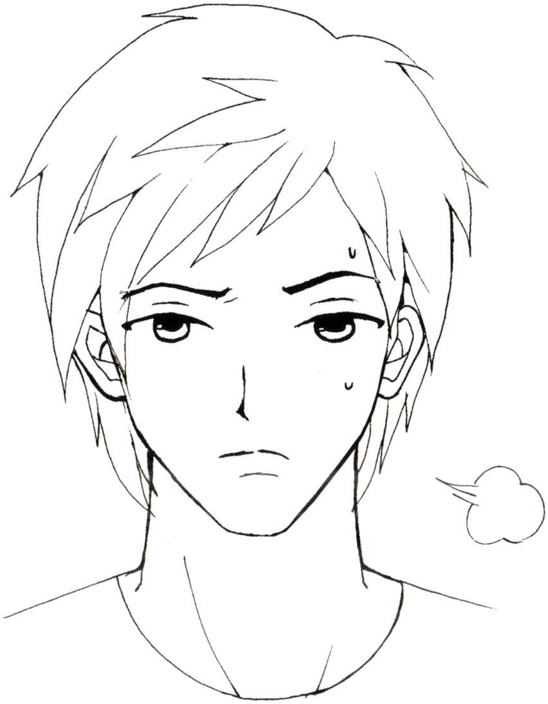

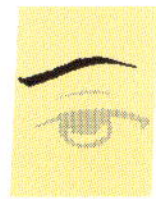

Augenbrauen leicht zur Nasenwurzel herabgezogen

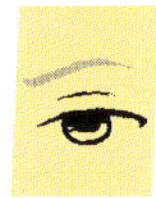

Augenlider gesenkt (Augen etwa 1/3 geschlossen), Pupillen dunkel

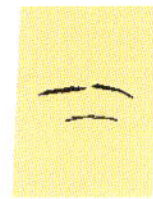

Mundwinkel leicht nach unten gezogen

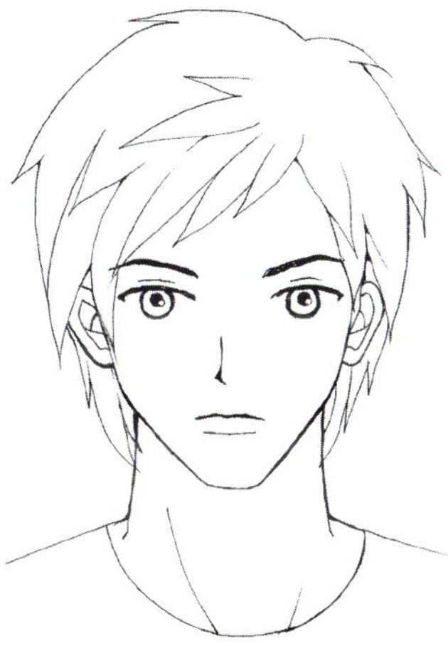

Zum Vergleich: ein entspannter, neutraler Gesichtsausdruck.

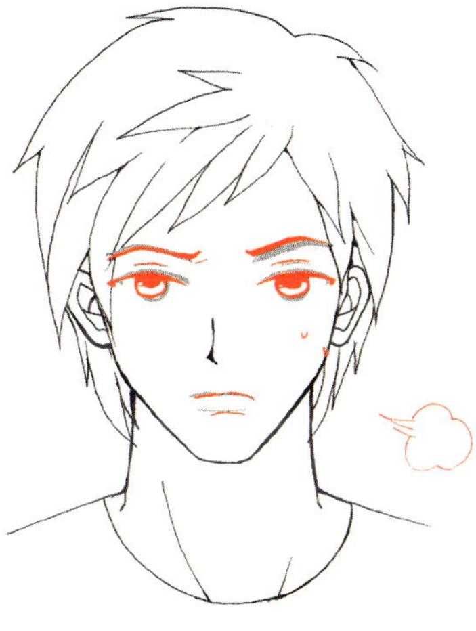

Die Augenbrauen beschreiben zur Mitte hin eine kleine Welle. Die Augenlider sind leicht gesenkt, und die Pupillen sind dunkel und glanzlos. Herabgezogene Mundwinkel drücken Unzufriedenheit aus.

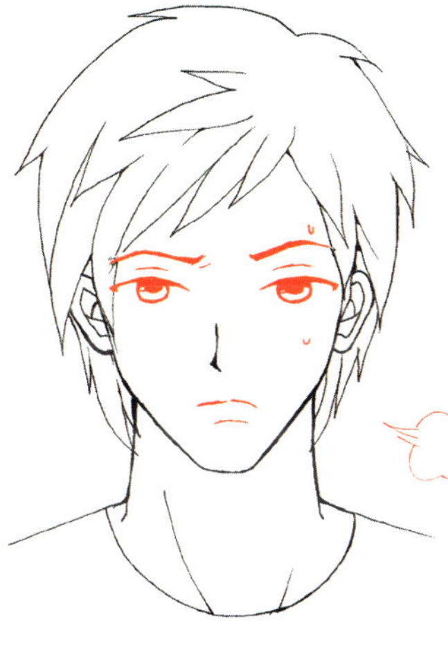

Ein Schweißtropfen steht hier für Enttäuschung oder Unzufriedenheit. Die kleine Wolke symbolisiert einen tiefen Seufzer.

STEHENDER MANN, ANGELEHNT

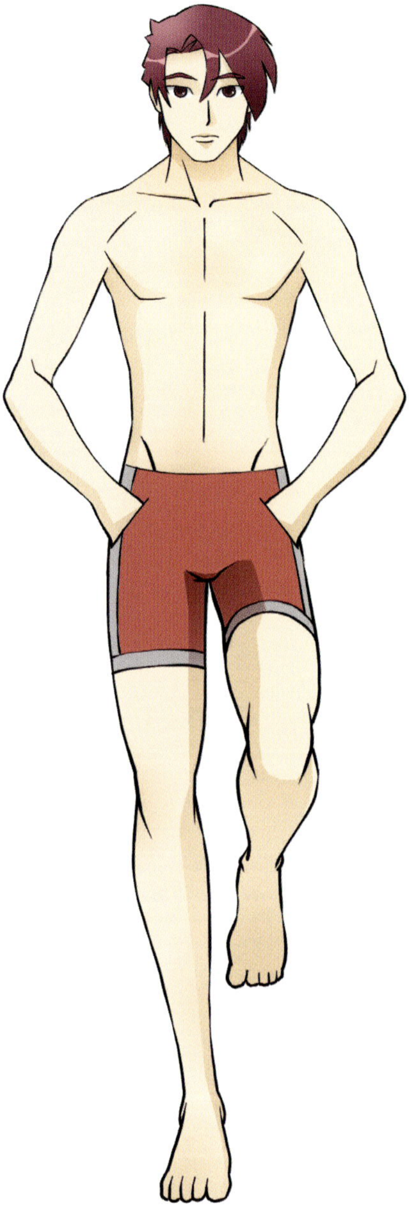

Frontalansicht

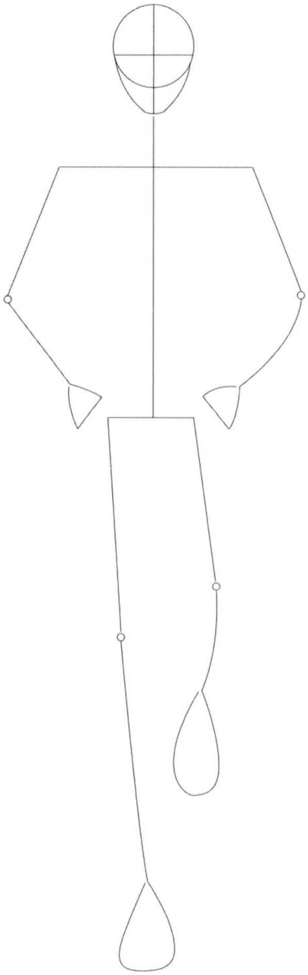

Mit einer Strichfigur beginnen. Die Arme sind zu den Hüften hin abgewinkelt. Ein Bein ist angehoben und im Knie gebeugt, um den Fuß an die Wand zu stellen. Das andere Bein ist etwas zur Mittellinie verlagert, um das Gleichgewicht zu halten.

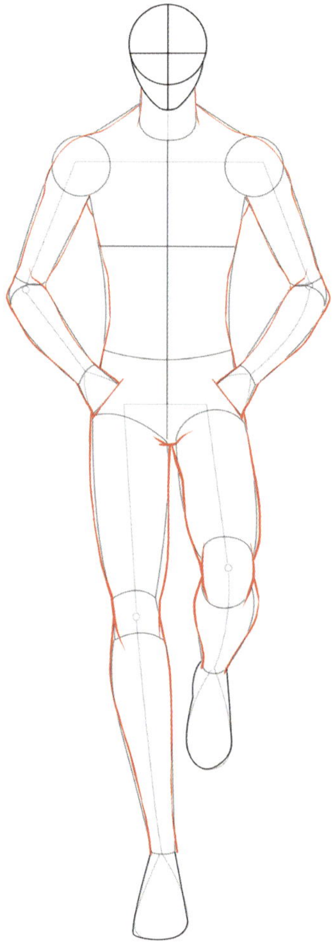

Die Umrisse von Körper und Muskeln zeichnen. Der Hals ist fast so breit wie der Kopf. Die Schultern sind breiter als die Hüften.

Das an die Wand gestellte Bein wird etwas kürzer gezeichnet als das andere, das Knie jedoch etwas breiter. Durch diese Verkürzung wird die Perspektive zeichnerisch dargestellt.

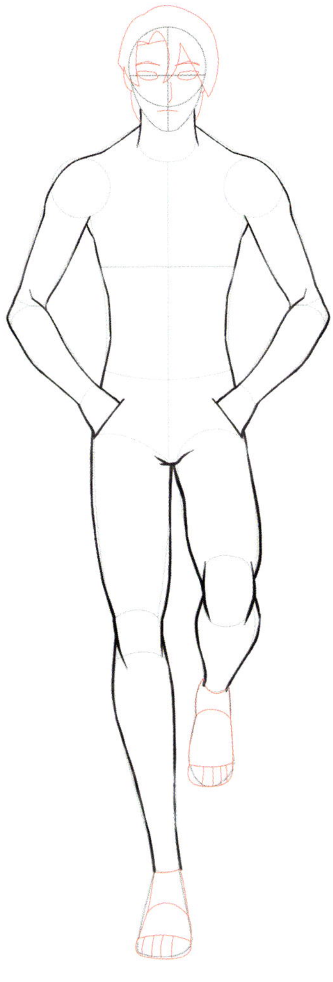

Gesicht, Haare und Füße grob skizzieren.

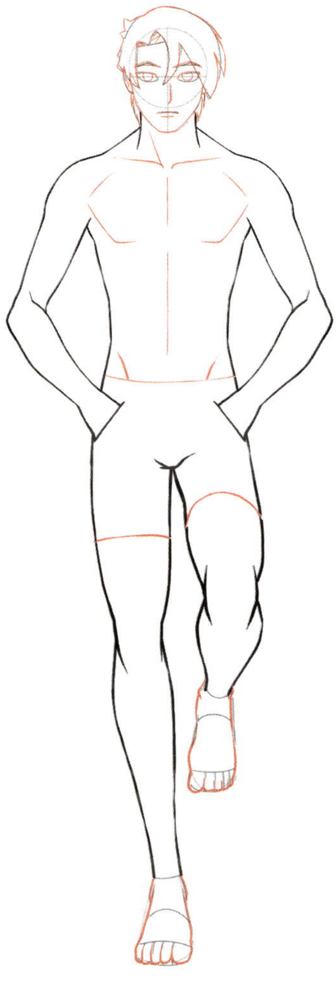

Gesichtszüge und Füße ausarbeiten. Die Schlüsselbeine sowie die Brust- und Bauchmuskeln andeuten. Die Hose abgrenzen.

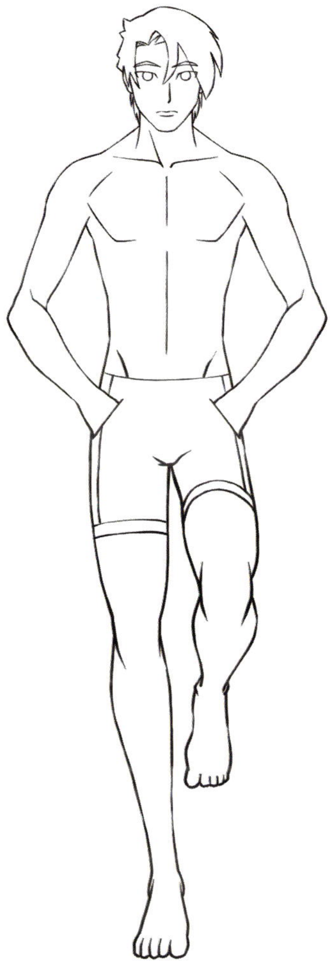

Weitere Details der Hose ergänzen.

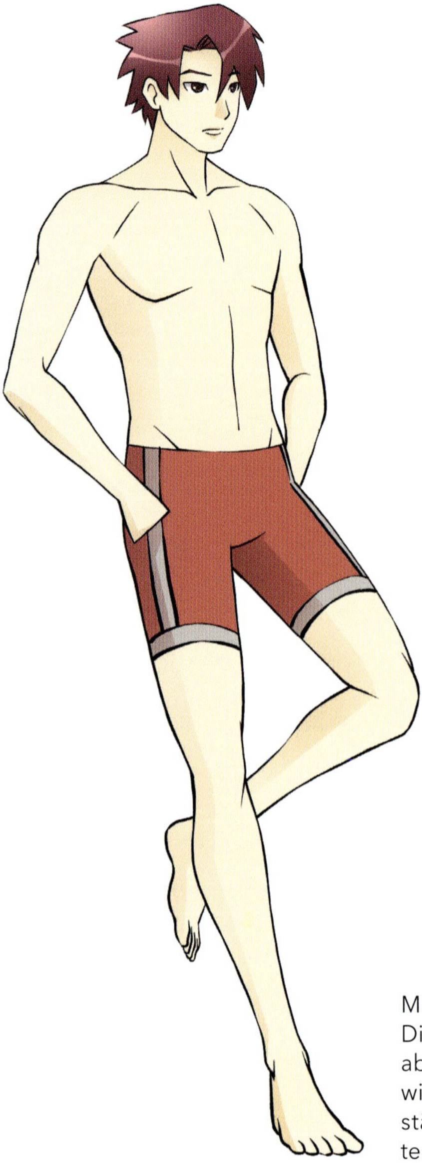

Halbprofil

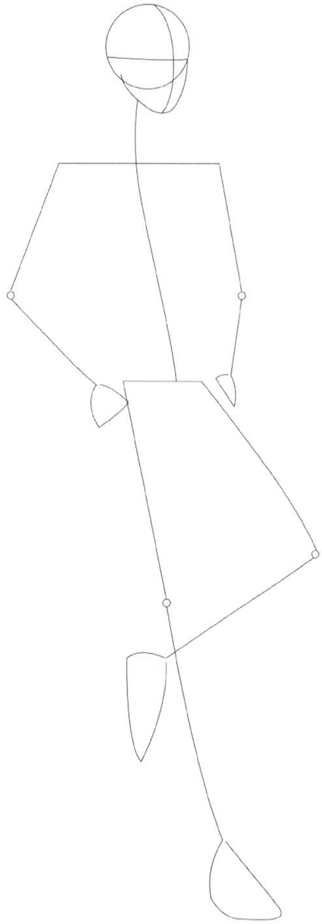

Mit einer Strichfigur beginnen. Die Arme sind zu den Hüften hin abgewinkelt. Aus diesem Blickwinkel wirkt der vordere Arm stärker abgewinkelt als der hintere. Ein Bein ist angehoben und im Knie gebeugt, der Fuß liegt an der Wand. Das andere Bein steht schräg nach vorn.

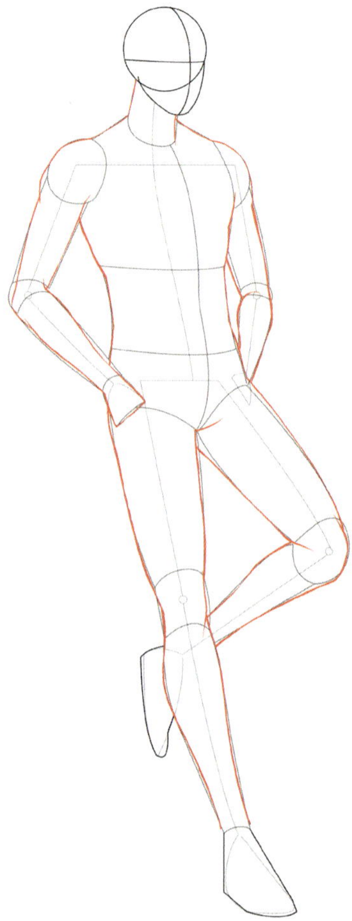

Die Umrisse von Körper und Muskeln zeichnen. Der Hals ist fast so breit wie der Kopf. Die Schultern sind breiter als die Hüften.

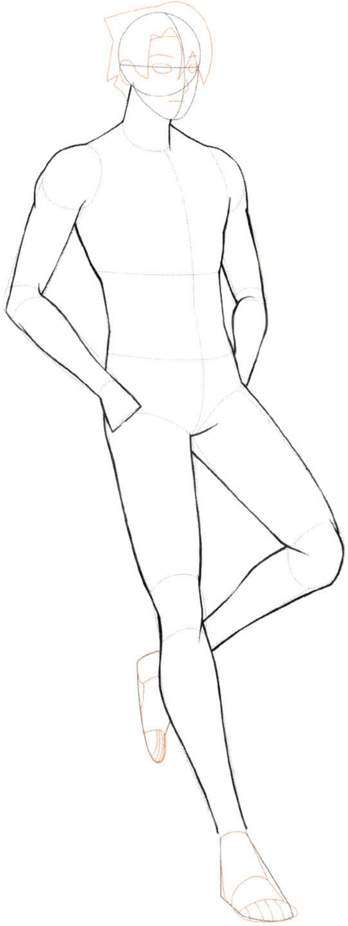

Gesicht, Haare und Füße grob skizzieren.

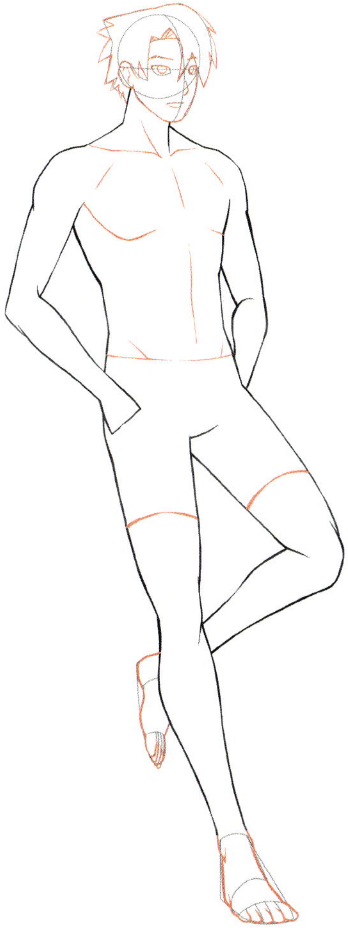

Haare, Gesichtszüge und Füße ausarbeiten. Die Schlüsselbeine sowie die Brust- und Bauchmuskeln andeuten. Die Hose abgrenzen.

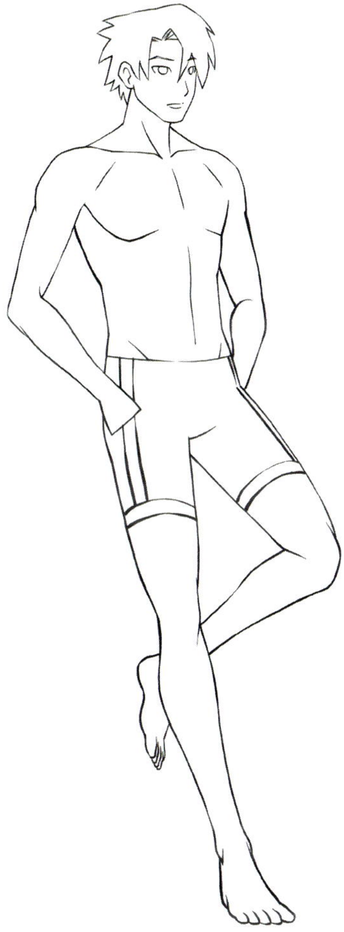

Weitere Details der Hose ergänzen.

GEHENDE FRAU

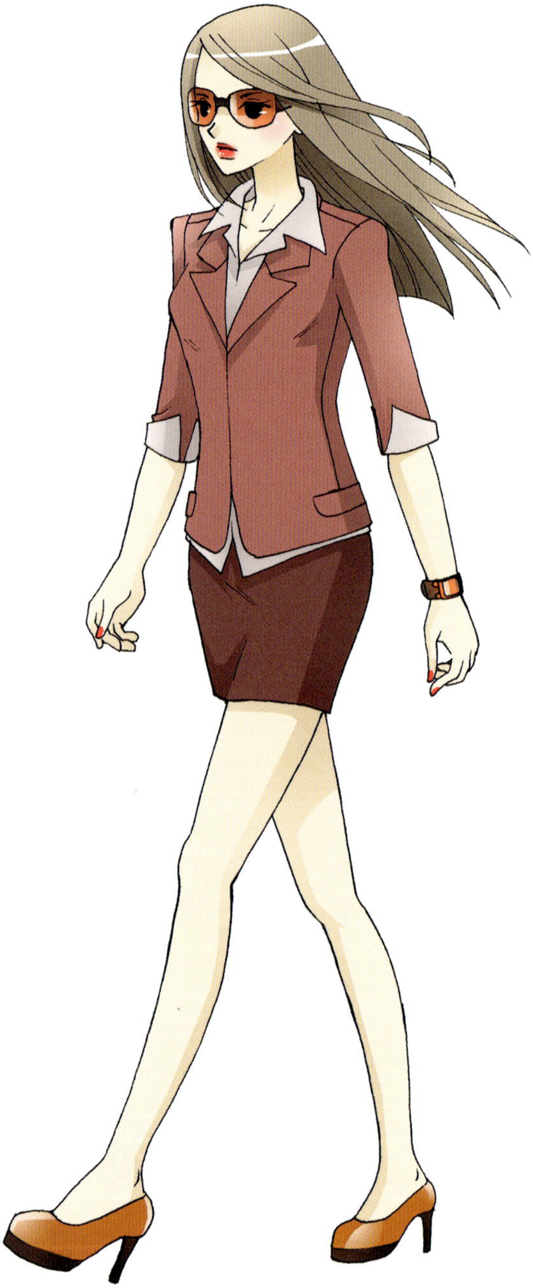

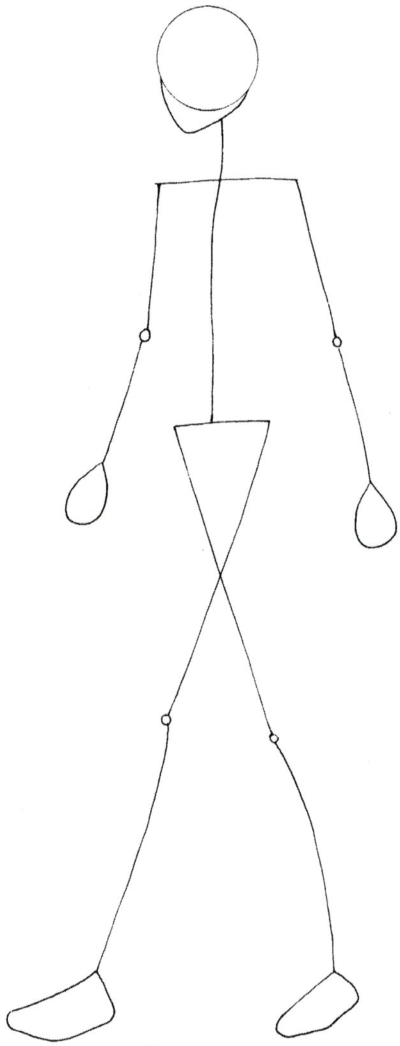

Mit einer Strichfigur mit den Proportionen einer jungen erwachsenen Frau beginnen. Die Beine sind im oberen Bereich gekreuzt.

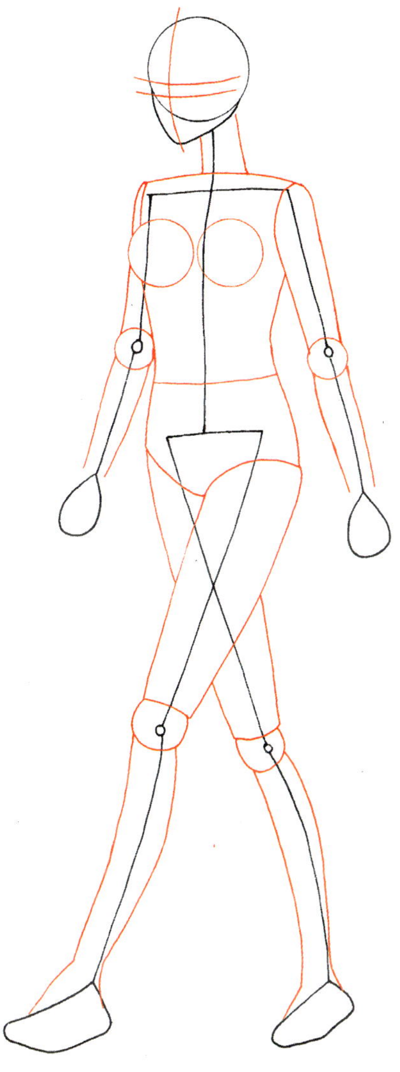

Den Umriss des Körpers grob vorzeichnen. Die Gesichtshilfslinien hinzufügen. Die Brüste durch zwei Kreise andeuten.

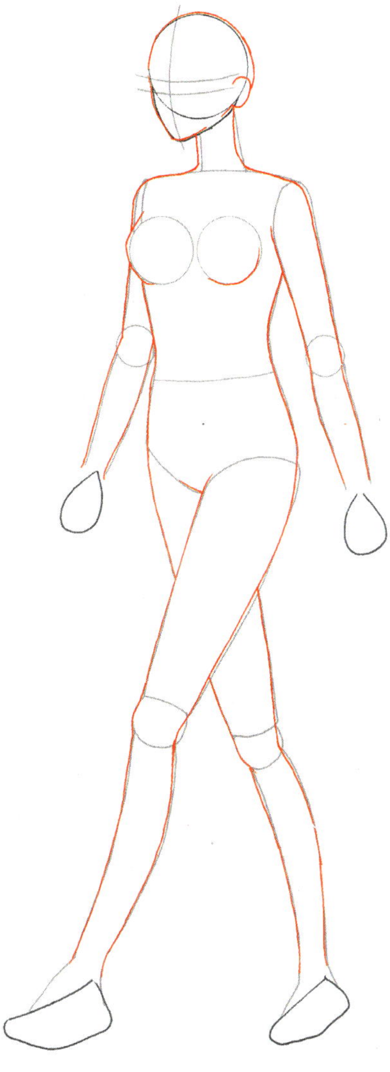

Die Formen von Rumpf, Beinen, Armen und Gesicht deutlicher ausarbeiten. Das Ohr zeichnen, es dient als Orientierung für die Position der Brille.

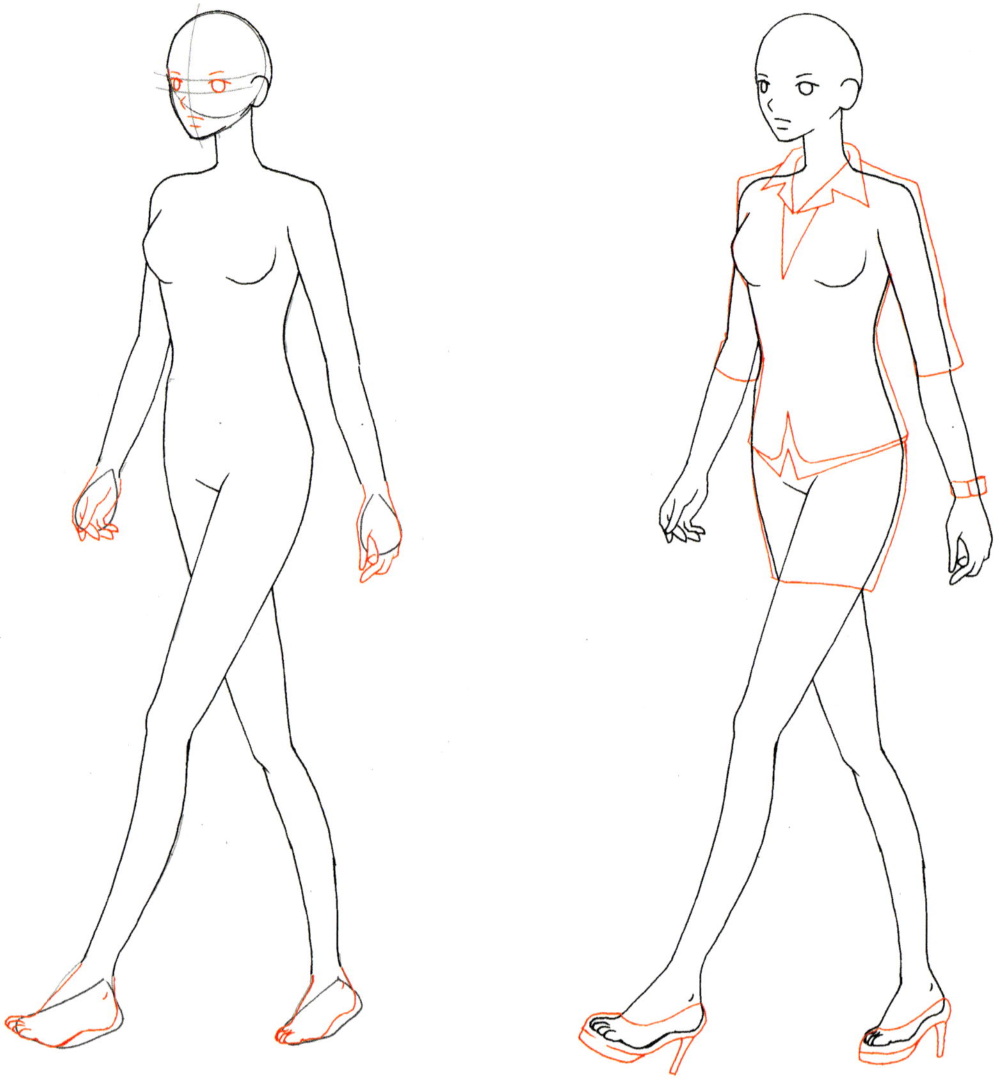

Augen, Nase und Mund einzeichnen. Hände und Füße genauer ausarbeiten.

Die Umrisse des Kostüms und der Schuhe mit hohen Absätzen zeichnen. Ein Armband oder eine Armbanduhr hinzufügen.

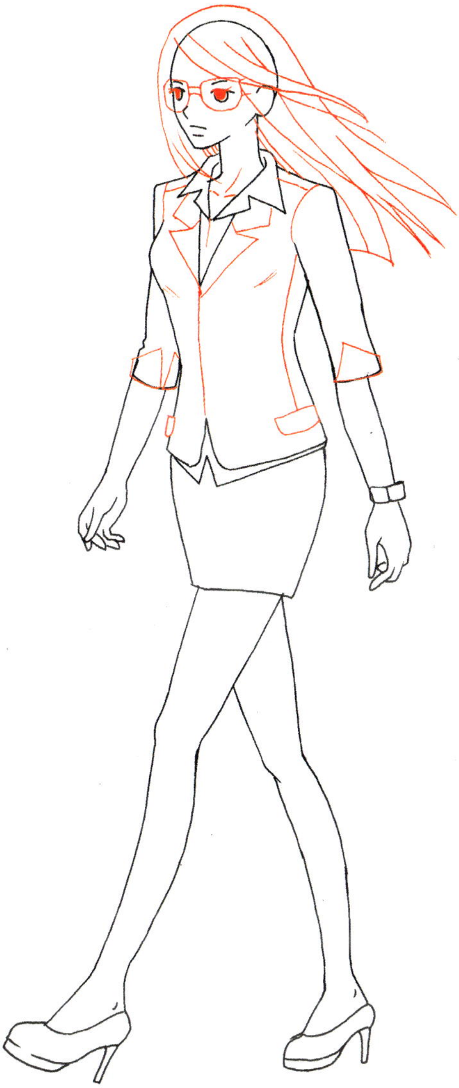

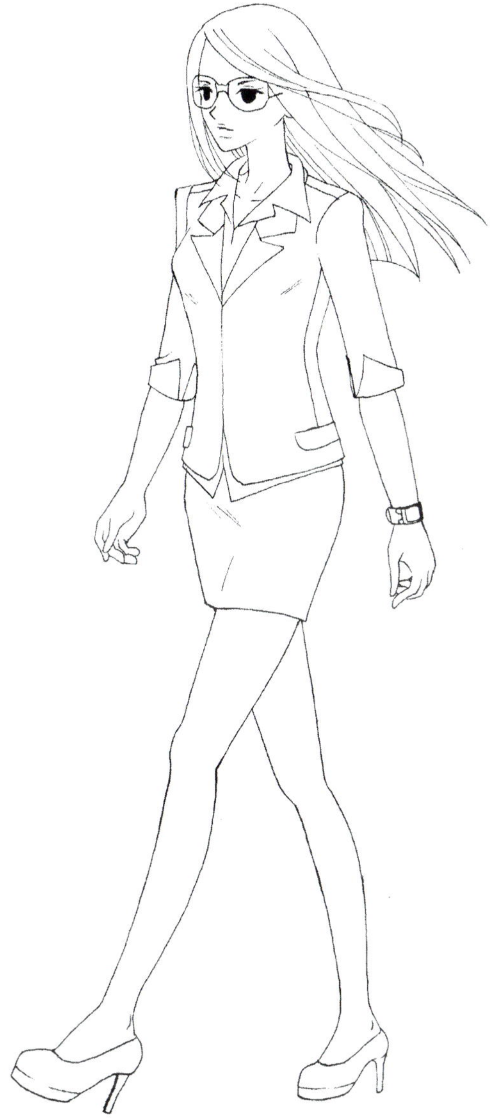

Die langen glatten Haare zeichnen. Sie wehen nach hinten, sodass die zügige Bewegung erkennbar wird. Die Kleidung und die Augen detailliert ausarbeiten. Die Brille hinzufügen.

Zuletzt noch Gehfalten in den Rock zeichnen und mehr Haarsträhnen ergänzen.

LAUFENDER JUNGE

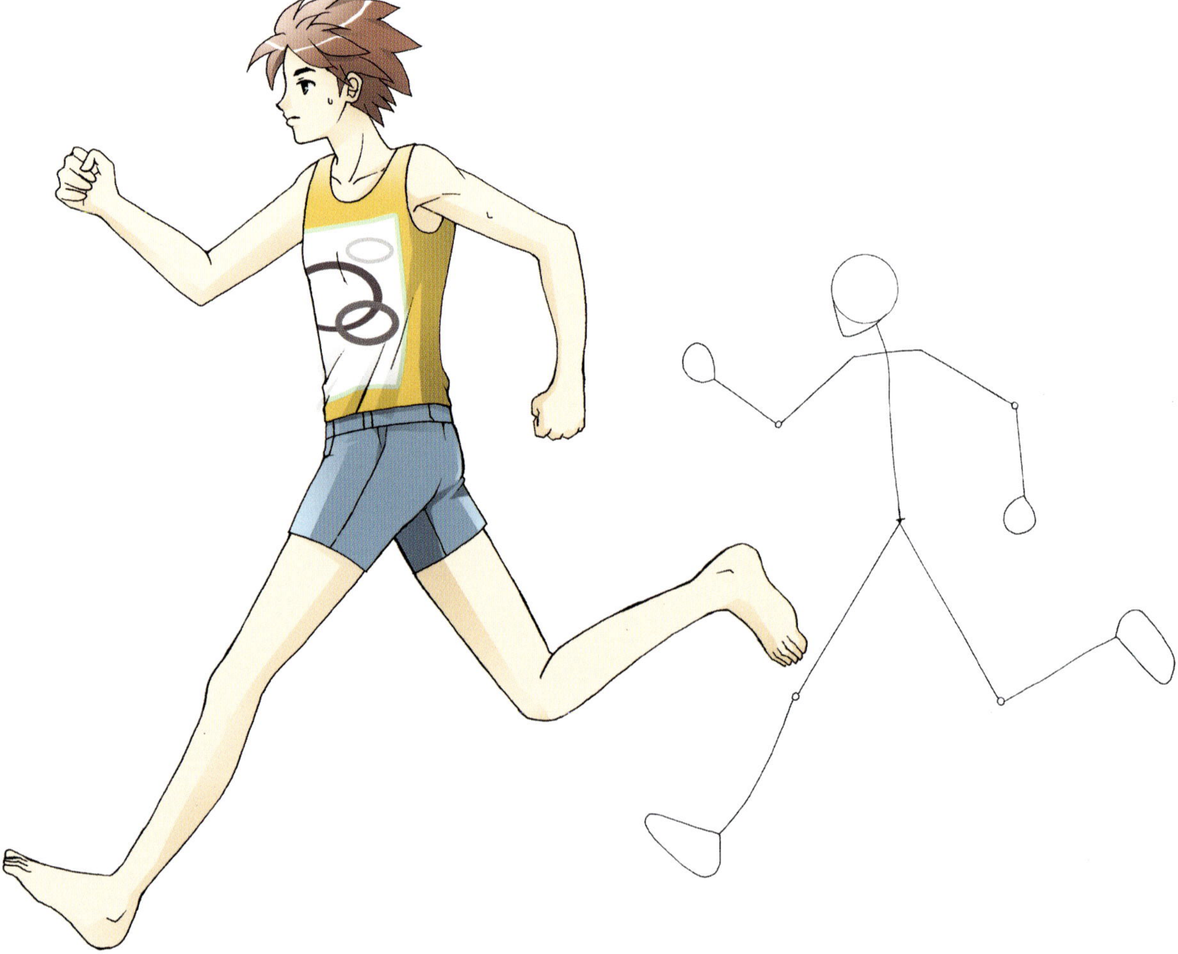

Zuerst eine Strichfigur mit den Proportionen eines Teenagers zeichnen. Die Figur ist im Profil zu sehen, die Beine machen einen großen Schritt. Die Arme folgen der Bewegung, um das Gleichgewicht zu halten.

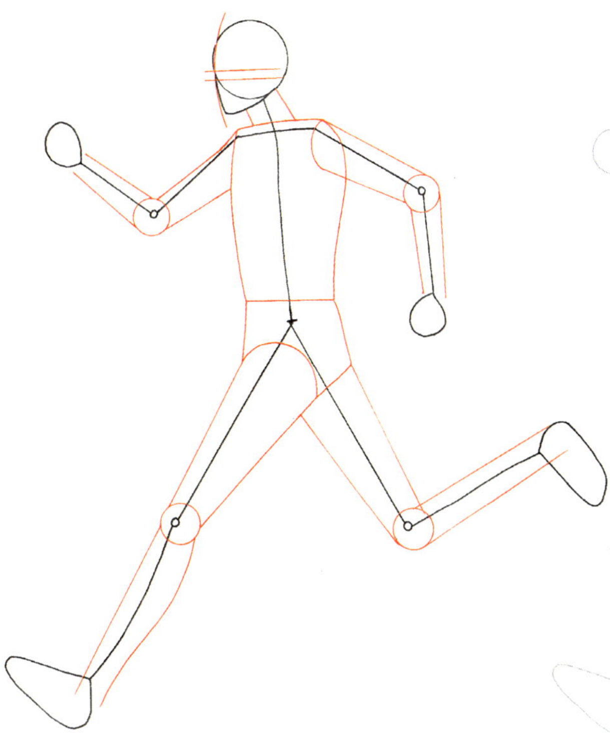

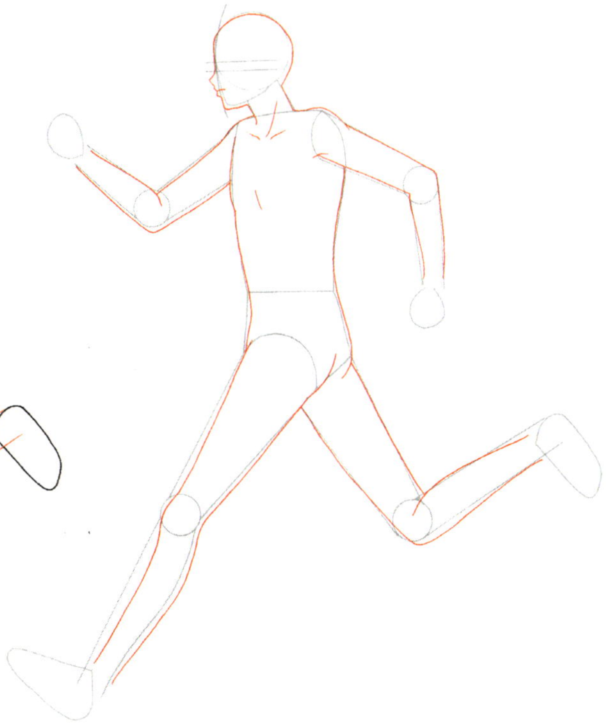

Den Umriss des Körpers grob vorzeichnen und die Gesichtshilfslinien einzeichnen.

Die Formen von Rumpf, Beinen, Armen und Gesicht genauer ausarbeiten.

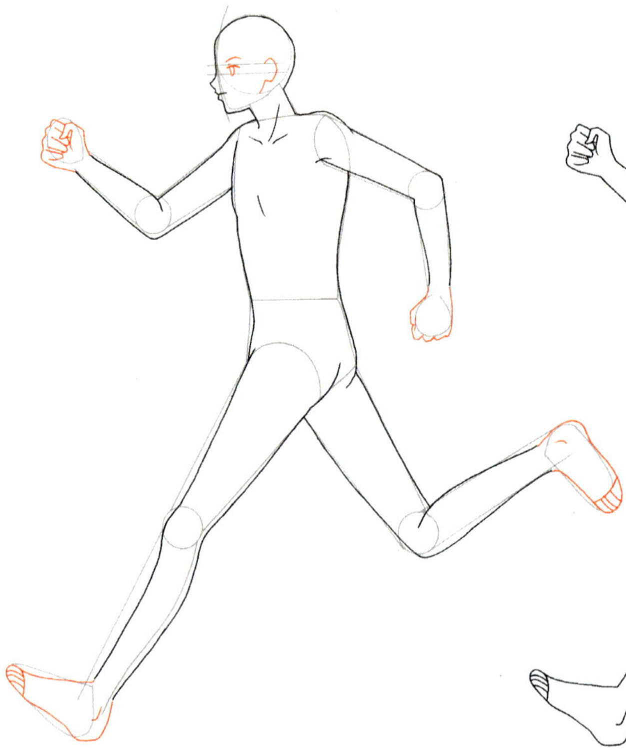

Auge und Ohr zeichnen. Die Hände als Fäuste hinzufügen, dann die Füße skizzieren.

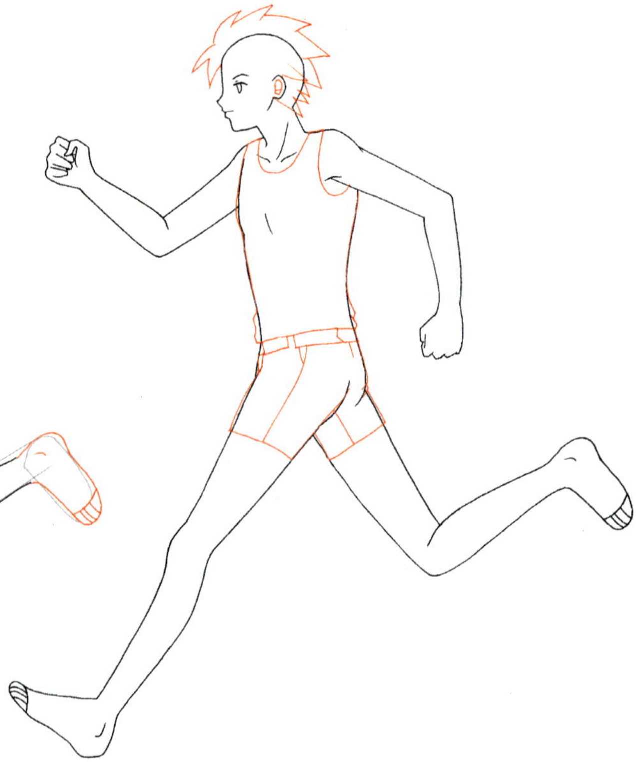

Die Frisur zeichnen, sie ist deutlich größer als der Kopf. Die Umrisse der Sportkleidung skizzieren.

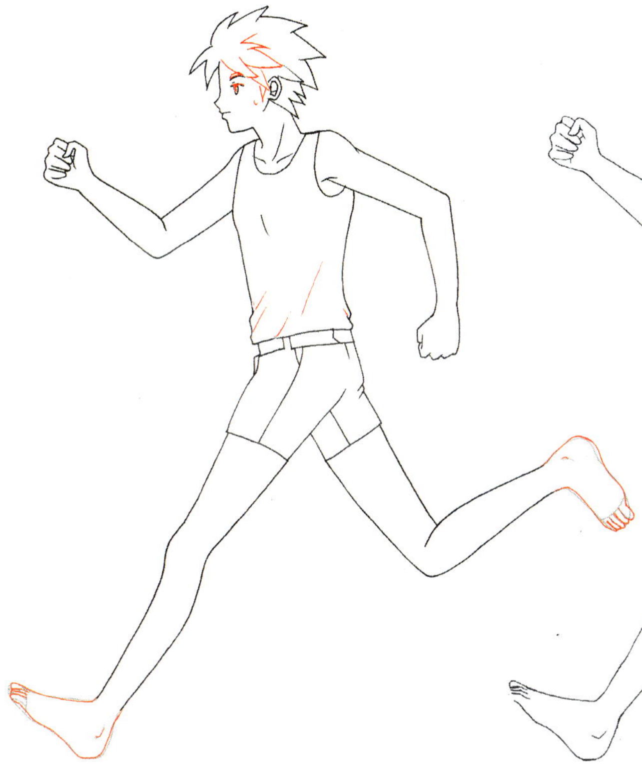

Auge und Haare detailliert ausarbeiten. Die Falten auf dem Shirt andeuten. Die Füße ausarbeiten.

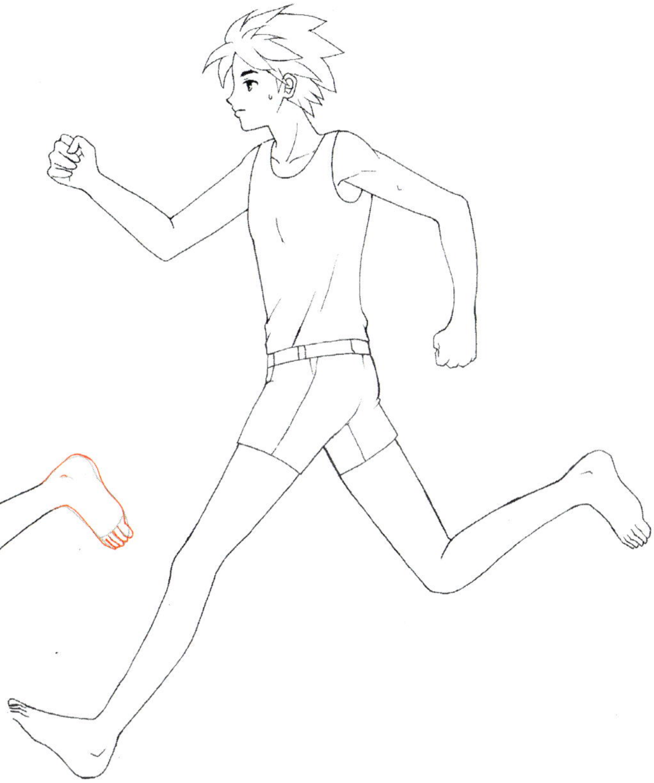

Letzte kleine Einzelheiten an Kleidung und Haaren sowie die Armmuskeln ergänzen.

SPRINGENDES GIRLIE

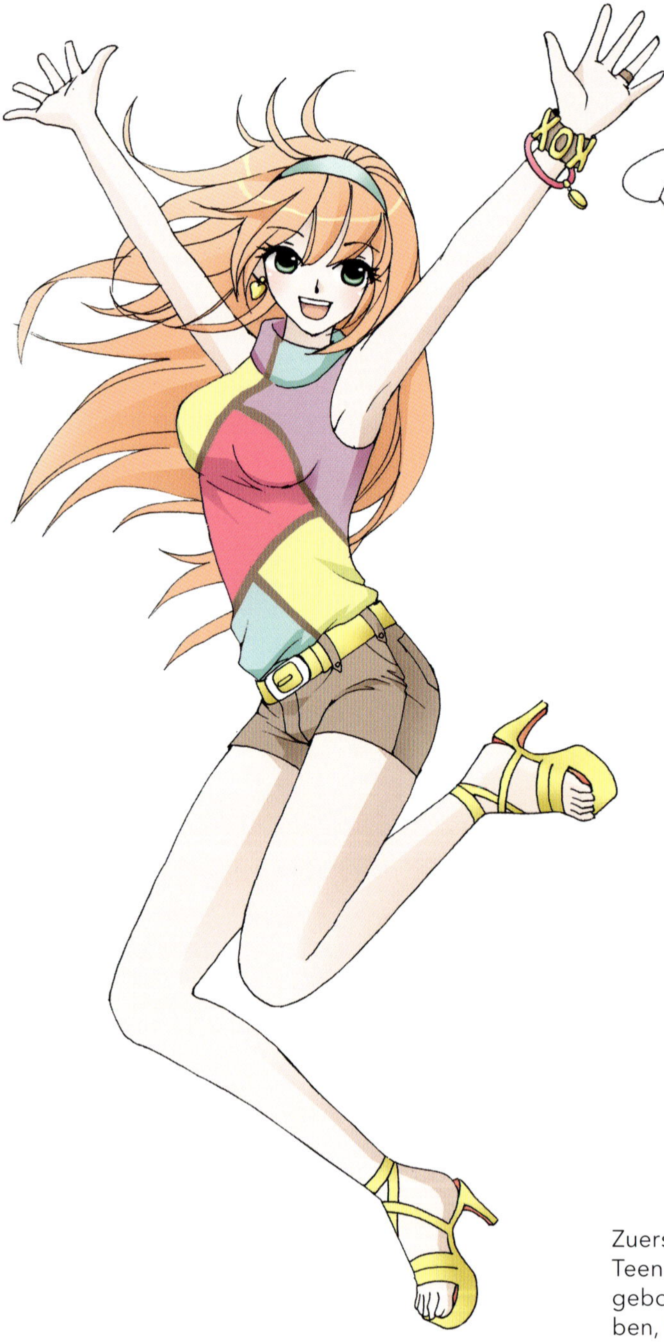

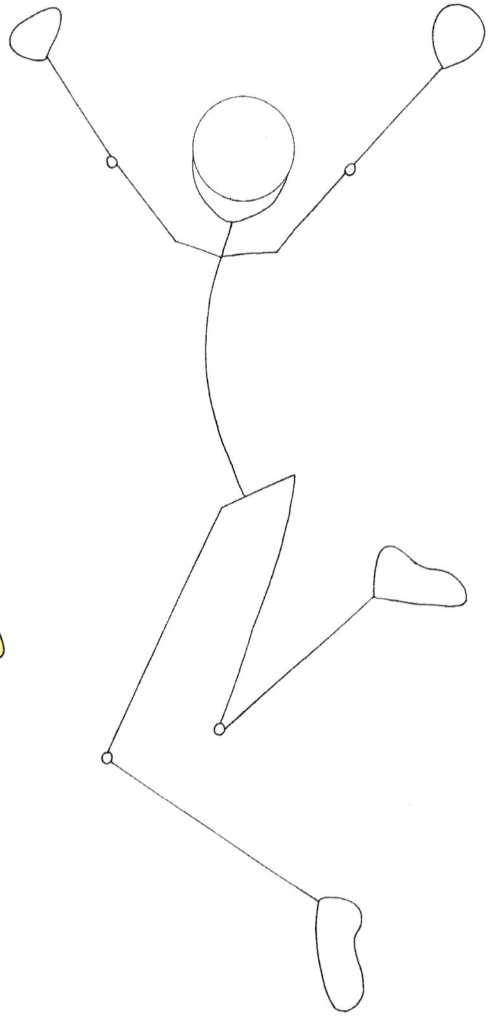

Zuerst eine Strichfigur mit den Proportionen eines Teenagers zeichnen. Der Rumpf ist leicht nach vorn gebogen. Die Arme sind wie ein V in die Luft erhoben, beide Beine sind angewinkelt.

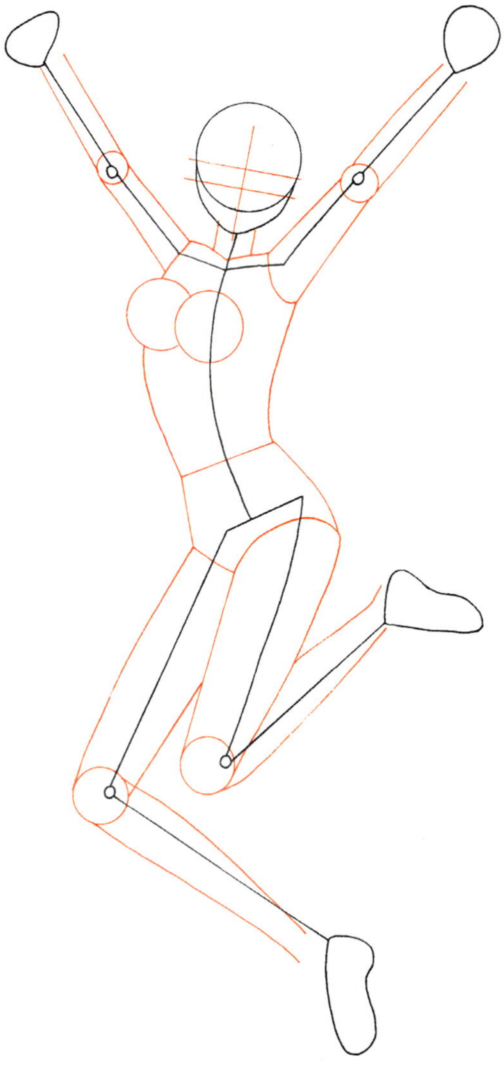

Den Umriss des Körpers grob vorzeichnen. Die Gesichtshilfslinien hinzufügen. Die Brüste durch zwei Kreise andeuten.

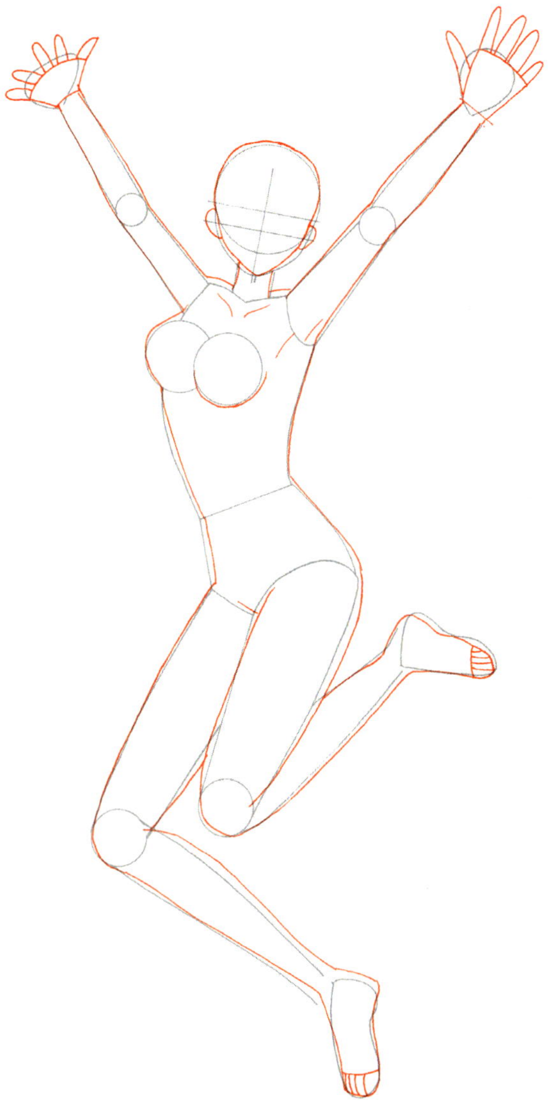

Die Formen von Rumpf, Beinen, Armen und Kopf ausarbeiten. Die Ohren zeichnen. Hände und Füße skizzieren.

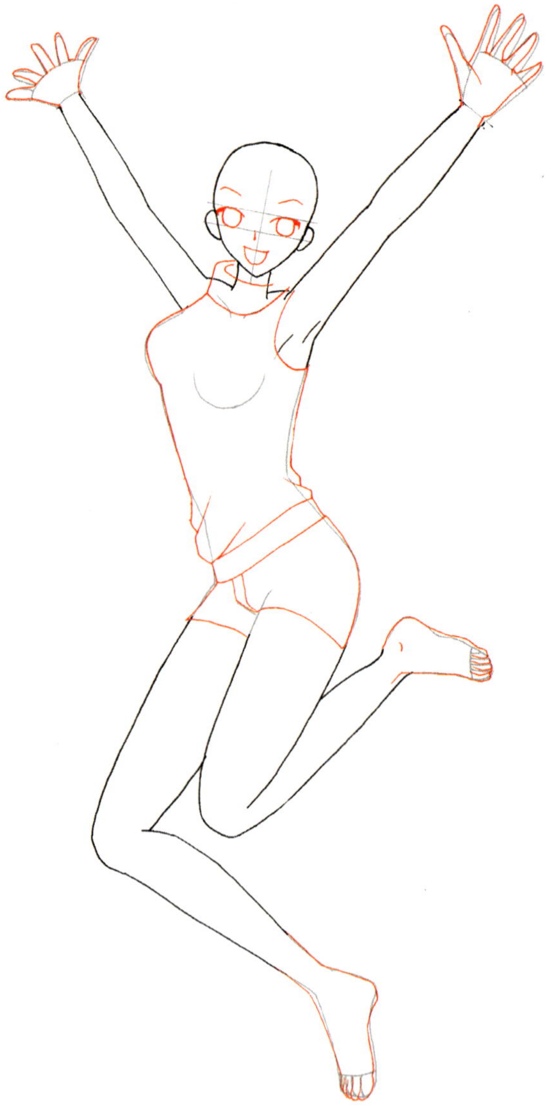

Augen, Nase und geöffneten Mund einzeichnen. Die Umrisse der Kleidung grob skizzieren. Hände und Füße deutlicher ausarbeiten.

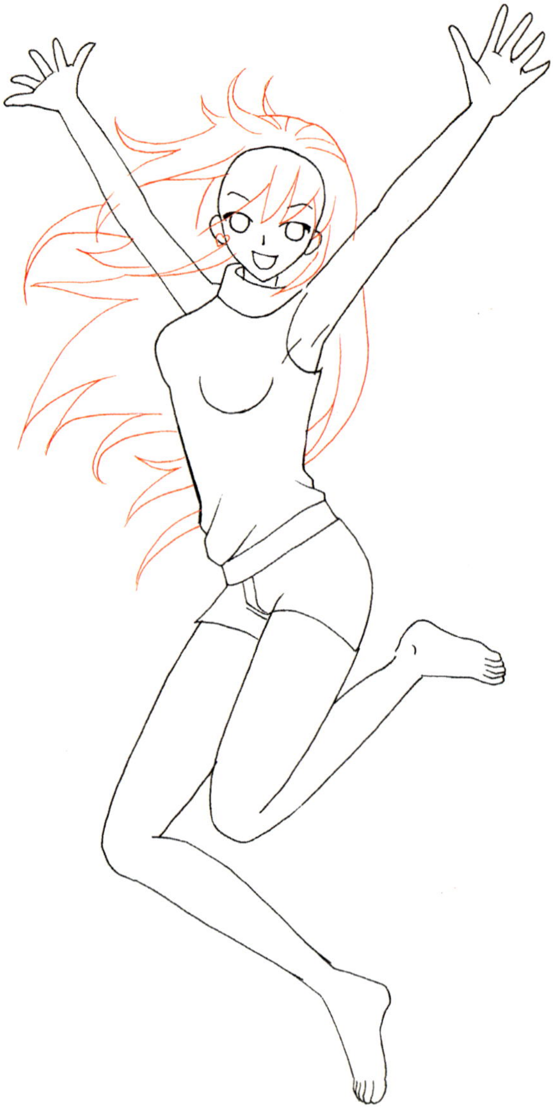

Die langen, stufig geschnittenen Haare zeichnen. Sie schwingen durch die Bewegung zu einer Seite.

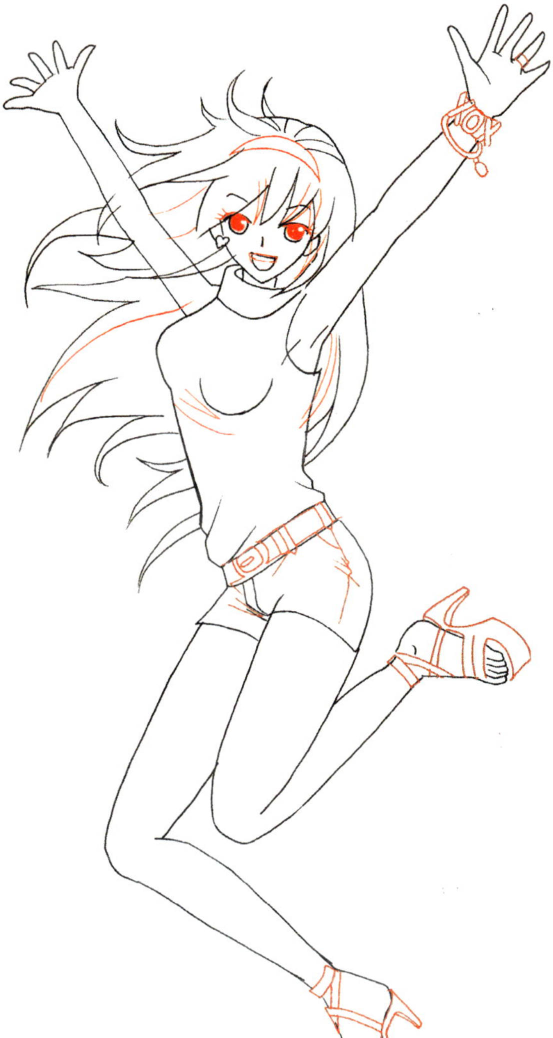

Shorts, Augen und Haare detailliert ausarbeiten. Ein Haarband, einen Ring, Sandalen mit hohen Absätzen und Armbänder hinzufügen. Die Falten auf dem Shirt andeuten.

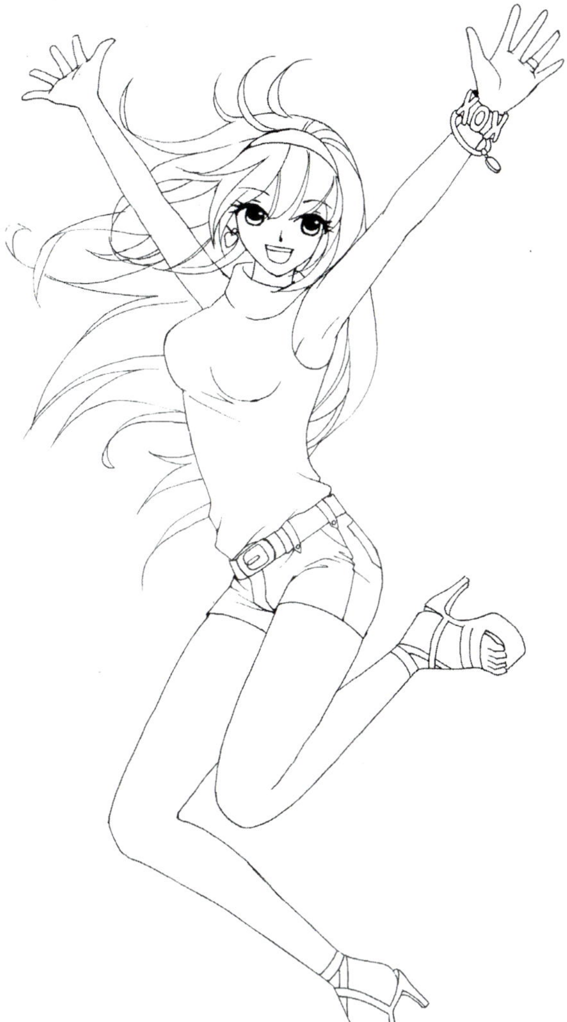

Zuletzt noch einige kleine Einzelheiten an Kleidung und Haaren ergänzen.

SITZENDES MÄDCHEN

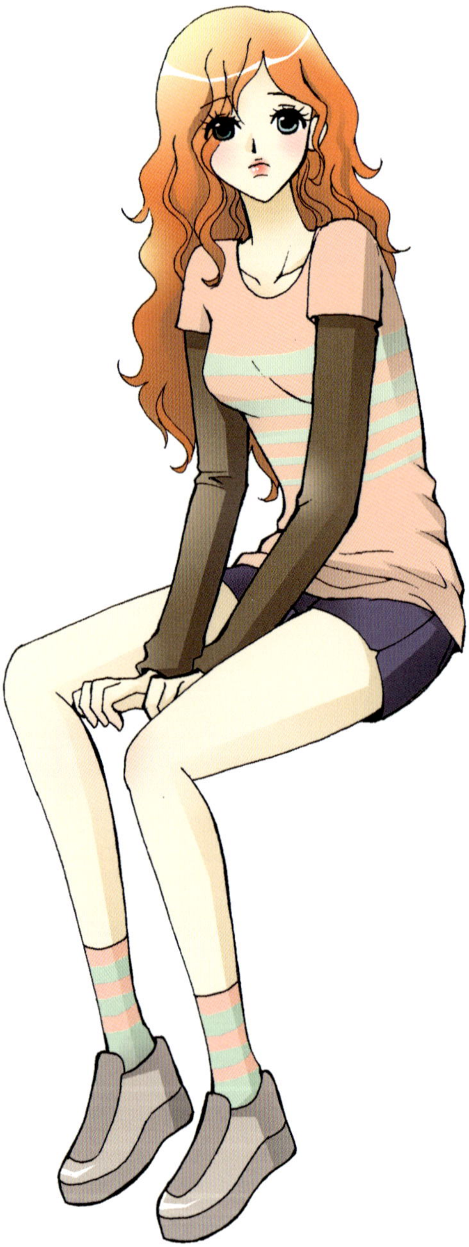

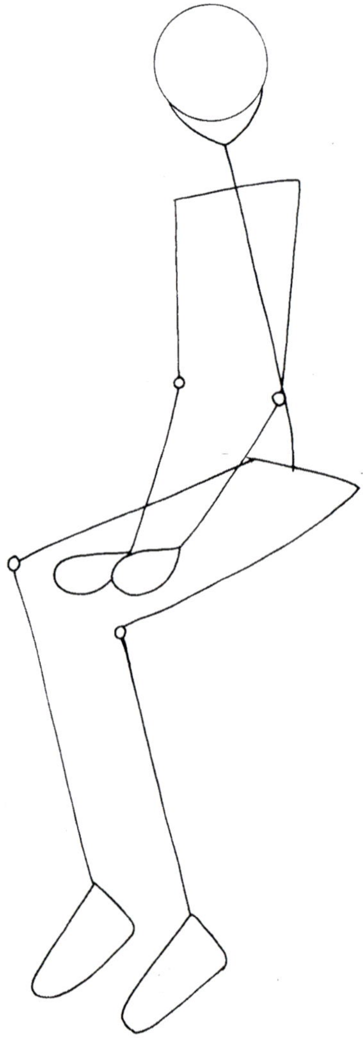

Zuerst eine Strichfigur mit den Proportionen eines Teenagers zeichnen. Das Mädchen hält die Arme vor dem Körper, die Hände ruhen auf der Sitzfläche.

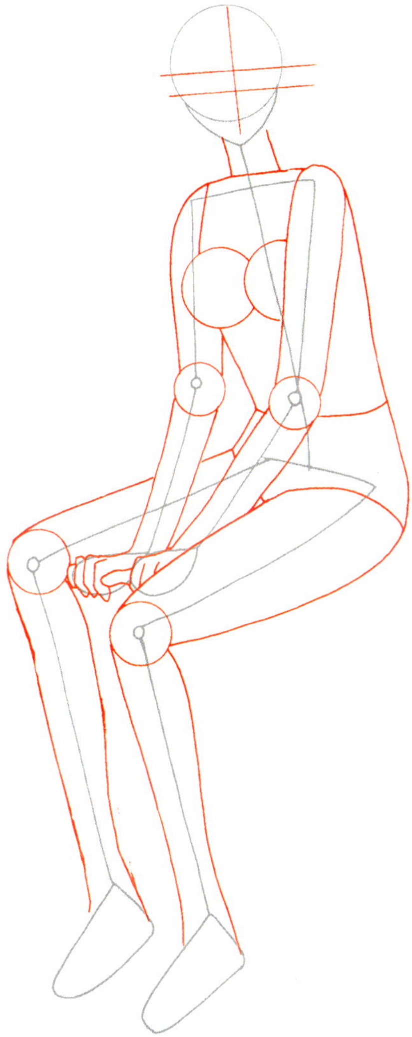

Den Umriss des Körpers grob vorzeichnen. Die Gesichtshilfslinien hinzufügen. Die Brüste durch Kreise andeuten. Die Finger zeichnen. Obwohl der Körper zur Seite gedreht ist, zeigt das Gesicht gerade nach vorne.

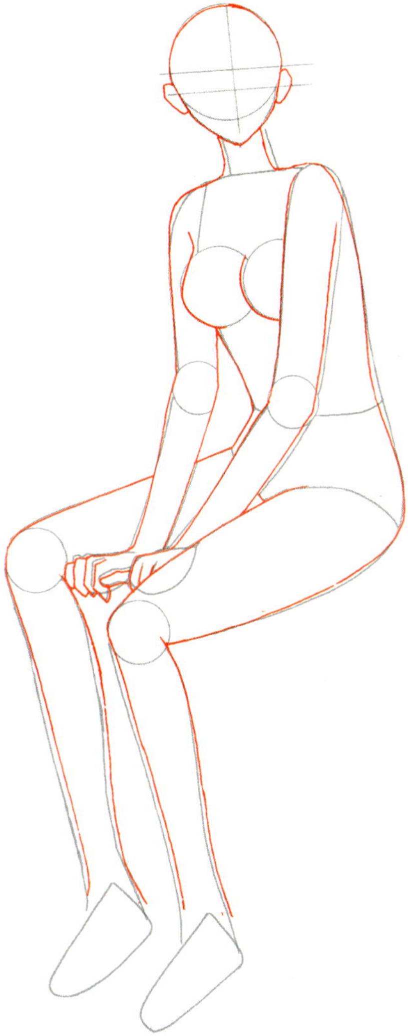

Die Formen von Rumpf, Beinen, Armen und Kopf genauer ausarbeiten. Die Ohren zeichnen.

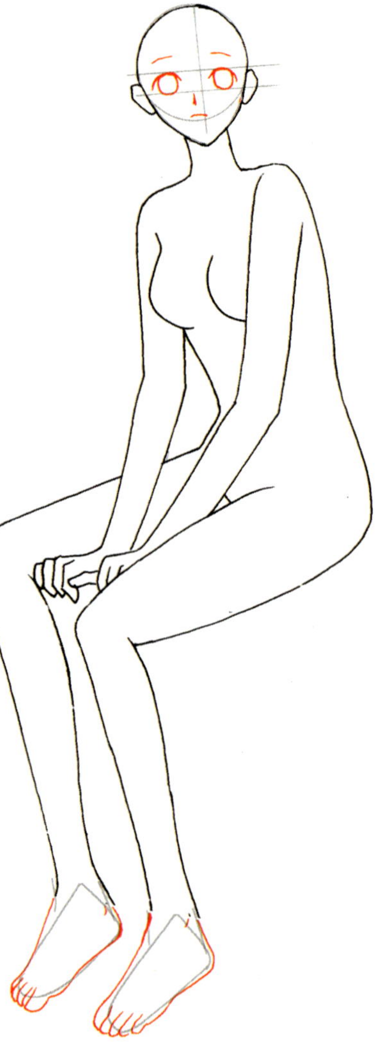

Augen, Nase und Mund einzeichnen. Die Füße grob skizzieren.

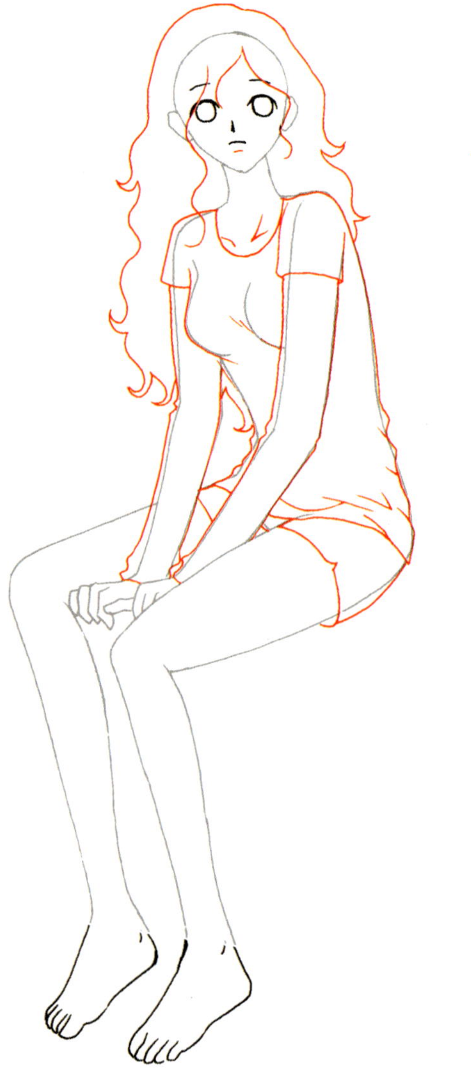

Die langen, welligen Haare zeichnen, die teilweise vor einem Auge hängen. Die Umrisse der beiden Shirts und der kurzen Hose hinzufügen.

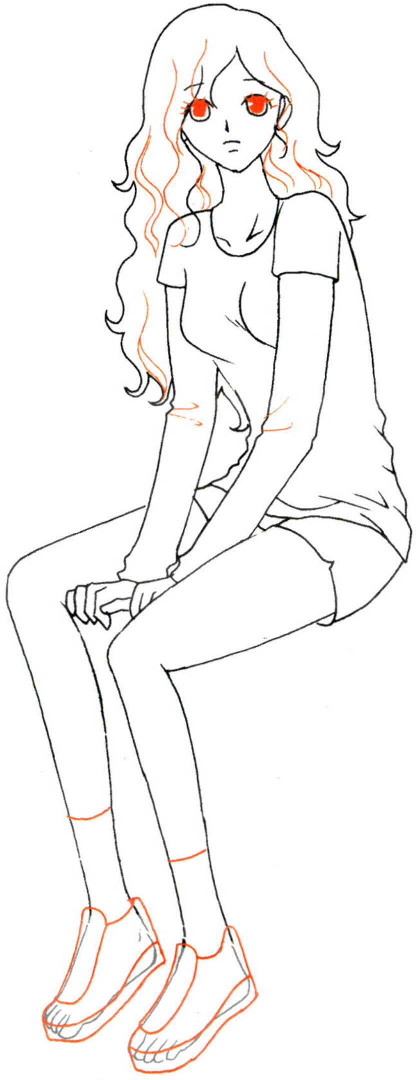

Die Augen detailliert ausarbeiten. Schuhe und Strümpfe zeichnen. Weitere wellige Haarsträhnen einfügen. An den Armbeugen die Falten im Langarmshirt andeuten.

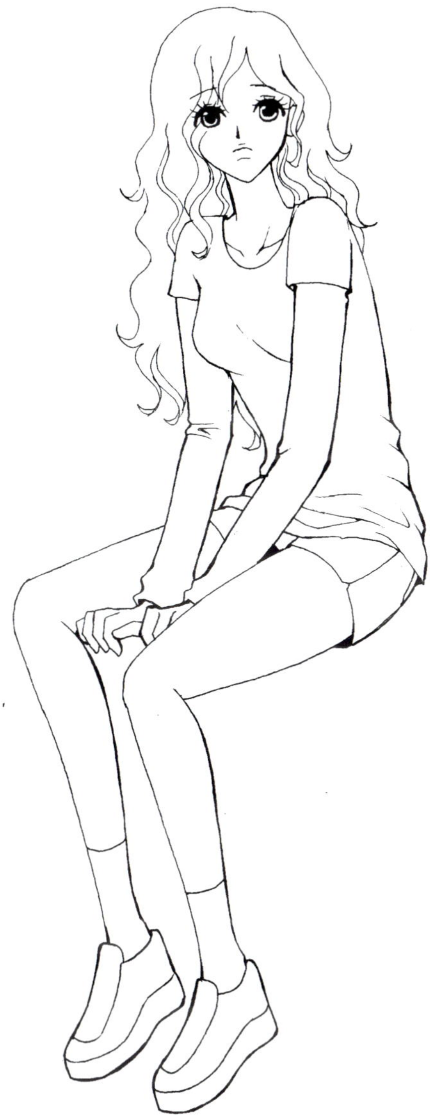

Zuletzt kleine Einzelheiten an Haaren und Kleidung ergänzen.

KAMPFPOSE

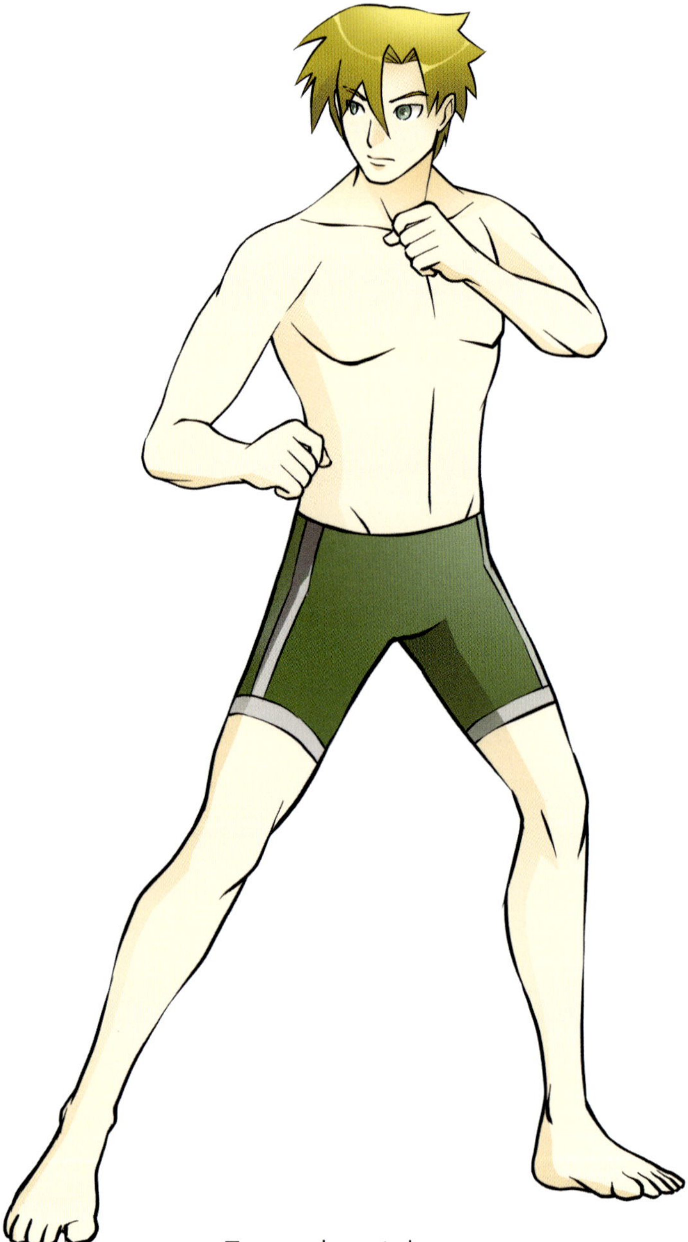

Frontalansicht

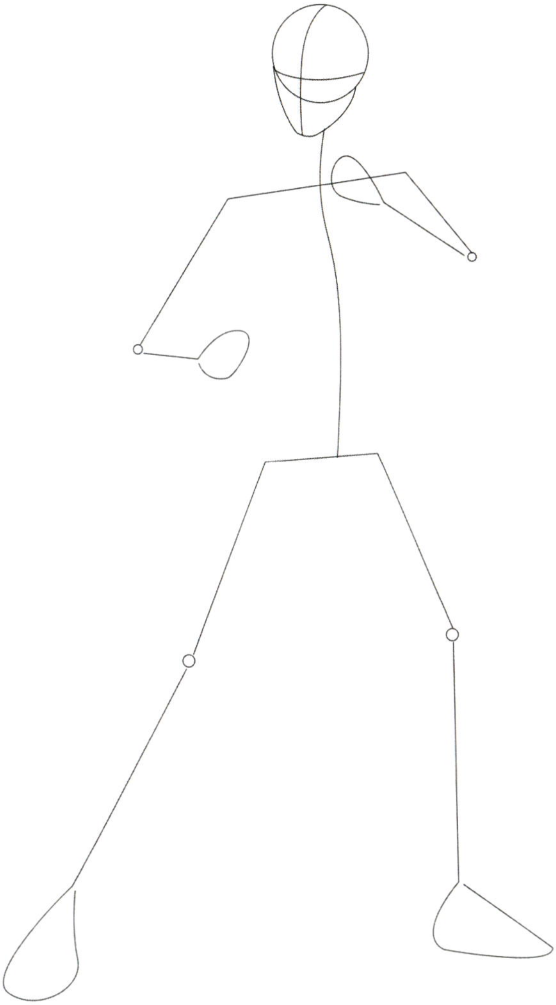

Mit einer Strichfigur beginnen, die leicht verdreht ist. Die Beine sind gespreizt und leicht gebeugt und aus der Sicht der Figur nach links ausgerichtet. Der junge Mann ist sprung- oder angriffsbereit. Die gehobenen Arme nehmen eine Abwehrhaltung ein. Der Oberkörper und der Blick sind nach rechts ausgerichtet.

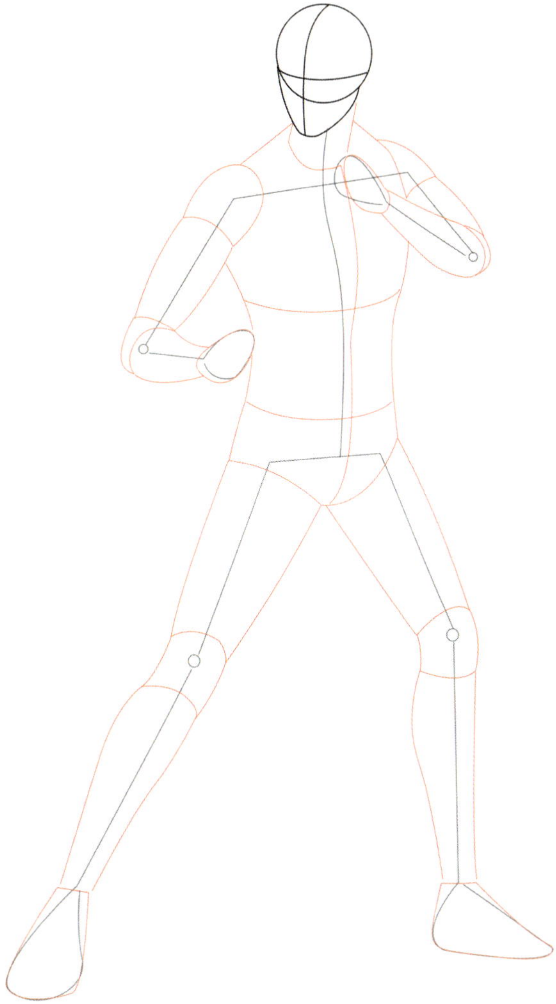

Die Umrisse von Körper und Muskeln zeichnen. Der Hals ist fast so breit wie der Kopf. Die Schultern sind breiter als die Hüften.

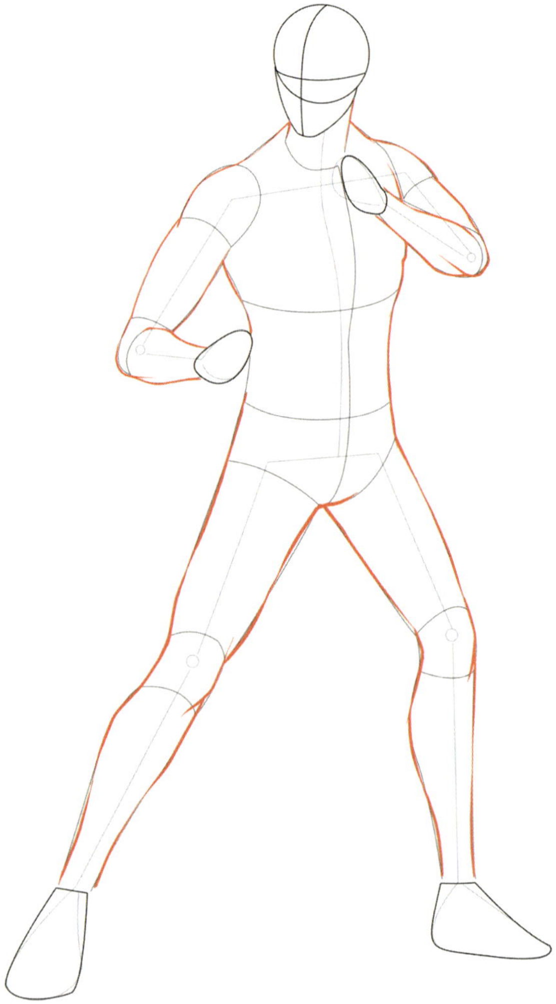

Die Formen von Rumpf, Armen und Beinen genauer ausarbeiten.

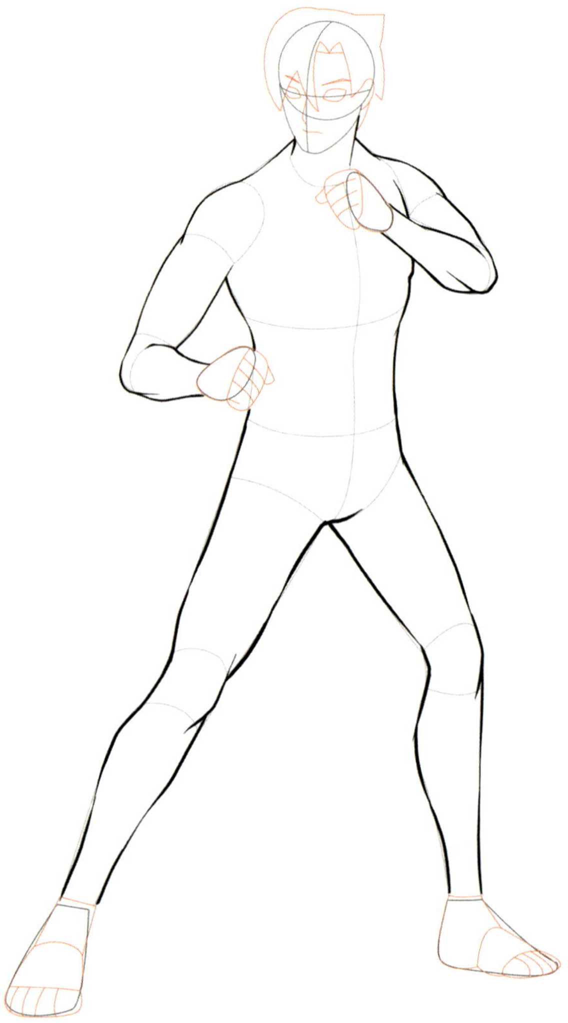

Das Gesicht und den Umriss der Haare grob vorzeichnen. Hände und Füße skizzieren.

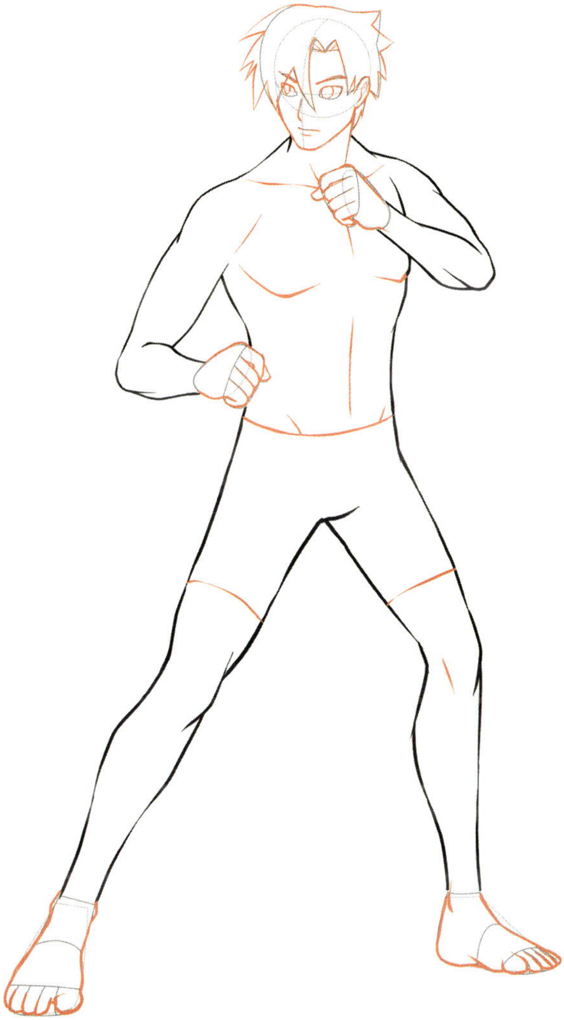

Gesichtszüge, Haare, dann zu Fäusten geballte Hände sowie Füße genauer ausarbeiten. Schlüsselbeine, Brust- und Bauchmuskeln andeuten. Die Hose einzeichnen und die Knie markieren.

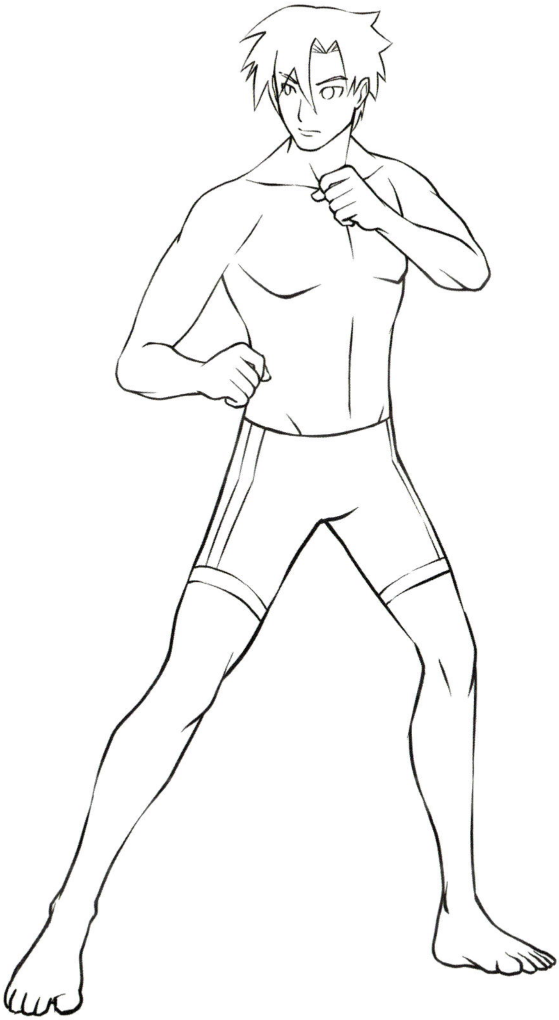

Einige letzte Einzelheiten an der Hose hinzufügen.

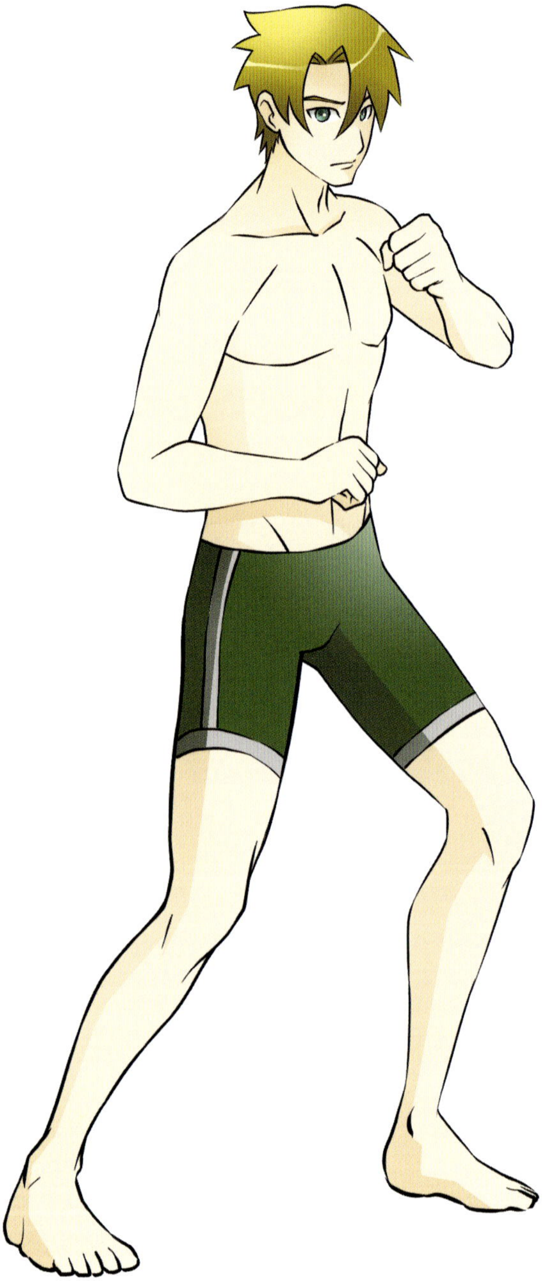

Halbprofil

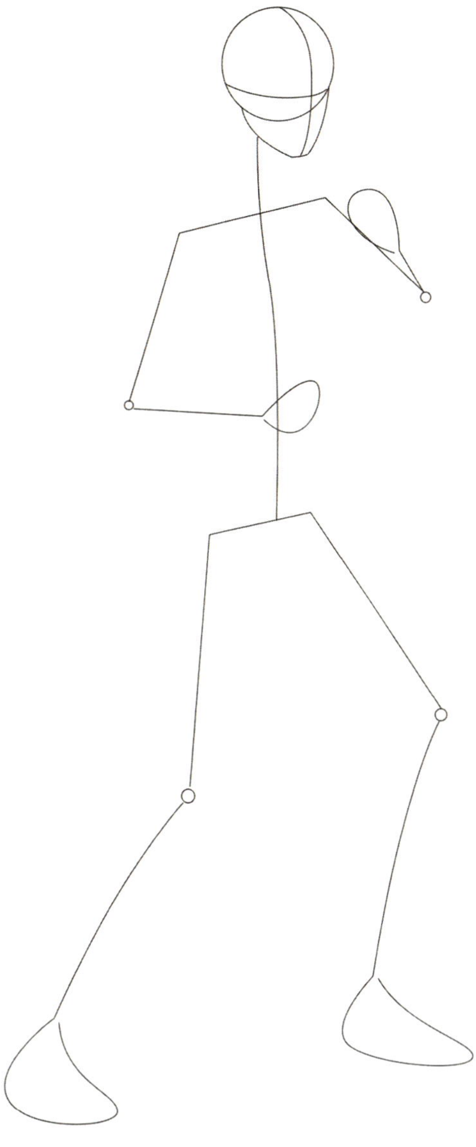

Mit einer Strichfigur beginnen. Die Beine sind gespreizt und leicht gebeugt: Der junge Mann ist sprung- oder angriffsbereit. Die angehobenen Arme nehmen eine Abwehrhaltung ein.

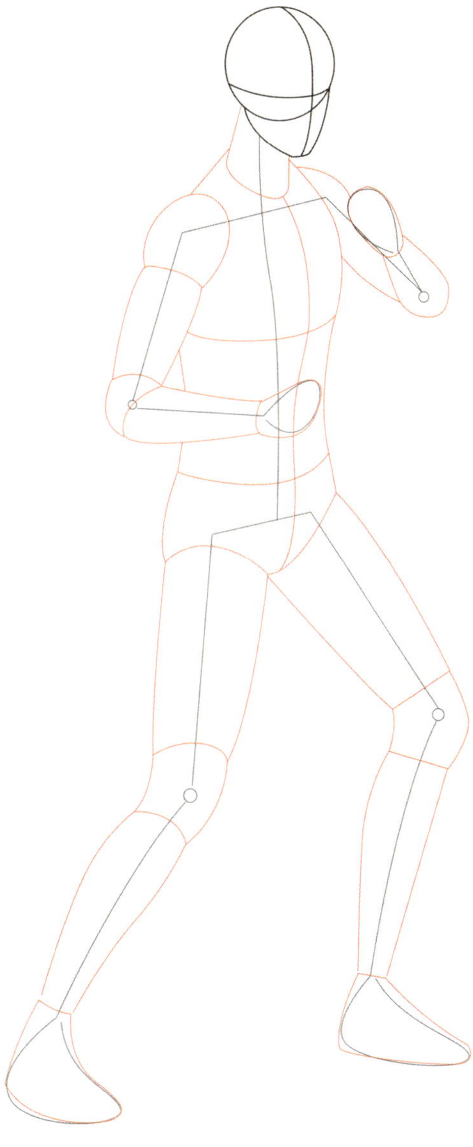

Die Umrisse von Körper und Muskeln zeichnen. Der Hals ist fast so breit wie der Kopf. Die Schultern sind wegen der Perspektive nur wenig breiter als die Hüften.

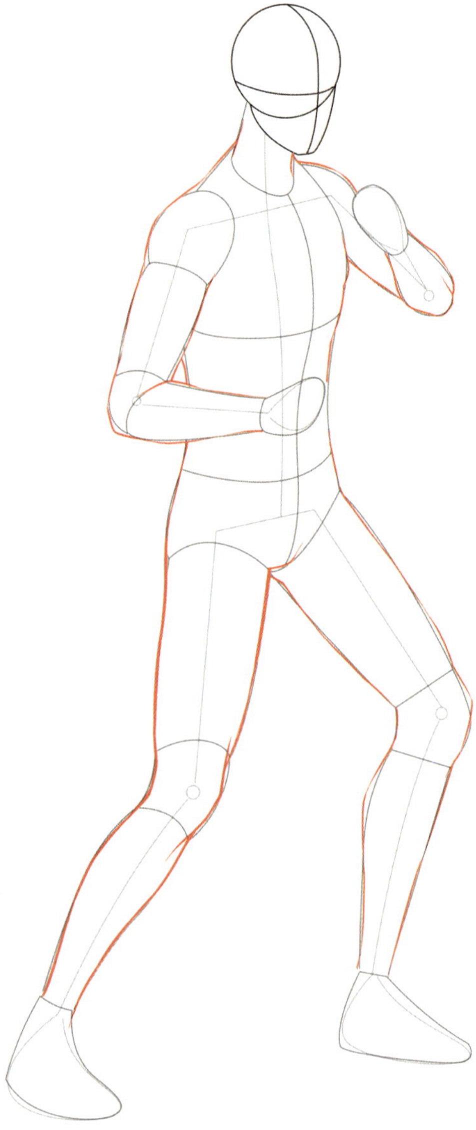

Die Formen von Rumpf, Armen und Beinen genauer ausarbeiten.

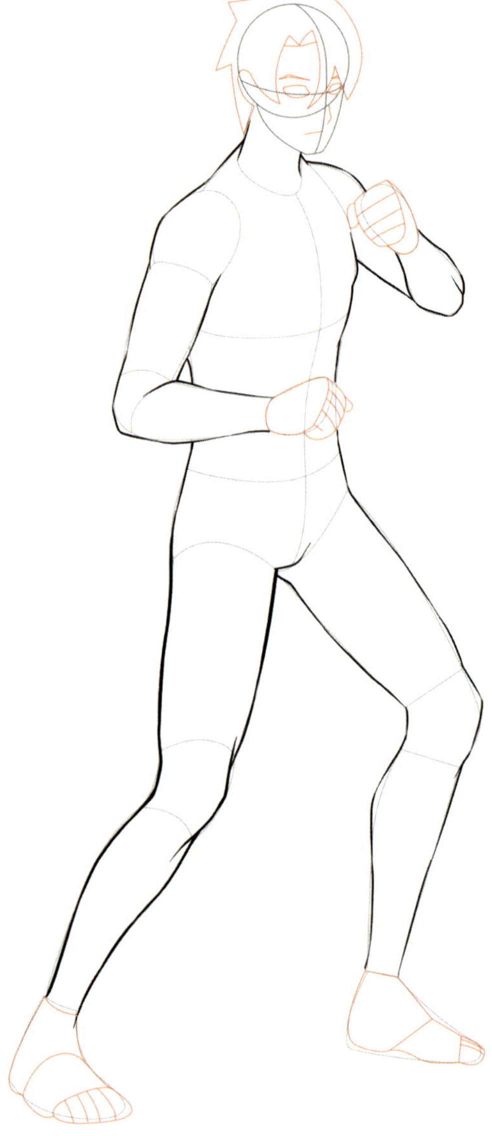

Das Gesicht und den Umriss der Haare grob vorzeichnen. Hände und Füße skizzieren.

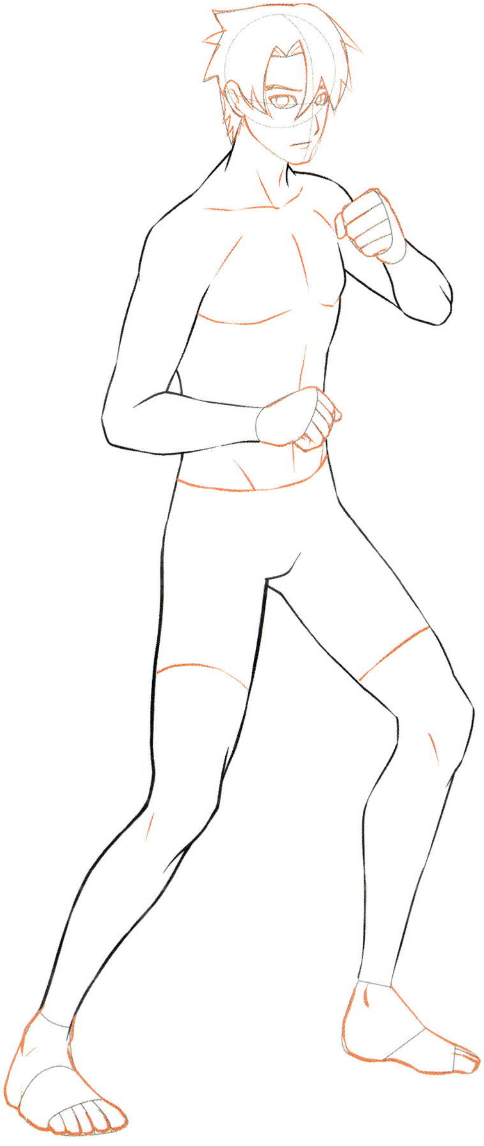

Gesichtszüge, Haare, Hände und Füße genauer ausarbeiten. Schlüsselbeine sowie Brust- und Bauchmuskeln andeuten. Die Hose und die Knie einzeichnen.

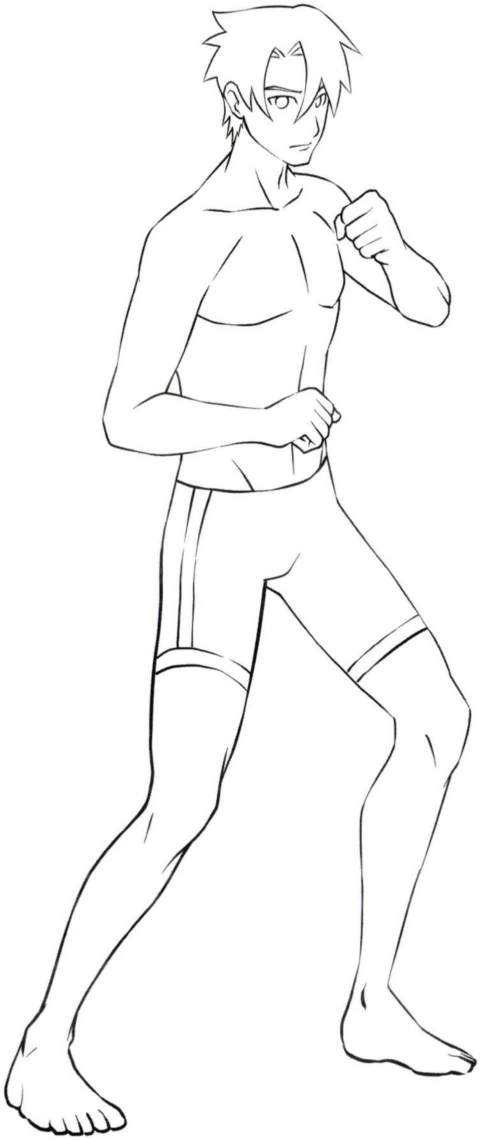

Einige letzte Einzelheiten an der Hose hinzufügen.

SCHWESTERN

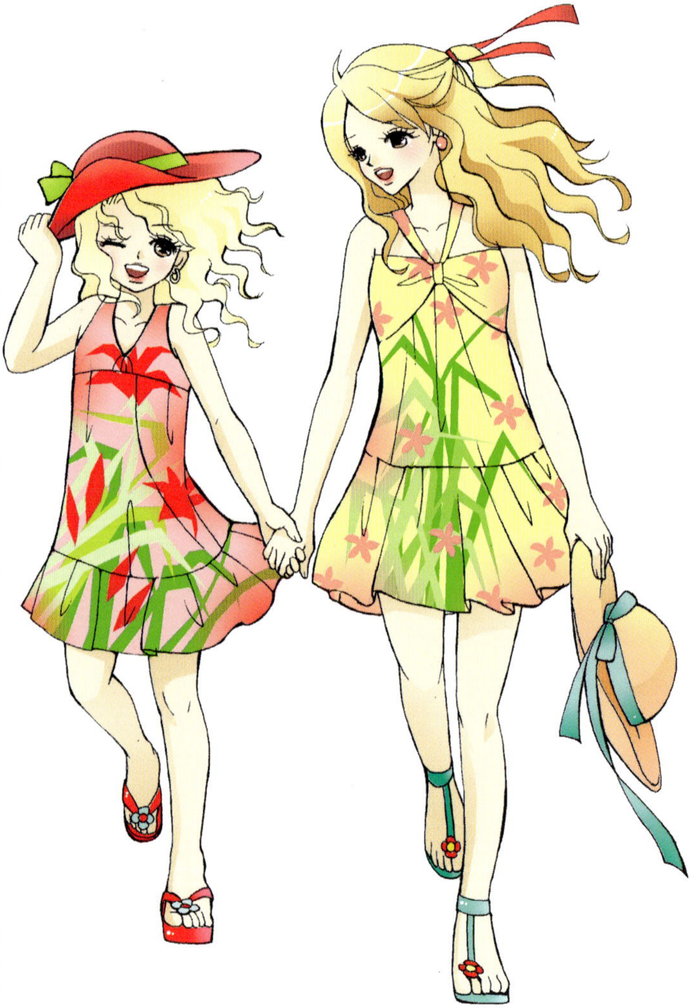

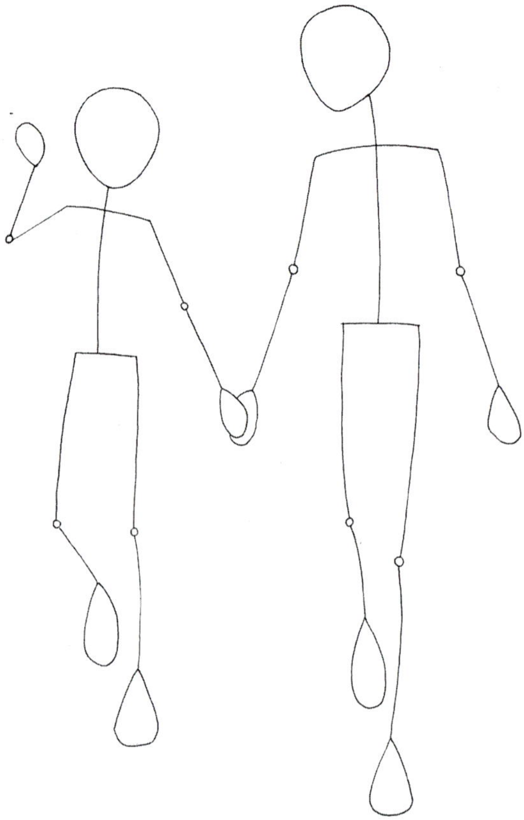

Mit zwei Strichfiguren beginnen: rechts ein Teenager, links ein jüngeres Mädchen. Das kleinere Mädchen hat eine Hand angehoben, um den Hut festzuhalten. Da beide Mädchen gehen, ist jeweils ein Fuß angehoben. Der angehobene Unterschenkel wird verkürzt dargestellt.

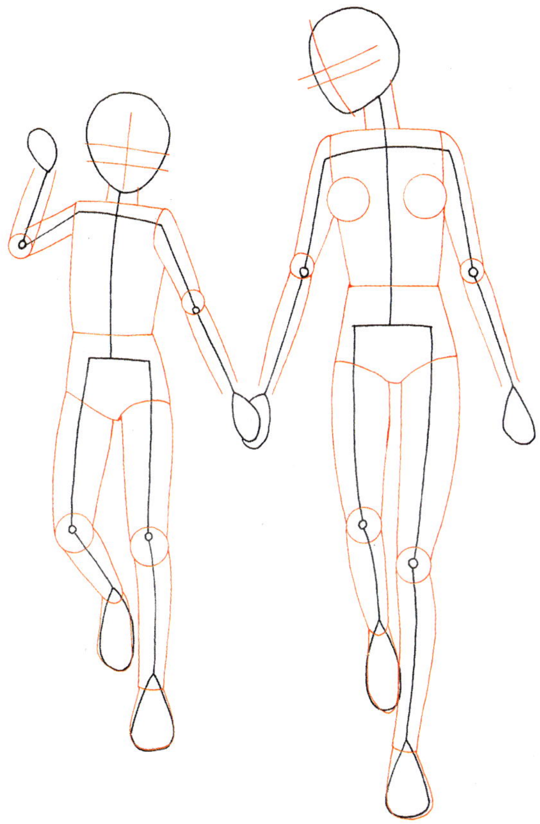

Die Umrisse der Körper grob vorzeichnen. Die Gesichtshilfslinien einfügen. Beim älteren Mädchen kleine Brüste durch Kreise andeuten.

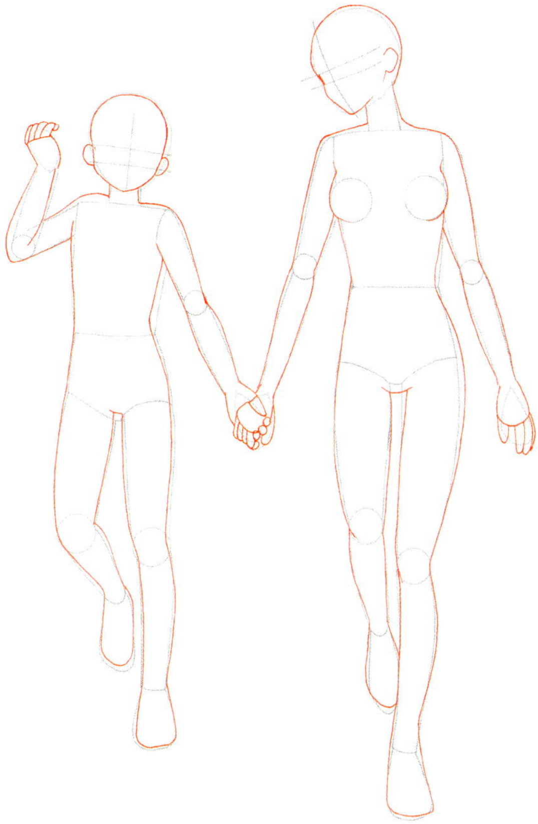

Die Formen von Rumpf, Armen, Beinen und Köpfen feiner ausarbeiten. Die Ohren hinzufügen, bei dem größeren Mädchen nur eins, weil sie den Kopf zur Seite dreht. Die Hände skizzieren.

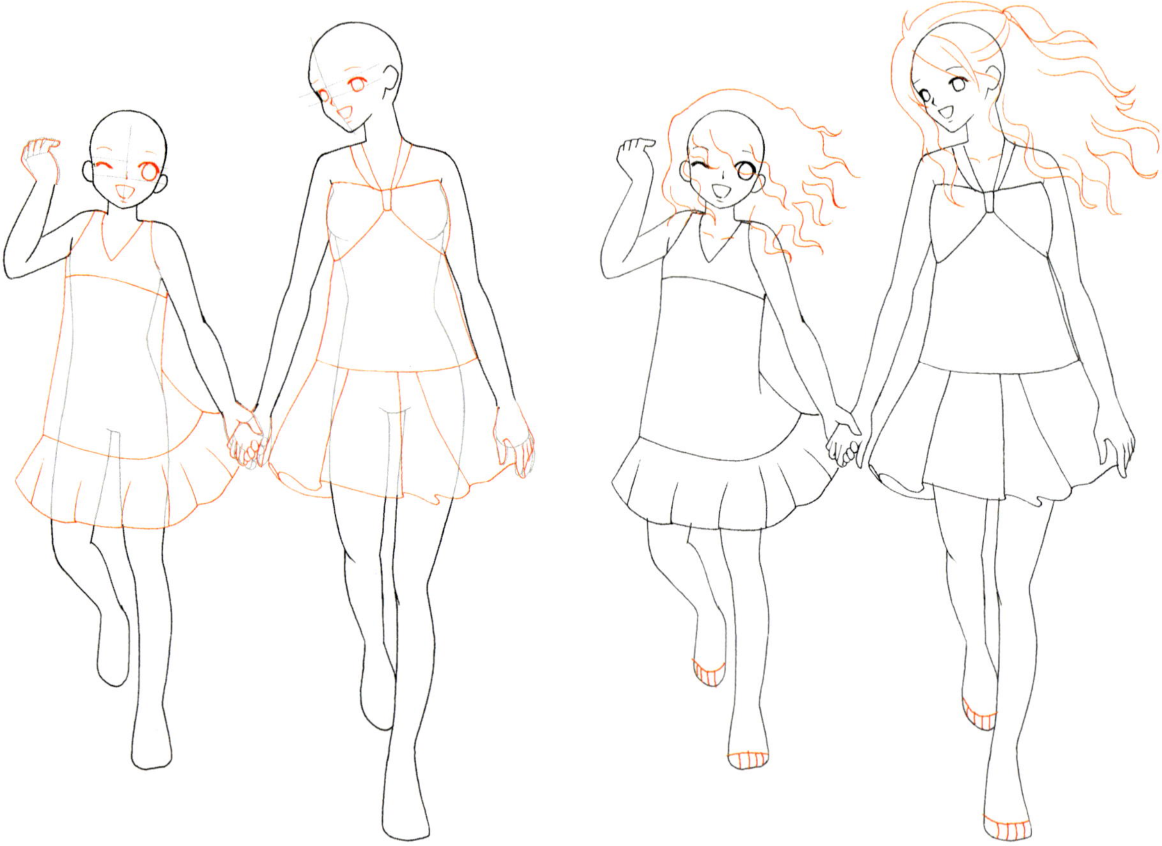

Augen, Nasen und leicht geöffnete Münder einzeichnen. Achtung: Das linke Mädchen zwinkert! Die Hände genauer ausarbeiten. Bei den Händen, die einander halten, liegen die Finger dicht beieinander. Eine kleinere Person greift meist von hinten in die Hand der größeren. Weich fließende Kleider mit Brustpasse und breitem Volant skizzieren.

Beide Mädchen haben lange, wellige Haare. Vom Wind oder von der Bewegung wehen die Haare etwas nach hinten und zur Seite: bei beiden Mädchen natürlich in die gleiche Richtung! Die Zehen einzeichnen.

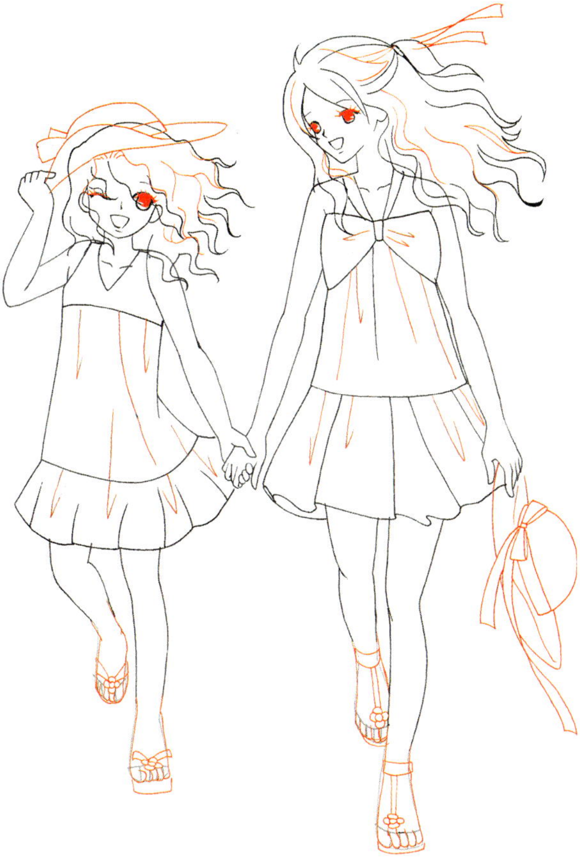

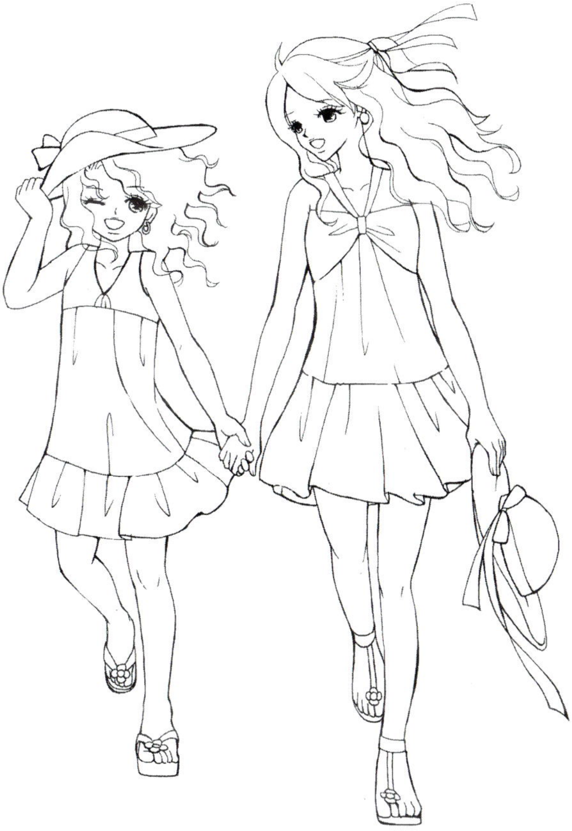

Nun folgen Details wie die Falten der Kleider. Die Sandalen und die Hüte zeichnen. Bänder und weitere Haarsträhnen einfügen. Die Augen ausarbeiten.

Zuletzt noch einige kleine Einzelheiten an Kleidung und Haaren hinzufügen. Die Knie nicht vergessen.

KAMPF/RANGELEI

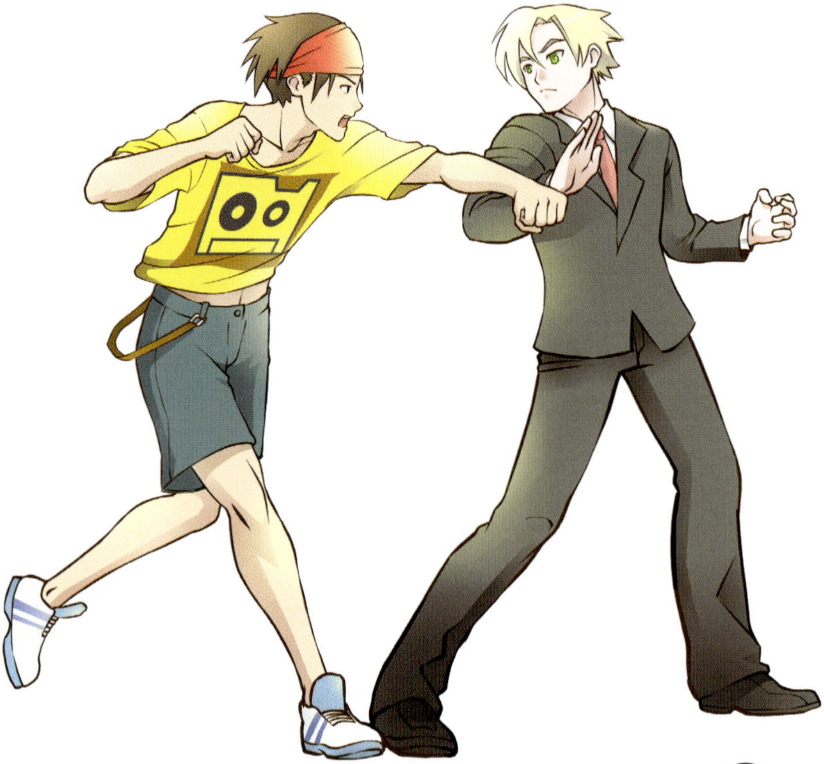

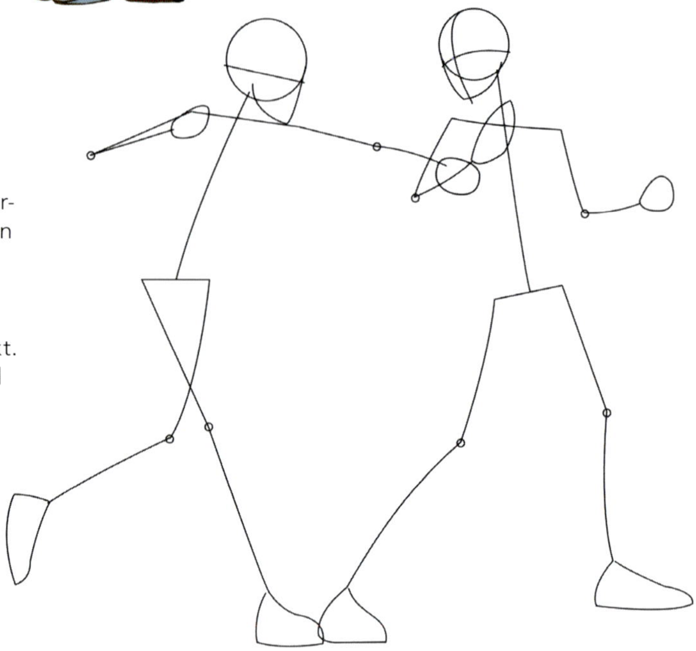

Zwei Strichfiguren mit den Proportionen von männlichen Teenagern zeichnen. Beim linken Jungen sind die Beine gekreuzt, weil er einen Schritt nach vorne macht. Ein Arm ist zum Hieb vorgestreckt. Der Junge rechts steht stabil und breitbeinig und hebt einen Arm abwehrend an.

Die Umrisse beider Körper vorzeichnen. Die Augen und Ohren an den Gesichtshilfslinien ausrichten.

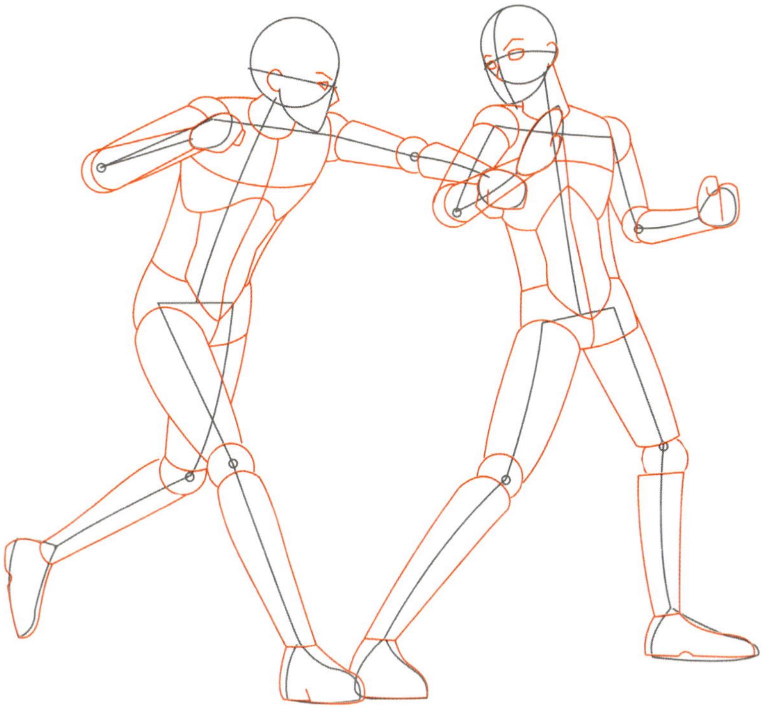

Die Formen von Rumpf, Armen, Beinen sowie die Kopfformen genauer ausarbeiten. Nasen und Münder einzeichnen und die Finger andeuten.

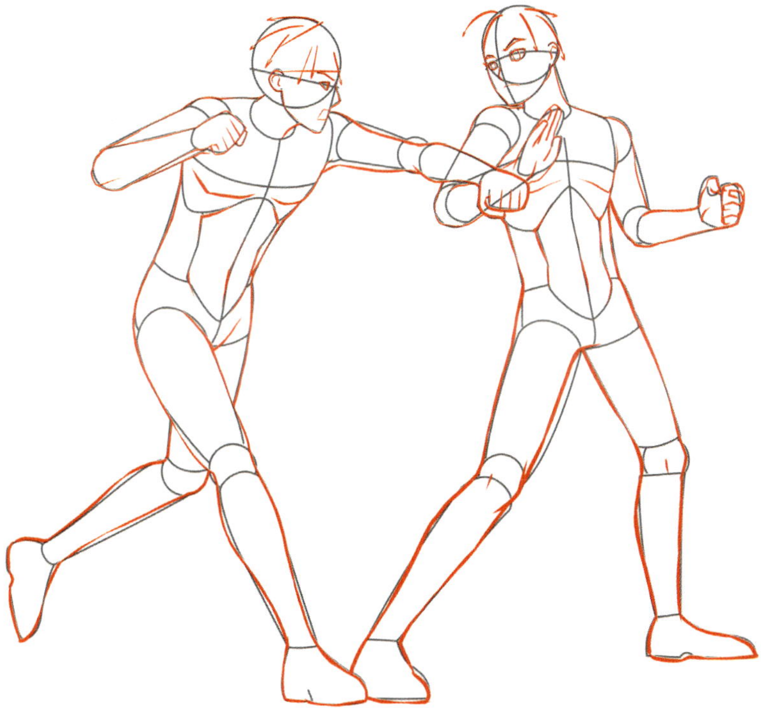

Die Umrisse der Frisuren skizzieren. Dann die Konturen der Kleidung und der Schuhe zeichnen. Die Hände final ausarbeiten. (Auch wenn eine Figur Kleidung trägt, ist es wichtig, die Muskulatur zu berücksichtigen. Die Zeichnung wirkt dadurch realistischer.)

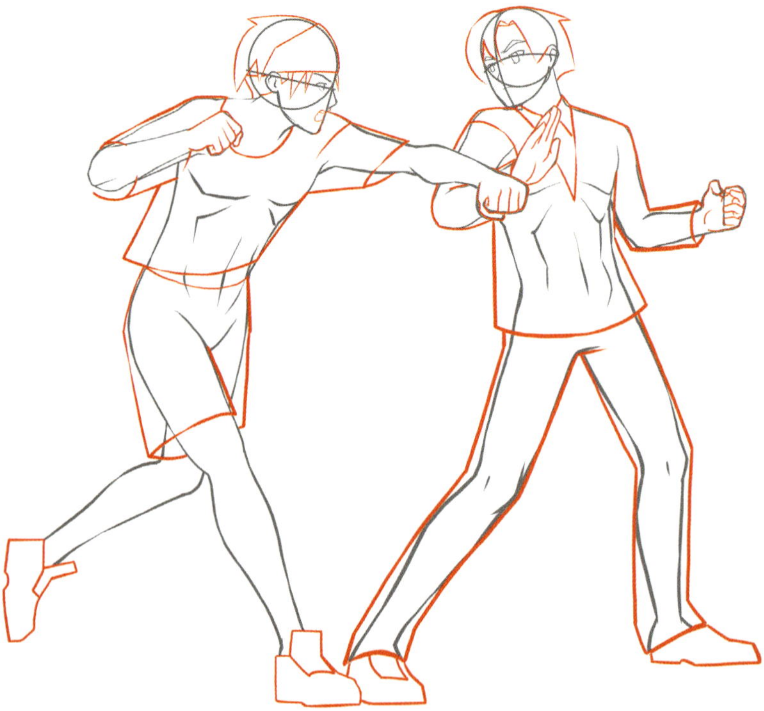

Kleidung, Schuhe und Haare genauer ausarbeiten. Der linke Junge trägt ein Bandana und eine Schlüsselkette. Der andere Junge ist mit Anzug, Hemd und Krawatte bekleidet.

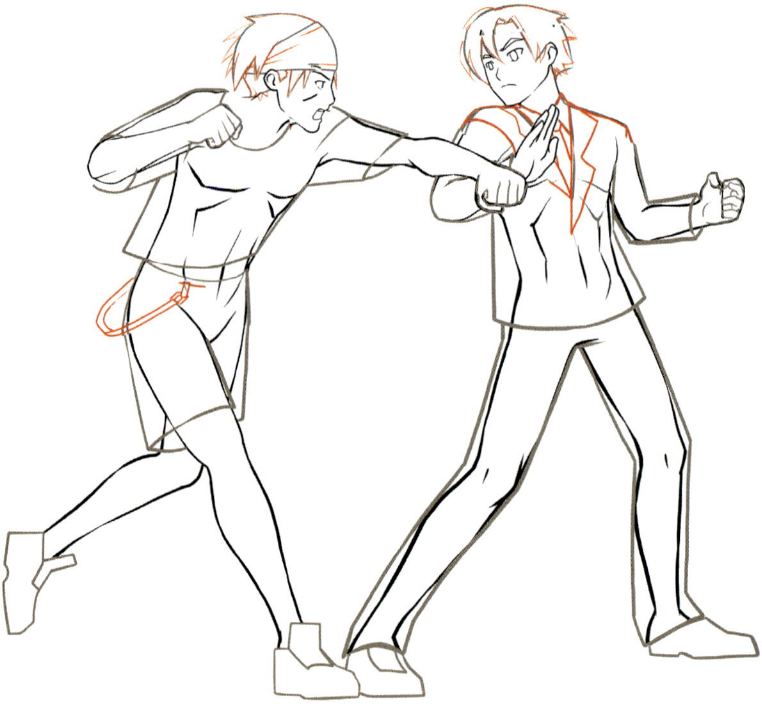

Falten in der Kleidung andeuten.

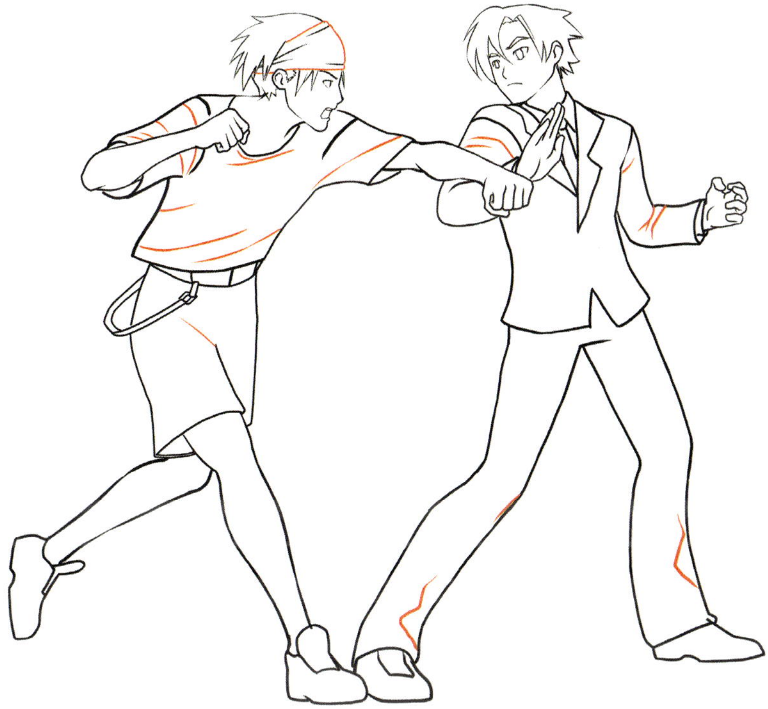

Letzte Details an Kleidung und Haaren hinzufügen.

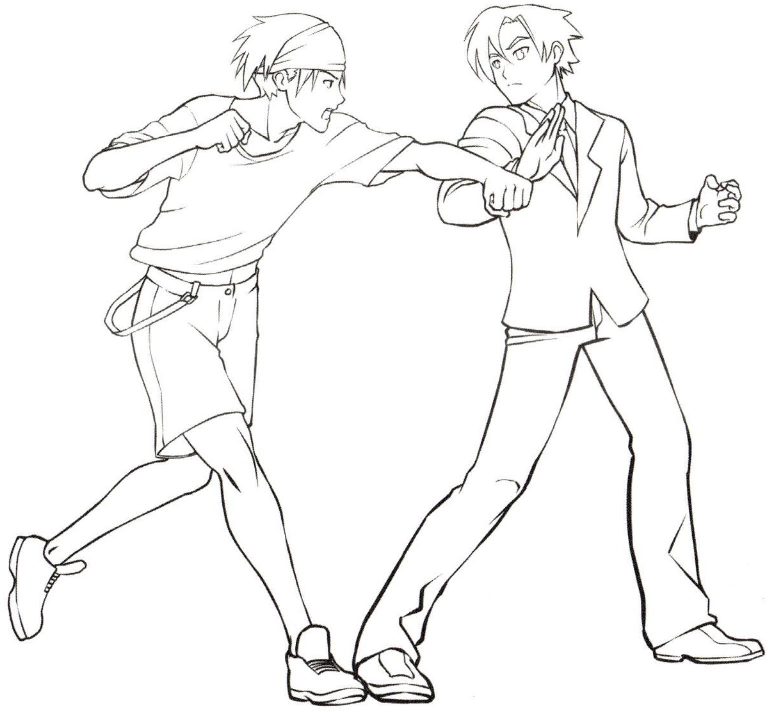

UMARMUNG

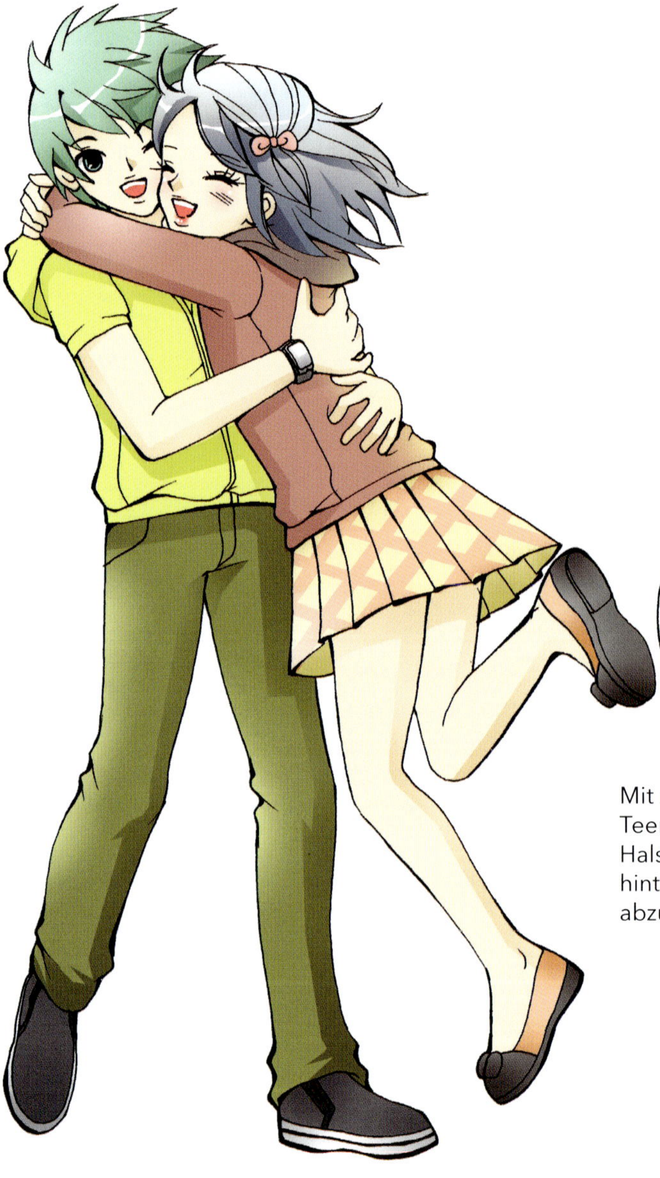

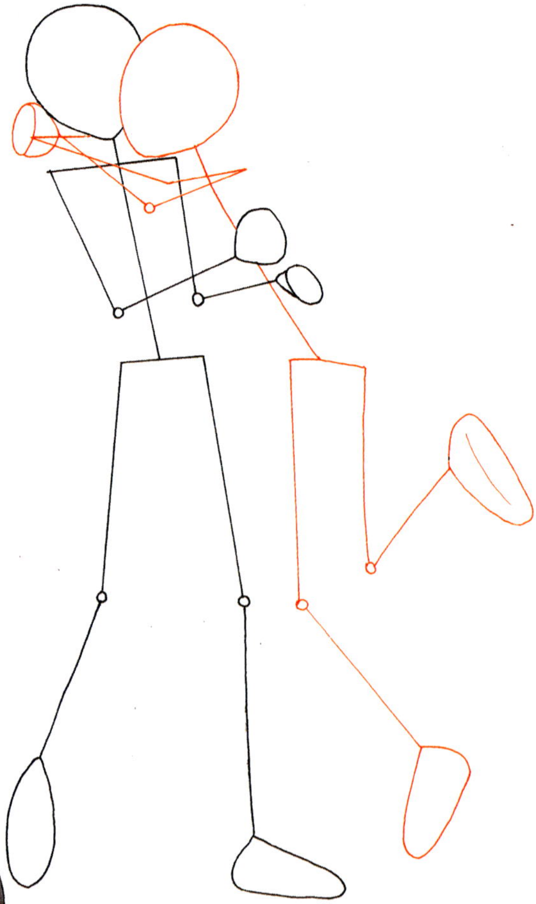

Mit zwei Strichfiguren beginnen: einem stehenden Teenager und einem Mädchen, das ihm um den Hals fällt. Der Junge spreizt ein Bein leicht nach hinten, um sich abzustützen und den Schwung abzufangen.

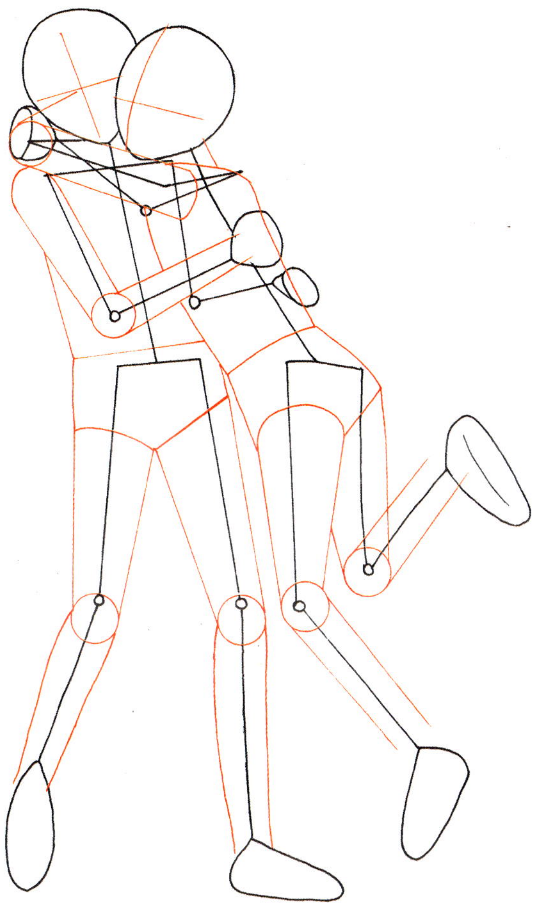

Die Umrisse der Körper grob skizzieren. Die Gesichtshilfslinien einfügen.

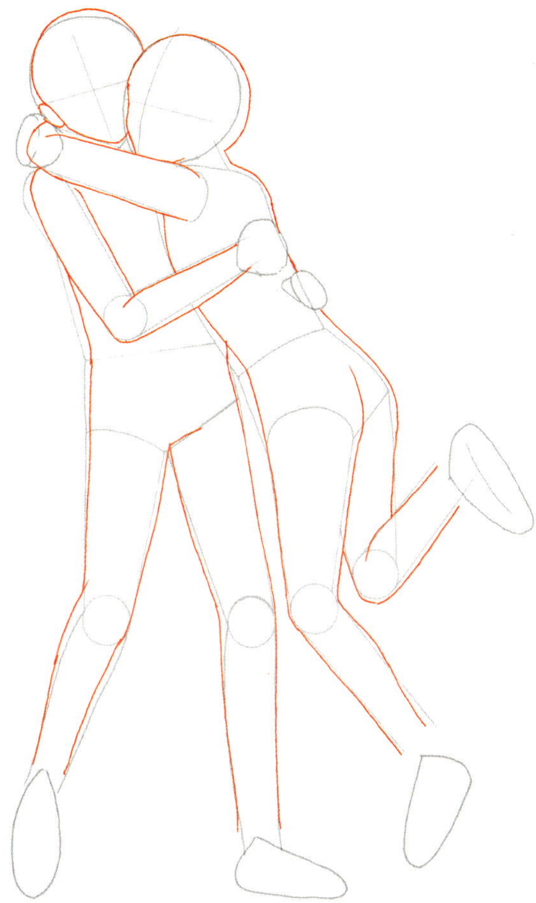

Die Formen von Rumpf, Armen, Beinen und Köpfen genauer ausarbeiten.

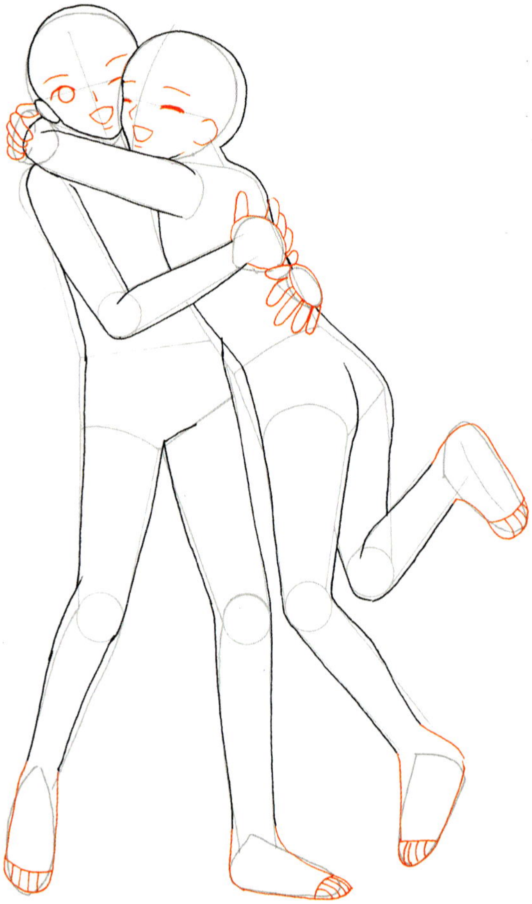

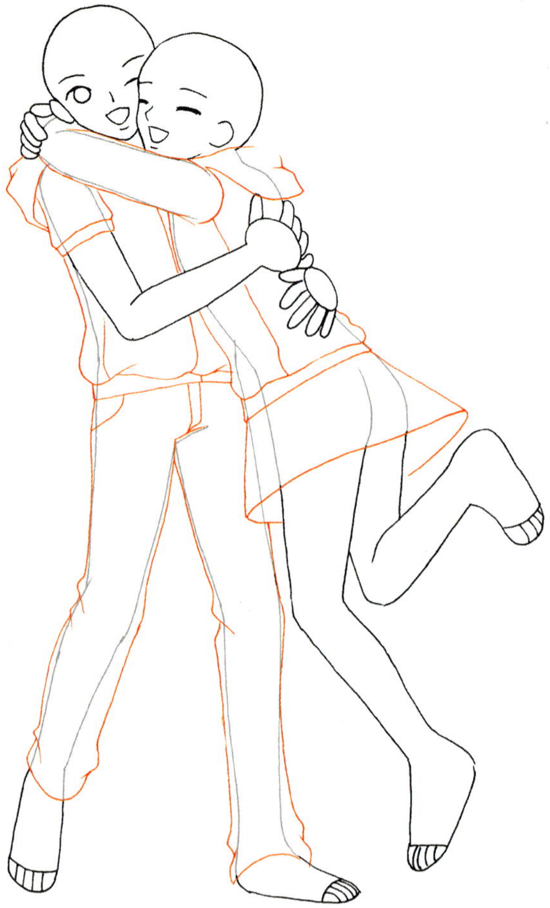

Augen, Nasen, geöffnete Münder sowie je ein Ohr einzeichnen. Der Junge hat ein Auge geschlossen (wegen ihrer Haare wahrscheinlich), das Mädchen hat beide Augen vor Freude geschlossen. Hände und Füße skizzieren. Die Zehen müssen nicht ausgearbeitet werden, weil beide Figuren noch Schuhe bekommen.

Die Umrisse der Kleidung vorzeichnen.

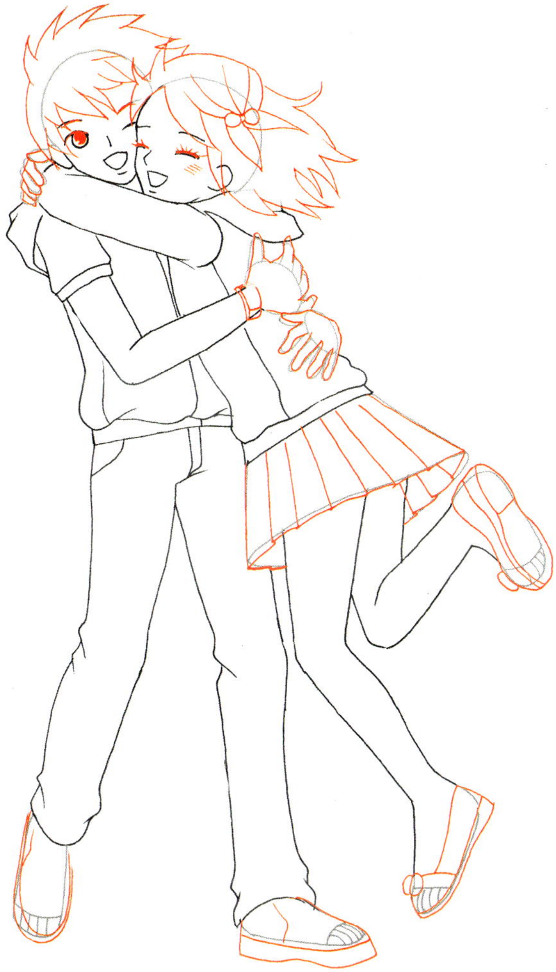

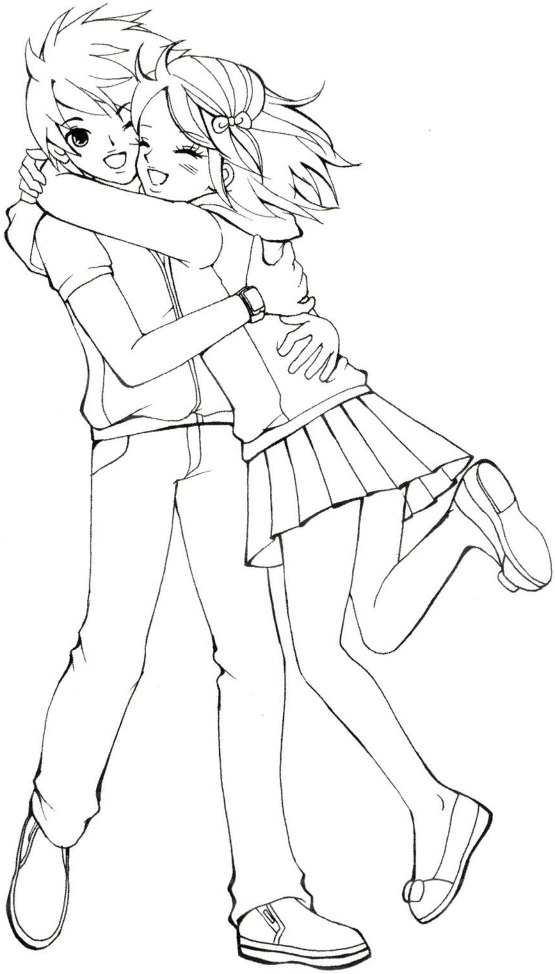

Die Frisuren zeichnen – beide haben viel Haare. Die Hände ausarbeiten. Die Augen fertigstellen und die Rötung auf ihren Wangen andeuten. Die Armbanduhr des Jungen und die Falten im Rock des Mädchens einzeichnen (auch von unten/innen). Die Schuhe beider Figuren hinzufügen.

Zuletzt noch einige kleine Einzelheiten an Schuhen und Haaren ergänzen.

BRAUTPAAR

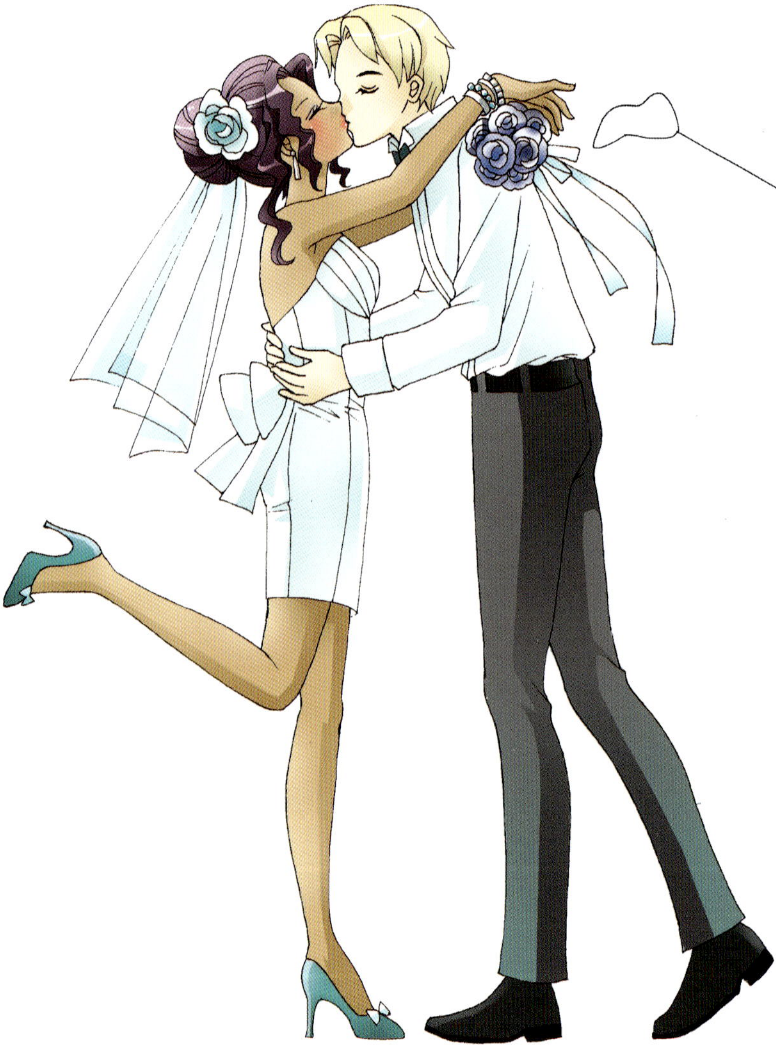

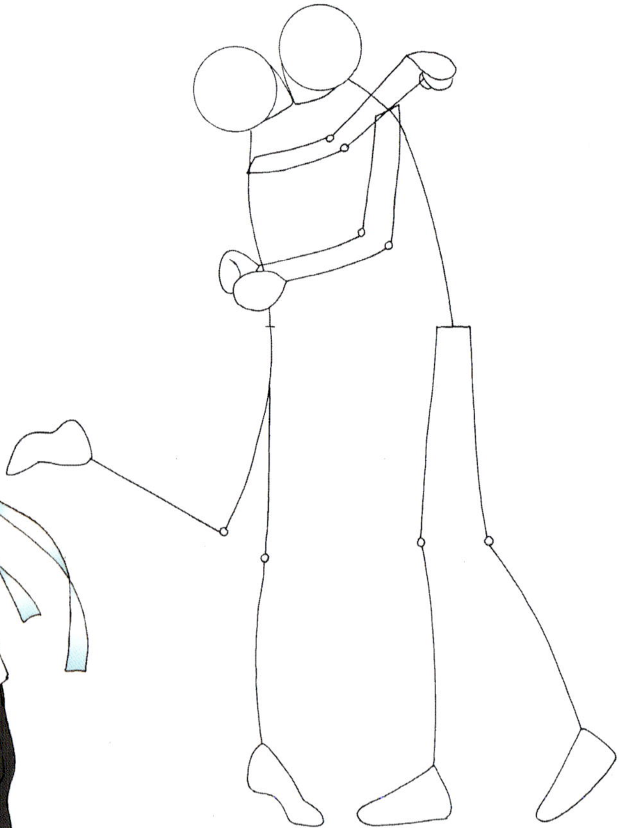

Mit zwei Strichfiguren beginnen. Sie haben die Proportionen eines jungen Mannes und einer jungen Frau. Die Frau hat die Arme um den Hals des Mannes gelegt, seine Hände ruhen auf ihrem Rücken in Taillenhöhe. Die Frau hat einen Fuß stark angehoben.

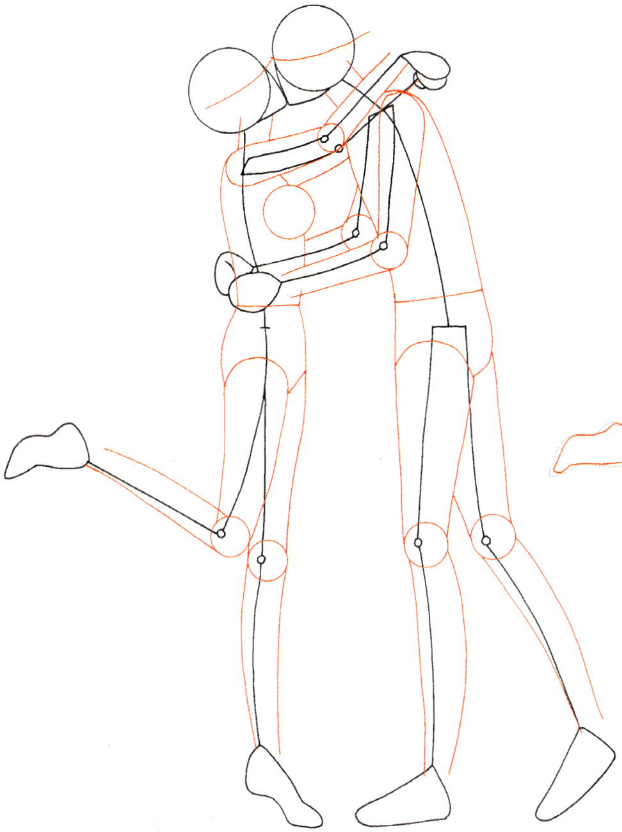

Die Umrisse der Körper grob vorzeichnen. Die Gesichtshilfslinien einfügen. Durch einen Kreis die rechte Brust der Frau andeuten.

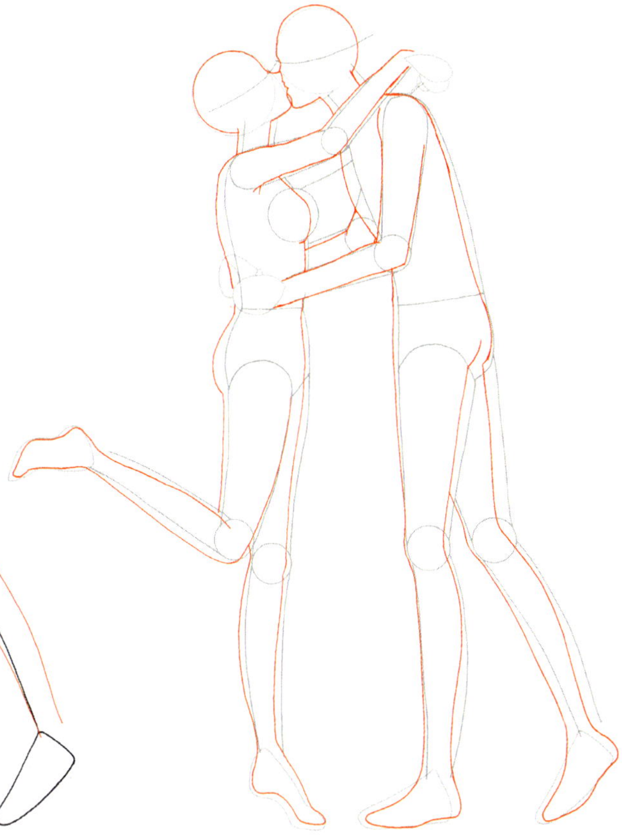

Die Formen von Rumpf, Armen, Beinen, Füßen und Köpfen genauer ausarbeiten.

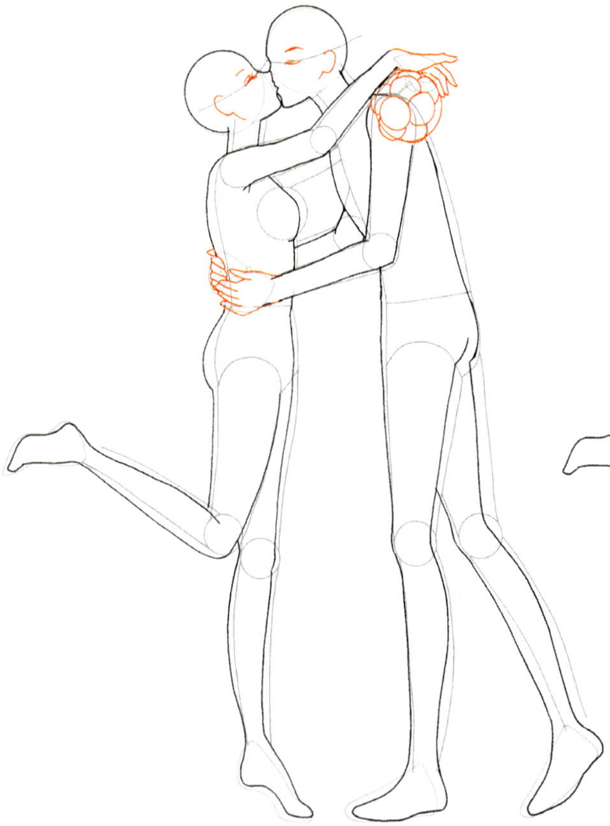

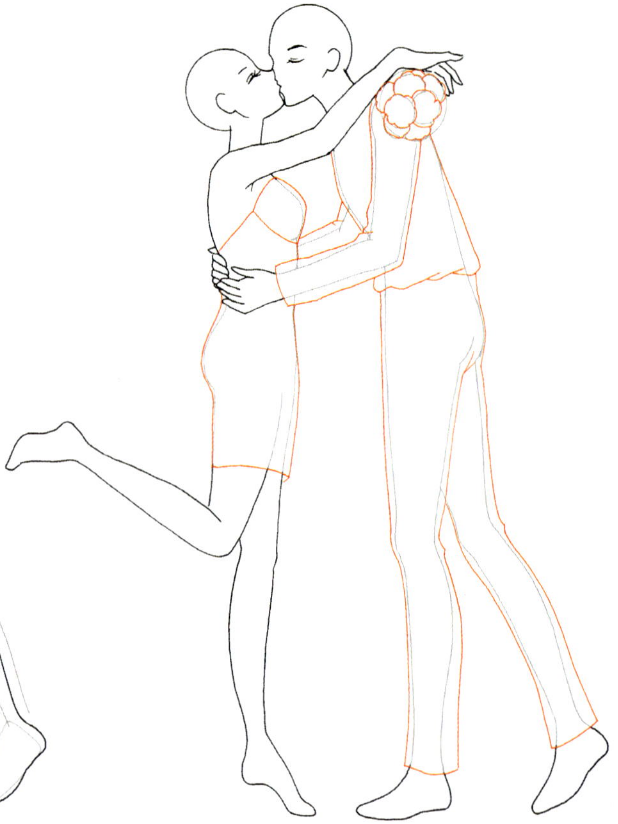

Je ein Auge und Ohr sowie die Hände beider Figuren einzeichnen. In die sichtbare Hand der Frau einen Blumenstrauß zeichnen.

Die Umrisse der Kleidung grob vorzeichnen.

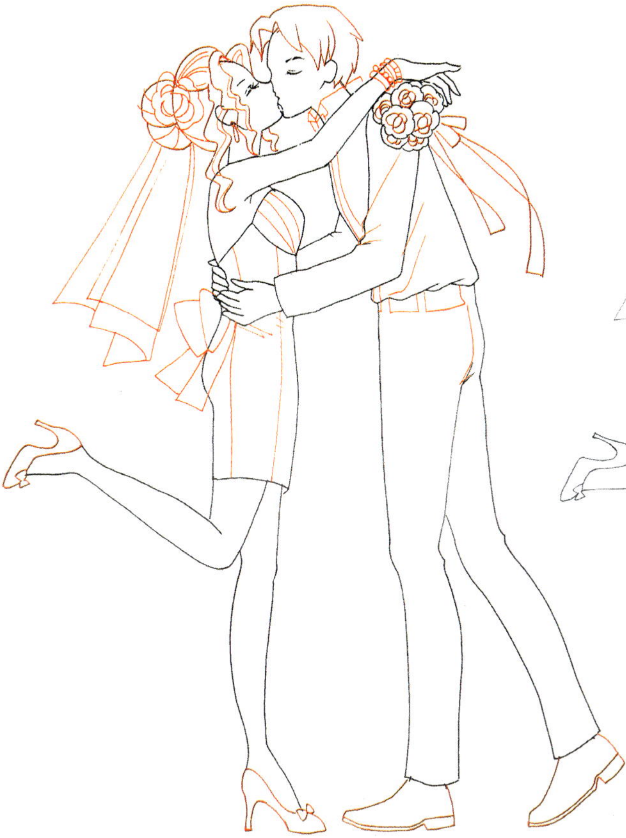

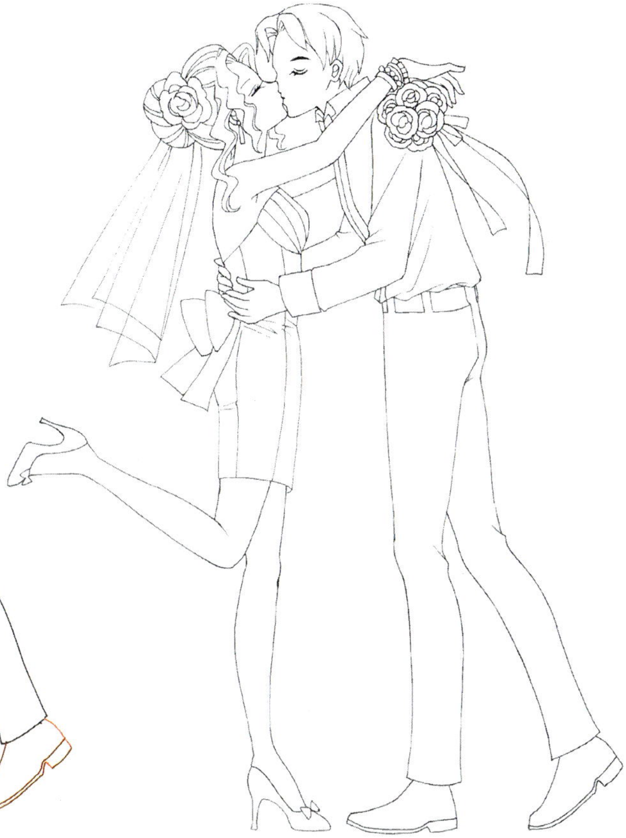

Frisuren und Schuhe beider Figuren zeichnen. Den Blumenstrauß mit Bändern detailliert ausarbeiten. Die Frau trägt in den Haaren eine große Blume und einen Schleier. Auf ihrem Kleid die Nähte und eine Schleife hinzufügen, dann die Armbänder zeichnen. Die Falten auf dem Hemd des Mannes und Gürtel und Gürtelschlaufen andeuten.

Zuletzt noch einige kleine Einzelheiten an Haaren und Kleidung der Figuren hinzufügen.

TANZENDES PAAR

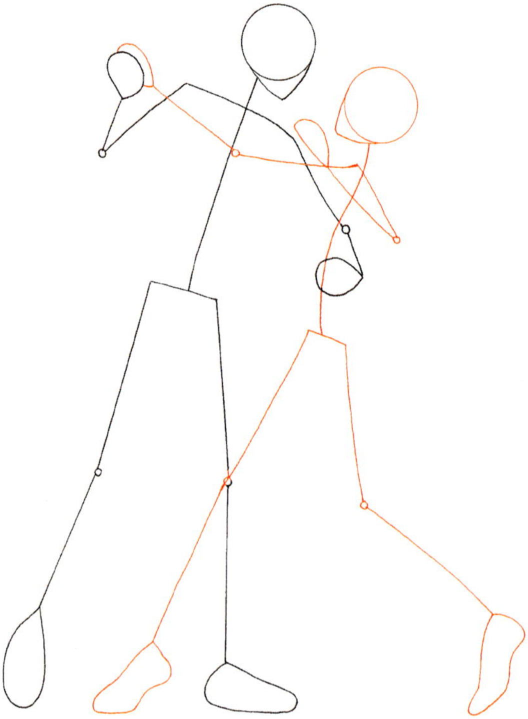

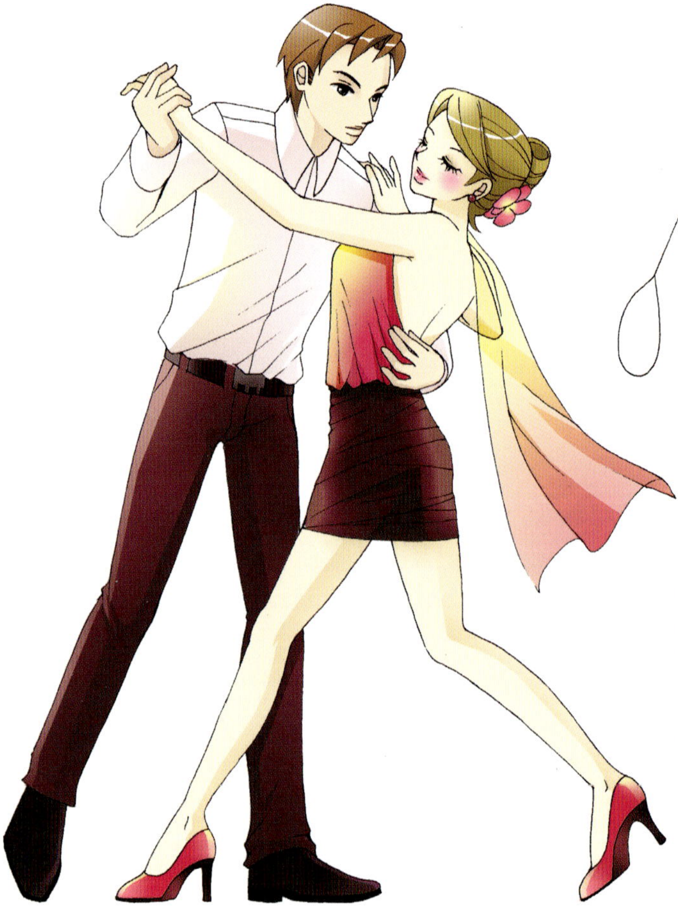

Mit zwei Strichfiguren beginnen: einem jungen Mann und einer jungen Frau. Ihre rechte Hand liegt auf seiner linken Schulter, seine linke Hand umfasst ihre Taille. Die beiden anderen Hände liegen ineinander.

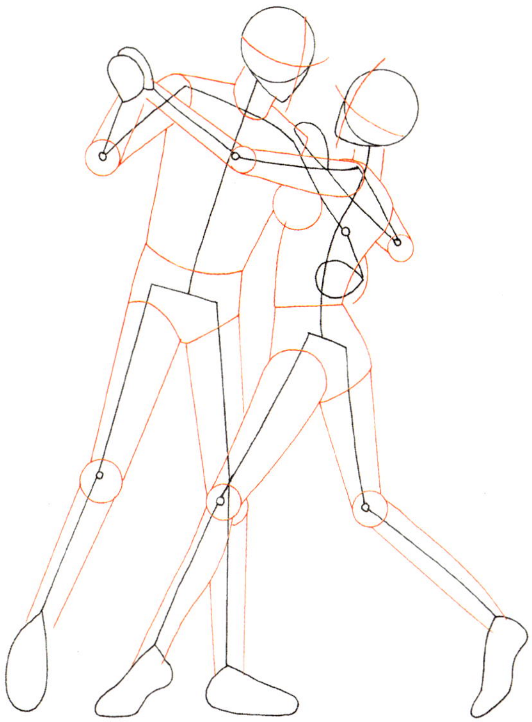

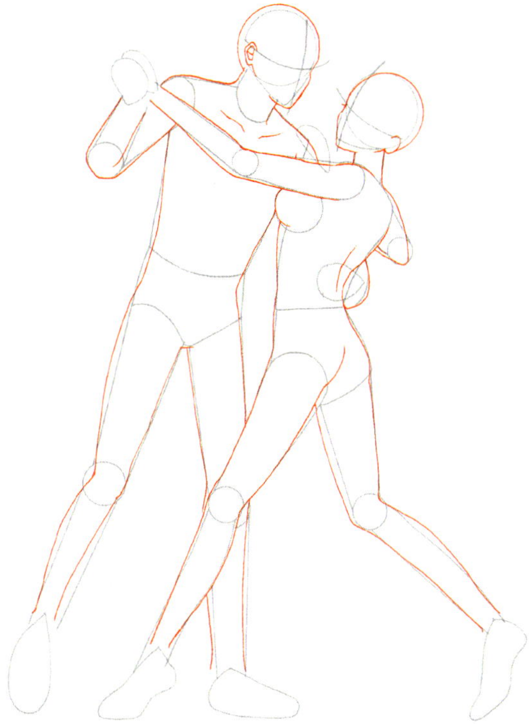

Die Umrisse der Körper grob vorzeichnen. Die Gesichtshilfslinien einfügen. Die Brust der Frau durch einen Kreis andeuten.

Die Formen von Rumpf, Armen, Beinen und Köpfen genauer ausarbeiten. Beide Figur sind etwa im gleichen Winkel geneigt, damit die gemeinsame Bewegung ausgewogen wirkt.

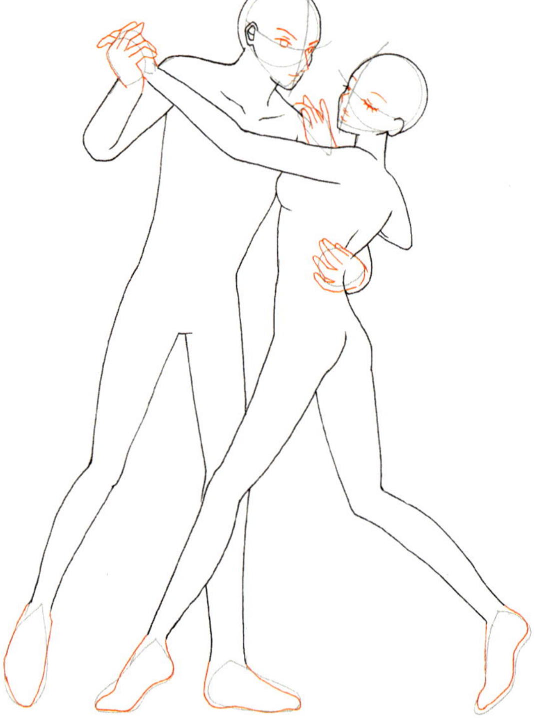

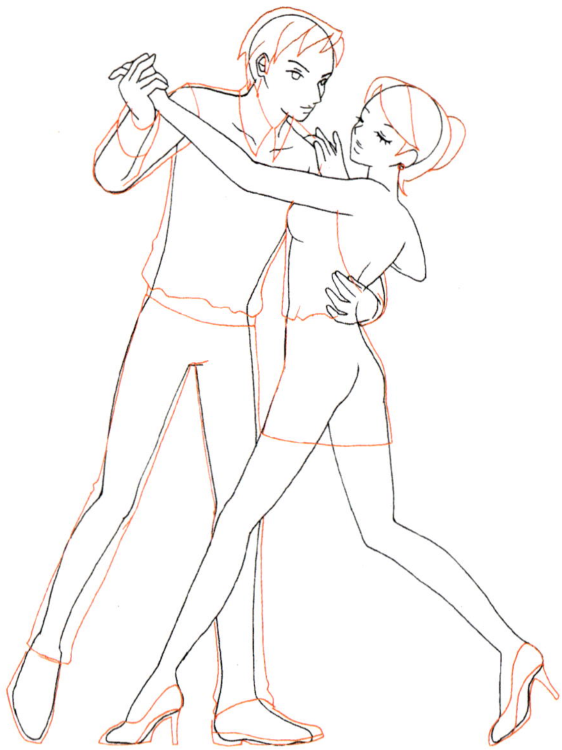

Augen, Nasen und Münder einzeichnen. Ihre Augen sind geschlossen, seine Lider sind ein wenig gesenkt, weil er seine kleinere Partnerin anschaut. Hände und Füße vorzeichnen. Jetzt noch einmal das Zusammenspiel der beiden Figuren überprüfen. Wenn es unausgewogen wirkt, kann es jetzt noch korrigiert werden.

Die Umrisse der Kleidung und der Schuhe vorzeichnen. Die Frisuren grob skizzieren.

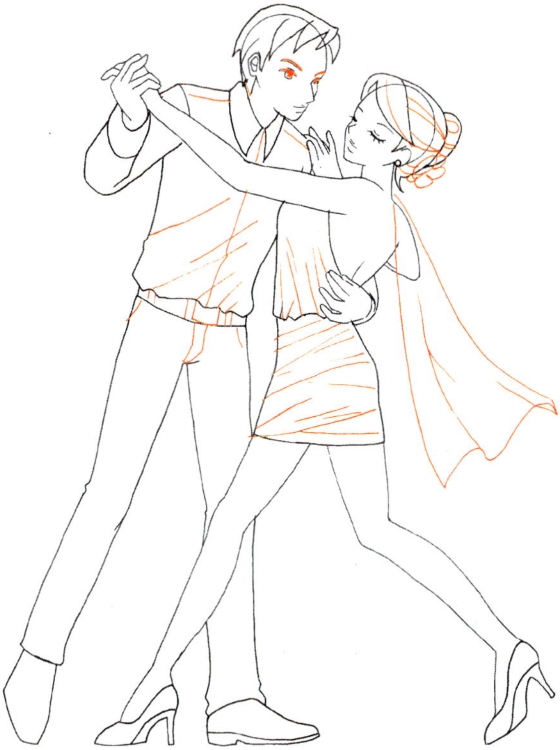

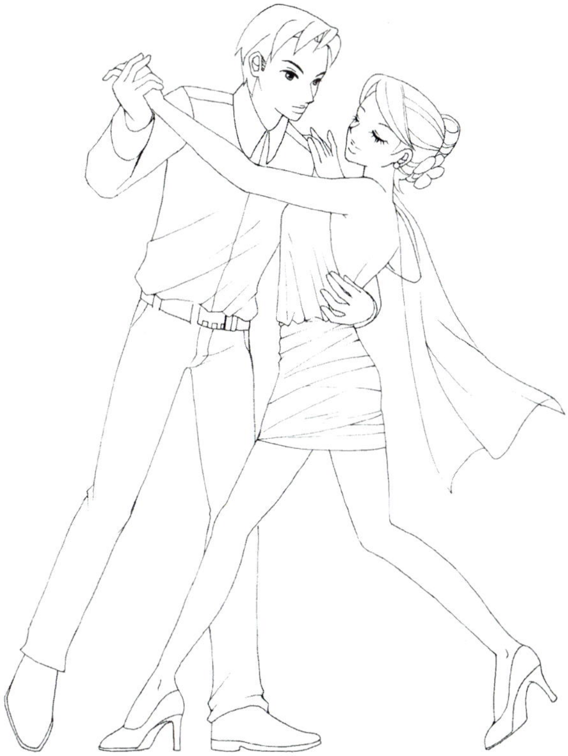

Die Haare der Frau ausarbeiten und einen zarten Schal hinzufügen. Falten, Nähte, Gürtelschlaufen und Reißverschluss an der Kleidung des Mannes andeuten. Die Striche auf dem Rock der Frau deuten die Textur an, es sind also keine Falten.

Zuletzt noch einige kleine Einzelheiten hinzufügen, etwa ihre Fußknöchel oder die Falten in der Kniebeuge seiner Hose.

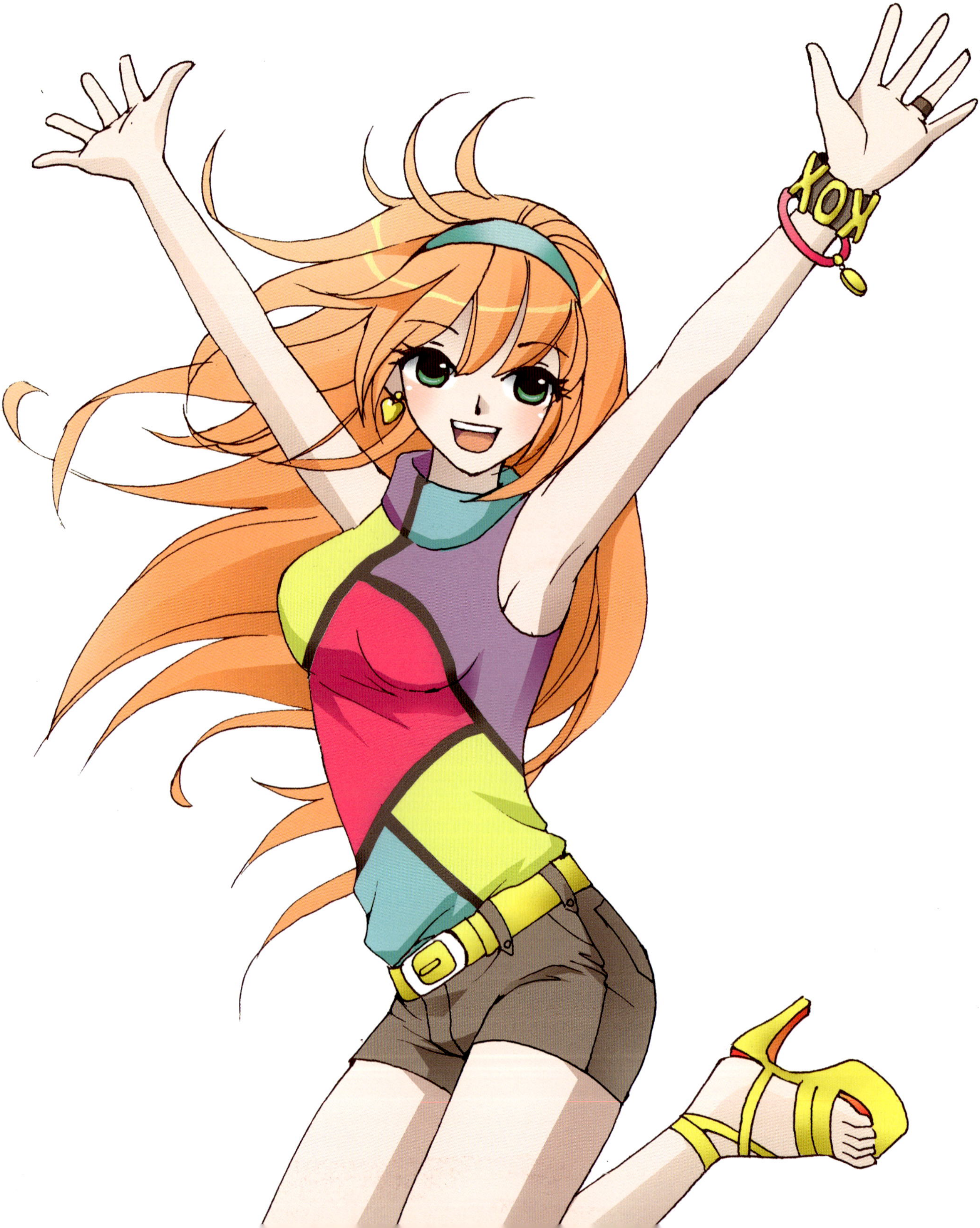